A COLUNA PRESTES

FUNDAÇÃO EDITORA DA UNESP

Presidente do Conselho Curador
Mário Sérgio Vasconcelos

Diretor-Presidente / Publisher
Jézio Hernani Bomfim Gutierre

Superintendente Administrativo e Financeiro
William de Souza Agostinho

Conselho Editorial Acadêmico
Luís Antônio Francisco de Souza
Marcelo dos Santos Pereira
Patricia Porchat Pereira da Silva Knudsen
Paulo Celso Moura
Ricardo D'Elia Matheus
Sandra Aparecida Ferreira
Tatiana Noronha de Souza
Trajano Sardenberg
Valéria dos Santos Guimarães

Editores-Adjuntos
Anderson Nobara
Leandro Rodrigues

Jacob Blanc

A COLUNA PRESTES

Uma história do interior

Tradução
Laiz Rubinger Chen Ferguson

Título original: *The Prestes Column: An Interior History of Modern Brazil*

© 2024 Editora Unesp

Direitos de publicação reservados à:
Fundação Editora da Unesp (FEU)
Praça da Sé, 108
01001-900 – São Paulo – SP
Tel.: (0x11) 3242-7171
Fax: (0x11) 3242-7172
www.editoraunesp.com.br
www.livrariaunesp.com.br
atendimento.editora@unesp.br

Dados Internacionais de Catalogação na Publicação (CIP) de acordo com ISBD
Elaborado por Odilio Hilario Moreira Junior – CRB-8/9949

B751c

Blanc, Jacob
    A Coluna Prestes: Uma história do interior / Jacob Blanc; traduzido por Laiz Rubinger Chen Ferguson. – São Paulo: Editora Unesp, 2024.

    Inclui bibliografia.
    ISBN: 978-65-5711-254-0

    1. História do Brasil. 2. Primeira República. 3. Coluna Prestes. 4. Luís Carlos Prestes. 5. Conflitos militares. 6. Levantes. 7. Revoltas. 8. Insubordinação. I. Ferguson, Laiz Rubinger Chen. II. Título.

2024-2840   CDD 981
                                                            CDU 94(81)

Editora afiliada:

⋙ SUMÁRIO ⋘

INTRODUÇÃO	IX
História do interior	XI
O interior está em toda parte	XXIII
Corpus, fontes e escolhas autorais	XXVI
Estrutura do livro	XXXII
CAPÍTULO 1 – A rebelião e o sertão	1
Um olhar litorâneo em Canudos	3
O exército em uma encruzilhada nacional	6
Tenentismo	10
CAPÍTULO 2 – A marcha acidental	15
A revolta gaúcha	16
Saindo do Rio Grande do Sul	25
Os jornais e a imprensa de oposição	30
A formação não oficial da Coluna Prestes	33
Exposição antecipada à injustiça	36
CAPÍTULO 3 – Bandeirantes da liberdade	39
Terreno semelhante, novo caminho	41
Outra reorganização e uma surpresa no Brasil Central	50
A questão recorrente da disciplina	57
A Bahia no horizonte	59

CAPÍTULO 4 – Olhares divergentes sobre o sertão 65

O "período áureo" 70

Potenciais aliados no interior 78

O massacre do Piancó 84

CAPÍTULO 5 – Os bandeirantes na Bahia 91

Fracasso no sertão 95

O domínio de Horácio de Matos 105

De volta à Bahia, com uma vingança 111

CAPÍTULO 6 – Mapeando um mito 123

O caminho para o exílio 129

Novo governo, mesmo prognóstico 135

Um picaresco cartográfico 137

CAPÍTULO 7 – Construindo o Cavaleiro da Esperança 145

A vida no exílio e a criação de um culto à personalidade 147

As raízes radicais do Cavaleiro da Esperança 161

Um símbolo de unidade 164

O *Manifesto de Maio* 172

A revolução de 1930 e a nova fase do tenentismo 175

CAPÍTULO 8 – Conflitos políticos e as heranças territoriais do tenentismo 183

Vargas no poder e o fantasma do interior do Brasil 186

O Cavaleiro da Esperança e a polarização da política brasileira 190

A Aliança Nacional Libertadora 196

Expandindo a nação 203

Uma eclosão de histórias 207

Uma leva final de memórias 210

CAPÍTULO 9 – Visões do futuro: cultura e comemoração 215

Campanhas nos litorais estrangeiros 217

Comemoração 1: Prestes como ícone radical 222

Visões do interior: a literatura de cordel 228

Visões da Guerra Fria 233

Comemoração 2: O legado "descontaminado" 238

Novos horizontes e novos desafios 241

Comemoração 3: "Prestes termina a marcha e entra para a história" 244

CAPÍTULO 10 – Batalhas de memória na virada do século **247**

Três jornalistas vão para o interior 248

Memorial do Wayward: de Prestes no Rio à Coluna no interior.................. 257

Drama nos arquivos... 262

EPÍLOGO – Locais de memória no interior............................ **269**

REFERÊNCIAS BIBLIOGRÁFICAS **287**

Arquivos 287

Arquivos digitais 287

Jornais 288

Entrevistas.. 289

Bibliografia.. 289

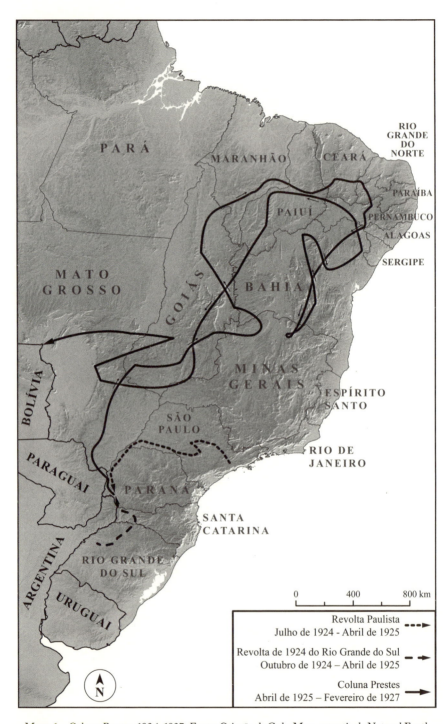

Mapa 1 – Coluna Prestes, 1924-1927. Fonte: Criação de Gabe Moss, a partir de Natural Earth.

❯❯ INTRODUÇÃO ❮❮

A Coluna Prestes é um dos episódios mais conhecidos da história brasileira no século XX. O que começou como uma rebelião fracassada logo se tornou uma expedição itinerante que iria cruzar o país por quase três anos. De 1924 a 1927, um grupo de aproximadamente mil oficiais e soldados do exército marchou quase 25 mil quilômetros por vastas regiões do interior (ver Mapa 1). Isso equivale a percorrer quase seis vezes todo o território brasileiro, do extremo norte ao extremo sul em linha reta, ida e volta. A Coluna começou com um levante em julho de 1924 na cidade de São Paulo que pretendia derrubar o presidente Artur Bernardes (1922-1926) e se transformou em uma jornada por treze estados – quase dois terços dos vinte estados que constituíam o país na época. Partindo do Sul, os rebeldes (mais tarde denominados tenentes) marcharam em sentido norte, contornando as planícies centrais e atravessando o sertão nordestino, para depois fazerem o caminho de volta. Em fevereiro de 1927, tiveram que partir para o exílio na Bolívia.

A Coluna Prestes foi assim chamada por conta de Luís Carlos Prestes, capitão do Exército do Rio Grande do Sul que, no meio da marcha, se torna o líder não oficial do movimento. No total, a Coluna entrou em combate mais de 150 vezes contra forças muito mais numerosas e mais bem equipadas do exército federal, das tropas estaduais e das milícias locais.

– IX –

No fim, a rebelião não conseguiu alcançar seu objetivo original de derrubar o presidente Bernardes. Como também não obteve nenhuma de suas demandas reformistas, tais como o voto secreto, equilíbrio de poder entre os três pilares do governo e a obrigatoriedade do ensino primário. Contudo, depois de lutar e fugir das tropas federais e locais por dois anos e meio, a rebelião passa a ser chamada de *Coluna Invicta*. Prestes torna-se o principal símbolo da marcha pelo Brasil e é saudado como *Cavaleiro da Esperança*.

Embora o levante tenentista originalmente não tivesse a intenção de marchar pelo país – só o fez quando sua rota para o Rio de Janeiro fora bloqueada –, seu trajeto chama a atenção para as regiões mais remotas do interior. A marcha não planejada pelos "sertões" acontece em um momento crucial na formação do Brasil contemporâneo: três décadas após o fim do império em 1889 e três anos antes da Revolução de 1930 que derrubaria a Primeira República oligárquica. A Coluna Prestes ocorre ao mesmo tempo que novas elites regionais começavam a desafiar o controle político de São Paulo e Minas Gerais. É justamente quando as definições do poder regional e as fronteiras do nacionalismo se tornam mais importantes que a Coluna vem e abre um caminho simbólico e literal por toda a nação. Com isso, ajuda a impulsionar a Revolução de 1930 que leva Getúlio Vargas ao poder. Muitos dos líderes rebeldes se tornaram figuras-chave da política, não só no regime de Vargas, como nas décadas seguintes. À direita, vários ex-rebeldes atuaram como ministros nas ditaduras de Vargas (1937-1945) e do regime militar durante a Guerra Fria (1964-1985). À esquerda, alguns tenentes abraçaram a política radical, sendo o mais conhecido desse grupo o próprio Luís Carlos Prestes, que se tornou marxista e assumiu a liderança do Partido Comunista Brasileiro (PCB). Na lenda sobre a ascensão de Prestes, como um dos comunistas mais famosos da América Latina, sua marcha pelo interior brasileiro é glorificada como uma história de despertar político, muitas vezes exagerada, como um precursor dos *Diários de motocicleta* de Che Guevara.

Após a Coluna, a rebelião passou a ser amplamente comemorada e romantizada. Oscar Niemeyer, o arquiteto mais célebre do Brasil, projetou vários monumentos aos revoltosos; Jorge Amado, escritor de igual renome, escreveu uma biografia de Prestes; e, no século passado, uma série de romances, poemas, filmes e músicas ampliaram as aventuras dos jovens oficiais do exército que desafiaram o governo, desbravando perigosas fronteiras, e, nas palavras de um observador, trouxeram "o facho da luta pela liberdade ao mais profundo interior do Brasil".[1] Assim, não tardou para que a Coluna Prestes e seus líderes alcançassem um status mítico, especialmente por parte de políticos, escritores e estudiosos de esquerda, mas também entre brasileiros conservadores que queriam reivindicar o que se tornou uma história da origem do Brasil moderno. Porém, como todas as lendas, sobretudo aquelas ligadas a ideias de nacionalidade, há também uma outra história subjacente.

O lugar da Coluna no panteão dos heróis da nação suscita duas questões fundamentais. Uma vez que fracassou na tentativa de derrubar o governo, como explicar sua fama? E, dado que os rebeldes não fizeram quase nada para ajudar as comunidades do interior – quando não, tendiam a tratar os moradores locais com indiferença, desprezo ou violência total –, como é que a Coluna passa a simbolizar uma visão inclusiva de progresso nacional? Para responder a essas perguntas e explorar noções mais amplas de território e nação, este livro reinterpreta a Coluna Prestes do ponto de vista do interior brasileiro. Enquanto a narrativa prevalecente da Coluna e quase todos seus estudos se concentram nos detalhes altamente mitificados da própria rebelião, neste livro exploraremos os significados atribuídos ao lugar onde a Coluna realmente esteve: o interior.

História do interior

No Brasil, como em toda a América Latina e em demais lugares, *o interior* é algo complexo. Em um sentido mais literal, implica uma dicotomia geográfica inequívoca: litoral *versus* interior. Essa distinção territorial gera um contraste em nível social entre um litoral civilizado e um interior retrógrado. O termo "interior", aliás, é enganoso. Enquanto *o litoral* tem uma definição mais direta (proximidade com o oceano), o interior passou a representar um sentido genérico de não litoral. Mas, de fato não há um único interior, como o termo indica, pois as regiões do interior do Brasil apresentam uma vasta gama de paisagens e comunidades.

---

1 O XXX Aniversário da Coluna Prestes, *Nosso Povo*, 1954. Incluído em Coleção Luiz Carlos Prestes, Biblioteca Comunitária, Universidade Federal de São Carlos, SP.

A Coluna Prestes oferece um estudo de caso ideal para se traçar uma história do interior do Brasil contemporâneo, pois demonstra como as regiões e o povo do interior há muito têm sido percebidos pelas elites litorâneas tanto como atrasados (em relação à costa mais moderna), como adormecidos, um território de potencial inexplorado à espera de ser incorporado à nação. Essa narrativa dupla sobre o interior já existia antes da Coluna Prestes. De um lado, tem-se a visão estigmatizada do interior como perigoso e incivilizado, visão que serviu para glorificar os brasileiros sulistas e os do litoral que se aventuraram pelo interior em busca de pessoas para escravizar ou de recursos naturais para extrair. No entanto, os territórios do interior e suas populações apresentam quase sempre um dinamismo que não condiz com os estigmas associados aos sertões.[2] É do interior que têm surgido alguns dos desenvolvimentos mais importantes na história do Brasil: desde o estabelecimento de sociedades quilombolas à formação de centros intelectuais e culturais gerados pela corrida do ouro em Minas Gerais no século XVIII, ou da nova capital do interior, Brasília, no século XX, aos avanços tecnológicos que fizeram do agronegócio tropical o centro do capitalismo brasileiro. A dualidade construída do interior do Brasil – um espaço de barbárie, mas também o verdadeiro *locus* da autenticidade nacional – tanto instigou escritores e estudiosos que, segundo a socióloga Nísia Trindade Lima, chega a formar a própria base das ciências sociais e do pensamento intelectual no país.[3] Dentro desse prisma de representações convergentes, o interior tornou-se um espaço poderoso para se vislumbrar e debater o passado, o presente e o futuro do país.

Ao focar este livro na "história do interior" do Brasil contemporâneo, esperamos oferecer um novo marco referencial para estudiosos que trabalham com temas semelhantes pelo Brasil, em toda a América Latina e no mundo. Já existem vários termos historicamente – e historiograficamente – importantes usados para descrever territórios interiores, como rural, campo, roça, agreste, província, confins, fronteira, divisa e, enfim, sertão ou sertões. A análise que ora apresentamos do interior do Brasil oferece muitos paralelos com o estudo de Greg Grandin sobre a fronteira dos Estados

---

2 Neste parágrafo, baseio-me em um ensaio de coautoria com meu colega Frederico Freitas, Introdução, em Blanc e Freitas, *The Interior*, p.2.

3 Lima, *Um sertão chamado Brasil*.

Unidos, descrita como "um estado de espírito, uma zona cultural, um termo sociológico de comparação, um tipo de sociedade, um adjetivo, um substantivo, um mito nacional, um mecanismo de disciplina, uma abstração e uma aspiração".[4] Ao dialogar com essas várias ideias e categorias, a história do interior ganha uma abrangência mais ampla. Trata-se de uma forma de entender um território interior tanto como uma paisagem física que compreende uma ampla gama de topografias e populações, como uma paisagem imaginativa que pode ser adaptada a uma série de perspectivas diferentes. A história do interior inclui estudos sobre territórios interiores e seus habitantes (histórias ambientadas no interior), como também pode abranger as narrativas e simbolismos que circulam em relação ao interior (discursos que surgem e que predominam em outros lugares, na maioria das vezes provindos da sociedade litorânea letrada). Parte do que torna a Coluna Prestes um exemplo tão convincente de história do interior é que combina ambos os elementos acima: à medida que ziguezagueava pelo Brasil, não só se inspirava nos vários significados associados aos locais nos quais os rebeldes traçavam sua longa marcha, como ajudava a expandi-los. Uma história do interior sobre a Coluna Prestes esclarece o porquê da sua ascensão inicial à fama, bem como seu legado duradouro ao longo do século XX.

A lenda da Coluna esteve sempre relacionada a um antigo fascínio do litoral pelos sertões. Desde a chegada dos colonizadores europeus, o interior do Brasil se mostrava como um espaço sedutor, embora desafiante. Em 1627, o frei franciscano Vicente do Salvador criticou os portugueses por negligenciarem o interior de sua nova colônia, dizendo que os colonos se contentavam em andar "arranhando ao longo do mar como caranguejos".[5] Os perigos, reais e imaginários, do interior eram a razão pela qual a sociedade dominante vivia ao longo do litoral, mas foi precisamente a falta de uma presença permanente naquela região que a tornou tão atraente. Ao longo dos séculos, as elites portuguesas e seus herdeiros brasileiros após a independência em 1822 olhavam para o interior com o que Mary Louise Pratt chama de "olhos imperiais", uma espécie de perspectiva litorânea destinada a criar um senso de ordem e fazê-los se sentirem conectados a terras distantes.[6] Concepções

---

4 Grandin, *The End of the Myth*, p.116.
5 Salvador, *História do Brasil*, p.5.
6 Pratt, *Imperial Eyes*, p.3.

sobre o interior do Brasil materializaram-se nas crônicas sobre as explorações que adentraram o país, como as incursões de bandeirantes à procura de escravos no século XVII, os garimpeiros do século XVIII, as expedições científicas do século XIX e as campanhas militares na virada do século XX, e principalmente a guerra de Canudos na década de 1890 narrada por Euclides da Cunha em seus relatos jornalísticos que vieram a fazer parte de seu livro, campeão de vendas, *Os sertões*. Moldado por diversas expedições anteriores, o interior ganha nova dimensão devido às circunstâncias em que a narrativa da Coluna foi construída – principalmente pelos jornais populares do Rio de Janeiro –, tamanha a influência da Coluna Prestes na forma como os principais grupos políticos passaram a ver aqueles territórios. O que se perdeu na história tradicional da Coluna não é tanto o encontro entre os tenentes e o interior, mas sim a forma como os rebeldes e os moradores locais retrataram essa marcha, o impacto resultante nas diferentes concepções do sertão, e como o simbolismo contínuo atrelado à Coluna perpetuava – ou mudava – a maneira como o interior era visto.

Uma vez que a Coluna atravessou grande parte do mapa nacional, fazendo uma ligação sem precedentes em meio a quase todo o país, exceto a bacia amazônica, tem-se então um estudo de caso valioso para explorar o que Thongchai Winichakul chama de "geocorpo" de uma nação: os territórios, práticas e valores que são criados por meio de discursos sobre espaço geográfico e mapeamento.[7] A Coluna percorreu tanto do território nacional e atraiu tanta atenção da mídia que chegou a ampliar a conscientização pública sobre as extensões territoriais do Brasil, promovendo uma alteração nos contornos do geocorpo brasileiro. Em jornal de janeiro de 1927, por exemplo, menos de um mês antes de a Coluna entrar no exílio, Prestes e seus homens são elogiados por tornarem os brasileiros mais familiarizados com os espaços geográficos de seu país: "a Coluna Prestes fez sem dúvida correções ao nosso mapa (...) com as armas nas mãos dos rebeldes, porque, afinal, ao que se vê, tais armas devem ser apenas um arsenal portátil de desenho cartográfico".[8] Seja na mídia, na cultura popular ou nas proclamações de ex-líderes tenentes, o simbolismo territorial da marcha da Coluna

---

7 Winichakul, *Siam Mapped*.
8 A quelque chose malheur est bon, *Gazeta de Notícias*, 13 de janeiro de 1927, p.2.

servia como o elemento central de sua lenda. Mas, como observou o historiador Raymond Craib em seu estudo cartográfico do México,

> o espaço (geográfico) não se apresenta ao mundo apenas como se fosse de alguma forma ontologicamente anterior aos códigos culturais e semióticos pelos quais sua existência é expressa. Tais mitos de mimese transformam o histórico em natural, ocultando seus fundamentos sociais, culturais e políticos.[9]

A revelação desses códigos requer uma análise minuciosa de certos significados que passaram a definir certos espaços geográficos.

No Brasil, como em muitos países, a questão do espaço geográfico está intimamente ligada à questão da nação. Como dita o *ufanismo* (um orgulho pela abundância de terras e recursos naturais), o nacionalismo brasileiro esteve sempre dependente do objetivo de se explorar o interior.[10] A questão da modernização do interior foi sempre central na narrativa principal da Coluna Prestes. Aspirantes a modernizadores invocariam o movimento como parte de uma série de campanhas ao longo do século XX, desde projetos de infraestrutura governamental e comerciais até movimentos radicais para organizar e capacitar comunidades camponesas. Se fosse possível reivindicar a modernização do interior, isso não só expandiria a nação, como provaria a legitimidade de qualquer grupo que tivesse feito a expansão.

Meio século depois da Coluna, dois principais grupos sugeriam caminhos distintos para a modernização do Brasil, ambos, porém, sempre envolvidos com o legado da longa marcha: o Exército e o Partido Comunista Brasileiro. Para os grupos dominantes e os militares conservadores, a Coluna representava uma advertência para a sociedade brasileira, na qual os tenentes, testemunhando a pobreza no interior, eram motivados a levar os frutos da nação a novas regiões. Oswaldo Cordeiro de Farias, comandante rebelde que mais tarde serviu como ministro Extraordinário para Coordenação dos Organismos Regionais da ditadura militar na década de 1960, disse que sua motivação para modernizar o interior do Brasil brotou de sua experiência na Coluna Prestes:

---

9 Craib, *Cartographic Mexico*, p.5.
10 O termo ufanismo foi popularizado no livro de 1900 de Afonso Celso, *Porque me ufano do meu paiz*, e por uma análise recente sobre ufanismo, particularmente no que se refere à cultura e à geografia no século XX, ver Brandt, A Brazilian scene.

– XV –

durante dois anos e meio, vivi o contato com o Brasil sofrido, com sua gente – sem escolas, sem saúde, sem estradas, sem polícia, sem justiça, sem nada –, paupérrimo e sem esperanças. Este quadro de nosso povo e de seus problemas nunca mais me abandonou. Foi ele, e o é até hoje, o incentivo para minhas lutas... o alicerce de toda minha conduta política.[11]

A esquerda, por outro lado, tendia a oferecer uma versão refratada dessa mesma história, retratando a Coluna como um conto de *descoberta mútua* tanto para os rebeldes quanto para o povo do interior. Em sua biografia de Prestes, o famoso romancista e comunista Jorge Amado escreveu que o interior "virado pelo avesso, aberto em chagas de problemas a solucionar, se descobre a si mesmo nesse homem, e ele, Luís Carlos Prestes, encontra o Brasil na sua nudez".[12] Essas representações da marcha da Coluna pelo geocorpo brasileiro, mesmo que retrospectivas e por vezes a-históricas, passam a ser um meio de se comentar sobre o desenvolvimento do interior e, portanto, sobre o futuro da nação.

Note-se que a narrativa de libertação do interior surgiu pela primeira vez durante o exílio dos rebeldes na Bolívia, quando seus defensores reformularam a Coluna em linguagem patriótica para defender a anistia aos tenentes que, segundo eles, deveriam ser autorizados a retornar ao país. O jornal *A Manhã*, por exemplo, publicou em 1927 que "a Coluna Prestes sacodia as populações do interior, até então vencidas pela tirania dos chefes políticos locais. De todos os ângulos da terra imensa sobem apelos em favor do repatriamento dos exilados cheios de glória".[13] Essa libertação não ocorreu, mas quando se soube que os rebeldes exilados estavam definhando em um interior ainda mais sinistro de um país estrangeiro – nas fronteiras orientais da Bolívia –, as histórias para um despertar se tornaram uma ferramenta política para a anistia. Nos anos e décadas seguintes, muito depois do retorno dos rebeldes ao país, essa linguagem se implantaria definitivamente no cerne do lendário da Coluna.

Embora histórias sobre a Coluna tenham despontado a princípio pelo litoral do Sudeste, as comunidades do interior também expressaram seus

---

11 Conforme citado em Iorio, Cordeiro de Farias e a modernização do território brasileiro por via autoritária.

12 Amado, *O Cavalheiro da Esperança*, p.91.

13 A torva figura que ameaçou asphixiar o paiz, *A Manhã*, 5 de julho de 1927, p.15.

próprios pontos de vista sobre a marcha rebelde. Como apontado pela estudiosa literária Zita Nunes em sua análise sobre negritude nas Américas, narrativas como as articuladas por comunidades interiores desafiam padrões de categorização: não sendo totalmente antagônicas nem assimilativas às narrativas nacionais dominantes. Usando a terminologia de Nunes, o objetivo é perceber a diversidade dos "vestígios restantes" específicos de cada local, como os que se achavam ao longo do caminho da Coluna.[14] Muitos no interior consideravam Prestes um símbolo de unidade e justiça, tal legado se evidencia nos poemas de cordel do Nordeste e em outros produtos culturais e políticos que consideravam a Coluna parte da visão de uma nação inclusiva. No entanto, nos lugares onde a Coluna havia infligido violência, as comunidades locais também descreveram os rebeldes como invasores assassinos; essas memórias estão presentes em histórias orais coletadas ao longo dos anos por jornalistas e nos monumentos construídos para aqueles que morreram lutando contra a Coluna. Embora grande parte deste livro se concentre em histórias contadas sobre o interior – um reflexo de como surge a história oficial da Coluna –, exponho, sempre que possível, as perspectivas de dentro das comunidades do interior, a fim de situar devidamente as várias facetas da nação brasileira que se expressavam em relação à Coluna Prestes.

Um dos aspectos mais contestados da história desse movimento relaciona-se à questão do discurso, e de quem controlava a narrativa do que supostamente acontecia no interior. Durante a rebelião, tanto a Coluna quanto o governo federal buscavam se posicionar como os legítimos protetores da nação. A batalha pela opinião pública quase sempre se transformava em um duelo de acusações sobre "se tornar nativo" no interior. Centrados no tropo da violência sertaneja e na figura dos fora da lei, os cangaceiros, ambos os lados acusavam o outro de ser o verdadeiro bandido, buscando, por sua vez, se apresentar como a verdadeira força civilizatória. Embora a Coluna não constituísse uma guerra em si, o destaque público que sucedia às batalhas contra as forças do exército e das milícias reflete a análise de Javier Uriarte sobre como guerras na América Latina serviam para incorporar paisagens interiores à nação, um processo através do qual "desertos" – como o sertão brasileiro, a Patagônia argentina ou o campo paraguaio – são

---

14 Nunes, *Cannibal Democracy*, p.24.

transformados de um vazio isolado e primordial em um vazio mais legível, maduro para a modernização e consolidação na nação.[15] Assim como nos estudos de caso de Uriarte sobre combates do final do século XIX em vários interiores latino-americanos, o impacto da Coluna Prestes nas percepções sobre o interior brasileiro reverberou ainda mais forte em nível do discurso, com jornalistas, políticos, poetas e romancistas a alçando como símbolo de um interior transformador.

Outra tensão na lenda da Coluna é a diferença entre o que os rebeldes alegavam ter feito (a narrativa heroica de libertação do interior) e como de fato suas interações com os moradores locais tendiam a se desdobrar. Como parte de sua campanha para derrubar o governo, e precisando desesperadamente de reforços, a Coluna convocou os brasileiros do campo a se erguerem e se juntarem à rebelião. Quase ninguém o fez. A falta de colaboração teve várias causas, incluindo o poder exercido pelos oligarcas locais, os coronéis, que foram contratados pelo exército federal para lutar contra a Coluna, a relutância dos habitantes da cidade em entregar os poucos bens que possuíam para um grupo de forasteiros errantes, e os preconceitos e ações violentas dos próprios rebeldes. Além disso, visto que os rebeldes passavam pelo campo o mais rápido possível, raramente parando por mais de um ou dois dias, eles não tinham tempo – nem interesse, geralmente – em compreender adequadamente as culturas locais. Como os rebeldes pouco fizeram para aprender sobre os espaços interiores que atravessavam, sua conduta-padrão muitas vezes era baseada em reproduzir os estereótipos que já tinham; certamente muitos foram influenciados pelo livro de Euclides da Cunha sobre a Guerra de Canudos. Além de alguns casos de destruição de registros fiscais ou de alianças com líderes locais, a rebelião fez muito pouco que pudesse ser considerado um ato direto de solidariedade com as populações do interior. Na maioria das vezes, os encontros eram definidos por um oportunismo fatigado (engajavam-se apenas o bastante para requisitar comida, roupas e armas para manter a Coluna marchando adiante) ou por conflito violento: em várias ocasiões, os soldados rebeldes cometeram atos de pilhagem, estupro e assassinato.

---

15 Uriarte, *The Desertmakers*. Esther Breithoff constrói um argumento semelhante sobre guerra e "paisagens de conflito" em seu livro *Conflict, Heritage and World-Making in the Chaco*.

Essa violência deixou um legado de traumas e narrativas locais especí-ficas. Em entrevistas realizadas por uma jornalista na década de 1990, por exemplo, antigos moradores do sertão compararam a Coluna Prestes com os ciclos de seca que sempre castigaram a região. Joana Gomes da Silva, 91 anos na época, lembrou que, em sua pequena cidade no Piauí, "os revoltosos foram piores que a seca. O medo que o povo tinha era pior que a fome"; e Maria de Conceição da Silva, de 92 anos, disse que, da mesma forma no Ceará, "os revoltosos foram piores que a seca de [19]15 e piores também que a de [19]32. Na seca, a gente não tinha o que comer, mas também não tinha medo".[16] Tais afirmações indicam que as pessoas no interior também inseriam no discurso sobre a Coluna Prestes o tipo de simbolismo sertanejo que lhes era mais próximo. Ao equipará-la à seca, essas memórias mostram que, para as pessoas que viviam ao longo do caminho da marcha rebelde, as realidades da vida local eram mais do que apenas uma metáfora – para elas, a Coluna representava um elemento a mais, reforçando suas adversidades.

Embora muitas vezes a lenda sobre o movimento não conte, a marcha para o interior nunca foi um objetivo inicial, mas algo que se deu devido às circunstâncias. Os dois principais eventos catalisadores do movimento tenentista foram as revoltas no Rio de Janeiro em 1922 e em São Paulo em 1924, ambas com o objetivo de derrubar o governo da capital litorânea da época, o Rio de Janeiro. Em 1924, os rebeldes mudaram de curso e partiram para o interior quando seu caminho para o Rio de Janeiro foi blo-queado pelo exército federal. Uma vez que Prestes conduziu seus soldados para o campo, isso possibilitou que os líderes tenentistas e seus defensores ao longo do litoral reformulassem a rebelião como sendo uma campanha para libertar o interior. Ainda mais emblemático é o fato de que somente após a guinada não intencional da Coluna para o interior foi que os líderes rebeldes começaram a se autoproclamar "bandeirantes da liberdade". Não foi por coincidência que evocaram os bandeirantes, pois justo nesse período, em meados da década de 1920, intelectuais e artistas, na sua maioria pau-listas, buscavam resgatar a imagem dos bandeirantes – não como símbolo da expansão fronteiriça violenta, mas de um espírito democratizante do Brasil. Essa versão dos bandeirantes torna-se evidente na forma como a Coluna justificou sua marcha não intencional para o interior. Várias déca-

---

16 Conforme citado em Brum, *O avesso da lenda*, p.91.

das depois, por exemplo, um ex-rebelde alegou que "abrindo caminho nas matas virgens, por onde hoje passam o comércio, a cultura, a civilização, a 'Coluna Invicta' assemelha-se ao movimento das Bandeiras que devassaram o país em todos os sentidos".[17] A predominância desse simbolismo do interior serve como cobertura dos fracassos iniciais da rebelião tenentista e transforma a viagem ao interior em um movimento intrépido, alegando trazer a modernidade ao campo.

O status da Coluna, ao se autodenominarem bandeirantes da liberdade, operava dentro de construtos de raça no Brasil do século XX. Como sua liderança era composta em grande parte por oficiais descendentes de europeus do Rio Grande do Sul e de São Paulo, as histórias sobre a Coluna frequentemente apresentavam a marcha como um movimento branco que se movia triunfantemente por espaços não brancos. Como acontecia desde a chegada dos colonizadores europeus, o interior do Brasil continuava a ser visto como o Outro étnico, habitado por comunidades indígenas, afro-brasileiras e de miscigenados. Um artigo de jornal de 1927, por exemplo, celebrava a Coluna porque "levou a noção do bem e do dever, o sentimento de respeito humano às almas rudes do nosso sertão, demonstrou ao índio selvagem das nossas matas tudo quanto tem de generoso e bom o coração dos brancos do litoral".[18] Da mesma forma, sessenta anos depois, o jornalista Edmar Morel comentava que

> a Coluna conheceu dois Brasis totalmente diferentes. A tropa gaúcha tinha guerreiros, com temperamento ardoroso e como companheiro, o "pinho", seu cavalo de estimação (...) Os *nordestinos* chegavam às hostes rebeldes em precárias condições de saúde, mal alimentados, vestidos com camisa de algodão e calçados com sandálias de sola de pneu (...) Era o choque de duas civilizações.[19]

Apesar do poder de permanência de tais narrativas, é importante notar que as representações da Coluna promoveriam ao mesmo tempo uma

---

17 Miguel Costa, ensaio sem título, s.d. Arquivo Edgard Leuenroth, Campinas (doravante citado como AEL), ser. Miguel Costa (doravante citado como MC), pasta 56. Este documento foi emitido em 1962 pelo filho de Costa, Miguel Jr., três anos após a morte do pai. Sendo assim, não é possível saber o ano exato em que o ensaio foi escrito.

18 Luiz Carlos Prestes, *Correio da Manhã*, 16 de dezembro de 1927, p.2.

19 Morel, *A marcha da liberdade*, p.60.

mudança de atitude em relação à raça e à identidade regional, sobretudo em relação à noção, que àquela altura despontava, do Brasil como uma suposta democracia racial. Em seu estudo sobre Pernambuco, Stanley Blake identifica as décadas de 1920 e 1930 como o momento em que os nordestinos "se tornaram um elemento constituinte da identidade nacional brasileira, categoria ao mesmo tempo discriminatória e desprovida de conteúdo racial".[20] Essa mudança é evidente nos relatos da Coluna a partir de meados do século. No final da década de 1950, o líder tenentista Miguel Costa fez uma retrospectiva mais edificante, escrevendo que a marcha "[era um] laboratório para o conhecimento do Brasil [no qual] o litoral descobriu o sertão; as capitais souberam o que se passava no interior; os sertanejos começaram, a seu turno, a ouvir novas palavras: liberdade, democracia, reivindicações, direitos". Costa alegava que os rebeldes não apenas se envolveram com uma gama completa de arquétipos rurais e étnicos, como dava crédito à marcha pela introdução desses grupos interiores a um público brasileiro mais amplo: "Com a Coluna e graças à Coluna, começou a surgir no cenário, outros personagens: são os mestiços, os caboclos, os nordestinos, os tabaréus, os seringueiros, [e] os garimpeiros... A Coluna descobriu o Brasil brasileiro".[21] Ao incorporar tanto uma visão excludente quanto inclusiva do interior, a Coluna Prestes refletia os significados complexos de raça e etnia no Brasil contemporâneo.

A Coluna poderia nunca ter alcançado a fama não fosse por ter ocorrido justo na época do *boom* no setor jornalístico do país. Entre 1912 e 1930, o número de periódicos mais do que dobrou.[22] Os jornais se expandiam para satisfazer as demandas culturais e de consumo de uma classe média que, ao mesmo tempo, crescia em áreas urbanas e industrializadas. Duas décadas após o sucesso das matérias de jornal de Euclides da Cunha sobre a Guerra de Canudos, a Coluna Prestes oferecia um novo relato do interior para cativar o público leitor. Com as linhas telegráficas recentemente instaladas e que se estendiam ainda mais para o interior, os jornais retransmitiam atualizações sobre a marcha em tempo real. Como apontado por Maite Conde, o fascínio da imprensa com o sertão também se deu por conta

---

20 Blake, *The Vigorous Core of our Nationality*, p.14.
21 Miguel Costa, ensaio sem título, s.d. AEL.
22 Wainberg, *Império de palavras*, p.42.

de outra inovação da época – o cinema –, sendo que alguns dos primeiros sucessos nacionais foram histórias ambientadas no interior.[23] Os destinos da Coluna Prestes e da nova mídia brasileira estavam fortemente interligados. Isso é bem exemplificado pelo editor de jornal Assis Chateaubriand, que comprou seu primeiro jornal em 1924, apenas alguns meses após o início da rebelião tenentista, e que faria da Coluna Prestes uma das histórias centrais de seu primeiro império jornalístico. Como observa Fernando Morais em sua biografia de Chateaubriand, "pela primeira vez o público lê na grande imprensa algo que até então só aparecia em panfletos políticos: entrevistas em que os chefes rebeldes descrevem suas refregas contra as forças regulares do governo federal".[24] Foi ao longo da fase final da rebelião, com a censura mais branda, que Chateaubriand produziu uma série jornalística de várias partes na qual os leitores acompanhavam, ao longo de dias ou semanas, as aventuras romantizadas dos heroicos rebeldes do interior. Muitos dos artigos incluíam mapas grandiosos da marcha, comparando os rebeldes a figuras históricas como Alexandre, o Grande, além de figuras míticas como Robin Hood e El Cid. Essas representações fizeram que ideias mais amplas sobre nacionalidade se tornassem mais acessíveis e divertidas para o público em geral.

Durante séculos, as regiões do interior funcionaram como um prisma conceitual entre a sociedade convencional e os espaços, reais e imaginados, das regiões não costeiras do país. Embora a dicotomia construída entre o litoral e o interior sugira uma forma de espelhar-se – na qual as elites costeiras olham para o interior para ver seu próprio senso de superioridade refletido –, pensamos ser mais apropriada a metáfora de um prisma. Um prisma refrata a luz e a redireciona de acordo com as mudanças de posição, ângulo e perspectiva, permitindo que diferentes comprimentos de onda sejam vistos em diversos pontos. Seja rotativo ou imóvel, um prisma pode mudar a percepção de um de seus múltiplos lados para outro, podendo servir também como ponto de encontro para os vários lados. Como historiadores, podemos usar a imagem de um prisma para entender a refração, não da luz, mas das histórias e das narrativas que contribuem para a construção de ideias sobre nações e sociedade. E quando isso se refere ao espaço geográfico –

---

23 Conde, *Foundational Films*, esp. p.131-55.
24 Morais, *Chatô*, p.105.

e às pessoas que o habitam –, as histórias que estão sendo refratadas podem mudar dependendo de como se percebe este espaço do outro lado. Ao focar a Coluna Prestes, essa abordagem permite analisar a relação entre litoral e interior evitando sua armadilha dicotômica: por que certos grupos usaram a Coluna Prestes como forma de opinar sobre o território e a nação em momentos particulares? E como o simbolismo da Coluna refletia continuidades e mudanças nas narrativas sobre o interior? Uma análise detalhada do movimento, em termos sociais e do espaço geográfico, ajudará a reinterpretar o seu legado como parte de uma infinidade de visões que existiam sobre o interior e que provinham do interior.

O INTERIOR ESTÁ EM TODA PARTE

Em um dos romances mais aclamados da literatura moderna brasileira, *Grande Sertão: Veredas*, o escritor e diplomata João Guimarães Rosa reflete sobre a natureza do bem e do mal, e suas permutações singulares na sociedade brasileira. Como consta no título do livro, Guimarães Rosa situa sua história não em um grande centro urbano como Rio de Janeiro, São Paulo ou Salvador, mas no sertão do norte de Minas Gerais. Existe uma estreita relação histórica e semiótica entre o sertão e o interior, sendo que o significado de cada um deriva de seu status como referência geográfica em áreas não litorâneas. Para Guimarães Rosa, o interior brasileiro resumia a essência do caráter nacional. O livro é escrito em forma de um longo monólogo do narrador-protagonista Riobaldo, que fala de sua vida como jagunço. Através das histórias de Riobaldo nas quais buscava compreender a hierarquia social do sertão, Guimarães Rosa afirmava que, mais do que um espaço periférico, o sertão *era* a nação brasileira. Em uma das declarações mais icônicas do livro, Riobaldo exclama que "o sertão está em toda parte".[25]

Escrito em 1956, *Grande Sertão* mostra como a Coluna Prestes, de três décadas antes, se tornaria um símbolo invocável não só na formação de mitos políticos, mas também culturalmente. Em uma das histórias de Riobaldo, ele conta que um velho vagava por um mercado ponderando em voz alta, para ninguém em particular, "Guerras e batalhas? Isso é como jogo de bara-

---

25 Rosa, *Grande Sertão*, p.3.

lho, verte, reverte".[26] O velho continua a falar da Coluna Prestes, lembrando como as tropas rebeldes roubavam cavalos de fazendas locais. Um exemplo dentre vários, no qual escritores citam a Coluna como forma de inserir eventos históricos em seus contos fictícios sobre o interior.[27] Guimarães Rosa também chama a atenção para a palavra *sertão*, indiscutivelmente o termo geográfico e topográfico mais difundido no Brasil. Nas últimas décadas, o termo tem se restringido mais à zona do interior do Nordeste, mais árida que a caatinga e assolada por períodos de seca. Esse topônimo climatológico foi popularizado por Euclides da Cunha em seu livro *Os sertões*, de 1902, um relato dos combates sangrentos na década de 1890 entre o exército federal e uma comunidade messiânica-milenarista em Canudos, no interior da Bahia. *Os sertões* representou um marco cultural e político, influenciando gerações de brasileiros, inclusive muitos dos líderes da Coluna Prestes. No entanto, o termo sertão surgiu muito antes do famoso livro de Cunha. De acordo com Rex P. Nielson, a palavra sertão teve origem na cartografia dos exploradores portugueses dos séculos XVI e XVII, como forma de representar a extensão desconhecida de terras no interior do Brasil:

> o sertão representava paradoxalmente um espaço que não podia ser mapeado. Mapear, ou seja, situar o sertão dentro da racionalidade da grade epistemológica do conhecimento europeu seria dotar o sertão de qualidades que contradizem sua própria definição como signo do desconhecido.[28]

À medida que a presença colonial se expandia para dentro do território brasileiro, o que significava que mais terras poderiam ser mapeadas e "conhecidas", novos adjetivos serviriam para descrever os vários tipos de paisagens interiores. Segundo Carlos Bacellar, nos séculos XVII e XVIII, encontram-se referências a *sertão desconhecido, sertão desabitado, sertão bravio* e *sertão despovoado*. No século XIX, conforme o sertão se tornava difundido e, portanto, passível de modificação, o termo *interior* surgia como forma de demarcar um espaço que não era nem o litoral, nem o sertão; como Bacellar observa, "que não era a capital, mas também não era o sertão infestado

---

26 Ibid., p.82.

27 Para uma discussão sobre o tema da Coluna Prestes em *Grande Sertão: Veredas*, ver Mozzer, Presença da Coluna Prestes nas veredas do Grande Sertão.

28 Nielson, The unmappable Sertão, p.10.

de indígenas, perigoso, porém rico de oportunidades".[29] Postos avançados comerciais e administrativos, ligados ao litoral e entre si por novas redes viárias pelo interior, ajudaram a estabelecer um meio-termo imaginativo entre o litoral e o sertão.

O surgimento do interior é evidente nas crônicas de exploradores estrangeiros, como *Travels in the Interior of Brazil* (1812), do geólogo britânico John Mawe, e *Voyages dans l'intérieur du Brésil* (1830), do botânico francês August de Saint-Hilaire. Nesses relatos de viagem, os autores estrangeiros usam tanto os termos interior quanto sertão, o que sugere que *interior* não era simplesmente uma maneira mais fácil de traduzir *sertão* para o inglês ou o francês. Ao contrário, eram termos distintos e difundidos, e os viajantes estrangeiros provavelmente eram influenciados pela forma como seus guias e contatos locais descreviam aqueles territórios. Os registros de arquivos históricos confirmam essa tendência. A partir do início da década de 1820, artigos do *Diário do Rio de Janeiro*, para citar um exemplo, mencionavam constantemente "o interior do país", e, em 1829, os anais do parlamento continham discursos que faziam referência ao interior.[30] Sob o prisma de um desenvolvimento que se daria longe da costa, o interior passou a representar um espaço quase fora de alcance – distante o suficiente para ainda representar riscos, mas perto o bastante para oferecer o potencial de assentamento ou extração. O termo continuou vago e ambíguo e, à medida que as atividades comerciais e os centros populacionais se expandiram ainda mais para o interior, o interior também se expandiu. Aquele que se dispusesse, poderia olhar ao longe, em aparentemente qualquer direção, e encontrar um interior no horizonte.

Ao longo do século seguinte, sertão e interior continuaram a coexistir, cada qual com seu nuance para significar regiões não costeiras. O sertão, que em primeira instância era o desconhecido não mapeado, passou a referir à região Nordeste – um processo em muito acelerado pela publicação de *Os sertões* de Euclides da Cunha em 1902.[31] Outro termo popularizado por Cunha

---

29 Bacellar, São Paulo and its interior in the 18th and 19th Centuries, em Blanc e Freitas, *The Interior*.

30 Por exemplo, Livros à venda, *Diário do Rio de Janeiro*, 20 de julho de 1822, p.2; e discurso do sr. Hollanda Cavalcante, reproduzido no *Annaes do Parlamento Brasileiro*, 6 de maio de 1829, p.13.

31 Embora originalmente um nome pejorativo – status que persiste até hoje –, o *sertanejo* também seria reapropriado por intelectuais e líderes culturais do Nordeste nas primeiras décadas do século XX, como forma de reforçar uma identidade regional. Para mais informações, ver Albuquerque, *The Invention of the Brazilian Northeast*.

foi *sertanejo*, que se tornou referência para os habitantes daquela região. A relação entre os termos sertão e sertanejo explica o fato de os líderes da Coluna Prestes e seus seguidores ao longo do litoral utilizarem todos os três termos sertão, sertanejo e interior. (No léxico das figuras sertanejas há também o jagunço, pistoleiro contratado, como o protagonista de Guimarães Rosa, Riobaldo; o coronel, oligarca rural que contratava jagunços; e o cangaceiro, bandido e fora da lei que percorria o interior.) Durante a marcha dos rebeldes na década de 1920 e da sua consequente mitificação, o sertão era mais tipicamente, embora não exclusivamente, uma referência ao Nordeste que por si só era um termo incipiente no início do século XX. O interior, por outro lado, poderia ser usado como uma referência mais ampla a qualquer uma das terras ao longo de sua rota. Em um país tão grande quanto o Brasil, onde terminologias para as áreas não costeiras têm sido constantemente usadas como ferramentas de construção da nação, o interior ultrapassou a função de um rótulo geográfico limitado para se tornar uma categoria relacional e imaginativa. Quando se desvia dessa perspectiva limitada, quase qualquer lugar pode ser um interior. Voltando a Guimarães Rosa – se o sertão está em toda parte, o interior também está.

CORPUS, FONTES E ESCOLHAS AUTORAIS

A Coluna Prestes inspirou um extenso corpus. Edmar Morel calcula que, ao juntar a produção jornalística, os artigos acadêmicos e os livros – tanto em português como em outras línguas – somam-se mais de 5 mil obras sobre a Coluna.[32] Entre as publicações mais extensas, existem mais de sessenta livros escritos por estudiosos acadêmicos, jornalistas e escritores locais. Na primeira categoria, de produção acadêmica, a escritora mais prolífica é Anita Prestes, filha de Luís Carlos Prestes e professora de história da Universidade Federal do Rio de Janeiro (UFRJ).[33] Não é de se surpreender que talvez seus livros tendam a exaltar seu pai e perpetuar a lenda triunfante da Coluna. Mas a abordagem relativamente acrítica de Anita Prestes está também presente na maioria dos estudos.[34] Tomemos, por exemplo, o livro

---

32 Morel, *A Marcha da liberdade*, p.74.

33 Suas publicações incluem *A Coluna Prestes*; *Luiz Carlos Prestes*; e *Viver é tomar partido*.

34 Uma exceção é Diacon, Searching for the lost Army.

romantizado de 1974 de Neill Macaulay, professor da Universidade da Flórida que combateu ao lado de Fidel Castro na Revolução Cubana – no qual descreve o interior brasileiro em analogia à Sierra Maestra da tradição revolucionária cubana.[35] A segunda categoria, e sem dúvida a mais volumosa, inclui relatos jornalísticos e contos populares.[36] Apesar da grande variedade em seus contextos – por terem sido publicados entre as décadas de 1950 e 2010 –, eles perpetuam a mesma narrativa dominante.[37] Muitos recontam as várias batalhas e expedições da jornada rebelde e, quando não, apresentam o próprio escritor refazendo uma parte ou mesmo toda a marcha da Coluna, como um tipo de hagiografia de peregrinação.[38] Uma terceira categoria abrange livros regionais sobre a passagem da marcha por cidades ou estados específicos; sendo que, muitas vezes, escritores locais procuram destacar sua cidade ou região situando-as na lenda da Coluna.[39] Embora esta obra, minha história do interior sobre a Coluna Prestes, represente uma intervenção-chave no corpus existente, há aqui um engajamento com as três categorias acima para uma triangulação dos dados de arquivo e um melhor entendimento de como tais publicações mantiveram a lenda dominante.

Este livro dialoga diretamente com um subcampo da historiografia brasileira sobre regionalismo que examina os tópicos: formação de identidade (tanto local quanto em relação ao Estado-nação), cultura e desenvolvimento político em determinadas áreas. Nos anos 1970, um trio de historiadores sediados nos EUA publicou obras seminais de história do Rio Grande do Sul, de Minas Gerais e de Pernambuco.[40] E nas décadas seguintes, acadêmicos brasileiros como Ademir Gebara, Marco Antônio Silva e Durval Muniz de Albuquerque Jr. ajudaram a estabelecer um campo vibrante de estudos, com uma revista acadêmica dedicada ao tópico, a

---

35 Macaulay, *Prestes Column*.

36 Exemplos incluem Meirelles, *As noites das grandes fogueiras*; e Morel, *A marcha da liberdade*.

37 Uma exceção é Menezes, *Coluna Prestes*, escrita por um coronel aposentado do exército cujo objetivo principal é desmascarar o mito da Coluna Prestes como sendo um exemplo triunfante e patriótico de brilhantismo militar.

38 Tem-se um exemplo revelador, misto de mitologia e pesquisa, em livro de 2009 em que três escritores refazem o trajeto que, em 1988, eles mesmos haviam percorrido, retraçando os passos de toda a jornada da rebelião de quase 25 mil quilômetros. Amaral, *Expedição sagarana*.

39 Dentre os mais de vinte livros regionais, têm-se Otaviano, *A Coluna Prestes na Paraíba*; Bandeira, *A Coluna Prestes na Bahia*; e Castro, *A Coluna Prestes no Piauí*.

40 Love, *Rio Grande do Sul and Brazilian Regionalism*; Wirth, *Minas Gerais in the Brazilian Federation*; Levine, *Pernambuco in the Brazilian Federation*.

Revista de História Regional.[41] Este campo de estudos permanece forte, tanto no Brasil quanto no exterior. Mais recentemente, os estudos têm se concentrado quase inteiramente em duas regiões: Nordeste e São Paulo, e por bons motivos, pois são duas das regiões mais emblemáticas do país.[42] Uma história do interior sobre a Coluna Prestes – uma rebelião que teve origem em São Paulo e cuja fama surgiu em grande parte de sua eventual marcha pelo Nordeste – incluirá a análise dessas duas importantes regiões. Mas, ao traçar o trajeto da Coluna Prestes por grande parte do território brasileiro, é necessário também elevar o perfil de regiões menos estudadas (como o Paraná mais ao sul e o Maranhão mais ao norte) e analisá-las uma em relação à outra, mostrando sob o prisma da marcha da Coluna que áreas longínquas e distintas passaram a ser vistas como pertencentes a um único interior brasileiro. Como o interior não pode ser definido como pertencente a nenhuma região, é imprescindível transpor as abordagens regionalistas – as que discutem a forma como concepções de identidades regionais influenciam a construção do Estado e da sociedade civil – e adotar uma categoria geográfica espacial mais ambígua, como interior. Dado o tamanho do Brasil, é difícil estudar a história de várias regiões dentro de uma única conjuntura. Para evitar homogeneizar ou abstrair o interior, e procurando entender a convergência das identidades regionais, utilizo a Coluna Prestes como vetor móvel para compreender o interior do Brasil como um espaço plural e multirregional.

Ao focar em discurso e modernidade, este livro de história do interior sobre a Coluna Prestes dialoga também com estudos sobre mitologia, particularmente no que se refere à linguagem e ao processo de popularização de tais narrativas.[43] Neste livro, "mito" e "lenda" são usados quase indistintamente para referir à percepção prevalecente da marcha rebelde pelo interior. Como história de origem do Brasil moderno, em que a Coluna se tornou um símbolo geográfico para inaugurar uma nova era na política nacional, sua lenda reflete a natureza diacrônica das mitologias contempo-

---

41 Gebara et al., *História Regional*; Silva, *A República em migalhas*; Durval Muniz de Albuquerque Jr., *A Invenção do Nordeste e outras artes*.

42 Weinstein, *The Color of Modernity*; Blake, *The Vigorous Core of our Nationality*; Woodard, *A Place in Politics*; Sarzynski, *Revolution in the Terra do Sol*; Campbell, *Region out of Place*.

43 Uma análise útil da linguagem e da mitologia moderna vem do teórico literário e semiólogo Roland Barthes, *Mythologies*. E para uma reflexão específica do Brasil sobre mitos e nacionalidade, ver Viotti da Costa, *The Brazilian Empire*.

râneas: em um espaço de tempo relativamente curto, a atenção gerada pela Coluna transformou *notícia* em *memória*, fazendo da marcha pelo interior um poderoso, embora contestado, objeto de significado coletivo. Como será discutido ao longo deste livro, o simbolismo de longa data ligado ao interior do Brasil serviu como elemento central para sustentar o perfil discursivo e geográfico da mitologia da Coluna Prestes.

Em termos de fontes de pesquisa, este livro se baseia em cinco componentes principais: documentos de arquivos, memórias escritas por ex-oficiais da Coluna Prestes, publicações em jornais, obras culturais, histórias orais e locais, e monumentos memoriais. O projeto envolveu visitas de pesquisa a diversos acervos em seis estados brasileiros, incluindo os principais e maiores do Rio de Janeiro e São Paulo, bem como arquivos regionais menores do interior. As fontes brasileiras foram complementadas com pesquisas nos arquivos nacionais dos Estados Unidos e do Reino Unido, cujos relatórios consulares forneceram detalhes importantes sobre a rebelião. Os registros de arquivo foram lidos sob a ótica de quem busca saber como os rebeldes, o exército e suas audiências pensavam e representavam o interior.

O segundo tipo de fonte é o corpus de memórias sobre a Coluna Prestes. Sua análise enfoca aspectos que os escritores escolheram incluir em seus livros sobre sua experiência no interior, situando tais memórias nos períodos em que foram escritas (entre as décadas de 1930 e 1950). Como testemunhos de experiências no campo – sejam eles escritos alguns anos ou algumas décadas depois da Coluna –, os livros de memórias servem como fontes primárias mais longas. Mas diante dos diversos contextos em que foram redigidos, e da natureza retrospectiva deste gênero, os livros de memórias também apresentam vários desafios. Como nem todos os líderes tenentistas escreveram memórias, alguns textos-chave serviram de base para construir argumentos mais amplos, principalmente as memórias de Lourenço Moreira Lima, secretário oficial da Coluna. Utilizando fontes históricas adicionais (incluindo outros livros de memórias), busquei corroborar os detalhes mais importantes das memórias, embora isso nem sempre tenha sido possível. Como com qualquer outra fonte, as memórias têm suas riquezas analíticas, bem como suas armadilhas, portanto o uso das memórias em diferentes pontos ao longo deste livro foi sempre explicitado. Foram também feitas comparações das memórias com os fatos descobertos nos arquivos. Vários livros de memórias contêm a reprodução de fontes primárias, como cartas entre rebeldes e boletins do alto-comando. No entanto, a pesquisa feita em vários acervos evidenciou que nem todos esses documentos foram reproduzidos na íntegra, excluindo seletivamente os casos em que os soldados rebeldes foram colocados em frente a um pelotão de fuzilamento por seus próprios líderes por terem estuprado mulheres do local ou quando as tropas desertavam continuamente a rebelião. Em diálogo com estudos sobre silêncios nos dados de arquivos, analiso esses exemplos de omissão de memórias para mostrar como a apresentação parcial de documentos históricos constitui uma forma de criação de mitos.[44]

O terceiro grupo de fontes inclui todo tipo de comentário público, ou seja, artigos de jornais, romances e poemas. Como John Charles Chasteen escreveu em seu estudo sobre caudilhos nas fronteiras do Sul do Brasil, "dado que os mitos vivem mais em jornais do que em arquivos, oratória política, ficção, ou teatro, nossa exploração do tópico nos levará a esse tipo de fonte de material".[45] Em termos de jornais, foi criado para esta pesquisa um banco de dados de quase mil artigos do século XX, a maioria dos quais foram consultados usando o acervo online Hemeroteca Digital da Biblioteca Nacional. Semelhante à leitura que fizemos dos documentos de arquivo, nas fontes de jornais, a pesquisa procurou olhar para além dos fatos da rebelião (localização da tropa ou o número de soldados feridos), de modo a examinar como a experiência no interior estava sendo retratada. E no âmbito da cultura, a análise inclui romances e poemas escritos sobre a Coluna – tanto as perspectivas positivas quanto as negativas – como forma de se rastrear os legados simbólicos da marcha.

A quarta fonte são as histórias orais obtidas dos moradores do interior que foram coletadas por jornalistas no final do século XX. Essas entrevistas revelam uma gama de memórias e múltiplas verdades relacionadas à Coluna. Embora tenha visitado pessoalmente muitas das regiões onde esses testemunhos foram coletados, os entrevistados haviam falecido décadas antes da pesquisa deste livro, o que significa que não foi possível confirmar certos detalhes. Tal como a análise dos livros de memórias, as histórias orais são abordadas com um olhar crítico em relação ao que seus

---

44 Do vasto corpo de trabalho, destaca-se um livro recente de Thomas, Fowler e Johnson, *The Silence of the Archive*.

45 Chasteen, *Heroes on Horseback*, p.133.

significados transmitiam tanto no momento de sua coleta, quanto como um símbolo de tendências históricas mais amplas. A quinta fonte de dados desta pesquisa baseia-se nos locais de memória e monumentos que homenageiam tanto os rebeldes, como os soldados que os perseguiram. Mais de uma dúzia de memoriais em todo o Brasil foram rastreados e analisados. Tais evidências físicas vão desde grandes monumentos e museus projetados por Oscar Niemeyer a pequenas lápides e estátuas.

Convém também explicar várias das escolhas autorais. Ao contrário da maior parte da literatura da Coluna, nesta obra os detalhes da marcha (por exemplo, movimento de tropas e batalhas) são postos em segundo plano, enquanto o enfoque é dado nos significados que foram atribuídos a esses fatos. Como tal, este livro não é uma história militar, mas sim uma história política e cultural da Coluna e do seu legado. Das 150 batalhas da Coluna Prestes, apenas duas dúzias são mencionadas. Ao escolher discutir uma batalha, sinalizo aos leitores os momentos da Coluna que moldaram sua lenda; isso se relaciona tanto à história heroica (por exemplo, o sucesso de Prestes no campo de batalha ou quando os rebeldes construíram alianças com grupos locais) quanto à contranarrativa, como o fato de a marcha ao interior ter sido acidental ou o papel da sorte em várias das vitórias. O objetivo é fornecer uma noção geral de como a rebelião progrediu sem se prender aos detalhes que, por quase um século, fascinaram o público, os jornalistas e os estudiosos. Em termos de pessoas, somente aparecem os nomes e informações biográficas de um número seleto de oficiais que desempenharam papéis importantes durante a Coluna e nas décadas seguintes – além do pequeno, mas importante, número de mulheres que marcharam com os rebeldes. Caso contrário, busquei priorizar a indicação dos nomes dos habitantes locais e de suas cidades como forma de chamar a atenção para as comunidades interiores.

O interior do Brasil apresenta uma série de paisagens imponentes e diversificadas, o que facilita um exagero nas descrições do ambiente e da topografia. Por isso, exceto em pequenas doses, evita-se o tipo de observações mais profusas sobre o interior que, já há muito, tem sido um ponto de referência para escritores e exploradores. Também são deixados de lado muitos dos pormenores disponíveis nos inúmeros livros sobre a Coluna. Já existe um vasto corpus a respeito que descreveu vividamente suas batalhas e as minúcias do cotidiano durante a longa marcha. Muitas vezes, tendo como base as mesmas fontes de memórias, a maioria dos livros tende a mencionar, por exemplo, como os rebeldes passavam grande parte de seu tempo de inatividade (jogando cartas), sua maneira preferida de usar livros (arrancando páginas para enrolar cigarros), ou o fato de Prestes quase ter morrido no Rio Tocantins (ainda estava aprendendo a nadar). Em contrapartida, optei por eludir essas anedotas para então focar nos significados das histórias principais em questão.

Por fim, uma nota sobre os mapas. Neste livro constam sete mapas que mostram a progressão da Coluna – eles têm o objetivo de dar aos leitores uma noção da cronologia e da cartografia do Brasil histórico. Ao longo do livro, esses mapas históricos, publicados em jornais em diferentes momentos no século XX retratando a Coluna, são também analisados. Como será visto, tais mapas representam o que denomino de picaresco cartográfico e são analisados como parte da conjuntura geral de como a Coluna Prestes se inspirou no simbolismo do interior do Brasil para influenciar a história do espaço geográfico e da nação.

Estrutura do livro

A Coluna Prestes ocorreu de 1924 a 1927, mas apenas metade do livro se refere aos dois anos e meio em que os rebeldes tenentistas percorreram o interior do Brasil. A outra metade concentra-se em eventos anteriores – fornecendo o contexto para as histórias territoriais que se expandiriam após a rebelião de 1924 – ou mesmo depois, ao longo do século XX, quando reverberavam as histórias entrelaçadas da Coluna Prestes e do interior. O primeiro capítulo destaca a influência do livro *Os sertões*, de 1902, de Euclides da Cunha, e fornece informações sobre o movimento tenentista e a história das forças armadas do Brasil no início do século XX, culminando na rebelião de 1924 em São Paulo que evoluiria para a Coluna Prestes. O segundo capítulo marca o início da série de cinco capítulos sobre a própria Coluna. Ao longo deles, aprendemos sobre a marcha rebelde rumo ao norte, ao redor do Brasil, e de volta ao exílio, as interações com os moradores locais, as comunicações com seus defensores nas cidades do litoral e os inúmeros elementos que facilitaram o surgimento e o desenvolvimento da sua mitologia.

Os últimos quatro capítulos do livro traçam o legado da Coluna por quase um século. O sétimo capítulo mostra como a lenda aderiu firmemente à figura de Luís Carlos Prestes entre o exílio em fevereiro de 1927 e a Revolução de 1930 que resultou na tomada do poder por Getúlio Vargas. O capítulo oitavo mapeia os legados geográficos do tenentismo durante a Era Vargas (1930-1954), examinando de perto o impasse entre Prestes e Vargas, e dando especial atenção à onda de livros de memórias escritos por antigos rebeldes. O novo capítulo entrelaça exemplos de cultura e comemoração entre as décadas de 1940 e 1980. Aqui, são analisados romances e poesias ao lado de três momentos emblemáticos relacionados à Coluna – seu 30º aniversário em 1954, seu 50º aniversário em 1974 e a morte de Prestes em 1990. O décimo e último capítulo aborda as batalhas de memória da década de 1990, explorando três casos específicos: livros sobre a Coluna – incluindo um escrito pela filha de Prestes, Anita Prestes –, um monumento a Luís Carlos Prestes, e um pequeno escândalo ocorrido quando documentos históricos foram divulgados por um acervo no Rio de Janeiro. O décimo capítulo também evidencia que, na véspera do século XXI, reflexões sobre a passagem da Coluna pelo "velho" Brasil da década de 1920 foram um meio de se lamentar as mudanças provocadas no século XX na tentativa de modernizar o interior. Por fim, o livro encerra com um epílogo no qual meu diário de viagem é apresentado em primeira pessoa relatando minha pesquisa no interior brasileiro, e discutindo sobre o que os locais de memória simbolizam e como impactam na forma que a Coluna Prestes é lembrada nos dias de hoje.

❧ CAPÍTULO 1 ❧

A REBELIÃO E O SERTÃO

> A animalidade primitiva, lentamente ex-
> pungida pela civilização, ressurgiu, inteiriça.
> Desforrava-se, afinal. Encontrou nas mãos, ao
> invés do machado de diorito e do arpão de osso,
> a espada e a carabina. Mas a faca relembrava-lhe
> melhor o antigo punhal de sílex lascado. Vibrou-a.
> Nada tinha a temer. Nem mesmo o juízo remoto
> do futuro.
>
> *Os sertões*, de Euclides da Cunha

Estas foram as últimas frases do que veio a ser um dos livros mais influentes da literatura brasileira: *Os sertões*, de Euclides da Cunha, de 1902.[1]
Com formação em engenharia militar, Cunha, também jornalista, foi enviado para o interior da Bahia como correspondente de guerra do jornal
O Estado de S. Paulo, incumbido de escrever sobre o confronto no final da
década de 1890 entre o exército e um movimento messiânico-milenarista
envolvendo cerca de 30 mil moradores do arraial de Canudos. Na época

---

1 Cunha, *Os sertões,* p.328.

de sua chegada em 1897, três expedições do governo já haviam tentado sem sucesso derrotar os defensores da comunidade de Canudos, liderados pelo pregador itinerante Antônio Conselheiro. Cunha presenciou a quarta e última investida, através da qual o exército finalmente ocupou Canudos e destruiu o vilarejo. O quarto ataque terminou de forma notória com o degolamento de vários moradores capturados como prisioneiros de guerra pelo exército. Dos quase 30 mil residentes de Canudos, apenas um punhado, entre mulheres e crianças, sobreviveu. Fora em grande parte através dos relatórios e livros de guerra de Cunha que a violência em Canudos veio a impactar profundamente a forma como os brasileiros viam seu caráter nacional. Nas palavras de Robert Levine,

> é mostrado aos leitores de *Os sertões* que os novos símbolos do progresso brasileiro – as cidades em expansão do litoral com seus artefatos de cultura material importados do exterior – mascaravam os impulsos primitivos e antissociais ainda presentes no interior rural.[2]

Ao longo do livro, enquanto Cunha lida com seu recém-descoberto respeito pelos habitantes locais e com seu repúdio pela violência feroz das forças do governo na destruição de Canudos, os leitores são confrontados com um dilema inquietante: seria o litoral brasileiro realmente mais civilizado que o interior?

Os sertões oferece um bom ponto de abertura para um livro sobre a Coluna Prestes e uma história do interior do Brasil contemporâneo. Em muitos aspectos, a Coluna foi herdeira dos discursos afamados por Euclides da Cunha. Como veremos, os líderes da Coluna utilizaram os vocábulos de Cunha sobre as paisagens do sertão, imitaram sua maneira de descrever a população e se viam como continuadores de seu legado ao chamar a atenção para as realidades da vida local. Cunha ajudou a disseminar as narrativas entrelaçadas dos espaços no interior do país e de suas comunidades. Antes de descrever as batalhas em Canudos, por exemplo, *Os sertões* abre com um primeiro capítulo sobre "A terra" seguido de um segundo capítulo sobre "O homem". Essa dualidade se tornaria um tema-chave na lenda da Coluna Prestes, segundo a qual os rebeldes atravessaram heroicamente vastos espaços no coração do Brasil enquanto iluminavam a verdadeira natureza –

---

2 Levine, *Vale of Tears*, p.4.

e o potencial temível – de seus habitantes. Assim como na descrição de Canudos feita por Cunha, no simbolismo predominante da Coluna Prestes também estavam subjacentes questões sobre civilização, atraso e o perfil geográfico do futuro da nação.

Em referência à obra seminal de Euclides da Cunha, este capítulo se intitula "A rebelião e o sertão", uma leve refração do título traduzido de *Os sertões* em inglês, *Rebelião no sertão* [*Rebellion in the Backlands*]. Essa mudança intencional serve para sinalizar um elemento importante e muitas vezes negligenciado na história da Coluna Prestes: os rebeldes na década de 1920 jamais tiveram a intenção de levar sua luta para os sertões. Ao contrário, o movimento tenentista fora inicialmente organizado por e para regiões ao longo do litoral. Este capítulo tem duas seções que mostram as conexões entre Canudos e a Coluna Prestes no contexto das mudanças políticas do final do século XIX e início do século XX. A primeira discute *Os sertões* e como a representação da guerra de Canudos desencadeia certos discursos sobre o espaço geográfico que seriam predominantes na lenda da Coluna Prestes. A segunda parte se concentra no exército – a instituição da qual a Coluna emergiria – e no movimento político de oficiais frustrados do exército que irrompeu na década de 1920, depois chamado de tenentismo. Debater o papel do exército é ainda mais importante, pois, antes de 1930, quando Getúlio Vargas iniciou o primeiro sistema político centralizado do Brasil, o exército era praticamente a única instituição nacional, o que significa que, quando Prestes liderou os rebeldes em sua marcha de quase 25 mil quilômetros, a autoimagem do exército como o órgão mais representativo do país ganha uma espécie de legitimidade territorial.

Um olhar litorâneo em Canudos

Há um vasto subcampo de estudos sobre Euclides da Cunha e o impacto de *Os sertões*.[3] Como tal, o objetivo aqui não é resumir o livro nem analisar as múltiplas formas pelas quais ele moldou o pensamento social brasileiro sobre questões de raça, região e modernidade. Em vez disso, pro-

---

3 Um ensaio historiográfico útil sobre *Os sertões* é o de Oliveira, Euclides da Cunha, *Os sertões* e a invenção de um Brasil profundo. Um livro recente que oferece uma nova análise das representações da guerra de Canudos é o de Johnson, *Sentencing Canudos*.

pomos articular um conjunto de temas sobre *Os sertões* como forma de situar a formação, cerca de duas décadas depois, da Coluna Prestes.

Primeiramente, Cunha e seus relatos ganharam grande notoriedade dentro da sociedade litorânea devido ao advento da mesma plataforma que logo promoveria a lenda da marcha tenentista pelo interior: os jornais. Embora menor que o *boom* da mídia na década de 1920, o setor jornalístico brasileiro na virada do século XX se beneficiava da recente expansão das linhas telegráficas pelo interior do país – uma ponte entre litoral e interior também possibilitada, por volta dessa época, pela construção de ferrovias e pelo advento dos navios a vapor. Os relatórios de Cunha enviados das linhas de frente em Canudos, juntamente com os de jornalistas de oito outros jornais enviados para cobrir a fase final e mais dramática do combate, fazem parte das primeiras reportagens de guerra do Brasil. Como observa Levine,

> Devido ao fascínio universal por histórias sobre fanáticos religiosos enlouquecidos, o conflito de Canudos inundou a imprensa, invadindo não apenas editoriais, colunas e artigos de notícias, mas até matérias especiais e tiras humorísticas. Pela primeira vez no Brasil, os jornais foram usados para criar uma sensação de pânico geral.[4]

Esse pânico vinha se acumulando ao longo da transição de quase um século contra a dominação colonial. Embora tanto o estabelecimento do Brasil Império, em 1822, quanto a Proclamação da República, em 1889, tenham ocorrido sem guerra de independência, ao contrário da maior parte da América Latina, uma série de revoltas de escravos e de outros grupos oprimidos mantinha as elites brasileiras no limite. Essas rebeliões não só fizeram que as elites temessem uma versão brasileira da Revolução Haitiana, mas a ocorrência praticamente constante delas ao longo do século XIX minava a narrativa elitizada do Brasil como uma nação pacífica e civilizada. Após décadas de revoltas em menor escala, a maior parte tendo gerado pouca atenção da mídia ou do público, a Guerra de Canudos irrompeu nas manchetes e no imaginário da nação. Na primeira década do governo republicano, a cobertura jornalística da guerra abalou o senso de excepcionalidade da sociedade dominante.

Um dos aspectos da reportagem de Cunha que o diferenciava era a atenção que dava ao contexto social de Canudos. Enquanto a maioria dos

---

4 Levine, *Vale of Tears*, p.24.

outros jornalistas permanecia atenta aos militares, ele se aventurou para além, realizando sua própria pesquisa, conversando com os moradores e explorando as paisagens da região. Sem se limitar a relatar os detalhes sangrentos da guerra, procurou entender por que isso estava acontecendo nesse local específico da nação brasileira. Como Edvaldo Pereira Lima observou,

> Trazendo para o campo sua formação cultural em positivismo e darwinismo social, por um lado, e naturalismo – aplicado tanto à ciência quanto à literatura – por outro, [Cunha] escreveu relatos de guerra evitando a abordagem de seus concorrentes que era superficial e orientada para fatos, para, ao invés, dar uma perspectiva pessoal à situação dramática.[5]

Convém notar que o positivismo foi uma ideologia popularizada pelo filósofo francês August Comte, do século XIX, segundo o qual a sociedade deveria ser governada por uma visão racional. As academias militares dependiam fortemente dos ensinamentos positivistas, instruindo cadetes como Euclides da Cunha a verem a sociedade como que passando por etapas de progresso e civilização. Com essas ideias em mente, Cunha relatava sobre os habitantes de Canudos com um olhar voltado para o local deles dentro de uma lógica mais abrangente da sociedade brasileira.[6]

A atenção dada às histórias pessoais no sertão produz então o primeiro exemplo brasileiro de não ficção jornalística, o que o posicionaria como o avô do jornalismo literário local.[7] Parte do que tornou a escrita de Cunha tão impactante foi seu foco nas pessoas que viviam no interior da Bahia – os sertanejos. Seus relatos os alçavam a um arquétipo nacionalmente reconhecido, descrevendo-os de uma maneira condescendente e desconcertante ao mesmo tempo. Como, por exemplo, ele descreve o sertanejo no trecho seguinte:

> É desgracioso, desengonçado, torto. Hércules-Quasímodo, reflete no aspecto a fealdade típica dos fracos. O andar sem firmeza, sem aprumo, quase gingante e sinuoso, aparenta a translação de membros desarticulados. Agrava-o a postura normalmente abatida, num manifestar de displicência que lhe dá um caráter de humildade deprimente (...) Entretanto, toda esta aparência de cansaço ilude. Nada é mais

---

5 Lima, "A Century of Nonfiction Solitude", p.164.

6 Um livro clássico sobre esse assunto é o de Torres, *O positivismo no Brasil.*

7 Para saber mais sobre o jornalismo literário brasileiro, ver Coutinho e Passos, "Voices in War Time".

surpreendedor do que vê-la desaparecer de improviso. Naquela organização combalida operam-se, em segundos, transmutações completas. Basta o aparecimento de qualquer incidente exigindo-lhe o desencadear das energias adormecidas. O homem transfigura-se. Empertiga-se, estadeando novos relevos, novas linhas na estatura e no gesto; e a cabeça firma-se-lhe, alta, sobre os ombros possantes aclarada pelo olhar desassombrado e forte; e corrigem-se-lhe, prestes, numa descarga nervosa instantânea, todos os efeitos do relaxamento habitual dos órgãos; e da figura vulgar do tabaréu canhestro reponta, inesperadamente, o aspecto dominador de um titã acobreado e potente.[8]

Em sua tipografia dos sertanejos, o darwinismo social de Cunha se mistura com um respeito recém-descoberto por seu potencial inato. Como popularizado pelos seus escritos, e mais tarde evidente em expedições posteriores como a da Coluna Prestes, essa dualidade repercutiria de forma mais ampla nos comentários sobre o interior.

O EXÉRCITO EM UMA ENCRUZILHADA NACIONAL

O respeito de Cunha pelos sertanejos, por mais preconceituoso que fosse, também refletia o fracasso do projeto modernizador do Brasil. O que fez deles figuras tão surpreendentes foi, em parte, a forma como se chocavam contra a visão projetada da nação brasileira, ainda em sua infância promissora após a abolição da escravidão em 1888 e o estabelecimento da Primeira República em 1889. Quando as elites litorâneas imaginavam que sua nova República poderia ser paralela ao desenvolvimento das nações "civilizadas" da Europa, os artigos de Euclides da Cunha vindos de Canudos, e depois seu livro, chocaram os leitores e deixaram claro que a busca pela modernidade teria que levar a sério as realidades de vida no país em suas vastas extensões territoriais.

Parte desses debates estava relacionada ao exército e como a nova República lidaria com a dissidência interna. Antes do início da Guerra de Canudos em 1896, o governo teve que enfrentar uma série de revoltas regionalistas no início da década, dentre elas destaca-se a Revolução Federalista de 1893 no Rio Grande do Sul, na qual os gaúchos buscavam maior autonomia estatal ante o projeto centralizador da República. Depois de quase

---

8 Cunha, *Os sertões*, p.66.

dois anos de combate, o exército conseguiu acabar com a revolta – embora os gaúchos tenham marchado até as fronteiras de São Paulo antes de serem levados de volta ao Sul. E quando a guerra em Canudos começou, Prudente de Morais, o primeiro presidente civil do Brasil, despachou o exército na esperança de uma vitória rápida e decisiva. No entanto, foram necessárias *quatro* expedições para finalmente derrotar Conselheiro e seus seguidores menos favorecidos. Mais do que uma simples prova da resiliência dos sertanejos, a luta prolongada em Canudos também atestava as deficiências do exército. Jornalistas na linha de frente enviavam histórias de incompetência militar aos leitores do litoral, o que tornou a campanha algo embaraçosa para o governo. Bastava que o exército não conseguisse derrotar facilmente um grupo de supostos fanáticos do sertão, mas o próprio comportamento das tropas do governo também punha em dúvida a visão de uma nação civilizada.

Em uma das cenas mais infames relatadas em *Os sertões*, Euclides da Cunha conta a história de soldados que atacam vorazmente em um rebanho de cabras. Ao ler este texto, pode-se questionar se os verdadeiros bárbaros eram de fato os soldados, e não os sertanejos. A cena ocorreu no final da guerra, e em um momento de suposta vitória para a nação, em que a imagem autoprojetada de modernidade é posta em questão.

> Um incidente providencial completou o sucesso. Fustigado talvez pelas balas, um rebanho de cabras ariscas invadiu o acampamento, quase ao tempo em que refluíam os sertanejos repelidos. Foi uma diversão feliz. Homens absolutamente exaustos apostaram carreiras doidas com os velozes animais em torno dos quais a força circulou delirante de alegria, prefigurando os regalos de um banquete, após dois dias de jejum forçado; e, uma hora depois, acocorados em torno das fogueiras, dilacerando carnes apenas sapecadas – andrajosos, imundos, repugnantes – agrupavam-se, tintos pelos clarões dos braseiros, os heróis infelizes, como um bando de canibais famulentos em repasto bárbaro.[9]

Nos anos e décadas após a guerra em Canudos, esse tipo de história perdurou como um lembrete do papel do exército no projeto político da nação – e do que poderia dar errado quando o exército não conseguia manter a imagem de virtuosos defensores da pátria.[10] O que se tornou ainda mais

---

9 Ibid., p.167.
10 Para mais informações sobre o exército durante esse período, ver McCann, *Soldiers of the Pátria*.

preocupante para os líderes da Primeira República foi que, nos primeiros anos do século XX, os militares se tornaram uma fonte crescente não de ordem, mas de instabilidade e de apelos à mudança política. Em 1904, cadetes da academia militar do Rio de Janeiro se juntaram a civis, moradores locais, em motins contra vacina obrigatória contra a varíola e, seis anos depois, oficiais da marinha se rebelaram tomando dois navios de guerra na Baía de Guanabara.[11] Este último evento foi particularmente revelador mostrando os problemas dentro das forças armadas e da sociedade de forma mais ampla à medida que o Brasil navegava novos rumos pós-escravidão. O motim naval foi organizado por marinheiros afrodescendentes e mestiços como forma de denunciar o castigo corporal usado por oficiais brancos. A Revolta da Chibata revelou a discrepância entre os elevados objetivos positivistas dos oficiais militares e as realidades sociais de uma sociedade estratificada.

A industrialização das cidades e a imigração estrangeira para áreas tanto urbanas quanto rurais resultaram em um enorme *boom* populacional. Entre 1890 e 1920, a população brasileira mais que dobrou, passando de 14 milhões para quase 31 milhões.[12] Grande parte da riqueza gerada por essa expansão beneficiou as elites ligadas à indústria do café e seus adeptos políticos, que formavam o núcleo do sistema de alternância de poder da época entre São Paulo e Minas Gerais, a chamada política do café com leite, que governou o Brasil durante a maior parte da Primeira República, alternando a presidência entre candidatos paulistas (o estado financeiro mais poderoso do país) e mineiros (o estado com a maior população do país). Esse domínio levou a um desequilíbrio de poder tanto em nível regional, como de classe. A crescente desigualdade também era evidente dentro das forças armadas. Como visto na Revolta da Chibata de 1910, o corpo de oficiais permaneceu quase inteiramente branco, enquanto as patentes mais baixas costumavam ser preenchidas pelas camadas mais pobres que, ao contrário das classes média e alta, não podiam escapar do serviço militar. Em seu estudo sobre o exército brasileiro, Frank McCann explica que

> devido à maioria dos recrutas vir da camada mais baixa da escala social e econômica, eles eram de pele mais escura e menos instruídos do que aqueles que obtinham

---

11 Ver Love, *Revolt of the Whip.*
12 McCann, *Soldiers of the Pátria*, p.222.

– 8 –

isenções. Os mulatos e mestiços predominavam nas patentes mais baixas, exceto na região Sul por conta dos imigrantes.[13]

Essa avaliação das forças armadas, embora breve, é importante por várias razões. Em primeiro lugar, visto que a Coluna Prestes surgiu do exército, deve-se situar sua história dentro da dos militares, particularmente no que tange aos legados do positivismo e seu impacto na geração de cadetes que atingiram a maioridade nas primeiras décadas do século XX. Como o movimento tenentista da década de 1920 foi liderado pelos militares, era possível afirmar que se tratava de uma intervenção positivista na sociedade, em vez de uma revolta irracional como a encenada por "fanáticos" civis em Canudos na década de 1890 ou na Guerra do Contestado (1912-1916) – revolta milenarista nas fronteiras do sul do Paraná e de Santa Catarina. A Coluna Prestes resultava dessa visão dos militares como uma força civilizatória para a modernidade e para o progresso. Enquanto antes o papel do exército no interior era o de suprimir revoltas regionais, a Coluna por sua vez permitia que seus partidários elevassem ainda mais a imagem dos militares como agentes heroicos do progresso nacional.

E, dados os indícios de como a Coluna seria mitificada – rebeldes brancos se aventurando no coração escuro do país –, a questão do exército é também relevante para se entender a circulação de discursos baseados em raça e cor. Como visto anteriormente, a maioria dos soldados de baixa patente no exército era de origem afrodescendente e mestiça. A única exceção, como observado, tendia a ser no Sul como no Rio Grande do Sul, com maior concentração demográfica de descendentes europeus. Em muitos aspectos, a imagem da Coluna liderada por brasileiros brancos é verdadeira, especialmente porque sua liderança era quase inteiramente eurodescendente, incluindo os comandantes do Nordeste, Ceará e de Pernambuco.

O registro arquivístico oferece poucos indícios dos soldados de infantaria e rebeldes de baixa patente que compunham a maior parte da Coluna Prestes, embora algumas fotografias da fase inicial da rebelião em 1924 – após a revolta inicial de São Paulo, mas antes de entrarem as tropas gaúchas de Prestes – mostrem uma composição étnica mista entre os escalões rebeldes (Figura 1.1). Nos meses seguintes, muitos dos rebeldes paulistas

---

13 Ibid., p.226.

cruzaram para o exílio, deixando cerca de setecentos soldados da revolta original de São Paulo para unir forças com cerca de oitocentos soldados gaúchos sob o comando de Prestes. Não se sabe a origem étnica das forças rebeldes restantes. O que se sabe é que, em geral, a Coluna foi retratada como branca. E esse retrato refletia a construção de raça no Brasil como um todo. Em seu estudo sobre São Paulo e a branquitude, Barbara Weinstein mostra que a demografia real era quase imaterial – independentemente de os paulistas serem ou não "brancos", o mais importante era o fato que, contra o contraste de um sertão não branco, eles *se tornavam* brancos.[14]

Figura 1.1 – Foto dos rebeldes perto de Guairá, Paraná, novembro de 1924. Apenas um nome é dado, o de um 4º Tenente "Abílio" (sentado, à frente). Fonte: Acervo da Fundação Biblioteca Nacional, Brasil.

Tenentismo

Como observado pelo historiador Vavy Pacheco Borges, embora tenentismo seja usado para descrever os movimentos de militares rebeldes na

---
14 Weinstein, *The Color of Modernity*.

década de 1920, o termo em si só foi criado mais tarde.[15] Na época, eram usados termos como: militares revolucionários, revoltosos, rebeldes ou revoltados. O tenentismo como um movimento político distinto, embora vagamente definido, só ganhou forma depois, após Vargas tomar o poder em 1930, quando políticos e gerações subsequentes de estudiosos procuraram discutir o movimento armado que havia derrubado a Primeira República. Existem duas linhas principais de pensamento sobre o que exatamente foi o tenentismo e como ele surgiu. Maria Cecília Spina Forjaz argumenta que o tenentismo foi produto de uma nova classe média urbana que se frustrara quando suas aspirações de ascensão social se chocaram com os sistemas arraigados da Primeira República.[16] Boris Fausto, por outro lado, sugere que o tenentismo surgiu porque os militares se viam como os guardiões das instituições do país, uma crença que teve origem na segunda metade do século XIX. Nessa última visão, as elites da Primeira República, que subiram ao poder por causa da intervenção militar no final da década de 1890, não cumpriram com sua responsabilidade para com a nação e, portanto, tiveram que ser removidas.[17] Seja qual linha for, a trajetória do movimento que ficou conhecido como tenentismo entre 1922 e 1930 é clara: oficiais militares insatisfeitos organizaram uma série de movimentos armados para derrubar o governo. Foi em meados deste período (1924 a 1927) que a Coluna Prestes se tornou o principal símbolo do tenentismo.

O movimento tenentista não possuía uma ideologia política ampla. No entanto, por ter uma plataforma, promovia reformas como a votação secreta e mais equilíbrio entre os três poderes. Seu objetivo era, essencialmente, acabar com o sistema do café com leite. Embora não tivesse uma ideologia unificadora, surgiu em oposição a um alvo claro: o presidente Artur Bernardes, ex-governador de Minas Gerais que fora selecionado pelas elites do café com leite para concorrer à Presidência em 1922. A eleição colocou os militares e Bernardes frente a frente e resultou no conhecido escândalo das cartas falsas. Cinco meses antes da eleição, o jornal *Correio da Manhã*, com sede no Rio de Janeiro, publicou duas cartas supostamente escritas por Bernardes, nas quais ele chamava o marechal Hermes da Fonseca – na época, o chefe militar mais respeitado do Brasil – de *sargentão*

---

15 Borges, *Tenentismo e revolução brasileira*, p.20.
16 Forjaz, *Tenentismo e Política*, p.24.
17 Fausto, *História geral da civilização brasileira*, vol.III, p.17.

sem compostura e *canalha*. Mais tarde, mesmo tendo sido revelado que as cartas eram forjadas, elas provocaram um clima de tensão que fez muitos militares duvidarem da legitimidade da eleição de Bernardes em março de 1922. O conflito continua e, em 2 de julho, o novo governo de Bernardes prende o marechal Hermes e fecha o Clube Militar onde ele era presidente. Três dias depois, o exército promove uma revolta no Rio de Janeiro, e o pequeno levante malsucedido termina em tiroteio ao longo da praia de Copacabana. A maioria dos soldados rebeldes que escaparam do forte mais próximo (os "18 de Copacabana") foram baleados e mortos. A revolta fracassada marca o dia 5 de julho como a data de origem do tenentismo, impulsionando outros eventos que despontavam no horizonte.

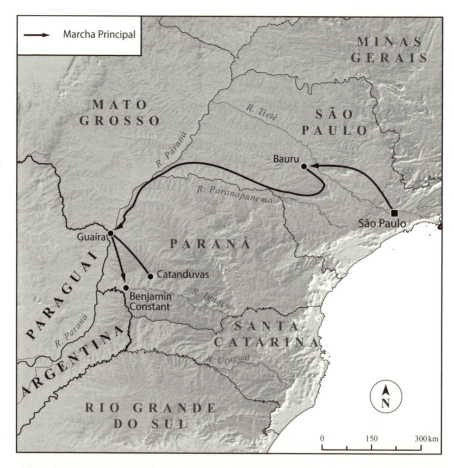

Mapa 2 – Revolta e recuo de São Paulo, julho de 1924 a abril de 1925. Cortesia de Gabe Moss.

Dois anos depois, novamente no dia 5 de julho, os rebeldes militares marcam o segundo aniversário do levante anterior comandando outra revolta muito maior. Comandada pelo general Isidoro Dias Lopes – veterano gaúcho da Revolução Federalista de 1893-1895 –, a ação coordenada previa revoltas em São Paulo, Sergipe, Pará e Amazonas. Somente a revolta em São Paulo obteve algum sucesso, sendo que as outras foram reprimidas rapidamente. Apesar dos ataques intensos do governo, os rebeldes paulistas controlaram a cidade de São Paulo por quase um mês antes de recuarem em 28 de julho e marcharem em direção à fronteira com o Paraná. A revolta causou centenas de mortes e destruição por toda a cidade.[18] À medida que os paulistas se dirigiam para o oeste, em direção ao exílio ou para organizarem outra investida ao Rio de Janeiro, surge no Rio Grande do Sul uma nova frente da rebelião. E foi de dentro dos escalões gaúchos que Luís Carlos Prestes emergiria e acabaria liderando a coluna em sua marcha pelo interior.

---

18 Para relatos contemporâneos da Revolta Paulista, ver, por exemplo, Americano, *A lição dos factos*, e Chaves Neto, *A Revolta de 1924*.

CAPÍTULO 2

A MARCHA ACIDENTAL

O que tentamos, principalmente, foi despertar as massas do interior, tirando-as da apatia em que viviam, indiferentes ao destino da nação, sem esperança de remédio para suas dificuldades e sofrimentos.[1]

Luís Carlos Prestes, 1941

A epígrafe acima reflete um dos pilares da mitologia dominante da Coluna Prestes. Como Luís Carlos Prestes constatou – naquele momento, em 1941, preso sob a ditadura do Estado Novo de Getúlio Vargas –, a lenda da Coluna retratava que desde o início os rebeldes haviam tido a intenção de ir ao interior. Com a legitimidade da Coluna vinculada à sua intenção de libertar as comunidades rurais empobrecidas do Brasil, a lenda evoluiu como um despertar intencional. No entanto, a marcha da Coluna pelo interior foi acidental: dado que a maioria dos rebeldes paulistas originais parou de lutar e foi para o exílio, e os rebeldes só rumaram para o norte quando as tropas federais bloquearam o caminho para o Rio de Janeiro. É vital ressaltar a

---

1 Luís Carlos Prestes, entrevista, *La Nación* (Chile), 28 de dezembro de 1941. In: Alexander, Brazilian "Tenentismo", p.231.

natureza acidental da marcha para que se perceba a criação do mito que impulsionou a narrativa principal da Coluna nos anos e décadas seguintes como uma conquista heroica de libertação do interior. Mais do que apenas chamar a atenção para uma narrativa enganosa, tal argumento ajuda a explicar como o simbolismo sobre o interior do Brasil pode ter um profundo impacto no mundo real, neste caso, moldando o caminho e a legitimidade de uma campanha militar.

Líderes rebeldes, primeiro em São Paulo em julho e depois no Rio Grande do Sul em outubro, nunca imaginaram uma marcha prolongada, muito menos uma que percorresse o vasto interior do Brasil. Uma leitura detalhada das etapas iniciais da marcha revela os fundamentos da narrativa que se formaria futuramente. A ascensão de Prestes para chefe da rebelião foi possibilitada não apenas por suas habilidades militares, mas também pelas falhas de seus inimigos e pela decisão de muitos de seus comandantes de abandonar a luta. E embora houvesse realmente indícios de que Prestes estava mais sintonizado com a pobreza rural do que a maioria dos seus companheiros rebeldes, a real progressão de sua visão política de mundo foi mais lenta do que sua mitologia sugere. Com o tempo, as intenções reais de Prestes e de seus compatriotas foram integradas a um objetivo mais heroico projetado posteriormente.

A revolta gaúcha

A rebelião no Rio Grande do Sul seria liderada por Luís Carlos Prestes, um engenheiro militar gaúcho de 26 anos que, após ser treinado na Academia Militar do Realengo no Rio de Janeiro, retornara ao seu estado natal para supervisionar a construção de trilhos ferroviários perto da fronteira com a Argentina. Prestes não tinha participado da revolta original dos tenentes de 1922, mas era solidário com o movimento e, em 1924, tornou-se um conspirador ativo. Ao longo da primeira metade de 1924, Prestes esteve em contato com líderes rebeldes como Juarez Távora, que pretendia organizar um levante gaúcho para coincidir com os principais eventos planejados para São Paulo. No entanto, muitos líderes gaúchos estavam hesitantes em embarcar em outra guerra, em parte pelo fato de o Rio Grande do Sul ter saído recentemente do combate do Libertador contra o governo em

1923.[2] Assim, quando as revoltas eclodiram em São Paulo, Sergipe, Pará e Amazonas em 5 de julho de 1924, nada aconteceu no Rio Grande do Sul. Nos meses seguintes, Prestes e outros conspiradores gaúchos receberam poucas notícias sobre a revolução; o blecaute de informações foi em grande parte devido ao presidente Bernardes ter declarado estado de sítio após a revolta de 5 de julho, incluindo forte censura. Mas quando as tropas paulistas seguiram em fuga para Foz do Iguaçu em setembro, conseguiram enviar informações através da fronteira para jornais da Argentina e do Uruguai. Essas notícias chegaram então aos rebeldes no Rio Grande do Sul, que também recebiam transmissões de uma estação de rádio argentina na região fronteiriça.[3]

Enquanto servia como engenheiro-chefe do 1º Batalhão Ferroviário em Santo Ângelo, Prestes se correspondia com membros das forças revolucionárias que se dirigiam em sua direção. Em carta do dia 12 de outubro, Juarez Távora escreve a Prestes que os levantes gaúchos eram necessários para revigorar a revolução. A retirada dos rebeldes durante os quatro meses anteriores os deixara encurralados nas regiões fronteiriças do oeste do Paraná, onde lutaram contra as forças armadas do governo comandadas pelo general Cândido Rondon, um dos líderes militares mais venerados do Brasil, que havia se destacado duas décadas antes por supervisionar a extensão das linhas telegráficas para o interior do Brasil e para o Peru e a Bolívia.[4] Enquanto os rebeldes lutavam contra Rondon – criando assim um impasse simbólico entre um antigo herói do interior e um novo –, sua posição pela fronteira do Paraná era uma desvantagem tanto em termos de posicionamento tático, quanto ao fato da proximidade com a fronteira facilitar deserções constantes. Távora sugeriu que "as forças do Rio Grande avançam em direção à Ponta Grossa, onde podemos todos celebrar com a derrota do Rondon".[5] Ao estabelecer o ponto de encontro na região leste do Paraná em Ponta Grossa – mais de 450 quilômetros de onde os gaúchos e os paulistas estavam posicionados –, Távora vislumbrou a revolução fazendo

---

2 Sobre o combate de 1923 no Rio Grande do Sul, ver Antonacci, *RS*.

3 Landucci, *Cenas e episódios*, p.29.

4 Sobre Rondon, ver Diacon, *Stringing Together a Nation*.

5 Carta de Juarez Távora a Luís Carlos Prestes, Artigas, 12 de outubro de 1924. Arquivo Edgard Leuenroth, Campinas, Brasil (doravante AEL), arquivos da série Lourenço Moreira Lima (LML), "Cartas", n.20, p.103-107.

uma segunda investida de volta a São Paulo e em direção à capital do Rio de Janeiro. Os levantes no Rio Grande do Sul de fato abriram uma nova frente, mas não da maneira que Távora e outros líderes esperavam. Em vez de marchar para o leste, os rebeldes gaúchos seguiriam seu caminho para o norte e se uniriam à principal concentração de paulistas que não tinham conseguido romper o bloqueio das forças de Rondon no caminho para o Rio de Janeiro.

Os comandantes dos rebeldes decidiram que a revolta gaúcha deveria começar no dia 28 de outubro. Suas tropas foram mobilizadas para quatro cidades principais: Uruguaiana, São Borja, São Luiz Gonzaga e Santo Ângelo, esta última liderada por Prestes. Embora ele não tivesse a mesma experiência militar dos outros líderes, Prestes provou ser um comandante competente e, nos dias e semanas seguintes, passou a ser o chefe não oficial da nova frente gaúcha.

O levante começou na noite de 28 de outubro, quando as forças de Prestes, formadas de recrutas militares e civis, invadiram a cidade de Santo Ângelo. Usando fitas vermelhas em seus chapéus como marca de sua afiliação rebelde, os soldados tomaram o controle da prefeitura, da estação ferroviária, do telégrafo e do arsenal da polícia.[6] Esses eventos ficariam marcados na memória local. Um residente, Armando Amaral, lembrando muitos anos depois disse que "meu coração se esprime quando lembro dos cavaleiros nas ruas da nossa cidade, quando recordo do meu pai e dos meus irmãos de lenço vermelho no pescoço. Eu fui testemunha, vi o Prestes, jovem, magro e baixo, montando um cavalo marrom".[7] Após a tomada de Santo Ângelo, Prestes distribuiu um panfleto convocando seus companheiros gaúchos a apoiarem a revolta, fosse como lutadores, ou doando seus automóveis, carroças e cavalos à causa. O levante teve resultados mistos: os rebeldes tomaram os primeiros quatro vilarejos (Santo Ângelo, Uruguaiana, São Borja, e São Luiz Gonzaga), mas não conseguiram expandir seu controle para as áreas adjacentes, principalmente em Ijuí (Figura 2.1), onde civis leais ao governador do estado atiraram nas tropas que avançavam, matando o comandante da rebelião.[8]

---

6 Macaulay, *The Prestes Column*, p.44; e Ferreira, *A Marcha da Coluna Prestes*, p.20-23.
7 Citado em "Na trilha da Coluna Prestes", *Manchete*, 13 de janeiro de 1996, p.32.
8 Ferreira, *A Marcha da Coluna Prestes*, p.20-23; Macaulay, *The Prestes Column*, p.55-56.

Figura 2.1 – Defensores legalistas de Ijuí, no Rio Grande do Sul. Assim como os rebeldes contra os quais lutavam, os defensores legalistas também se vestiam com as tradicionais roupas gaúchas. Cortesia da Secretaria Municipal da Cultura, Santo Ângelo.

A partir de meados de novembro, o comando de Prestes em São Luiz Gonzaga passou a ser a base das operações rebeldes. Sob Prestes, os rebeldes começaram a imprimir seu próprio boletim informativo, chamado *O Libertador*. Embora o título seja fundamentado nas tradições rebeldes do Rio Grande do Sul – nos conflitos passados da região –, a publicação também se inspirou nos rebeldes paulistas. A partir do levante de julho, os rebeldes paulistas passaram a imprimir um panfleto clandestino, *O 5 de Julho*, que, segundo o historiador James Woodard, foi "distribuído furtivamente, mas com surpreendente regularidade entre os seguidores pró-rebeldes".[9] O governo considerava *O 5 de Julho* uma ameaça tão grande que ofereceu uma recompensa financeira para qualquer um que pudesse revelar seus editores e impressores.[10] Para os gaúchos, *O Libertador* buscava rebater os "rumores malévolos" que circulavam em jornais pró-governo retratando os rebeldes

---

9 Woodard, *A Place in Politics*, p.138. Durante a retirada para o oeste, no início de agosto, os rebeldes paulistas publicaram duas edições de um pequeno folheto, também intitulado *O Libertador*, na cidade paulista de Assis.
10 Carneiro, Imprensa irreverente, tipos subversivos, p.27.

como ladrões assassinos.[11] Ao longo de toda a rebelião, os tenentes usariam impressoras de várias cidades pequenas para publicar dez números de *O Libertador* (Figura 2.2), que serviria como uma das principais plataformas da coluna para manter as populações locais informadas sobre seus movimentos e convocar voluntários para se juntarem à luta.

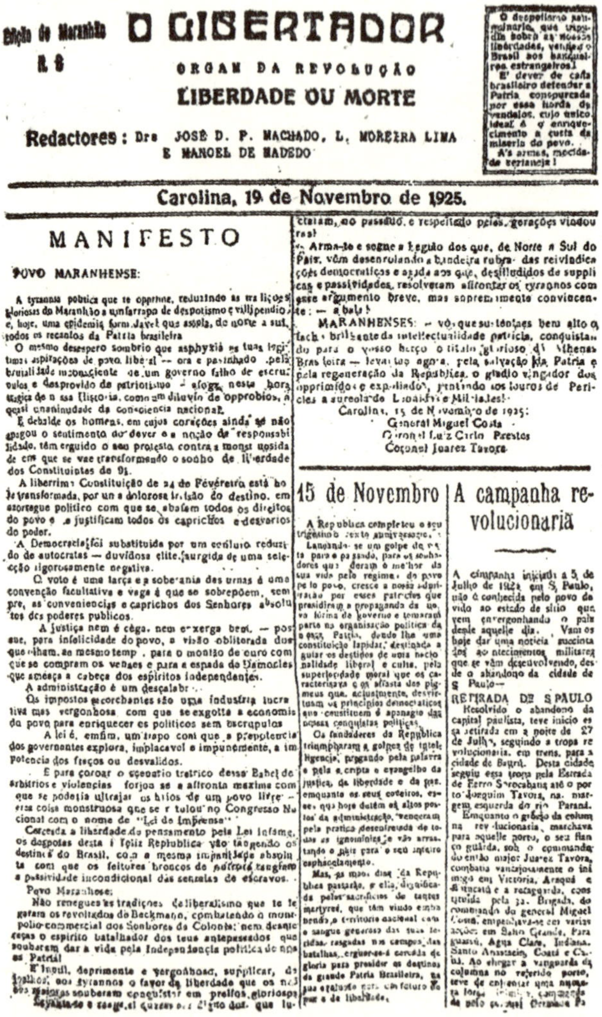

Figura 2.2 – Capa da oitava edição de O Libertador, *impressa em Carolina, Maranhão, em 19 de novembro de 1925. Cortesia do Museu Histórico de Carolina.*

---

11 *O Libertador*, incluído em University of California, Los Angeles, Special Collections, série Juarez Távora.

Depois do levante de julho em São Paulo, a revolução passou a se organizar como força única sob o comando do general Isidoro. Mas, com a nova frente lançada no Rio Grande do Sul no final de outubro, Isidoro designa os gaúchos à segunda divisão, nomeando Prestes como chefe do Estado-Maior. A promoção de Prestes não se deu somente por mérito, só aconteceu depois que a escolha original de Isidoro, o general João Francisco, partiu para o exílio na Argentina.[12] Enquanto estava estacionado em São Luiz Gonzaga como o novo chefe da divisão gaúcha, Prestes autorizou apenas uma operação importante, um ataque no dia 2 de dezembro à cidade ferroviária de Tupanciretã – após um impasse de onze horas, os rebeldes recuaram derrotados. Batalhas prolongadas e estacionárias como essas pesariam sobre Prestes, e nos meses seguintes ele desenvolveria novas estratégias que manteriam a rebelião em movimento por dois anos.

Quando Prestes e suas tropas voltaram a São Luiz Gonzaga após fracassarem em Tupanciretã, um emissário de Isidoro instruiu os rebeldes gaúchos a deixar seu estado natal, o Rio Grande do Sul. Com os revolucionários paulistas ainda entrincheirados na fronteira oeste do Paraná, o plano pedia que Prestes liderasse suas forças para o norte, em direção às regiões do Contestado e Cima de Serra. O anúncio de Prestes da marcha para o norte não foi bem recebido pelos soldados gaúchos, e muitos abandonaram a revolução em vez de seguir e deixar para trás seu estado natal. Em 27 de dezembro, Prestes e sua tropa de cerca de 2 mil soldados rumaram para o norte, mas o caminho estava bloqueado por aproximadamente 15 mil tropas legalistas.[13] Para romper o que mais tarde seria chamado de "cerco de São Luiz", Prestes planejou uma série de recuos estratégicos. Durante a noite de 27 de dezembro, enviou tropas de avanço para engajar brevemente com as forças federais antes de recuar novamente. A ação seguinte aproximou as tropas federais de São Luiz Gonzaga. Prestes ordenou que um único destacamento ficasse em combate com o inimigo para simular uma retirada completa, enquanto os demais rebeldes gaúchos se agruparam rapidamente em São Miguel das Missões. A estratégia funcionou (Mapa 3). No meio da noite, todos os sete destacamentos de tropas legalistas atacaram ao mesmo tempo sem perceber as tropas rebeldes marchando silenciosamente, afastando-se de São Luiz Gonzaga.

---

12 Carta de João Francisco a Joaquim de Assis Brasil e Isidoro Dias Lopes, 14 de janeiro de 1925. CPDOC, JF c 1925.01.14.

13 Estimativas sobre o número de tropas de Lins de Barros, *Memórias*, p.66-67, e Moreira Lima, *A Coluna Prestes*, p.595.

Antes do amanhecer, Prestes reuniu suas tropas e marchou para nordeste em direção ao rio Ijuí e, de lá, para o norte do Rio Grande do Sul.[14] A notícia da manobra repercutiu pelos escalões rebeldes, gerando amplo reconhecimento, inclusive do alto-comando paulista. João Francisco escreveu a Prestes para dar os parabéns, dizendo que "rompendo o cerco do inimigo, desbaratando-o e seguindo o rumo desejado, constituiu uma das mais brilhantes operações realizadas nesta campanha e é mesmo comparável às mais notáveis que o engenho e a estratégia militar já realizaram em outras épocas".[15] Tal hipérbole ajudaria a inaugurar, e manter, o status heroico de Prestes.

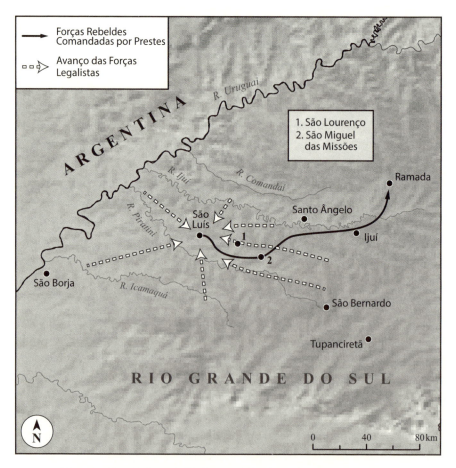

Mapa 3 – *Rota da fuga rebelde do cerco de São Luís. Cortesia de Gabe Moss.*

---

14 Anita Prestes, *A Coluna Prestes*, p.142-149.
15 Carta de João Francisco a Luís Carlos Prestes, 25 de janeiro de 1925, reproduzida em Moreira Lima, *A Coluna Prestes*, p.534-553.

Como aconteceu durante a rebelião – e ainda mais nas décadas seguintes –, narrativas locais foram surgindo ao longo da marcha da Coluna. Uma dessas oferece uma explicação para a fuga de Prestes em São Luiz Gonzaga. Quando o exército federal se preparou para atacar a cidade, um grupo de donas de casa começou a rezar à Santa Lourdes, oferecendo construir um santuário em sua homenagem se ela ajudasse a poupar a cidade. Santa Lourdes, segundo conta a história, atendeu às rezas das mulheres e ajudou a orientar Prestes na manobra noturna. Como pode ser visto na Figura 2.3, as mulheres mantiveram sua promessa e, dois anos depois, construíram um santuário para Nossa Senhora de Lourdes.

Figura 2.3 – Inauguração da Gruta de Nossa Senhora de Lourdes, 12 de dezembro de 1926, São Luiz Gonzaga, RS. Cortesia da Secretaria Municipal da Cultura, Santo Ângelo.

Os rebeldes seguiram para o norte (Mapa 4) e no dia 9 de janeiro chegaram ao Rio Uruguai, divisa do Rio Grande do Sul com Santa Catarina. As fortes chuvas tornaram o rio intransitável e os rebeldes passaram quase duas semanas marchando ao longo da margem leste em busca de um lugar mais seguro para atravessar. As chuvas também fizeram que o terreno, desafiador por já ser um matagal de florestas densas, estivesse encharcado e ainda mais difícil de atravessar. A labuta dos quase 4 mil cavalos dos rebeldes tornou o solo lamacento quase impenetrável.[16] Tendo deixado para trás seus campos de pampa e acesso fácil ao gado, a alimentação passou então a ser um problema. João Alberto Lins de Barros lembra que, se antes trinta homens normalmente assavam uma única vaca num churrasco para compartilhar, agora o mesmo animal alimentava cerca de 120 homens.[17] E em carta a Prestes datada de 14 de janeiro, Dias Ferreira informava que eles precisavam fazer um boi durar vários dias além do fato de "milho, mandioca, batatas, sal – nada há aqui".[18] A escassez levou os rebeldes a confiscar suprimentos dos habitantes das proximidades.

Quase setenta anos mais tarde, um morador local chamado Severino Verri lembra-se da passagem da Coluna pela região: "Eu achava errado eles pegar as coisas sem pagar, mas naquele tempo a gente não podia falar nada".[19] Antônio Francisco Bortolini tinha nove anos quando a Coluna passava perto da fazenda de sua família e lembra que os rebeldes deixaram apenas uma única vaca leiteira – para que os filhos não morressem de fome –, levando quase tudo o mais que tinham, inclusive farinha, açúcar, roupas, gado e porcos. Mesmo sendo por necessidade, esse processo também deixou uma marca nos rebeldes. Antenor Medeiros Pinto, rebelde que se juntou a Prestes em São Luiz Gonzaga, fala com culpa sobre o processo de roubo dos gaúchos: "Sabe, a gente primeiro pedia as coisas, aí o pessoal dava porque tinha medo. Sabiam que se não dessem a gente avançava de qualquer jeito. Só por isso é que nós éramos bem recebidos. Sem querer, ficava ladrão".

---

16 Carta de Luís Carlos Prestes a Antônio Siqueira Campos, Porto Feliz, 26 de janeiro de 1925. CPDOC, SVM c 1925.01.26.

17 Lins de Barros, *Memórias*, p.67.

18 Carta de S. Dias Ferreira a Luís Carlos Prestes, 14 de janeiro de 1925, reproduzida em Ferreira, *A Marcha da Columna Prestes*, p.101-103.

19 As três citações subsequentes são, respectivamente, de Brum, *Coluna Prestes*, p.21, p.50 e p.24.

Mapa 4 – Marcha rebelde de outubro de 1924 a abril de 1925. Cortesia de Gabe Moss.

Saindo do Rio Grande do Sul

Depois de duas semanas, os gaúchos chegaram à cidade portuária do Alto Uruguai. Logo após uma marcha exaustiva, muitos rebeldes, ao olharem para o outro lado das águas vendo Santa Catarina, repensaram suas escolhas. Em vez de cruzar para um novo estado brasileiro e seguir em frente rumo a mais combates, quase duzentos rebeldes escaparam para a Argentina em uma balsa mais a jusante. As deserções no Alto Uruguai deixaram a rebelião gaúcha com pouco mais de mil soldados.[20] Como lembrou Prestes,

---

20 Ferreira, *A Marcha da Columna Prestes*, p.93.

"para o gaúcho, passar para Santa Catarina era emigrar. Eles consideram que isso era emigrar [para outro país]".[21] Quando começaram a travessia no dia 25 de janeiro, o único barco que encontraram mal conseguia transportar três cavalos de cada vez – um desafio considerável, visto que a cavalaria rebelde possuía quase 1,5 mil corcéis. Os soldados construíram uma jangada de madeira que acelerou o processo, mas ainda demorou até 31 de janeiro para que todas as forças rebeldes entrassem em Santa Catarina.[22]

Durante a travessia do rio, a questão das mulheres veio à tona. Desde o início da revolta gaúcha, no final de outubro, os rebeldes marcharam com um grupo de quase cinquenta mulheres, conhecidas como *vivandeiras*. No entanto, enquanto se preparavam para cruzar para Santa Catarina, Prestes as proibiu de continuar para o norte. Em um raro exemplo de desobediência, eles transportaram todas as mulheres para o outro lado do rio, várias das quais viriam a permanecer com a Coluna durante todo o curso da rebelião de dois anos. Como será discutido, essas mulheres desempenharam papéis importantes como combatentes, enfermeiras, cozinheiras e companheiras. Na manhã de sua partida para Santa Catarina, Prestes acordou e encontrou vivandeiras entre os escalões rebeldes – várias delas a cavalo e prontas para cavalgar para o norte. Segundo Lourenço Moreira Lima, ao ver que seus homens desafiaram suas ordens de trazer as mulheres junto, Prestes suavizou sua postura, pois "teve pena de largá-las naqueles sertões desertos e deixou que continuassem a viagem".[23]

Dentro da sociedade patriarcal do Brasil, a presença de mulheres na rebelião foi motivo de alarme. Conforme os estudos de June Edith Hahner e Cassia Roth mostram, este foi um período-chave de movimentos femininos no Brasil em que as mulheres defendiam a expansão das oportunidades de emprego e dos direitos políticos – neste contexto, as vivandeiras eram vistas como evidência de mudanças sociais mais amplas.[24] A primeira página do jornal *A Capital*, por exemplo, noticiava com desdém os relatos de "muitas mulheres, com trajes militares. Elas querem com certeza pro-

---

21 Citado em Prestes, *A Coluna Prestes*, p.153.
22 Carta de Luís Carlos Prestes a Antônio Siqueira Campos, Porto Feliz, 26 de janeiro de 1925. CPDOC, SVM c 1925.01.26; e Osvaldo Cordeiro de Farias, Relatório sobre a marcha rebelde de São Luís a Porto Mendes, reproduzido em Moreira Lima, *A Coluna Prestes*, p.594-599.
23 Moreira Lima, *A Coluna Prestes*, p.130.
24 Hahner, *Emancipating the Female Sex*; Roth, *A Miscarriage of Justice*.

var que não desejam somente empregos poucos, mas também exercitar nas armas".[25]

Durante sua curta passagem por Santa Catarina, a Coluna foi flagelada por deserções. Para além do fluxo constante de soldados deixando a luta, um comandante do destacamento chamado João Pedro Gay abandonou a rebelião e levou junto muitas de suas tropas. A perda da divisão de Gay foi uma das mais significativas até aquele momento e reduziu a Coluna gaúcha restante a cerca de oitocentos soldados – menos de três meses antes, seu número era superior a 3 mil.[26] Essas deserções eram sintomáticas de vários conflitos que fervilhavam nos escalões rebeldes, incluindo uma falta de disciplina generalizada. Prestes se preocupou com a conduta de suas tropas, relatando que "tivemos que lutar mais com a fraqueza e desânimo de certos companheiros do que com o próprio inimigo".[27] Para os comandantes gaúchos, um problema central nessas fases iniciais era como manter a ordem agora que a empolgação inicial do levante havia se dissolvido. Quanto aos líderes de São Paulo, eles enfrentavam questões muito maiores acerca de como – e se – continuar a revolução.

Nos primeiros meses de 1925, o alto-comando paulista enfrentava dois desafios principais. Primeiro, seu reduto no oeste do Paraná estava sob forte pressão. Embora forças revolucionárias controlassem a matriz rebelde em Foz do Iguaçu e também a cidade ribeirinha de Guaíra, seu terceiro reduto em Catanduvas estava quase perdido. Desse período em diante, os rebeldes ganharam pouquíssimas batalhas. Em segundo lugar, havia uma tensão crescente entre os revolucionários da velha guarda e alguns dos comandantes mais jovens. A velha guarda era chefiada pelo general Isidoro que defendia a dissolução da revolução argumentando que, uma vez no exílio, os rebeldes poderiam negociar melhor uma anistia com o governo Bernardes. Os mais jovens, ao contrário, se aliaram em torno de Miguel Costa, comandante de uma das duas brigadas da divisão paulista. As tensões aumentavam à medi-

---

25 *A Capital*, 6 de fevereiro de 1925, p.1. Arquivo Público do Estado de Mato Grosso. Arquivo de jornal, série 01-8, pasta 024.

26 Carta de Osvaldo Cordeiro de Farias a Luís Carlos Prestes, sem data, in CPDOC, SVM c 1924-1927.00.00-11; Moreira Lima, *A Coluna Prestes*, p.109, p.597; e Lins de Barros, *Memórias*, p.75.

27 Carta de Luís Carlos Prestes a Isidoro Dias Lopes, data exata desconhecida, embora com base nos pormenores da carta, provavelmente por volta de 8 de fevereiro de 1925. CPDOC, SVM c 1924-1927.00.00-24.

da que a revolução ultrapassava a marca do meio ano.[28] Esse conflito nunca foi totalmente resolvido, pois Isidoro e Costa lutariam mais tarde em lados opostos durante a Revolução Constitucionalista de 1932 em São Paulo.

Enquanto os veteranos da liderança rebelde vacilavam – seja por razões de idade, saúde, moral ou pelas lições aprendidas com muitas décadas de experiência –, os rebeldes gaúchos continuavam sua marcha para o norte, cruzando de Santa Catarina para o Paraná no dia 7 de fevereiro. João Alberto, contando dos desafios no início da caminhada pelo Paraná, relatou em suas memórias que

> a Coluna lutava agora contra a natureza. A picada... tornava-se cada vez pior. Era apenas caminho de cargueiros pouco transitado, no meio de uma floresta virgem – caminho que o mato obstruía e, às vezes, quase obliterava. Já não tínhamos as roças dos colonos alemães para nos alimentar. Começava a escassear o gado.[29]

Junto à falta de alimentos, os rebeldes também lidavam com a falta de suprimentos médicos que dificultava o atendimento aos soldados feridos. Um oficial, por exemplo, escreveu a Prestes da cidade ribeirinha de Barracão solicitando remédios para seus homens, um dos quais estava sofrendo terrivelmente de tuberculose pulmonar após levar um tiro no pulmão.[30] Como aconteceria durante os dois anos da rebelião, os suprimentos eram escassos e Prestes não podia enviar muita ajuda às suas tropas em sofrimento. Um comandante rebelde recordou que, em momentos em que as reservas médicas da Coluna estavam muito baixas, algumas das vivandeiras administravam Saúde da Mulher, um tônico que se usava para regular o ciclo menstrual, e que supostamente ajudava a aumentar os níveis de energia.[31] Mesmo com uma falta de suprimentos generalizada, Prestes continuou persistindo em solicitar mais ajuda do alto-comando revolucionário.

Em uma dessas cartas a Isidoro, Prestes vinculou seu pedido de suprimentos aos planos operacionais do que chamou de *guerra de movimento*.

---

28 Carta de Miguel Costa a Isidoro Dias Lopes, Santa Cruz, Paraná, 8 de fevereiro de 1925. CP-DOC, JT dpf 1924.05.10 I-23.

29 Lins de Barros, *Memórias*, p.74.

30 Telefonema de Rubem Silveira a Luís Carlos Prestes, Barracão, 18 de março de 1925. AEL, LML, série "Ligações", CL 265.P3 387.

31 Como relatado em Carvalho, *Vivendo a verdadeira vida*, p.147.

A visão de Prestes, que seria adotada como estratégia rebelde não oficial alguns meses depois, era de uma abordagem ao estilo guerrilheiro, de movimento constante, que só se engajava na batalha quando absolutamente necessário.[32] Com ênfase na eficiência, uma guerra de movimento era uma solução possível para as condições cada vez mais escassas de suas tropas. Dos oitocentos rebeldes sob seu comando, apenas quinhentos tinham armas e seu estoque tinha diminuído para 10 mil balas e dez espingardas automáticas. Prestes visualizou sua guerra de movimento como uma forma de sobreviver à *guerra de reserva* que "mais convém ao governo que tem fábricas de munição, fábricas de dinheiro e bastante analfabetos para jogar contra as nossas metralhadoras".

Além de oferecer a primeira articulação de sua estratégia militar, esta carta também se destaca como um documento divisor na história da Coluna. Aqui, Prestes mostra uma das primeiras indicações da virada da rebelião para o interior. Com o aumento do número de soldados desertando ou morrendo, e dando conta do posicionamento das tropas gaúchas e paulistas no Paraná, ele percebeu que o plano original da marcha direta para o Rio de Janeiro precisava ser modificado. Declarou que com reforços poderia marchar para o norte e logo atingir a então capital Rio de Janeiro, talvez por Minas Gerais. Esperava que, com um batalhão bem suprido e em movimento rápido, um desvio por cima indo pelo interior do Brasil fosse a única maneira viável de dar a volta para então descer ao Rio de Janeiro. Nos meses seguintes, esse planejamento inicial foi sendo constantemente alterado à medida que a marcha dos rebeldes era levada para longe da capital.

No final de fevereiro, Isidoro respondeu a Prestes fornecendo um resumo franco da situação instável da revolução. Escrevendo em papel timbrado da Companhia Matte Laranjeira de Foz do Iguaçu – a maior empresa da região, dedicada ao cultivo de erva-mate –, Isidoro explicou que muitos soldados e até alguns oficiais estavam "seminus e descalços", e que seus estoques tinham diminuído para 3 mil balas e 1,5 mil espingardas. Em termos monetários, caíram para apenas 20 contos de réis, o equivalente a 6 milhões de reais hoje.[33] Apesar dessa situação, Isidoro disse a Prestes que eles de-

---

32 Carta de Luís Carlos Prestes a Isidoro Dias Lopes, data exata desconhecida, embora com base nos pormenores da carta, provavelmente por volta de 8 de fevereiro de 1925. CPDOC, SVM c 1924-1927.00.00-24.

33 Carta de Isidoro Dias Lopes a Luís Carlos Prestes, Foz do Iguaçu, 22 de fevereiro de 1925. CPDOC, JT dpf 1924.05.10 I-26.

veriam aguentar pelo menos mais um mês. Isidoro explicou que isso era de certo modo necessário para que o alto-comando e seus aliados no Brasil e no exterior adquirissem mais suprimentos. Mas o tempo adicional também facilitaria um possível acordo de anistia com o governo Bernardes.

A campanha pela anistia foi liderada por João Batista Luzardo, deputado federal gaúcho provindo de Uruguaiana, no extremo da fronteira sudoeste do Brasil. Luzardo era também combatente veterano, tendo participado da rebelião do Libertador em 1923. Como trabalhava no Rio de Janeiro como aliado político, Luzardo organizou um comitê secreto para pressionar o governo federal a negociar com os rebeldes. A demanda central em qualquer negociação de paz permanecia a mesma: a renúncia de Bernardes como presidente. Se Bernardes renunciasse, Isidoro estava disposto a ordenar aos rebeldes que depusessem as armas.

Os jornais e a imprensa de oposição

Enquanto Isidoro se ocupava com a logística da rebelião, havia também a batalha pela opinião pública: o que os brasileiros pensavam dos acontecimentos que se desenrolavam no oeste do Paraná? A resposta a essa pergunta requer uma breve visão geral da situação dos jornais no Brasil, sobretudo os da imprensa de oposição. Como mencionado anteriormente, a ascensão do tenentismo estava ligada à ascensão dos periódicos de produção em massa na década de 1920. Até então, os jornais brasileiros tendiam a ser um nicho, comercializados para as classes altas, alfabetizadas, e voltados para a política e a cultura. Mas a industrialização no início do século XX ajudou a criar uma classe média urbana emergente que, por sua vez, promoveu um público leitor maior e com novos interesses de consumo. Um relatório de 1923 observou que

> com a modernização da imprensa (...) as empresas de comunicação se tornaram infinitamente mais complexas (...) Os jornais passaram a ser mais uma questão de dinheiro do que de debates políticos ou literários. Conquistar o público, portanto, não era tanto uma batalha de ideias, mas uma simples questão de negócios.[34]

---

34 Conforme citado em Teixeira, A Coluna Prestes vista por *O País* e o *Correio da Manhã*, p.40.

Especialmente para os grandes jornais diários do Rio de Janeiro e de São Paulo, a adoção do que Nelson Werneck Sodré chama de uma nova "estrutura de negócios" incentivou várias inovações.[35] O *Jornal do Brasil*, por exemplo, contratou o escritor mais popular do Brasil da época [Benjamim Costallat] – com um salário de duas vezes mais do que o do editor do jornal – para criar uma coluna chamada "Mistérios do Rio" que se concentrava em crime, prostituição e escândalos de todos os tipos. Para vender mais cópias, os jornais procuravam atender, e facilitar, a demanda por histórias cada vez mais dramáticas.

O modelo da emergente indústria jornalística brasileira foi Francisco de Assis Chateaubriand Bandeira de Melo, mais conhecido como Assis Chateaubriand, ou por seu apelido popular, Chatô, que se tornou uma das figuras mais influentes da mídia na história brasileira – muitas vezes chamado de Hearst tropical. Sua ascensão como magnata da mídia coincidiu com o início da rebelião tenentista: ele comprou seu primeiro jornal, *O Jornal*, com sede no Rio de Janeiro, em setembro de 1924, quando os rebeldes paulistas marchavam em direção às fronteiras do Paraná, e seis meses depois ele adquiriu um segundo jornal, em São Paulo, o *Diário da Noite*. Com um grande influxo de renda publicitária de empresas como a cerveja Antarctica e a General Motors, uma das primeiras mudanças de Chateaubriand em *O Jornal* foi a publicação constante de artigos em séries de várias partes, as reportagens especiais.[36] A primeira reportagem especial de Chateaubriand foi sobre o explorador inglês Percy Fawcett, que havia desaparecido enquanto tentava descobrir uma civilização perdida na Amazônia – indicativo tanto da forma (reportagens serializadas), quanto do conteúdo (excursões ao interior do Brasil) que logo se consolidariam na cobertura da Coluna Prestes.[37] Chateaubriand, vale notar, nasceu na Paraíba e cresceu em Pernambuco antes de se mudar para o Rio de Janeiro aos 25 anos, sete anos antes de comprar seu primeiro jornal. Fazendo parte da elite litorânea, embora com raízes pessoais no Nordeste, Chateaubriand simbolizava o tipo de personalidade dominante que usaria a Coluna Prestes para discursar sobre o interior.

---

35 Sodré, *História da imprensa no Brasil*, p.419.
36 Morais, *Chatô*, p.103.
37 A série de *O Jornal* era intitulada "A Atlântida no sertão brasileiro?" e foi publicada de maio a junho de 1925.

Chateaubriand, crítico ferrenho do presidente Bernardes, começou a dirigir *O Jornal* em clima de censura. A lei marcial declarada por Bernardes após a revolta de julho em São Paulo tinha sido estendida até o final de 1925, dando ao governo maior poder para controlar a circulação de notícias.[38] O regime de Bernardes impôs medidas mais pesadas ao *Correio da Manhã*, o principal jornal da oposição, que foi forçado a parar de circular completamente entre setembro de 1924 e maio de 1925 – gerando uma espécie de vazio na imprensa da oposição que possibilitou ainda mais a ascensão de Assis Chateaubriand.[39] O forte controle sobre os jornais ficou ainda mais aparente depois dos levantes gaúchos de outubro, quando o governo censurou notícias sobre a nova frente da revolução. Um relatório do cônsul norte-americano de 8 de novembro – dez dias após Prestes triunfar em Santo Ângelo – apontava a falta de informação pública sobre os acontecimentos no Rio Grande do Sul: "Devido à censura rígida, os jornais locais são bastante controlados, e apenas um número seleto sabe definitivamente o que está acontecendo".[40] Apesar da censura em vigor, ao longo do final de 1924 e início de 1925, leitores brasileiros – principalmente no Rio de Janeiro e em São Paulo –, ainda podiam acessar informações sobre a rebelião, especialmente via *O Combate*, um diário anarcossindicalista de São Paulo.[41] E quando a revolta inicial evoluiu para a prolongada marcha da Coluna pelo interior, os jornais de Assis Chateaubriand ampliaram ainda mais sua cobertura jornalística, assim como outros no Rio de Janeiro, como a *Gazeta de Notícias* e *A Noite*.

No início da rebelião, a maioria dos jornais não apoiava os rebeldes. Jornais como *O Paiz*, *Correio Paulistano* e *A Notícia* celebraram as vitórias conquistadas pelas forças legalistas, publicando perfis de rebeldes desiludidos que tinham desertado, e destacando o estado estropiado da rebelião.[42] Com a manchete "*Knock out!*", um artigo da *Gazeta de Notícias* comparou a

---

38 Edwin V. Morgan, Nota Consular dos EUA n.2387, Rio de Janeiro, 28 de abril de 1925. USNA, Brazil 1910-29, microfilme 832.00-616.

39 Teixeira, A Coluna Prestes, p.12.

40 William F. Hoffman, Nota Consular dos EUA no. 36, Porto Alegre, 8 de novembro de 1924. USNA, Brazil 1910-29, microfilme 832.00 - 470.

41 Woodard, *A Place in Politics*, p.137-138.

42 Exemplos incluem "A rebelião no sul", *O Paiz*, 11 de março de 1925, p.2; "Sensacionaes revelações de um desiludido", *Correio Paulistano*, 12 de março de 1925; e "Os rebeldes em acção, a pilhagem no Rio Grande do Sul", *A Notícia*, 17 de novembro de 1924.

passagem dos rebeldes por Santa Catarina a uma luta de boxe em sua última rodada, onde as forças "desordenadas" e "desfalcadas" de Prestes mostraram que "se levantam aos tombos para cair mais uma vez... Em breve, porém, o juiz contará até dez, e ninguém se erguerá".[43]

A formação não oficial da Coluna Prestes

Contra esse quadro traçado pela mídia que tendia a descrever os rebeldes de forma negativa, as forças gaúchas passaram os meses de fevereiro e março na região do Contestado, no sul do Paraná. No final da marcha, os rebeldes escaparam de uma posição particularmente desafiadora que, ao contrário das batalhas de São Luiz Gonzaga e Ramada, pouco teve a ver com o brilho de Prestes. Ao contrário, como aconteceria em vários momentos durante os próximos dois anos, a Coluna foi bem-sucedida graças às falhas de seus inimigos. No início da noite de 24 de março, quando os rebeldes se retiraram da cidade de Barracão, foram atacados por duas tropas inimigas: uma unidade do exército federal vinda do sudoeste e uma unidade estadual do Rio Grande do Sul que se aproximava do leste. Na penumbra do crepúsculo, as duas forças legalistas se confundiram, pensando ter encontrado os rebeldes e ambos os lados abriram fogo. O tiroteio entre as duas unidades aliadas durou quatro horas, matando duzentos deles.[44] Durante o fogo cruzado, os rebeldes evitaram qualquer confronto e, com o caminho agora aberto pelo erro legalista, Prestes e suas tropas puderam marchar adiante.

Nas primeiras semanas de abril ocorreram duas reuniões que mudaram o rumo da rebelião. No dia 3 de abril, Prestes encontrou-se com Miguel Costa, comandante da única brigada paulista ativa. Na semana anterior, Catanduvas – o último reduto dos rebeldes em São Paulo – tinha caído, e Costa agora supervisionava tudo o que restava da rebelião paulista original. Reunidos na cidade de Benjamin Constant no Paraná, Prestes e Costa formaram um novo plano para conduzir suas tropas ao estado do

---

43 "'Knock out!'", *Gazeta de Notícias*, 24 de março de 1925, p.1.
44 Osvaldo Cordeiro de Farias, Relatório sobre a marcha rebelde de São Luís a Porto Mendes, reproduzido em Moreira Lima, *A Coluna Prestes*, p.594-599; e Prestes, *Luiz Carlos Prestes*, p.68-69.

Mato Grosso, de onde esperavam iniciar uma ofensiva ao Rio de Janeiro.[45] Os dois líderes marcharam com suas tropas em direção norte, parando em Foz do Iguaçu para um encontro com o general Isidoro em 12 de abril.

Em seu livro de memórias, Tabajara de Oliveira relembrou a incerteza que precipitava o encontro de Foz do Iguaçu. Isidoro voltara recentemente de uma reunião na Argentina com representantes do governo Bernardes, e um acordo de anistia parecia então impossível. Muitos dos rebeldes paulistas – tendo lutado por mais de nove meses – queriam acabar com a revolução e ir para o exílio. Já os gaúchos rebeldes chegaram a Foz do Iguaçu com o que Tabajara de Oliveira descreveu em suas memórias como uma aura quase mítica:

> Surgiu no Alto Paraná a lendária Coluna Prestes. Na vanguarda marchava uma figura incomparável do heroico Siqueira Campos, barbas crescidas, olhar dominador, transpirando energia... Imediatamente após desembocava o gigantesco João Alberto, desajeitado, bonachão, tão despreocupado das responsabilidades que mais tarde deveria assumir na vida brasileira... Enfim, do interior da mata, voluntarioso, de ar juvenil, a despeito da grande barba preta, irradiando decisão, aparecia Luis Carlos Prestes, a estrutura moral e cerebral mais discutida pelos contemporâneos.[46]

No decorrer da discussão, Isidoro argumentou que a escolha mais viável era cruzar para o exílio na Argentina, enquanto Prestes e Costa insistiram, afinal com sucesso, na necessidade de manter a rebelião. Isidoro autorizou que a revolução continuasse, mas retornou à Argentina, de onde continuaria sendo o líder nominal da revolução. A maioria dos comandantes paulistas também se juntou a Isidoro no exílio, sendo que alguns líderes optaram por seguir lutando, dentre os quais muitos se tornariam líderes políticos em meados no século XX, como: Oswaldo Cordeiro de Farias, Djalma Dutra, Juarez Távora, Antônio Siqueira Campos e João Alberto Lins de Barros.[47] As forças que continuaram lutando se transformaram na 1ª Divisão Revolucionária, sob o comando de Miguel Costa. A divisão geral era composta por dois destacamentos principais: o Destacamento Rio Grande, comandado

---

45 Cabanas, *A Columna da Morte*, p.328-329.
46 Tabajara de Oliveira, *1924: a revolução de Isidoro*, p.134.
47 Detalhes da reunião de Tabajara de Oliveira, *1924: a revolução de Isidoro*, p.134-135; Moreira Lima, *A Coluna Prestes*, p.113-118; e Távora, *A guisa de depoimento*, p.12-13.

por Prestes, e o Destacamento São Paulo, comandado por Távora.[48] E no esforço de manter registros mais sistemáticos de suas ações, os rebeldes organizaram também um boletim interno do alto-comando que nos próximos dois anos, sob a direção de Lourenço Moreira Lima, faria crônicas de lutas, promoções, punições de soldados desobedientes, e todos os tipos de detalhes relacionados à marcha.

Essa reorganização também marcou o passo mais importante até então na evolução – tanto mitificada quanto real – do que ficou conhecido como a Coluna Prestes. Embora a rebelião não fosse referida como tal por mais um ano, a liderança entregue a Prestes em Foz do Iguaçu em abril de 1925 marcou o seu início não oficial. Miguel Costa continuaria a ser o comandante mais graduado, mas daquele ponto em diante a Coluna rebelde se tornaria efetivamente a Coluna *de* Prestes.

A divisão rebelde reestruturada deixou Foz do Iguaçu com 1,5 mil soldados, mas esses números caíram nas semanas seguintes à medida que tropas de ambos os destacamentos continuavam a atravessar o rio sorrateiramente, abandonando a revolução. Essas deserções foram registradas de maneira concisa nos boletins rebeldes e também na mídia pró-governo, que noticiava a chegada diária de desertores à Argentina.[49] Sob uma forte chuva, eles demoraram quase uma semana para avançar para o norte ao longo do Rio Paraná.[50] Em vez de atravessar o rio em Guaíra e chegar diretamente ao Mato Grosso como planejado inicialmente, Prestes agora pensava que a melhor alternativa seria cruzar o rio 50 quilômetros abaixo em Porto Mendes e depois passar pelo Paraguai para então voltar ao Brasil.

Para concretizar esse plano, os rebeldes primeiro tiveram que lutar primeiro contra o Rio Paraná. Nessa curva do rio, o Paraná tinha quase 500 metros de largura e com e penhascos imponentes. Moreira Lima lembra de contemplar com espanto que "as margens são de granito, escarpadas, com descidas abruptas, atingindo, na sua maior altura, mais de 100 metros. A velocidade da corrente é prodigiosa, formando sucessivos e vastos redemoinhos, cujo marulho ouve-se a distâncias enormes".[51] A falta

---

48 Boletim nº 1, alto-comando rebelde, Santa Helena, 14 de abril de 1925. Reproduzido em Moreira Lima, *A Coluna Prestes*, p.540-544.
49 Detalhes dos Boletins nºs 4-8, alto-comando rebelde, reproduzidos, respectivamente, a 17, 19, 24, 26 e 27 de abril, todos incluem na AEL, LML, série "Boletins". Exemplos da imprensa pró-governo incluem "Telegrammas", *Jornal de Recife*, 19 de abril de 1925, p.2.
50 Moreira Lima, *A Coluna Prestes*, p.119-121.
51 Ibid., p.122.

de barcos dificultou ainda mais a penosa travessia. Após alguns dias de espera, os rebeldes tomaram um navio a vapor paraguaio na rota de Assunção e passaram três dias transportando 1,5 mil pessoas e mil cavalos pelo Rio Paraná.[52] A revolução, mesmo que brevemente, tinha então ancorado em solo estrangeiro.

A marcha rebelde pelo Paraguai exigiu uma abordagem diplomática. Cientes da inimizade profunda e amarga com o Brasil, os líderes da Coluna fizeram uma longa declaração às tropas paraguaias estacionadas em Puerto Adela, afirmando que, "não nos move (...) nenhuma ideia de violência contra os nossos irmãos da República do Paraguai (...). Comprometemo-nos explicitamente a respeitar as vossas leis e ajudar-vos, se tanto for necessário, a defender a integridade da vossa soberania".[53] A nota chegou a Assunção e foi lida em voz alta no parlamento nacional pelo ministro das Relações Exteriores. Os rebeldes não encontraram resistência alguma no Paraguai.

Exposição antecipada à injustiça

O leste do Paraguai era dominado pela Companhia Matte Laranjeira, a maior fornecedora de erva-mate do continente, e uma empresa que controlava uma grande extensão de terra e influência política na região da Tríplice Fronteira.[54] Os rebeldes passaram pelas plantações, onde presenciaram os empregados trabalhando em condições extenuantes. Nos registros históricos, a única evidência de alguma preocupação para com os trabalhadores do mate provém das memórias de 1928 de João Cabanas, que dedicou várias páginas descrevendo as suas agruras. As memórias estão impregnadas de desdém, tanto para com os trabalhadores, quanto para seus patrões repressivos:

---

52 As estimativas exatas variam. Um relatório consular dos EUA fornece um número provavelmente exagerado de "2,4 mil homens, alguns milhares de animais e artilharia considerável", enquanto os rebeldes colocaram o número perto de 1,2 mil. Nota Consular dos EUA n.1525, Assunção, Paraguai, 29 de maio de 1926. USNA, Brasil 1910-29, microfilme 832.00-517; Ferreira, *A Marcha da Columna Prestes*, p.127.

53 Declaração do alto-comando rebelde ao destacamento paraguaio em Alto Paraná, Porto Mendes, 26 de abril de 1925. Arquivo Público Mineiro (doravante APM), Belo Horizonte, incluído na série Artur Bernardes (AB), pasta PV-Cx.07, doc.131.

54 Para mais informações sobre a Matte Laranjeira, em particular a história de seus trabalhadores, ver Arruda, *Frutos da terra*.

> No meio desse rebanho humano que parecia ter surgido de ignotas paragens onde o sol não penetra, e não existe civilização, destacam-se arrogantes, supurando saúde, bem-vestidos, finíssimos e franjados ponchos ao ombro, vistoso lenço de seda ao pescoço (...) os famosos capatazes, modernos e sanhudos feitores, sem alma e sem consciência, brutões até a violência, encarregados de exaurir as forças daqueles escravos até o aniquilamento, para extrair da mata bruta, a preciosa folha que (...) se transforma em ouro.[55]

Cabanas, porém, abandonou a rebelião ao cruzar para o Paraguai e, mesmo que rebeldes como Prestes tenham tido reações semelhantes, nenhum registro foi deixado. Em alguns dos primeiros encontros da Coluna com a injustiça no campo – tema central de sua eventual lenda –, os rebeldes optaram por não enfrentar instituições como a Companhia Matte Laranjeira. Sendo rebeldes brasileiros em solo estrangeiro, provavelmente achavam que não estavam em posição de tomar uma atitude naquele momento. Paralelamente a essa disjunção entre a inação dos rebeldes na época e a narrativa de libertação que eles proclamariam mais tarde, razões materiais também determinaram a decisão de não confrontar a Matte Laranjeira. Nas fases iniciais da revolução, a empresa havia permitido que os homens de Isidoro utilizassem suas instalações portuárias e ferroviárias no Paraná, e um dos diretores da empresa era um velho amigo de Juarez Távora que lhe dera dinheiro e documentos falsos para um reconhecimento inicial no Paraguai.[56] Além disso, assim que os rebeldes voltaram ao Brasil, fizeram várias compras de alimentos e suprimentos nos postos avançados da Matte Laranjeira e, pelo menos em um caso, representantes da empresa doaram dinheiro diretamente aos rebeldes para sua passagem pelo Mato Grosso.[57]

Os rebeldes passaram menos de cinco dias no Paraguai, marchando 300 quilômetros pela Serra de Maracaju e realizando uma série de travessias de rios menores. O terreno difícil tornava quase impossível marchar a cavalo e a maioria dos soldados seguia inteiramente a pé. Moreira Lima, ao relembrar o estado esfarrapado da Coluna no Paraguai, disse: "A divisão

---

55 Cabanas, *A Columna da Morte*, p.245.
56 Rascunho da autobiografia inédita de Juarez Távora, incluída na Universidade da Califórnia, Los Angeles, Coleções Especiais, série Juarez Távora; e Macaulay, *The Prestes Column*, p.99.
57 Recibo de compras dos rebeldes, Campanário, Mato Grosso, 1925, CPDOC, JT dpf 1924.05.10 IV-105, e Boletim nº 10, alto-comando rebelde, Ponta Porã, Mato Grosso, 14 de maio de 1925, CPDOC, JT dpf 1924.05.10 III-40.

apresentava um aspecto de miséria. Soldados e oficiais estavam descalços e quase nus, cobertos de trajos imundos, com longas barbas e cabeleiras desgrenhadas, caindo-lhes sobre os peitos e os ombros".[58] Diante dessas condições, e cientes da breve janela antes de a coluna voltar para o Brasil, vários oficiais rebeldes desertaram, entre eles Filinto Müller e João Cabanas. Enquanto os preparativos para a travessia do rio estavam em andamento, Müller fugiu para o exílio levando armas e dinheiro dos estoques rebeldes, ao passo que Cabanas desertou quase que imediatamente depois de cruzar para o Paraguai.[59]

Sentindo-se aliviados por terem saído do terreno exaustivo do Paraguai, os rebeldes cruzaram para o Mato Grosso em 2 de maio com o que parecia ser um grande senso de determinação. Escrevendo durante o primeiro dia da Coluna de volta ao Brasil, Miguel Costa relatou que: "Entramos novamente em território nacional com o ânimo fortalecido".[60] Marchando propositalmente para o norte, os rebeldes acharam uma nova resolução para seu caminho não intencional pelo interior. Como veremos nos próximos capítulos, o novo discurso dos rebeldes aproveitou o simbolismo de longa data do interior do Brasil como forma de legitimar suas ações. Esses esforços destinavam-se tanto às comunidades locais – das quais a Coluna dependeria cada vez mais para suprimentos e recrutas – quanto às audiências nacionais que acompanhavam a marcha através dos jornais e discursos políticos.

---

58 Moreira Lima, *A Coluna Prestes*, p.130.

59 Boletim nº 5, alto-comando rebelde, Santa Helena, Paraná, 19 de abril de 1925. AEL, LML, série "Boletins", n.5 414-15; Prestes, *Luiz Carlos Prestes*, p.180.

60 Boletim n.9, 3 de maio de 1925, Fazenda Jacareí, Mato Grosso. AEL, LML, série "Boletins", p.426-429.

CAPÍTULO 3

BANDEIRANTES DA LIBERDADE

No dia seguinte à saída da Coluna do Paraguai e de volta ao Brasil, Miguel Costa fez um discurso para motivar suas tropas. Depois de uma árdua caminhada pelos estados do Sul do Brasil, e posicionados mais ao norte do que a maioria dos rebeldes já tinha ido, Costa precisava levantar o moral de seus soldados. Dez meses depois da revolta inicial de São Paulo e mais de meio ano desde o levante gaúcho, os líderes rebeldes buscavam justificar a duração e o caminho da revolução. À medida que a Coluna começou a marchar em direção a horizontes incertos no interior do Brasil, os tenentes desenvolveram uma retórica que reformulou sua direção.

Enquanto acampavam próximo à Fazenda Jacareí, no dia 3 de maio, Costa falou às tropas: "A revolução na sua nova fase militar vai descrever uma trajetória vitoriosa na luta pela liberdade... Soldados! Lembra-vos sempre de que sois os bandeirantes da liberdade e de que da nossa coragem e intrepidez e da nossa dedicação depende a grandeza do Brasil".[1] Essa proclamação é o primeiro exemplo no registro histórico dos rebeldes com a expressão *bandeirantes da liberdade*, e sua invocação neste trecho reflete a nova orientação da Coluna. No momento preciso em que a Coluna começou a

---

1 Boletim n.9, 3 de maio de 1925, Fazenda Jacareí, Mato Grosso. AEL, LML Série III Coluna, Subsérie Boletins, p.426-429.

se voltar para o interior ao norte, as Bandeiras se destacaram como uma imagem poderosa para legitimar seu trajeto a princípio não intencional.

Nos próximos três capítulos, o termo bandeirantes da liberdade servirá como contexto discursivo e imaginativo para entender como a Coluna, em tempo real, buscou redefinir sua marcha acidental para o interior do Brasil. Tanto o vocábulo original (bandeirantes) quanto a adaptação da Coluna (bandeirantes da liberdade) oferecem visões importantes sobre as sensibilidades da liderança rebelde e, em última análise, sobre como o interior do Brasil serviu como um símbolo permanente a ser invocado para ganhos políticos.

No século XVII, colonos da região de São Paulo lideraram expedições escravistas ao interior do Brasil conhecidas como Bandeiras.[2] Nessas excursões para o interior – originalmente visando povos indígenas e, mais tarde, escravos africanos fugitivos –, as bandeiras forneceram um símbolo mitificado da empreitada da sociedade para o interior do país. Por meio das crônicas de suas façanhas, os bandeirantes contribuíram para estigmatizar o interior do Brasil como um espaço miserável, habitado por escravos fugidios, índios selvagens, camponeses atrasados e bandidos. Mas em um sinal de como o interior passou a incorporar uma série de temas e aspirações, a lenda dos bandeirantes também construiu a ideia de uma "civilização do planalto" – a noção de que São Paulo, por estar longe do litoral tropical, era a região mais autenticamente brasileira. Na tradição bandeirante, o status de uma região não costeira dependia de quem detinha o poder de projetar significados a espaços específicos em determinados momentos do tempo. Ao longo dos séculos, sempre que grupos se aventuravam ao interior, seja para recapturar pessoas antes escravizadas, extrair recursos naturais ou imaginar um futuro nacional, a Bandeira era um testemunho da imagem de colonos durões em busca da glória e do "verdadeiro" cerne da nacionalidade brasileira.

Este capítulo explorará como o termo "bandeirantes da liberdade" foi concebido como um discurso de última hora para atender aos imperativos dinâmicos da rebelião. O uso do imaginário bandeirante pode ser explicado por conta da necessidade dos líderes tenentistas de retratar sua marcha interior como uma escolha estratégica. Se fossem vistos como rebeldes fra-

---

2 Uma obra clássica sobre os bandeirantes é a de Taunay, *História geral das Bandeiras paulistas*. Trabalhos mais recentes incluem Monteiro, *Negros da terra* e a edição especial de 2005 de *Américas*, editada por A. J. R. Russell-Wood.

cassados, forçados a vagar pelo sertão, a Coluna provavelmente perderia o apoio público – e isso talvez levasse a ainda mais deserções. Mas se vistos como bandeirantes modernos, os rebeldes poderiam marchar pelo sertão com senso de propósito e bravura, como agentes de uma nação moderna. O nome escolhido refletia uma tendência crescente na década de 1920, principalmente em São Paulo, quando houve uma onda bandeirologista nos estudos, literatura e nas instituições públicas de arte que buscavam reabilitar a imagem do bandeirante.[3] Ana Lúcia Teixeira descreve esse esforço para recuperar a figura do bandeirante como "dedicado a nada menos do que a reconstrução e redescoberta da nação".[4] A fusão aparentemente paradoxal de bandeirantes (um termo escravista) e liberdade incorporava o núcleo contraditório da identidade nacional brasileira. Noções antigas de exploração das fronteiras fundiam-se assim com a conveniência política dos anos 1920. Ao contrário dos bandeirantes coloniais, para os quais conquistar significava a captura de corpos e recursos do interior, a Coluna Prestes logo começaria a se apresentar como uma luta contra as injustiças da vida no interior brasileiro. Nesse remodelamento das Bandeiras, os rebeldes se retratavam não apenas como homens da fronteira, mas como libertadores.

Terreno semelhante, novo caminho

Ao deixar o Paraguai para trás, os rebeldes sentiam-se felizes por reentrar em uma paisagem brasileira (Mapa 5). Moreira Lima escreveu que em Mato Grosso viam "campos maravilhosos que desdobravam como um mar inteiramente verde, coberto por um céu sempre azul, e aquela temperatura, de primavera reconfortava a alma da nossa falange, após tantos dias de sofrimentos".[5] Joao Alberto também recordou a passagem pelo sul do Mato Grosso sobre como "Era fácil. Havia cavalhada e gado em abundância. Novamente a fartura. Novamente a repetição da luta no estilo gaúcho".[6]

---

3 Esta tendência foi iniciada pelo historiador Afonso d'Escragnolle Taunay e apoiada por instituições cívicas como o recém-formado Instituto Histórico e Geográfico de São Paulo e o Museu Paulista. Weinstein, *The Color of Modernity*, p.37-40.

4 Teixeira, A letra e o mito, p.38.

5 Moreira Lima, *A Coluna Prestes*, p.136.

6 Lins de Barros, *Memórias*, p.89.

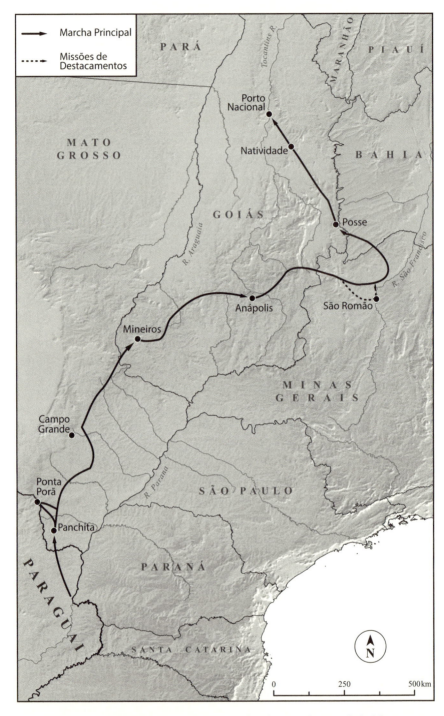

Mapa 5 – A Coluna Prestes de maio a outubro de 1925. Cortesia Gabe Moss.

Os rebeldes marcharam para o norte em direção a Ponta Porã, um posto avançado de fronteira onde uma única rua a separava da cidade paraguaia de Pedro Juan Caballero a oeste. Uma desconfiança de longa data em relação ao governo federal deu à região um potencial de revolta: o cônsul dos Estados Unidos observou que a chegada da Coluna em Mato Grosso era o fato "mais preocupante [para o regime Bernardes] desde a retirada dos rebeldes de São Paulo". Além disso, o cônsul observou que

> Mato Grosso tem uma grande classe de civis com todas as características do colono do "Velho Oeste" – imprudência [e] destemor... Há rumores constantes de que os mineiros (garimpeiros) do distrito de "Cassanunga", 10 mil em número, se juntaram aos rebeldes. Esses relatórios não são confirmados. Mas se os "garimpeiros" (...) decidirem fazê-lo, um regimento perigoso e eficiente de combatentes desesperados seria adicionado às forças hostis.[7]

Com medo de que os habitantes da cidade se unissem à causa rebelde, o exército abandonou a cidade.[8]

Sem forças inimigas para vencer, os destacamentos rebeldes de Barros e Siqueira Campos entraram facilmente em Ponta Porã na manhã de 10 de maio. Sem inimigo à vista, os homens de Barros passaram a se entreter de uma maneira que não condizia com os virtuosos bandeirantes da liberdade que Miguel Costa lhes incutira na semana anterior. Barros observou que "havia, porém, entre os meus homens, grande excitação ante a possibilidade de uma noite alegre. Desde o início da revolução, fins de outubro, até aquela data, eles não sabiam o que era aquilo". As tropas rebeldes se apressaram para os "*jiroquis*" (pequenos bares ao ar livre) que se espalhavam pela avenida principal da cidade e, apesar de não terem dinheiro para pagar, os homens beberam muito. Nao demorou muito para que os conflitos eclodissem. Embriagados pela cachaça, os rebeldes se envolveram em várias brigas que se transformaram em tiroteios, deixando três mortos e uma dezena de feridos. No dia seguinte, João Alberto resolveu partir com seus homens:

---

7 "Political situation in São Paulo", carta do Consulado Americano n.239, de 23 de maio de 1925. USNA, Brazil 1910-29, microfilme 832.00-511.

8 Klinger, *Narrativas autobiográficas*, p.17-22; Boletim 10, alto-comando rebelde, 14 de maio de 1925 em Ponta Porã. AEL LML Série III Coluna, Subsérie Boletins n.10, p.430-436.

"Senti, então, que seria loucura passar outra noite".[9] Apesar de manter o plano de eventualmente redirecionar para o Rio de Janeiro, o caminho da Coluna pelo Mato Grosso inclinou-se cada vez mais ao norte em direção aos sertões do interior do Brasil. Com os sertões aparecendo como um destino quase inevitável, e a preocupação de que o comportamento dos soldados pudesse desviar o apoio tanto em nível nacional (por meio de reportagens de jornais), quanto local (habitantes da cidade se recusando a entregar alimentos e suprimentos), os líderes tiveram de redobrar seus esforços para se apresentarem como os virtuosos libertadores do interior do Brasil.

No final de maio, a Coluna distribuiu um documento entre as populações locais que buscava dissipar quaisquer rumores de violência rebelde. O aviso proclamava: "Podem ficar tranquilos diante das falanges libertadoras (...) porque os seus soldados são os bandeirantes da liberdade, os homens destemidos que empenharam as suas vidas neste prélio imortal e cuja divisa é 'Liberdade ou morte'".[10] O documento prosseguia dizendo que, como bandeirantes da liberdade, os rebeldes eram a única força capaz de levantar "a sombra nefasta de Artur Bernardes" e "combater o bom combate pela grandeza de (...) nosso estremecido Brasil". Um rascunho dessa proclamação está presente nos arquivos pessoais de Juarez Távora e oferece uma visão sobre como o mito da Bandeira foi cultivado em tempo real. Embora a versão original fosse endereçada "Ao povo de Mato Grosso", o rascunho tem edições manuscritas para substituir a frase por "Ao povo brasileiro". Anteriormente, os rebeldes já tinham feito anúncios semelhantes para locais específicos – por exemplo, "Ao povo de São Paulo", "Ao povo de Santo Ângelo", "Ao povo das Fronteiras do Sul".[11] Ao dirigir agora sua mensagem a todos os brasileiros, a Coluna pretendia se apresentar como uma força de integração nacional capaz de unir as regiões historicamente fragmentadas do interior do país. Ao caminharem em direção à fronteira Mato Grosso--Goiás, esperavam que sua imagem projetada de bandeirantes da liberdade fosse tornar o caminho mais tranquilo.

---

9 Lins de Barros, *Memórias*, p.91-92.

10 "Ao povo brasileiro", 30 de maio de 1925. CPDOC, JT dpf 1924.05.10 III-55.

11 São exemplos, respectivamente, de Isidoro Dias Lopes, "Ao povo de São Paulo", 28 de julho de 1924, CPDOC AAP 24.07.28; "Ao povo de Santo Ângelo", 29 de outubro de 1924, CPDOC SVM c 1924-1927.00.00-10; e "Manifesto ao povo das Fronteiras do Sul", 16 de outubro de 1924. APM, série AB, pasta PV-Cx.07, doc.131.

Como seria o caso na maioria, mas não todas, das fases da marcha da Coluna, as populações locais frequentemente ficavam apreensivas. Os rebeldes exigiam suprimentos e, além de ocasionalmente apreender armas e alimentos das forças inimigas após uma batalha, a maior parte das necessidades materiais era suprida por pequenas tropas furtivas conhecidas como *potreadas* que se infiltravam nas fazendas e vilarejos, ou então através de *requisições* feitas abertamente às populações locais. Quando possível, principalmente nas fases iniciais da rebelião, a Coluna emitia recibos aos moradores pelos itens "solicitados" para servir como prova de pagamento que poderia ser reembolsado pelo governo federal uma vez que a revolução fosse bem-sucedida e um novo regime tivesse sido instalado. Por exemplo, em 23 de maio, os rebeldes forneceram um recibo detalhado e com preços a Lopes Pacheco, da fazenda Barra Branca, no Mato Grosso, que entregou dois cavalos e vários sacos de milho, arroz e açúcar.[12]

Embora não seja possível saber a opinião de Pacheco sobre sua "doação", é importante salientar que essas interações pacíficas não eram a norma. A questão é: por que motivo comunidades hesitantes – principalmente de pequenos agricultores e comerciantes – deveriam dar sua comida, dinheiro e suprimentos a um bando errante de sulistas desconhecidos? A hesitação em relação aos rebeldes também era fomentada pela propaganda do governo, frequentemente disseminada em jornais regionais e nacionais, que retratava os rebeldes como bandidos saqueadores. Como pode ser visto na Figura 3.1, os rebeldes recebiam cópias das notícias e tinham plena consciência de sua própria narrativa. Moreira Lima relatou que

> Os nossos inimigos, sempre perversos e infames, espalharam a notícia de que praticávamos os maiores saques e as mais reprováveis tropelias contra a população pacífica (...) Eramos recebidos à bala pelos habitantes dos lugares por onde transitavamos, como se fôssemos inimigos.[13]

Como seria o caso durante toda a rebelião, ambos os lados rotulavam o outro como bandidos ou jagunços. Nessa estratégia discursiva comum a

---

12 Carta de um residente local não identificado aos líderes rebeldes, Campo Limpo, 16 de junho de 1925. CPDOC, JT dpf 1924.05.10 III-70.

13 Moreira Lima, *A Coluna Prestes*, p.137.

ambos, o espectro do interior brasileiro moldava como as forças do litoral – fossem elas rebeldes sulistas ou o governo federal – percebiam as condições locais. Embora o banditismo fosse parte intrínseca da história do interior, ele também era um construto através do qual era possível deslegitimar os inimigos.

Figura 3.1 – Lourenço Moreira Lima (à esquerda) e o tenente Fragoso lendo O Globo, *provavelmente no final de 1925. CPDOC ILA foto 010.*

Em um ciclo destrutivo e que se autoconcretizava, a relutância dos moradores em se desfazer de seus pertences forçava a Coluna a tomá-los à força, construindo assim sua imagem negativa de bandidos. Um fazendeiro de Campo Limpo escreveu aos líderes da Coluna durante a marcha para o norte em Mato Grosso: "Retirei a minha família da fazenda, porque as notícias são temerosas. Por este motivo peço aos amigos que não os incomodem".[14] Outro morador, Francisco Ferreira, lembrou como o povo de sua cidade fugiu:

> A nossa família passou no mato e centenas de famílias de Crateús saíram da cidade, antes de a Coluna chegar. E outros saíram depois que eles passaram. Antes

---
14 Carta de um residente local não identificado aos líderes rebeldes, Campo Limpo, 16 de junho de 1925. CPDOC, JT dpf 1924.05.10 III-70.

deles chegarem aqui tinha notícias que eles estavam perto, também depois que eles foram embora tinha gente que ainda estava escondida no mato porque pensavam que eles iam voltar. Aí o povo ficou com medo (...) Aí parece que a gente passou três dias lá![15]

Nesses casos, a passagem da Coluna pelo interior não foi diferente das ações do exército em Canudos três décadas antes, quando a violência infligida pelos brasileiros litorâneos punha em questão quem realmente constituía um obstáculo ao destino do Brasil como nação civilizada.

Nos estágios iniciais da marcha para o norte, a liderança rebelde tentou investigar casos de violência que ocorreram no Mato Grosso. A primeira se referia ao assassinato de dois fazendeiros durante uma missão de reconhecimento no final de maio.[16] A segunda ocorrera dez dias depois, quando um professor alegou que tropas sob o comando de Juarez Távora saquearam a casa da fazenda Desembarque nas proximidades.[17] Em ambos os casos, o alto-comando rebelde despachou Moreira Lima – como escrevente oficial da Coluna – para se encontrar com testemunhas e recolher depoimentos.

Esses esforços para manter um sistema de responsabilização nem sempre funcionavam. No dia 4 de junho, por exemplo, soldados rebeldes fizeram um tumulto na cidade de Jaraguari por conta de embriaguez. Logo após sua chegada, os soldados cometeram o que Moreira Lima chamou indiretamente de "desordens lamentáveis".[18] As memórias dos habitantes locais fornecem maior esclarecimento. Em uma entrevista de 1993 à jornalista Eliane Brum, um fazendeiro chamado João Sabino Barbosa disse que soldados rebeldes estupraram sua esposa.[19] No boletim interno dos rebeldes consta que, para evitar serem punidos por suas ações, os soldados ofensores desertaram na manhã seguinte. Apesar de terem anunciado sua chegada ao Mato Grosso como bandeirantes virtuosos que libertariam o povo da tirania do presidente Bernardes, os líderes rebeldes não conseguiram manter

---

15 Citado em Alves de Oliveira, Representações da passagem da Coluna Prestes no sertão cearense, p.147.

16 Inquérito da Polícia Militar, Município de Campo Grande, Mato Grosso, 29 de maio de 1925. CPDOC, JT dpf 1924.05.10 III-53.

17 Relatório de Lourenço Moreira Lima, 8 de junho de 1925. CPDOC, JT dpf 1924.05.10 III-62.

18 Salvo indicação contrária, os detalhes restantes neste parágrafo são de Moreira Lima, *A Coluna Prestes*, p.147-148.

19 Brum, *Coluna Prestes*, p.58-59.

seus soldados disciplinados o suficiente para corresponder à narrativa que fora projetada.

Conforme mencionado anteriormente, cerca de cinquenta mulheres tinham acompanhado a Coluna – contudo, no decorrer da rebelião, esse número acabou diminuindo para apenas dez.[20] As poucas fontes históricas que mencionam mulheres sugerem que, em geral, sua experiência foi muito semelhante à dos homens. Elas marchavam as mesmas distâncias, lutavam em muitas das mesmas batalhas e sofriam as mesmas agruras de uma marcha de 25 mil quilômetros pelo interior do Brasil, incluindo morte em combate, captura pelo exército e adoecimento. Apesar dessa experiência compartilhada, a maioria dos líderes rebeldes via as mulheres principalmente como seguidoras, e não como membros da rebelião por direito próprio. Em suas memórias, Moreira Lima escreveu que "a alma simples e ingênua das mulheres do povo é feita de sacrifícios e de martírios pelos entes a quem se dedicam. É essa alma que faz as vivandeiras".[21] Das memórias dos rebeldes, uma exceção é a do capitão João Silva – mas infelizmente, para o reconhecimento histórico das mulheres nos vários relatos rebeldes, o livro de memórias de Silva é, sem dúvida, o menos conhecido. Em sua crônica frequentemente ignorada, Silva tece elogios às mulheres:

> nossas queridas e valentes vivandeiras lado a lado dos seus companheiros (...) Quantas e quantas vivandeiras iam às linhas de fogo e de lá traziam os nossos feridos para a retaguarda, rasgavam as suas vestes e faziam ataduras! Quantas vivandeiras caíram prisioneiras e encontraram a morte nas mãos sujas de sangue humano do inimigo bárbaro e covarde! Ah! As nossas heroicas e queridas vivandeiras! (...) devemos dar-lhes em nossa narração ao menos um pouco de reconhecimento, de que são merecedoras (...) Lástima não lembrarmos os nomes de todas, a fim de que o Rio Grande, e o Brasil enfim, conhecessem essas heroínas.[22]

Das cinquenta mulheres, sabemos apenas o nome de uma dúzia. Essas mulheres identificadas eram todas do Rio Grande do Sul e de São Paulo, não ficando claro se algumas aderiram à Coluna depois do início da marcha

---

20 Para uma análise mais ampla das mulheres na Coluna, ver Carvalho, *Mulheres na marcha da Coluna Prestes*.

21 Moreira Lima, *A Coluna Prestes*, p.131.

22 Silva, *Farrapos de nossa história*, p.76.

para o norte. Mais frequentemente, as mulheres cujos nomes apareciam no registro histórico eram mencionadas por suas habilidades de luta ou por seus atributos físicos. Das mulheres que lutaram em combate, duas eram conhecidas por apelidos que refletiam os preconceitos raciais e de gênero da Coluna. A primeira era uma mestiça conhecida como Onça, e a segunda era chamada de Cara de Macaca, tendo sido elogiada por Ítalo Landucci por se vestir de couro e portar uma espingarda.[23] Esses apelidos ao mesmo tempo que reconheciam as contribuições das mulheres (por exemplo, mostrando tenacidade na batalha e usando as roupas tradicionais dos vaqueiros gaúchos) também as rebaixavam. Os esforços de outras mulheres eram descritos em linguagem semelhante, geralmente com conotação racial. Tia Maria era uma mulher negra e mais velha que cozinhava para as tropas, embora fosse mais conhecida como a *preta feiticeira*, um nome que provavelmente remetia a representações dos bandos cangaceiros do Nordeste que quase sempre incluíam referências a uma sacerdotisa negra (*preta velha*).[24] A raça também assumia conotações inversas, por exemplo, no caso de uma enfermeira chamada Hermínia, cuja bravura na linha de fogo foi expressa em referência à sua descendência austríaca – ou seja, europeia e de pele clara.[25]

Nem todos os rebeldes acolhiam a presença das vivandeiras. João Alberto responsabilizou uma mulher chamada Elza – a quem descreveu como "alemãzinha loura e bonita" – pela morte do marido, dizendo que ele estava tão preocupado em armar a sua tenda que não ouviu o ataque inimigo que se aproximava.[26] E Antônio Siqueira Campos buscou proibir qualquer interação de suas tropas com mulheres. Mas, em ato sutil de resistência vivandeira, as mulheres zombavam de Siqueira Campos chamando-o pelas costas de "olho de gato" e "barba de arame".[27] As vivandeiras também podiam inventar apelidos.

Para as mulheres, sua participação foi motivo de orgulho, tanto na época quanto nas décadas seguintes. Vitalina Torres foi uma das mulheres que aderiram à rebelião desde o início em Santo Ângelo e marchou até o

---

23 Landucci, *Cenas e episódios*, p.167-168.

24 Existe um vasto campo de estudo sobre cangaço; para uma visão geral, ver Wiesebron, Historiografia do cangaço. Para uma análise recente sobre gênero e cangaço, ver Pereira e Rêses, Mulheres e violência no cangaço.

25 Moreira Lima, *A Coluna Prestes*, p.132.

26 Lins de Barros, *Memórias*, p.172.

27 Moreira Lima, *A Coluna Prestes*, p.130.

fim, partindo para o exílio na Bolívia. Em uma entrevista na década de 1990, a filha de Torres relembrou como sua mãe,

> com sua voz masculina, bem grossa, daqueles tempos quando quase não podia ser mulher, quando tinha que cortar o cabelo curto e se vestir como homem. Ao ficar grávida, não deu mais para esconder. Com tristeza ela lembrava do meu irmão, que nasceu e morreu durante a marcha.[28]

Além de refletir as lentes de gênero que enquadravam sua participação na rebelião, a citação mostra um desafio adicional: várias mulheres deram à luz ao longo da marcha, o que significa que tiveram que cuidar de si mesmas e de seus filhos pequeninos em condições desafiadoras. Como ocorrera com o filho de Vitalina Torres, nem todos os recém-nascidos sobreviveram. Seja na batalha como combatentes ou nas tendas temporárias como cozinheiras, e em seus papéis de mães, enfermeiras e parceiras, as mulheres da Coluna foram as principais colaboradoras da rebelião.

Outra reorganização e uma surpresa no Brasil Central

Enquanto acampavam na fazenda Cilada no Mato Grosso em 10 de junho, a liderança rebelde reorganizou a Coluna. Apenas dois meses depois da divisão nas Brigadas Paulista e Rio Grande, esse sistema em duo tornou-se insustentável por razões de tamanho (os gaúchos superavam os paulistas) e de coesão, à medida que aumentavam as rivalidades entre os dois. Após a reorganização, gaúchos e paulistas foram misturados nas mesmas unidades. As duas brigadas foram substituídas por quatro destacamentos que mesclavam todos os soldados e eram chefiados, respectivamente, por Cordeiro de Farias, João Alberto, Siqueira Campos e Djalma Dutra.[29] Costa permaneceu como general comandante, mas Prestes era sem dúvida o líder, mesmo que não oficialmente.[30]

---

28 Citado em Na trilha da Coluna Prestes, *Manchete*, 3 de fevereiro de 1996, p.38.

29 Macaulay, *The Prestes Column*, p.112.

30 Moreira Lima, *A Coluna Prestes*, p.149-150.

Os registros documentais desse momento evidenciam a primeira vez que um livro de memórias de rebeldes reproduziu apenas partes selecionadas de documentos originais. A nova estrutura de comando foi registrada no Boletim n.14 do alto-comando rebelde, que iniciava com uma seção sobre "Prisões". Na ocasião, dois rebeldes foram condenados a duas semanas de confinamento por seu envolvimento no saque da fazenda Desembarque, como já mencionado. Essa punição é bem evidente no registro documental.[31] Contudo, no apêndice das memórias de Moreira Lima, em que o autor inclui mais de setenta documentos originais, reproduziu-se o Boletim n.14 em que a seção sobre a violência rebelde foi omitida.[32] Para crédito de Moreira Lima, ele pelo menos coloca um longo tracejado no local da parte omitida como indicação, mas o leitor não tem como saber quais informações – nefastas ou não – foram removidas. Dado que o seu livro de memórias serviu como referência central para estudos posteriores, essas formas de redação arquivística são significativas. A mesma omissão também foi reproduzida em um importante trabalho acadêmico: no livro de Anita Prestes de 1990 sobre a Coluna Prestes, a autora inclui um longo apêndice com quarenta referências primárias reproduzidas, 31 das quais retiradas de fontes publicadas, incluindo as memórias de Moreira Lima, sendo que as nove restantes provenientes de sua própria pesquisa em arquivos. O boletim n.14 é uma das nove referências que ela cita diretamente do arquivo.[33] Portanto, apesar de ter acesso à versão original completa – armazenada no mesmo arquivo que consultei três décadas depois de sua pesquisa, nos anos 1980 –, Anita Prestes também escolheu deixar de fora os detalhes do saque e da punição que se seguiram. Nem Moreira Lima nem Anita Prestes apagam totalmente os crimes dos rebeldes; pois ambos autores fazem referência à violência cometida pelos rebeldes. No entanto, a curadoria dessas reproduções é uma forma de proteçao do mito: apresentar documentos originais de forma que não a original é uma maneira sutil de se criar silêncios históricos.

Menos de uma semana após a reorganização da Coluna, os rebeldes se depararam com uma população do interior que não esperavam encontrar no Mato Grosso. É difícil avaliar a demografia de cada região ao longo do

---

31 Boletim n.14, alto-comando rebelde, Fazenda Cilada, Mato Grosso, 10 de junho de 1925. AEL, LML Série III Coluna, Subsérie Boletins n.14, p.450-452.

32 Moreira Lima, *A Coluna Prestes*, p.553.

33 Prestes, *A Coluna Prestes*, p.428.

caminho da marca, sobretudo porque o censo brasileiro de 1920 omitiu questões sobre a cor da pele – mesmo assim, é possível examinar as percepções gerais da época que informavam os pontos de vista rebeldes sobre raça e região.[34] Em comparação com sua eventual passagem final pelo Norte e Nordeste, os rebeldes não esperavam encontrar muitas populações afrodescendentes no Sul e Centro do Brasil. No entanto, em sua marcha por Mato Grosso, o destacamento de Siqueira Campos se deparou com as terras da família Malaquias que havia comprado os lotes em 1901, apenas uma geração após a abolição da escravatura. Quando os rebeldes lá chegaram, a família tinha dez fazendas diferentes na área.[35] Ao ver que a tropa rebelde se aproximava, Joaquim Malaquias reuniu mais de uma dezena de homens para defender suas fazendas. Moreira Lima oferece em suas memórias um resumo contraditório do ocorrido na fazenda Malaquias. Ao mesmo tempo que reconhece que os rebeldes instigaram o ataque – "Siqueira foi encarregado de dar uma batida nessa gente, o que fez com a sua costumada energia" –, Moreira Lima também escreve que os rebeldes foram vítimas de "uma emboscada" que matou dois soldados rebeldes.[36] Essa desconexão é provavelmente resultado do preconceito de Moreira Lima, que não lhe teria permitido reconhecer facilmente a capacidade dos combatentes de Malaquias de se defenderem. Além disso, Moreira Lima parecia chocado com o fato de a chefe da família – uma matriarca cujo nome não é mencionado – ter participado na defesa do ataque rebelde. Para a família Malaquias, por outro lado, a dinâmica racial em jogo tornou-se uma fonte permanente de orgulho. Nos anos 1990, Tuarpa Malaquias, filho de Joaquim, lembrou que "acabaram com tudo, mas nenhum branco revoltoso verteu o nosso sangue. Nenhum Malaquias tombou".[37] Na Fazenda Malaquias, refúgio da liberdade, construído e protegido por descendentes de escravos, a Coluna se surpreendeu com a diversidade nas regiões interiores do Brasil.

---

34 Para mais informações sobre o censo brasileiro durante esse período, ver Loveman, The race to progress.

35 Quase um século depois, o assentamento Malaquias em Santa Tereza continuaria a ser uma das duas dezenas de comunidades quilombolas (de afrodescendentes oficialmente reconhecidas) no estado. Atualmente, Santa Tereza é amplamente reconhecida por seu festival religioso anual, a Festa do Divino Espírito Santo.

36 Moreira Lima, *Marchas e combates*, p.154.

37 Conforme citado em Brum, *Coluna Prestes*, p.62.

Embora os rebeldes tenham se aventurado mais ao norte do que originalmente pretendido, sua localização nesse ponto no centro do Mato Grosso ainda os posicionava a uma relativa distância de ataque ao Rio de Janeiro. Mas as batalhas que se seguiram continuaram a empurrá-los para o leste e para o norte, e em um anúncio de 15 de junho sobre sua nova estrutura de liderança, a Coluna se autodenominou "1ª Divisão do Exército Libertador em Operações no Nordeste do Brasil".[38] Ao se identificarem, não por muito tempo, como Exército do Nordeste – apesar de ainda estarem na região central do Mato Grosso –, os rebeldes pareceram ter reconhecido o simbolismo útil de sua marcha "libertadora" em direção ao sertão. À medida que avançavam mais, com as provisões em baixa, o interior mantinha a promessa de recrutas e suprimentos. Influenciados pelo folclore bandeirante, o sertão representava a paisagem definitiva de provar – para si mesmos, para os moradores locais e para o público mais ao sul – o seu valor autoatribuído de *libertadores*.

Tendo mudado o rumo constantemente para o norte nos meses anteriores, a Coluna agora embarcava em sua marcha resoluta em direção aos sertões. Como Miguel Costa observou após uma batalha perto da fronteira entre Mato Grosso e Goiás, "prosseguimos, ao amanhecer, nossa marcha, rumo ao Nordeste".[39] Em um caminho que os levava agora mais para o interior do Brasil, os rebeldes tentaram construir uma aliança com um dos poderosos do local, um coronel chamado José Morbeck. Este foi o primeiro encontro da Coluna com um coronel – naquela época, esses homens poderosos do interior comandavam milícias rurais conhecidas como *batalhões patrióticos*. Morbeck lutou por muitos anos contra o governo de Mato Grosso, querendo proteger a autonomia e as reivindicações de terras dos garimpeiros de diamante do local. Antes da chegada da Coluna à região, Morbeck já tinha anunciado sua simpatia pela causa rebelde, mas, quando Moreira Lima foi se encontrar pessoalmente com Morbeck em 20 de junho, o encontro não resultou em nenhuma colaboração – como Moreira Lima relatou, "Morbeck me deu umas desculpas verdadeiramente idiotas, por não

---

38 "1ª Divisão do Exército Libertador em Operações no Nordeste do Brasil", 15 de junho de 1925. CPDOC, JT dpf 1924.05.10 III-68.

39 Carta de Miguel Costa a Batista Luzardo, Rio Bonito, Goiás, 5 de julho de 1925. CPDOC, JT dpf 1924.05.10 III-89.

nos poder acompanhar".[40] Como veremos adiante, os rebeldes encontravam cada vez mais coronéis à medida que avançavam para o norte, todos porém rejeitaram as súplicas dos rebeldes e aderiram à campanha legalista para combater a Coluna.

A Coluna Prestes saiu de Mato Grosso e entrou no estado de Goiás no dia 23 de junho. Quase um ano depois do início da revolta de São Paulo, a rebelião caminhava lentamente em direção a um horizonte incerto. Em termos de suprimentos, apenas mil soldados rebeldes possuíam uma espingarda, e a Coluna não tinha mais artilharia pesada, morteiros ou granadas, tendo deixado a maior parte dessas armas maiores durante sua marcha pelo Paraguai. A Coluna iniciou sua marcha por Goiás a uma distância segura de seus perseguidores. Enquanto as tropas legalistas viajavam em carros e caminhões pelas estradas sinuosas e malconservadas do sul de Goiás, os rebeldes marchavam pela Serra dos Baús. A tropa de frente da Coluna, sob o comando de João Alberto, chegou à cidade de Mineiros em 26 de junho e, no dia seguinte, chegava o restante das tropas rebeldes.

A essa altura, Prestes estava em uma posição privilegiada para avançar para o Rio de Janeiro. De Mineiros, se Prestes tomasse um caminho diretamente ao leste, chegaria ao sul de Minas Gerais, onde estaria em relativo alcance do Rio. Não havia grandes obstáculos naturais ao longo dessa rota potencial, como montanhas ou travessias de rios e, embora houvesse uma série de guarnições federais e estaduais ao longo do caminho, a Coluna já tinha obtido sucesso manobrando em torno das forças legalistas.[41] Porém, uma derrota decisiva na semana seguinte na fazenda Zeca Lopes drenou a Coluna de suprimentos cruciais e os pôs a caminho mais para o norte. Desde que saíram de Ponta Porã em meados de maio, os rebeldes tinham seguido numa curva contínua para o Nordeste – mantendo aberta a possibilidade de marchar para o Rio de Janeiro –, mas depois de Zeca Lopes, a marcha faz uma curva abrupta de 90 graus ao rumarem para o norte por quase uma semana. A derrota em Zeca Lopes destacou ainda a situação extremamente delicada dos suprimentos. Sem um novo estoque de suprimentos bélicos – e um número de aliados para utilizá-los em combate –, a rebelião talvez não resistisse por muito mais tempo.

---

40 Moreira Lima, *A Coluna Prestes*, p.155.
41 Macaulay, *The Prestes Column*, p.122-123.

Após a marcha para o norte saindo de Zeca Lopes, chegaram à cidade de Rio Bonito em Goiás no dia 5 de julho, aniversário de um ano da rebelião. Já nos arredores de Rio Bonito, os rebeldes atacaram fazendas de famílias em busca de cavalos e, de acordo com um fazendeiro local chamado Manoel Zacarias, várias casas foram incendiadas e dois homens foram mortos.[42] Talvez desconhecendo a violência rebelde fora da cidade, os padres de Rio Bonito deram uma calorosa acolhida à Coluna. Com toda a força rebelde presente, o padre José Cenabre San Roman presidiu uma missa comemorativa em homenagem a 5 de julho, seguida de discursos de vários comandantes. O segundo sacerdote da cidade, o padre Manuel de Macedo, chegou mesmo a aderir à rebelião, indo com a Coluna no dia 6 e marchando com os rebeldes durante a maior parte do ano seguinte – nem as memórias dos rebeldes nem os registros de arquivo indicam a razão pela qual Macedo se juntou aos rebeldes.[43] Este foi o primeiro líder local que se ofereceu para lutar com a Coluna, um dos poucos exemplos durante toda a marcha.

Enquanto estiveram em Rio Bonito, a Coluna se correspondeu com aliados políticos no Rio de Janeiro. Miguel Costa enviou um resumo detalhado da progressão recente da marcha a João Batista Luzardo, deputado federal gaúcho e o aliado mais proeminente.[44] Esse canal de comunicação com Luzardo era uma das principais vias da Coluna para transmitir notícias a um público mais amplo. Com a censura dificultando a impressão de certas histórias, os rebeldes mantinham um sistema clandestino: mensageiros levavam cartas para postos telegráficos, que eram retransmitidas para a estação telegráfica central do Rio de Janeiro, onde trabalhadores simpatizantes da rebelião, no meio da noite, recuperavam as mensagens antes que os funcionários chegassem na manhã seguinte.[45] Os relatórios eram depois entregues a Luzardo, que os compartilhava em discursos no plenário do Senado. Como todos os anais eram publicados no órgão oficial de notícias do Congresso, o *Diário Official da União*, os discursos de Luzardo contornavam a censura governamental.

---

42 Conforme relatado em Brum, *Coluna Prestes*, p.63-64.

43 Desde então, a cidade de Rio Bonito mudou de nome para Caiapônia. Moreira Lima, *A Coluna Prestes*, p.168-169.

44 Carta de Miguel Costa a Batista Luzardo, Rio Bonito, Goiás, 5 de julho de 1925. CPDOC, JT dpf 1924.05.10 III-89.

45 Prestes, *A Coluna Prestes*, p.362.

Os rebeldes também escreveram uma longa proclamação sobre o estado de então da rebelião, que era de fato uma carta aberta ao povo brasileiro. Não se sabe se o documento foi distribuído com sucesso ou não, mas ele mostra como a Coluna procurou se retratar no marco de um ano da revolução.[46] Na tentativa de dissipar os rumores *não* infundados de saques e a frustração entre os escalões rebeldes, o boletim afirmava que "não só ser magnífico o estado moral e material das nossas tropas, como também, que de coisa alguma necessitamos". Os rebeldes continuavam a se apresentar como os valentes bandeirantes da liberdade: "temos agido nas mesmas normas por que sempre nos temos conduzido, inscrevendo nas páginas da Revolução novos e positivos exemplos de ordem, valor e disciplina". E, em contraste com a realidade da recente série de derrotas da Coluna, a declaração afirmava que "conseguiu, assim, após uma marcha prenhe de vitórias através dos longos territórios (...) de Goiás, alcançar o coração do país, em cujos sertões, pretende decidir da sorte das 'hostes do Cattete'". Enquadrados como bandeirantes, os rebeldes continuaram a desenvolver sua nova narrativa de uma marcha interior intencional – agora no coração do Brasil, a Coluna retratava o interior como uma plataforma para a mudança nacional.

De Rio Bonito, marchou em direção nordeste atravessando o planalto central de Goiás. Ao longo dessa rota, os rebeldes esperavam cruzar para o estado da Bahia, onde Prestes pretendia fortalecer seus escalões com novos recrutas e suprimentos, principalmente aqueles que o general Isidoro se comprometera a providenciar. O plano era entrar brevemente em Minas Gerais a fim de encontrar um local adequado para a travessia do Rio São Francisco para a Bahia. Durante o restante da jornada de um mês por Goiás, a Coluna marchou relativamente perto das cidades de São Paulo e do Rio de Janeiro. A menos de mil quilômetros dos centros da política brasileira, Prestes e seus colegas oficiais podem ter se sentido tentados a lançar um olhar para o Sudeste, considerando a possibilidade de mudar sua estratégia e fazer um movimento direto contra o governo federal. Mas marchar assim tão perto do regime de Bernardes também tinha seus perigos. A Coluna precisava evitar os principais eixos de transporte que cortavam o centro de Goiás, e Prestes teve o cuidado de marchar com suas tropas ao

---

46 Boletim do alto-comando rebelde. CPDOC, JT dpf 1924.05.10 III-94. Embora o comunicado não tenha data, a menção ao aniversário de um ano sugere que foram os materiais entregues por Ataíde da Silva.

norte de Silvânia e Pirapora, cidades ferroviárias que faziam ligação direta com São Paulo e Rio de Janeiro. A proximidade das forças legalistas estava longe de ser a preocupação mais urgente. Se Prestes não conseguisse mais suprimentos, a localização exata dos rebeldes se tornaria quase irrelevante.

As baixas provisões da Coluna diminuíram ainda mais quando um capitão do destacamento de Djalma Dutra convenceu um punhado de seus soldados a abandonar a rebelião. Um total de seis pessoas desertaram, levando consigo um estoque significativo de armas. Dutra relatou essa infeliz reviravolta em uma carta a Prestes, escrevendo que o capitão em questão teve de "convencer os meus soldados que estavam errados e que as vantagens dos soldados legalistas eram muitos maiores".[47] Aqui, vemos alguns dos fundamentos materiais que moldavam a forma como os soldados decidiam sua lealdade. Após ter lutado durante um ano por uma mistura de dedicação à causa rebelde e a promessa de salário diferido assim que a revolução fosse bem-sucedida, a chance de mudar de lado pode ter sido uma opção atraente. Se um soldado rebelde desertasse e voltasse ao exército do governo, ele não apenas era absolvido de sua atual sedição, mas também começava a receber seu salário militar normal. Sem uma ideologia central que unisse os rebeldes – e com o objetivo original de derrubar Bernardes cada vez mais improvável –, os soldados precisavam pôr na balança seus motivos pessoais para lutar.

A QUESTÃO RECORRENTE DA DISCIPLINA

Nos meses anteriores, Prestes procurou instigar mais disciplina investigando os soldados acusados e mantendo os culpados em confinamento. Mas os acontecimentos em Goiás chegaram a um extremo tal que Prestes sentiu claramente a necessidade de dar um exemplo mais forte. No dia 7 de agosto, o alto-comando rebelde ordenou a execução por fuzilamento de quatro soldados, o primeiro por estuprar uma mulher e os outros três por terem abandonado a rebelião levando fuzis e suprimentos.[48] Como parte des-

---

47 Chamada de rádio de Djalma Dutra para Luís Carlos Prestes. Margem de São Domingos, 17 de julho de 1925. AEL LML Série III Coluna, Subsérie Ligações, CL 16.P2 189-190.

48 Boletim 16, Comando das Forças Revolucionárias, Fazenda Águas Brancas, Goiás, 7 de agosto de 1925. Série AEL Lourenço Moreira Lima (LML), III Coluna, Subsérie Boletins, p.456-468.

ses processos disciplinares, a Coluna distribuiu entre todos os comandantes um conjunto de regras de comportamento para os rebeldes. Referindo-se à recente onda de punições, incluindo a execução de seus próprios homens, a nota explicava que "não nos assiste, entretanto, o direito de cruzar os braços, indiferente diante de estes abusos, que estão comprometendo moral e materialmente os destinos da Revolução". O documento também delineava uma série de regras: os soldados não deveriam desrespeitar as mulheres, se embriagarem, ou atirar em civis, e apenas comandantes autorizados podiam entrar nas casas e apreender seus pertences. A firmeza dessas diretrizes, acentuada pela pena por fuzilamento, parece ter surtido o efeito pretendido, pelo menos para a próxima fase da marcha. Os soldados rebeldes em sua maioria obedeceram às ordens, pelo menos até a Coluna chegar à Bahia sete meses depois, momento em que suas ações se transformaram em frustração violenta.

O cultivo da mitologia virtuosa da Coluna ocorreu em múltiplas escalas de tempo: em tempo real, como visto na carta aberta do início de julho, na cobertura de jornais que logo se espalharia por todo o país, como também nas memórias dos rebeldes escritas mais tarde. A documentação de eventos no início de agosto oferece o segundo exemplo, neste capítulo, de omissão em um livro de memórias. As punições e orientações foram estipuladas no Boletim n.16 do alto-comando rebelde, e tal documento seria reproduzido por Moreira Lima, o escrivão oficial da Coluna, no apêndice de suas memórias.[49] Embora Moreira Lima inclua o registro completo das diretrizes decretadas, ele fornece apenas um vislumbre do comportamento que levou Prestes a promulgar as novas regras. O documento reproduzido menciona apenas que os líderes da Coluna ordenaram a dispensa desonrosa de dois soldados: um por ter saqueado uma casa local e outro por ter tentado matar um civil. O livro de memórias remove qualquer menção à execução por pelotão de fuzilamento dos quatro soldados considerados culpados de estupro e roubo. Comparando a reprodução das memórias com curadoria com o documento original, nota-se que Moreira Lima estava disposto a mostrar certa desordem nas fileiras rebeldes – principalmente porque precisava contextualizar as novas regras disciplinares. Mas comprometer totalmente a imagem da Coluna, seja por meio de estupros (o que denota

---

49 Moreira Lima, *A Coluna Prestes*, p.555-559.

grave falta de moral) ou de deserção (que denota falta de compromisso com a causa), poderia ter prejudicado a percepção da rebelião. Como grande parte da legitimidade da Coluna advinha de sua suposta virtude no sertão, as memórias serviriam como plataformas para propagar essas narrativas de geração em geração.

Com as novas regras disciplinares em vigor e as forças inimigas não mais os perseguindo de perto, Prestes marchou em direção à Bahia. Os rebeldes tiveram que atravessar o Rio São Francisco, o quarto maior do Brasil e o mais longo dos que correm somente em território brasileiro. O São Francisco apresentava-se como uma fronteira fluvial atravessando o extremo oeste da Bahia, e Prestes teve que escolher como e onde tentar a travessia. Da posição em que estavam, no leste de Goiás, Prestes prosseguiu pelo canto norte de Minas Gerais e brevemente ao sul em direção ao São Francisco. A Coluna saiu de Goiás no dia 11 de agosto e embarcou em uma jornada de dez dias por Minas Gerais. Prestes estava determinado a cruzar para a Bahia, com sua promessa imaginária de novos recrutas, suprimentos e o potencial místico de combate no interior mais emblemático do Brasil. Como lembra Moreira Lima, os rebeldes viam a Bahia como uma terra de rejuvenescimento e aventura:

> Contávamos poder arregimentar voluntários nesse Estado, não só pela influência dos elementos que ali se diziam revolucionários, como também pelo espírito belicoso da sua população. Além disso, a Bahia nos oferecia a vantagem de ser uma região de recursos inesgotáveis, onde poderíamos prolongar a luta por longo tempo, e um ponto de grande valor estratégico e político.[50]

A Bahia no horizonte

À medida que os rebeldes avançavam em direção à Bahia, os jornais começaram a desempenhar um papel cada vez mais central, tanto na construção, quanto na ampliação da imagem pública da Coluna. A censura ainda permanecia em vigor, o que significava que mesmo que os censores do governo aprovassem um artigo submetido, poderia levar mais de um mês

---

50 Ibid., p.181.

para que as notícias fossem publicadas.[51] Essa censura afetava mais frequentemente os grandes jornais do Rio de Janeiro e São Paulo do que os jornais menores, regionais. Com menos fiscalização por parte dos censores federais, os jornais regionais proporcionavam uma cobertura mais próxima da Coluna à medida que ela se deslocava mais para o interior do Brasil. Pelo menos inicialmente, grande parte dessa cobertura local apoiava a marcha. Uma reportagem de 19 de agosto da *Folha do Povo* do Maranhão, por exemplo, reimprimiu na íntegra um artigo do jornal pernambucano *Da Noite*, buscando dissipar os rumores negativos sobre Prestes e seus homens:

> São porventura aventureiros vulgares os que, de armas na mão, lutam no interior do país? Não. Se o fossem, já teriam abandonado a liça. Dinheiro não lhes falta, e muito menos facilidade para abandonarem o país (...) E por que não o fazem? É que um ideal superior os anima, os impele para a frente, a vencer ou morrer.[52]

No entanto, como será visto, os jornais locais se tornariam cada vez mais hostis à medida que a Coluna se aproximava da Bahia.

Os rebeldes seguiram um caminho incontestado desde o planalto de Goiás até Minas Gerais, e, no dia 19 de agosto, o destacamento de frente de João Alberto chegou a São Romão, uma pequena cidade na margem oeste do Rio São Francisco. A unidade de reconhecimento encontrou um navio a vapor e dois barcos menores, mas eles pertenciam a um batalhão da polícia estadual da Bahia. A fim de comandar os barcos, a Coluna tentou uma emboscada na manhã seguinte. Os rebeldes montaram um ponto de ataque no alto dos penhascos arborizados acima do rio e abriram fogo, mas os baianos fugiram dos tiros navegando rio abaixo.[53] Apesar do fracasso da emboscada, Prestes ainda assim não abandonou a meta de cruzar o São Francisco. Poucos dias depois, a unidade de Djalma Dutra foi enviada para fazer um reconhecimento final da área, marchando 50 quilômetros ao norte até a cidade de São Francisco.[54] Essa empreitada, novamente, não deu resultados.

---

51 Morais, *Chatô*, p.106.
52 A revolução invencível, *Folha do Povo*, 19 de agosto de 1925, p.2.
53 Moreira Lima, *A Coluna Prestes*, p.182-187.
54 Carta de Luís Carlos Prestes a João Alberto Lins de Barros, 22 de agosto de 1925, reproduzida em Moreira Lima, *A Coluna Prestes*, p.565.

Embora Dutra não tivesse conseguido localizar nenhum barco, suas tropas encontraram um grande estoque de cachaça em uma fazenda próxima e começaram a beber muito. De acordo com alguns livros de memórias de rebeldes, tais ocorrências de bebedeira afetavam a Coluna regularmente. Moreira Lima escreveu que os soldados bêbados muitas vezes tinham de ser amarrados aos cavalos para evitar que caíssem.[55] Sempre que a Coluna entrava em uma nova cidade, um oficial geralmente percorria as lojas e bares para despejar qualquer álcool, para que os soldados não pusessem as mãos nele. Dias Ferreira observou que tentativas de proibição se tornaram tão eficazes que soldados rebeldes começaram a invadir farmácias para roubar frascos de Elixir do Nogueira, remédio para a sífilis que supostamente tinha o gosto do licor italiano fernet.[56] A invasão de farmácias locais também se dava para obtenção de outros medicamentos. Como lembra um morador local chamado Joaquim de Souza Cavalcanti, quando os rebeldes chegaram à cidade de Luís Gomes, levaram todos os medicamentos usados no tratamento da sífilis: "foi um prejuízo danado. Não tinha mais remédio para sífilis na cidade. Os revoltosos estavam tudo doente e espalharam a peste por aqui".[57]

Após a malsucedida e embriagada missão de reconhecimento de Dutra às margens do rio, Prestes admitiu que não era possível cruzar para a Bahia. Além disso, ele poderia ter presumido corretamente que a emboscada fracassada levaria mais tropas para a costa leste do São Francisco. Após uma semana de envolvimento da Coluna ao longo do rio, o exército federal de fato enviou forças adicionais dos batalhões estaduais da Bahia, Ceará e Maranhão.[58] O governo parecia estar decidido a deter o rumo da marcha rebelde em direção ao Nordeste. Prestes ordenou que os rebeldes fossem para o noroeste, de volta a Goiás, de onde pretendiam passar pelo Maranhão para finalmente voltar para a Bahia.

Quase duas semanas foram necessárias para cruzar Minas Gerais, pois tiveram que avançar lentamente através da Serra de São Domingos. No dia 7 de setembro, os rebeldes cruzaram de volta para Goiás. A trajetória em forma de V que os rebeldes tomaram para o sul em direção à Bahia e para o norte os colocou novamente em Goiás, mas em um trecho muito diferente

---

55 Moreira Lima, *A Coluna Prestes*, p.184.
56 Ferreira, *A Marcha da Columna Prestes*, p.264-265.
57 Conforme citado em Brum, *Coluna Prestes*, p.100.
58 A situação do paiz, *O Combate*, 23 de setembro de 1925, p.1.

do que haviam deixado no mês anterior. Entrando agora pelo canto norte do estado, os rebeldes maravilharam-se com o que lhes parecia uma paisagem isolada: tendo permanecido intocada por vários séculos após a corrida do ouro da era colonial, evocava os impactos desiguais das incursões da sociedade litorânea para o interior. João Alberto relatou que

> Encontrava-nos a rara oportunidade de ver tranquilamente o Brasil desconhecido e os restos de grandeza de um passado remoto. Toda aquela riquíssima região decaíra, depois de fustigada pela rapina dos colonizadores. Igrejas construídas de pedras e cadeias com fortes grades mostravam o que foram o norte de Goiás e o vale do Tocantins, no século XVIII.[59]

Em meio a sua marcha autoprojetada para modernizar o país, estas observações sobre "o Brasil desconhecido" serviam para justificar a pretensão rebelde de reavivar o interior e, assim, a nação como um todo.

A Coluna chegou a Posse, Goiás, no dia 12 de setembro, primeira cidade de sua renovada marcha para o norte. Durante seus dois dias de descanso, Prestes, Costa e Távora escreveram ao general Isidoro e ao deputado Luzardo. Além de resumir os movimentos no mês anterior, a carta expressava a disposição de negociar um cessar-fogo com o regime de Bernardes em troca de anistia. Em sua declaração, Prestes e seus colegas oficiais queriam que o público brasileiro soubesse que "Aqui não estamos por um simples capricho de desvairados – nem pelo ingrato prazer de derramar sangue patrício e enlutar lares de irmãos – nem movidos pelo interesse mesquinho de ambições pessoais".[60] Quais, então, seriam para os rebeldes as condições adequadas para encerrar sua campanha? A carta mencionava três demandas. Primeiro, revogar a lei de imprensa que sancionava a censura. Segundo, adotar o voto secreto para as eleições brasileiras. E terceiro, suspender a lei marcial, que o presidente Bernardes tinha renovado continuamente desde a revolta inicial de julho de 1924. Como observou Prestes, esses critérios poderiam garantir uma paz que seria "grata para nós, honrosa para o governo e proveitosa para o país". E à medida que a Coluna marchava para o interior do Brasil com suprimentos escassos e tensão dentro de seus próprios escalões, a anistia também proporcionaria um meio de encerrar a rebelião.

---

59 Lins de Barros, *Memórias*, p.126-127.
60 Cópia da carta a Isidoro e Luzardo em Moreira Lima, *A Coluna Prestes*, p.190-193.

Após Posse, fortes chuvas e um terreno cada vez mais árduo retardaram a marcha. Depois de avançar cerca de 50 quilômetros por dia durante a maior parte dos meses anteriores, a caminhada por Goiás nos dois meses seguintes atingiu uma média diária de apenas 16 quilômetros.[61] Em meio a essa progressão lenta, a Coluna recebeu uma carta da cidade maranhense de Arraias. Comparada à maioria das correspondências rebeldes, esta carta era única por ter sido escrita a mando de, e assinada exclusivamente por, mulheres residentes de uma comunidade local.[62] Embora respeitosas para com a Coluna – a carta foi endereçada aos "digníssimos comandantes (...) da campanha gloriosa" –, as mulheres pediam aos líderes rebeldes "garantias a honra, vida e bens dos habitantes". Ao enquadrar sua carta em torno de questões domésticas tais como saúde e hospitalidade, essa forma de engajamento político das mulheres nordestinas rurais parecia cuidadosamente elaborada para espelhar as normas tradicionais de gênero.[63] Como justificativa de que Arraias não poderia fornecer suprimentos para a Coluna, a carta afirmava que a cidade inteira estava sofrendo de uma epidemia de gripe. Essa menção de contágio era provavelmente também uma tentativa de dissuadir os rebeldes de cometer os abusos – sexuais e outros – pelos quais estavam se tornando notórios. E de forma a dar mais um incentivo ao respeito à vida e à propriedade, as mulheres de Arraias procuraram também afirmar que, caso visitassem pacificamente o vilarejo, "receberão um recreio, os [rebeldes] que esquecendo e desprezando o luxo e o contexto das cidades civilizadas dos sertões".

Tendo visto sua rota mudar de uma marcha acidental para uma rota intencional e simbólica para o interior, os rebeldes mantiveram sua visão voltada em direção ao norte. Mas na fase seguinte da marcha, uma experiência inicialmente positiva no Maranhão seria seguida de uma passagem contenciosa mais adiante, e os rebeldes vivenciariam o que para eles seriam interiores completamente diferentes.

---

61 Moreira Lima, *A Coluna Prestes*, p.187.

62 Carta das mulheres de Arraias (Maranhão) aos líderes rebeldes, escrita em 22 de setembro de 1925. Escrita por um escrivão local chamado Manuel Segunato, a carta foi assinada por 42 mulheres. Fonte: CPDOC, JT dpf 1924.05.10 IV-12.

63 Uma exceção local à preservação dessas normas de gênero ocorreu duas décadas depois, na chamada Revolta da Dona Noca, em 1951, quando uma mulher do interior do Maranhão chamada Joanna da Rocha Santos (conhecida como Dona Noca) liderou um contingente de mais de 10 mil homens para marchar na capital do estado em protesto contra o que ela alegava ser uma eleição fraudulenta para governador.

CAPÍTULO 4

OLHARES DIVERGENTES SOBRE O SERTÃO

Durante os próximos quatro meses, de outubro de 1925 a fevereiro de 1926, a marcha para o interior parecia oferecer o oásis prometido na carta das mulheres de Arraias: mais recrutas aderiram à Coluna no Maranhão do que em qualquer outro ponto da rebelião, e a existência de vilarejos mais desenvolvidos como Carolina oferecia armadilhas da "civilização" no sertão. Considerando que a passagem rebelde pelo estado foi o ponto alto da marcha, o percurso restante através do Nordeste logo se tornaria o início da decadência. Ao caminhar em um arco no sentido horário (Mapa 6) em direção à Bahia – atravessando Piauí, Ceará, Rio Grande do Norte, Pernambuco e Paraíba –, a Coluna enfrentava uma hostilidade crescente e, em resposta, tratava as comunidades locais com maior desdém, culminando em uma demonstração de violência irresponsável na cidade paraíba de Piancó. Apesar das tentativas de adaptar sua campanha a diferentes contextos e paisagens regionais, a concepção dos rebeldes sobre o sertão como um paraíso acolhedor daria lugar a uma de conflitos violentos.

De Arraias, a Coluna estabeleceu como alvo uma cidade ribeirinha de tamanho médio chamada Porto Nacional, em Goiás, que poderia servir como um importante ponto de reabastecimento para as forças rebeldes. Prestes escreveu duas cartas que seriam enviadas com antecedência a Porto Nacional. A primeira carta foi para um político local, o deputado estadual

– 65 –

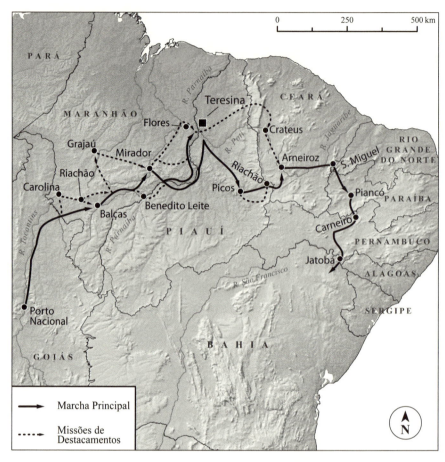

Mapa 6 – A Coluna Prestes de outubro de 1925 a abril de 1926. Cortesia de Gabriel Moss.

João Ayres Joca, que também publicava um pequeno jornal chamado *Norte de Goiaz*. Prestes pediu a Ayres que notificasse os moradores locais sobre a chegada da Coluna – e, em um sinal da hospitalidade que Prestes e suas forças em breve receberiam em Porto Nacional, Ayres concordou em veicular o boletim rebelde em seu jornal.[1] A segunda carta de Prestes foi para o frei José Audrin, missionário francês que dirigia o convento dominicano em Porto Nacional. Procurando assegurar a Audrin que os rebeldes não cometeriam quaisquer atos de violência, Prestes escreveu que "Não somos, como

---

1 Carta de João Ayres Joca aos líderes rebeldes, Porto Nacional, Goiás, 14 de outubro de 1925. CPDOC, JT dpf 1924.05.10 IV-23.

por aí se tem dito, uma horda de malfeitores, de cujo contato devem fugir as famílias (...). Nos tem guiado, nesta longa luta de quinze meses, uma diretriz bem mais nobre do que propalam os nossos adversários".[2] Assim como Ayres tinha publicado o boletim rebelde, Audrin também transmitiu as intenções de boa vontade de Prestes à sua congregação.

Do ponto de vista da Coluna, a estada em Porto Nacional foi bem-sucedida e a cidade foi muito acolhedora – pelo menos no início. Como várias unidades rebeldes chegaram entre 12 e 15 de outubro, Audrin lhes deu as boas-vindas e permitiu que os líderes estabelecessem seu quartel-general dentro da prefeitura.[3] Segundo Dias Ferreira, os rebeldes eram "recebidos com efusivas demonstrações de simpatia e carinhoso acolhimento".[4] Em 16 de outubro, toda a Coluna havia se estabelecido em Porto Nacional e Audrin convidou Prestes, Costa e Távora pessoalmente a ficarem em seu convento (Figura 4.1), com os oficiais e soldados restantes acampados em vários campos e fazendas nos arredores da cidade. Os primeiros dias em Porto Nacional foram comemorativos: Audrin celebrou a missa pelos rebeldes várias vezes e batizou os bebês nascidos ao longo da marcha.

Prestes aproveitou o ambiente acolhedor para divulgar a mensagem dos rebeldes. Joca Ayres permitiu que a Coluna utilizasse a gráfica do *Norte de Goiaz*, através da qual Moreira Lima coordenou a publicação do sétimo número de *O Libertador*. Esta gráfica, em particular, tanto impressionou quanto frustrou Moreira Lima, que mesmo anos depois ainda a lembraria como "um venerando mastodonte que datava de 1860 e os tipos estavam inteiramente gastos, saindo a impressão quase ilegível".[5] Apesar dos desafios de usar uma prensa antiquada, Moreira Lima publicou a edição mais longa até então de *O Libertador*. Em quatro páginas densas, o boletim trazia uma visão geral dos últimos combates da Coluna, uma entrevista com Ayres sobre o estado da política em Goiás e uma carta aberta ao povo brasileiro.[6] Esse manifesto público iniciava afirmando que: "Concidadãos: Depois de 15 meses de luta encarniçada – marcados, dia a dia, por todas angustas que ensombram o

---

2 Audrin, *Entre sertanejos e índios*, p.251-252.
3 Ibid., p.252-53.
4 Ferreira, *A Marcha da Columna Prestes*, p.149.
5 Moreira Lima, *A Coluna Prestes*, p.198.
6 *O Libertador* no. 7, 20 de outubro, Porto Nacional, Goiás, 1925. APM, série AB, pasta PV-Cx.07, doc. 215.

Figura 4.1 – Alto-comando rebelde em Porto Nacional, Goiás, outubro de 1925. Prestes é o terceiro à esquerda na fileira de baixo, com um lenço no pescoço e mãos cruzadas, ao lado de Miguel Costa e Djalma Dutra nos dois lugares seguintes ao centro. CPDOC SVM foto 10.

cenário triste de uma guerra civil – temos hoje, ao chegar ao coração do Brasil, às margens do portentoso Tocantins". Invocando sua imagem projetada de bandeirantes libertadores no seio do país, o manifesto proclamava que "o povo pode ficar certo de que os soldados revolucionários não enrolarão a bandeira da Liberdade" até que o despotismo no Brasil fosse superado. E consciente, como sempre, da reputação da Coluna, Prestes ordenou a seus homens que praticassem vários atos de justiça local em Porto Nacional – sendo esta a primeira vez que a rebelião agia nesse sentido. Os rebeldes libertaram um homem que havia sido condenado a trinta anos de prisão por um assassinato que alegava não ter cometido, e destruíram os troncos e correntes da prisão. Prestes também instruiu seus homens a quebrarem as palmatórias de madeira usadas na escola local como punição corporal.[7] Ele deve ter tido a esperança de que esses pequenos atos de justiça conquistassem novos recrutas e ajudassem a melhorar a reputação da marcha.

---

7 Moreira Lima, *A Coluna Prestes*, p.199.

No entanto, depois de quase uma semana em Porto Nacional, a Coluna já havia esgotado as boas-vindas. Quase sete décadas depois, Regina Gomes Ayres, aos 96 anos, lembrou que "enquanto eles faziam bonito na cidade, pintavam e bordavam nas fazendas. Roubavam gado e ouro, arrancavam as portas e rachavam as janelas com os machados. Foi tudo destroçado".[8] Em 21 de outubro, Audrin escreve aos líderes rebeldes na esperança de que eles partissem. Ao expressar sua admiração pela "sinceridade de suas aspirações patrióticas", Audrin expressou que tinha o "dever" de falar em nome de sua cidade, citando, em latim, os primeiros apóstolos: *"Non possumus non loqui!"* – Nós não podemos não falar! Falando francamente, Audrin disse que "A passagem da Coluna revolucionária através dos nossos sertões e por nossa cidade tem sido um lamentável desastre que ficará, por alguns anos, irreparável. Em poucos dias, nosso povo, a maioria pobre, viu-se reduzido à quase completa miséria".[9] As críticas de Audrin se tornariam ainda mais severas com o tempo. Nas memórias que escreveu vinte anos depois, Audrin observou

> ser inexato o título de "Coluna Invicta", achando suficiente, se quiserem, o de "Coluna da Morte". (...) A passagem da Coluna foi essencialmente nefasta. Seus dirigentes vinham soltando criminosos, rebentando cadeias, queimando arquivos e cartórios: dando assim um exemplo imprudente de desprezo das leis e das autoridades.[10]

Vemos, portanto, que os mesmos atos que os rebeldes interpretaram como um sinal de sua influência positiva – libertar prisioneiros, "receber" suprimentos dos habitantes locais – eram, na opinião de Audrin, prova da jornada destrutiva da Coluna pelo interior. Audrin, no entanto, teve o cuidado de não retratar todos os rebeldes como um monólito violento, lembrando que, de todos os chefes, "foi o então Cl. Luiz Carlos Prestes o mais atencioso e delicado para nossos sertanejos". Portanto, mesmo entre os detratores do movimento, Prestes se destacava como uma figura admirável. A empatia de Prestes e sua capacidade de liderança – bases de seu eventual

---

8 Conforme citado em Brum, *Coluna Prestes*, 7, p.8.
9 Carta de José M. Audrin a Miguel Costa, Porto Nacional, 21 de outubro de 1925. CPDOC, JT dpf 1924.05.10 IV-31.
10 Audrin, *Entre sertanejos e índios*, p.260-261.

status como Cavaleiro da Esperança – seriam testadas na marcha da Coluna mais ao norte.

Com a melhoria do estoque de suprimentos e energia, o mesmo não se dando com relação à sua reputação entre os moradores, a Coluna partiu de Porto Nacional em 22 de outubro de 1925. Pouco antes de partir, os líderes rebeldes enviaram uma carta a Tarquinio Lopes Filho, em São Luís, Maranhão, que dirigia o jornal *Folha do Povo*.[11] Embora essa carta nunca tenha chegado – seu mensageiro fora preso no trajeto –, Prestes de fato acertou ao identificar Lopes Filho como um potencial aliado. A *Folha do Povo* deu firme apoio à causa rebelde no Nordeste e, com a Coluna já marchando em direção à fronteira de Goiás com o Maranhão, o jornal publicou reportagem com a manchete "Bem-vindos sejam!".[12] Chamando os rebeldes de "pioneiros da liberdade", o periódico imitou a linguagem da própria Coluna: "nos pampas longínquos do Rio Grande... nos sertões maranhenses... vêm esses bem-aventurados brasileiros, empolgados na sublimidade dos seus ideais, grandiosos na luta, continuando a árdua missão de defender a pátria estremecida do jugo da tirania". E refletindo a lenda que já começava a se enraizar, o artigo descrevia a Coluna Prestes em metáforas que misturavam divindades míticas, como no trecho "em arrancadas titânicas, em investidas homéricas" alçaram o Nordeste "como que cavalgando novo Pégaso da lenda". As páginas da *Folha do Povo* ofereciam seus braços abertos à rebelião: "Destemidos brasileiros, sede bem-vindos à terra maranhense!! A alma do povo vibra nesta exclamação cheia de anseios: Vinde!".

O "PERÍODO ÁUREO"

A mensagem de boas-vindas da *Folha do Povo* foi um dos primeiros sinais de como a passagem pelo Maranhão se tornaria o ápice de toda a rebelião. Embora o governo do estado estivesse fortemente alinhado com o regime Bernardes, certos grupos de líderes da oposição estavam ansiosos para unir forças com a Coluna. Em pouco mais de um mês, cerca de 250 sol-

---

11 Carta de Miguel Costa a Tarquinio Lopes Filho, 23 de outubro de 1925. CPDOC, JT dpf 1924.05.10 IV-35.

12 "Bemvindos sejam!" *Folha do Povo* (Maranhão), 26 de outubro de 1925. APM, série AB, pasta PV-Cx.07, doc. 174.

dados aderiram à rebelião no Maranhão. Como Landucci escreveu em suas memórias, "o Maranhão foi o estado que mais contribuiu em homens e recursos, para o fortalecimento da Coluna, que lá teve o seu período áureo".[13]

A Coluna Prestes cruzou o Rio Manoel Alves Grande e entrou no Maranhão em 11 de novembro de 1925, seguindo as margens do Rio Tocantins em direção à cidade de Carolina. Durante essa marcha, os rebeldes foram visitados por membros da tribo indígena Xerentes – primeira ocasião em que indígenas tiveram uma aparição considerável ao longo da marcha e o único que foi narrado posteriormente em várias memórias dos rebeldes.[14] Do ponto de vista dos Xerentes, o encontro foi positivo, principalmente porque os rebeldes vinham lutando contra milícias que abusavam dos indígenas da região. Um integrante da tribo Sizapí fazia parte do contingente de visitantes e, na década de 1990, contou a um jornalista sobre o encontro: "Eu andei junto lá embaixo com eles. Eles tiravam tudo do branco ruim, eram bravos contra os brancos que nos maltratavam. Para índio, os revoltosos não falavam ruim, eles eram bons".[15] Os rebeldes, por sua vez, pareciam impressionados com os Xerentes, apesar de suas observações serem expressas em linguagem preconceituosa. Moreira Lima surpreendeu-se ao perceber que os Xerentes eram mais "avançados" e politicamente conscientes do que presumia. Ficou surpreso, por exemplo, ao ver que a tribo falava sobre o general Rondon – que havia realizado extensas missões pelo interior do Brasil – atestando a preocupação superficial do governo federal para com os povos indígenas. E quando o chefe dos Xerentes veio falar com a Coluna, Moreira Lima descreveu-o tanto como primitivo, como civilizado:

> Eles formaram um semicírculo e o tuxaua ou cacique, adiantando-se fez um discurso de mais de uma hora, em altas vozes, com grande gesticulação e marradas no ar, espumando pelos cantos da boca e dando forte pancadas com os pés, um verdadeiro orador popular de *meetings* e de passeatas patriótico-engrossativas das nossas cidades.[16]

---

13 Landucci, *Cenas e episódios*, p.85.

14 Tanto Moreira Lima como Dias Ferreira usam os mesmos termos para identificar o grupo, "Chavantes ou Javahés". No entanto, como Audrin aponta em suas memórias, dado que as duas tribos mencionadas acima viviam mais longe, no vale do Araguaia naquela época, é mais provável que o grupo em questão fosse o Xerentes (Audrin, *Entre sertanejos e índios*, p.181-186).

15 "Na trilha da Coluna Prestes", *Manchete*, 16 de março de 1996, p.63.

16 Moreira Lima, *A Coluna Prestes*, p.200.

Ao chamar o tuxaua de orador talentoso e ao mesmo tempo descrever suas ações em termos animalescos, Moreira Lima refletia uma espécie de admiração preconceituosa pelos Xerentes, vários dos quais marchariam com a Coluna por todo o trajeto até Carolina.

Se o Maranhão foi o período áureo da rebelião, Carolina foi o seu momento mais brilhante. Os rebeldes passam oito dias em Carolina, impressionados por suas ruas largas e edifícios robustos, incluindo uma biblioteca e um jornal local de onde a Coluna publicou o oitavo número de *O Libertador*.[17] Após a chegada dos rebeldes, em 15 de novembro, um comerciante local chamado Diógenes Gonçalves ofereceu uma celebração que incluía uma série de apresentações musicais e leituras de poesia. Metilene Ayres, então com quase 16 anos, relembrou o espetáculo: "Ah, tinha cada baile lindo! Os oficiais eram educados e galantes. Lembro como se fosse hoje quando dancei com o bonitão do Juarez Távora".[18] Moreira Lima ficou tão impressionado com a exibição de cultura bem-educada que se maravilhou com o "desenvolvimento artístico num centro tão distanciado dos meios cultos do litoral".[19] Como em Porto Nacional, Prestes ordenou às suas tropas que destruíssem os livros de cobranças de impostos de Carolina. Dessa vez, a Coluna convidou os habitantes da cidade a participarem do ritual de exercício da justiça que culminou com uma grande fogueira. Enquanto a chama dos documentos fiscais crescia, a banda de orquestra da cidade tocava uma versão de "Ai seu Mé!" – uma canção popular de oposição da época com letras que zombavam do presidente Bernardes. A notícia desse evento foi divulgada de forma positiva no jornal local, *A Mocidade*.[20] E no dia 19 de novembro, os habitantes da cidade e os rebeldes se reuniram para comemorar o Dia da Bandeira do Brasil. Para marcar a ocasião, Cordeiro de Farias discursou em frente à prefeitura (Figura 4.1), exprimindo gratidão a Carolina e expondo as virtudes do heroísmo e da liberdade.[21]

---

17 Salvo indicação ao contrário, todos os detalhes de Carolina são de Moreira Lima, *A Coluna Prestes*, p.206-208.

18 Conforme citado em Brum, *O avesso da lenda*, p.81.

19 Moreira Lima, *A Coluna Prestes*, p.206.

20 A entrada das Forças Revolucionárias nesta cidade, *A Mocidade*, 28 de novembro de 1925, p.1. Conforme reproduzido em Prestes, *A Coluna Prestes*, 227.

21 "Festa da bandeira", texto da fala de Oswaldo Cordeiro de Farias, Carolina, 19 de novembro de 1925. CPDOC, JT dpf 1924.05.10 IV-47.

Figura 4.2 – Osvaldo Cordeiro de Farias discursa em frente à prefeitura de Carolina, Maranhão, 19 de novembro de 1925. CPDOC ILA foto 007-4.

A estada em Carolina mostra como os rebeldes viam certas regiões do interior de maneiras diferentes. Depois de se entreterem com música, debate político e bom humor, os rebeldes tinham somente impressões positivas sobre as pessoas daquela área específica do Nordeste. Em suas memórias, Moreira Lima descreve os maranhenses como "esplêndidos soldados pela sua bravura, resistência, disciplina intrínseca, inteligência, bondade e nobreza".[22] Esse exemplo de admiração pelas comunidades do interior era raro. Dadas as marcas supostamente civilizadas de música e cultura exibidas em Carolina, o fato de os rebeldes realmente respeitarem ou não certos grupos dependia também de quão úteis os moradores locais tinham contribuído para a Coluna.

Nesse caso de adesão, uma raridade ao longo da marcha, por terem se juntado à rebelião, várias centenas de maranhenses foram elogiados como soldados corajosos e honrados. Isto contrastava com a maioria dos grupos no interior, que não se ofereceram para lutar e por consequência eram descartados como irremediavelmente atrasados. As memórias escritas dos rebeldes expressam uma frustração preconceituosa para com as comunidades

---

22 Moreira Lima, *A Coluna Prestes*, p.205.

que não os apoiavam. João Alberto escreveu que a falta de apoio era "perfeitamente explicável pelo estado de civilização primitiva daquela gente".[23] E em uma avaliação mais longa, Moreira Lima observou que quando a Coluna chegava a uma nova cidade, a maioria dos moradores se escondia em suas casas ou na mata em vez de se juntar à luta rebelde, padrão que ele explicou como:

> A resultante lógica da profunda e inominável ignorância dos nossos sertanejos (...) no interior, o povo é semibárbaro, não tendo noção nítida da Pátria. Ainda está dominado pelo sentimento da escravidão e vive aterrorizado diante do senhor (...) é uma massa amorfa que não tem a ideia de liberdade, um verdadeiro rebanho de brutos, vivendo uma vida puramente vegetativa. É um simples ajuntamento de párias, guiados pelos impulsos inconscientes dos instintos inferiores (...). O sertanejo, evidentemente, estacionou nos degraus inferiores da escala ascendente da civilização.[24]

Por outro lado, a visão dos rebeldes de admiração sobre o Maranhão sugere que suas percepções negativas do interior não eram inteiramente fixas. Ao contrário, as condições materiais da rebelião – necessidade constante de novos recrutas e suprimentos – ajudavam a modificar os preconceitos que existiam entre os rebeldes e o resto do Brasil de forma mais ampla. Dependendo das circunstâncias e das ações da população local, os estigmas eram então adaptados. O simbolismo do interior, sem dúvida, permaneceu uma força poderosa, mas também estava sujeito às ações locais e às mudanças nas necessidades dos rebeldes.

O primeiro lote de novos recrutas maranhenses juntou-se sob o comando de Manuel Bernardino, um líder local simpatizante das causas antigovernamentais e uma das figuras mais poderosas do interior do Maranhão. Embora fosse cearense, suas lutas de longa data contra o governo estadual lhe conferiram o status de revolucionário local. Pela sua defesa do povo oprimido, ganhou o apelido de "*Lenin da Mata*".[25] João Alberto liderou uma delegação para ir ao encontro de Bernardino e conseguiu trazer o Lenin da Mata – e os cem combatentes que o acompanhavam – para a rebelião. Este foi o primeiro aumento significativo nos escalões da Coluna desde o Paraná,

---

23 Lins de Barros, *Memórias*, p.152.
24 Moreira Lima, *A Coluna Prestes*, p.182.
25 Ibid., p.202-203.

quase um ano antes. Bernardino e seus homens marchariam e lutariam com os rebeldes até chegarem ao Ceará. Com as forças de Bernardino agora a reboque, João Alberto se mobilizou para leste em direção à pequena cidade de Mirador, onde deveriam se ligar novamente ao corpo principal do movimento. O Maranhão continuou dando frutos para a rebelião: durante a marcha de João Alberto para o leste, recrutou mais um lote de cinquenta combatentes locais sob a liderança de um jovem maranhense chamado Euclides Neiva. Contando os soldados de Neiva e Bernardino, além dos que se juntaram depois de Carolina, em menos de duas semanas 250 novos soldados se engajaram, muitos dos quais já traziam suas próprias armas.[26]

Ao fim da estada comemorativa em Carolina, o acréscimo que a Coluna teve de soldados bem armados demonstra que o Maranhão foi uma terra de admiração mútua entre os rebeldes e as comunidades. Em suas memórias, Moreira Lima teceu elogios à generosidade local:

> À nossa passagem pelas fazendas e moradas de pequenos proprietários, as famílias acorriam às estradas para ver desfilar a Coluna, dirigindo-nos palavras de aplausos e de encorajamento, numa alacridade tranquila, apenas interrompida pelas comovedoras cenas de carinho com que (...) levavam um pouco de leite ou de café. [Os maranhenses eram] cheios de bondade e de afeto por aqueles desconhecidos vindos das terras mais longínquas.[27]

Muitas cidades do estado, de fato, apoiaram a rebelião, porém suprimentos para Coluna também eram tomados à força. Como registrado em uma troca de cartas entre líderes rebeldes, enquanto estacionados em Riachão, no final de novembro, três integrantes do destacamento de Siqueira Campos cometeram uma série de crimes: um soldado estuprou duas mulheres, um sargento roubou dinheiro e saqueou uma fazenda e outro sargento atacou violentamente várias casas, levando consigo diversos bens.[28] A violência, portanto, continuava mesmo durante o chamado período de ouro da rebelião.

---

26 Ibid., p.203.
27 Ibid., p.205.
28 Chamada de rádio de Juarez Távora para Luís Carlos Prestes, Riachão, Maranhão, 26 de novembro de 1925. AEL LML Série III Coluna, Subsérie Ligações, CL 96.P2 258-259. A cidade de Riachão foi rebatizada de Monsenhor Hipólito.

No início de dezembro, vários destacamentos rebeldes ainda estavam espalhados pela região. Enquanto João Alberto se dirigia a Mirador para se encontrar com o restante da Coluna, a unidade de Djalma Dutra se dividia ao leste em direção a Benedito Leite, uma cidade pequena no Rio Parnaíba que fazia fronteira com o Piauí. Sabendo que Benedito Leite detinha uma grande concentração de forças legalistas, Prestes queria que as forças de Dutra fingissem um ataque a Benedito Leite para atrair a atenção do inimigo. Com essa manobra simulada, esperava que o resto do corpo rebelde pudesse cruzar com segurança para o Piauí mais a jusante. Embora o plano tenha sido concebido como uma manobra de distração, um conjunto fortuito de circunstâncias – como as condições meteorológicas e o fracasso dos legalistas – presenteou Dutra com uma das grandes vitórias da Coluna. Quando as tropas de Dutra atacaram ao anoitecer de 7 de dezembro, uma densa neblina cobriu a cidade e o rio adjacente após uma tarde de fortes chuvas que vinha quebrar o calor do verão. Como relatou um observador, "noite de cerração, cobrindo a névoa, como um véu espesso (...). Apenas o clarão das descargas rompia o nevoeiro denso".[29] Na batalha escura e em meio à névoa, os legalistas presumiram os rebeldes serem muito mais numerosos do que realmente eram, mas na realidade os duzentos rebeldes enfrentaram cerca de mil legalistas, compostos por tropas estaduais do Piauí e forças policiais do Ceará.[30] Ao amanhecer do dia seguinte, os legalistas abandonaram a cidade deixando para trás um grande estoque de suprimentos e armas.[31]

Para os legalistas de Benedito Leite, havia outra razão para ter abandonado a luta: Tia Maria, a "feiticeira negra" da rebelião. De acordo com Moreira Lima, quando a Coluna mais tarde capturou alguns soldados inimigos,

esses homens nos olhavam com um temor supersticioso e diziam ter sabido que não podíamos ser batidos porque conduzíamos uma preta feiticeira chamada Tia Maria, que dançava nua (...) antes de entrarmos em combate, para "fechar o corpo" dos nossos homens às balas dos inimigos.[32]

---

29 Cunha, *Os revolucionários do sul*, p.38.
30 Diário de João Gomes, mês de novembro de 1925. AHEx, Série: Revoluções internas, Sub-Séries: Revoltas tenentistas, Forças em operações no Norte da República, 1924/1925/1926, I-14, 06, 5303.
31 Carta de Luís Carlos Prestes a Miguel Costa, Nova Iorque, 12 de dezembro de 1925. CPDOC, JT dpf 1924.05.10 IV-87.
32 Moreira Lima, *A Coluna Prestes*, p.218.

Apenas um ano após a marcha da Coluna, sua lenda tinha começado a se espalhar pelo interior. Os rumores sobre Tia Maria refletiam também aspectos de raça e gênero na elaboração de mitos: embora a narrativa dominante se concentrasse nos homens brancos que compunham a liderança rebelde, a presença de uma mulher negra como Tia Maria poderia ser usada para rotular a Coluna como pervertida em termos de raça e religião.

A vitória inesperada em Benedito Leite abriu o caminho dos rebeldes para o Piauí e a sua capital do interior, Teresina – a única capital do Nordeste que não se situa no litoral. A Coluna Prestes entrou no Piauí com mais de 1.100 soldados, 900 deles próprios além dos 250 recém-recrutados. Outros 160 soldados locais logo se juntaram à luta, o que ajudou a impulsionar o movimento em uma intensa marcha de um mês pelo Piauí.[33] Enquanto a Coluna se preparava para marchar em Teresina, o governador do Piauí Matias Olímpio de Melo procurou jogar a população contra o movimento. Em discurso divulgado por todo o estado, fez alertas sobre os "rebeldes, remanescentes da revolução paulista (...) bandos de depredação e extermínio, procurando apenas um refúgio em que se colocassem à distância da lei".[34] Na batalha contínua pela opinião pública – levando a sérias implicações sobre como os moradores locais reagiriam à passagem rebelde –, cada lado tentou enquadrar o outro como os verdadeiros bandidos.

O otimismo da Coluna no Maranhão logo se dissipou. Durante vários dias, no fim de dezembro, os rebeldes fracassaram ao tentar capturar Teresina, resultando em inúmeros feridos e mortes, e na captura de Juarez Távora pelas tropas inimigas. O retrocesso dos rebeldes em Teresina inaugura uma nova fase. A partir de então, passariam a marchar pelo sul do Ceará, e grande parte desse período seria moldado por duas dinâmicas emergentes. Em primeiro lugar, começaram a se coordenar com os líderes da oposição política das grandes cidades para alcançar o objetivo, afinal malsucedido, de liderar revoltas. E, em segundo lugar, estabeleceriam agora contato direto e prolongado com vários dos famosos coronéis da região. Com ambas as tentativas fracassadas, de ampliar a rebelião e de captar novas forças inimigas, era dado o sinal que o chamado período áureo da Coluna no interior estava rapidamente chegando ao fim.

---

33 Ibid., p.221, 275.

34 Mathias Olímpio de Melo, "Ao povo piauhyense", 5 de dezembro de 1925, reproduzido no Discurso do Governador à Assembleia Estadual do Piauí, 1 de junho de 1926, 24. http://www.crl. edu/pt-br/brazil/presidential, acessado em 14 de julho de 2018.

Potenciais aliados no interior

Prestes, até então, não tinha conseguido estabelecer colaboração com potenciais revolucionários urbanos. Seu mensageiro em São Luís havia sido preso – o que complicava um possível levante no Maranhão – e os planos da Coluna para uma revolta semelhante no Ceará também tinham sido atrasados. Em Fortaleza, o próprio irmão de Távora, Manuel do Nascimento Fernandes Távora, dirigia o principal jornal da oposição, *A Tribuna*. Quando a Coluna iniciou sua marcha pelo Piauí em dezembro, um novo estado de sítio impôs o fechamento do jornal, interrompendo assim uma plataforma vital de informação e de apoio. Com a baixa probabilidade de rebeliões nas capitais do Maranhão e do Ceará, a Coluna direcionou sua energia para uma possível ação na capital pernambucana, Recife.

Uma revolta no Recife estava sendo planejada por um oficial foragido do exército chamado Cleto Campelo, e quando a Coluna entrou no Vale do Parnaíba, Campelo enviou dois representantes, Waldemar de Paula Lima e Josias Carneiro Leão, para estabelecer uma coordenação. Em 5 de janeiro de 1926, enquanto acampava na fazenda Cantinho, Lima e Leão reuniram-se com Prestes e os demais líderes rebeldes para entregar uma carta de Campelo e discutir os planos de um levante no Recife. Durante essas deliberações, Prestes adotou um conjunto de objetivos estruturais para a rebelião – um sinal de que sua visão política estava começando a se expandir para além da plataforma reformista do tenentismo. Falando em nome de Cleto Campelo e também da divisão pernambucana do Partido Comunista Brasileiro (PCB), Lima queria obter de Prestes a garantia de que, caso o levante fosse bem-sucedido com uma eventual mudança de regime, as demandas dos insurgentes pernambucanos seriam honradas, inclusive a existência do PCB sem a intervenção da polícia – marcando a primeira conexão entre a Coluna e o comunismo.[35] Os dirigentes rebeldes concordaram com essas condições, afirmando que a sua revolução, pelo fato de se guiar pelo "supremo ideal à completa liberdade de pensamento", garantiria a livre divulgação de "quaisquer ideias sociais e comunistas, bem como a organização

---

35   Carta de Josias Carneiro Leão a Luís Carlos Prestes, Natal, Piauí, 5 de janeiro de 1926. CPDOC, JT dpf 1924.05.10 V-9.

de partidos operários, sem a vexatória intervenção policial".[36] Além disso, ofereceram várias propostas que concederiam direitos e liberdades aos trabalhadores, incluindo a modernização dos sistemas políticos do Brasil a fim de proteger os trabalhadores contra os abusos do capital, e também um programa agrário que permitiria aos trabalhadores serem proprietários de terra.

A disposição de Prestes em adotar políticas redistributivas sugere não apenas sua própria mudança de visão, mas também o fato de que a Coluna precisava desesperadamente de aliados. Aqui, vemos também os contornos flexíveis da costa e do interior, e as qualidades imbuídas de ambos: apesar de marcharem pelo Maranhão, Ceará e Pernambuco – regiões que eram comumente classificadas como interior do Brasil –, suas capitais, São Luís, Fortaleza e Recife, estão todas situadas na costa Atlântica. Como tal, a noção projetada de civilização, a densidade populacional e os pontos de acesso à distribuição de materiais tornavam essas capitais uma espécie de válvula de segurança litorânea para a pressão crescente do interior. Embora os rebeldes estivessem procurando ativamente recrutar tropas e obter suprimentos das comunidades do sertão, a ligação com grupos de oposição nas capitais nordestinas poderia fornecer uma nova saída para manter vivo o movimento. A colaboração com os comunistas em Recife poderia, assim, ligar a Coluna ao povo e às redes políticas do litoral.

Embora seja improvável que os rebeldes soubessem de um evento importante que ocorreria em breve no litoral do Nordeste, seus atos de preocupação regional coincidiam com movimentos mais amplos na área ao redor. No mês seguinte, em fevereiro de 1926, o Recife sediou o Primeiro Congresso Regionalista do Nordeste.[37] Com representação de seis estados nordestinos, o congresso, de acordo com Durval Muniz de Albuquerque, buscava

> salvar o "espírito nordestino" da destruição lenta, mas inevitável, que ameaçava o Rio de Janeiro e São Paulo. Era o meio de salvar o Nordeste da invasão estrangeira, do cosmopolitismo que destruía o "espírito" paulista e carioca, evitando a perda de suas características brasileiras.[38]

---

36 Carta de Luís Carlos Prestes e Miguel Costa a Josias Leão, Natal, Piauí, 5 de janeiro de 1926. CPDOC, JT dpf 1924.05.10 V-12.
37 Para um resumo detalhado da conferência de Recife de 1926, ver Campbell, *Region Out of Place*, p.46-53.
38 Albuquerque Júnior, *A invenção do Nordeste e outras artes*, p.86.

O manifesto do congresso, redigido pelo sociólogo Gilberto Freyre, conclamava por "uma nova organização do Brasil" fundamentada na reabilitação dos valores regionais e tradicionais, especialmente os do Nordeste: "Pois o Brasil é isto: combinação, fusão, mistura. E o Nordeste, talvez a principal bacia em que se vêm processando essas combinações".[39] Assim, a Coluna Prestes atravessava o território nordestino exatamente no momento em que os líderes intelectuais e políticos da região defendiam seus estados natais como modelo geográfico e cultural para o futuro do Brasil. Restava ver qual movimento, se é que algum deles, poderia implementar sua visão – a de Freyre e seus colaboradores, buscando refazer a nação no molde da miscigenação e fusão cultural do Nordeste, ou a dos tenentes, com seu objetivo declarado de libertar o interior com vista a derrubar o governo federal.[40]

Embora as autoridades ainda não soubessem dos planos específicos sendo conspirados entre Prestes e diversos setores da oposição no Nordeste (Figura 4.3), a presença da Coluna gerou uma forte ansiedade. O cônsul britânico no Pará teria escrito que o governo federal estava se esforçando para enviar novas levas de tropas para a região. Seu relatório observava que

> as notícias do interior são escassas e contraditórias e embora o número de insurgentes seja sem dúvida grosseiramente exagerado, os preparativos um tanto extensos que estão sendo feitos para lidar com eles sugerem que o movimento é mais do que um grupo grande de bandidos explorando uma alegada queixa política como um disfarce para suas atividades predatórias.[41]

No período áureo da Coluna, que viria a ser fugaz, Prestes esperava que as paisagens e as comunidades nordestinas levassem os rebeldes à vitória. Ele escreveu com otimismo em uma carta ao general Isidoro: "podemos afirmar que a nossa situação é a melhor possível, nutrindo esperanças de que, não tardará muito a vitória da revolução. Estamos no Nordeste brasileiro, onde são grandes as simpatias pela nossa causa".[42]

---

39 Freyre, *Manifesto Regionalista*, p.67.

40 Nos anos seguintes, os objetivos antigoverno de ambos os grupos levariam a uma aliança entre nordestinos e forças gaúchas em sua luta contra o sistema político do café com leite da República Velha.

41 Nota da embaixada n.4, do Sr. Ramsey, Rio de Janeiro, 7 de janeiro de 1926. British National Archives, Foreign Office (doravante FO), Kew, Londres. Série 371, Pasta A, doc. 517/516/6.

42 Carta de Luís Carlos Prestes e Miguel Costa a Isidoro Dias Lopes, Prata, Piauí, 8 de janeiro de 1926. CPDOC, JT dpf 1924.05.10 V-14.

Figura 4.3 – Prestes (extrema esquerda) e João Alberto Lins de Barros (extrema direita) deliberam sobre possíveis estratégias. Local desconhecido, provavelmente no início de 1926. CPDOC ILA foto 008.

Os planos de revoltas nas capitais do litoral nordestino não se concretizaram. Logo após, Manoel Távora foi forçado a fugir para o exílio na Europa – dificultando assim as atividades rebeldes em Fortaleza – e o levante de Cleto Campelo em meados de fevereiro em Recife foi rapidamente reprimido. Mas os esforços para se alcançar uma ampla coalizão de possíveis aliados indicavam que a Coluna estava aberta para expandir sua mensagem política, especialmente se isso ajudasse a construir novas alianças. Havia também um falso senso de expectativa, em que a Coluna presumia que a recente escala de recrutas do Maranhão e Piauí persistiria no Ceará, Pernambuco e Bahia — um padrão que não perdurou à medida que a marcha se aventurava mais adentro do Nordeste.

Para os rebeldes, sua chegada ao Ceará em meados de janeiro marcou o início de uma nova fase hostil. Em suas memórias, João Alberto lembrou que, enquanto a gente do interior era anteriormente "hospitaleira e simpática", a partir do Ceará a população local era

> agora feroz contra a nossa gente (...) Vimos com tristeza aquele povo pobre, que devia ser beneficiado com a vitória dos ideais revolucionários, atirar-se bravamente contra

os homens da Coluna (...) A marcha por aqueles ermos baianos, onde não esperáva-
mos encontrar adversários, tornava-se perigosa.[43]

A cobertura da mídia ampliou essa sensação de perigo. O jornal *O Nordeste*, de Fortaleza, anunciava na manchete "A invasão do [Ceará] pelas hordas rebeldes".[44] O artigo procurava simultaneamente acalmar a população cearense e deslegitimar a causa rebelde:

> A incursão dos rebeldes em nosso Estado não deve alarmar o povo nem depri-
> mir-lhe o ânimo (...) O que eles querem, onde andam, é o dinheiro das cidades, ex-
> torquido, violentamente, de populações indefesas. O seu objetivo militar, ou cívico,
> é nenhum. Só os alimenta o intuito do saque, enquanto fogem à pressão das forças
> legais. O que cumpre ao povo (...) aos que se sentem ofendidos por essa situação é
> reagir, decididos, contra essa horda de malfeitores fardados.

A descrição dos rebeldes como malfeitores no artigo fazia parte do léxico geral do banditismo, no qual termos como bandido e jagunço eram usados para alimentar o medo nas comunidades locais. Na dinâmica do conflito entre a Coluna e seus detratores – tanto em nível federal quanto local –, a batalha pela opinião pública tinha um peso significativo.

A Coluna marchou para leste pelo Ceará em direção à ponta sul do Rio Grande do Norte. No caminho, os rebeldes fizeram uma pausa, em 2 de fevereiro, na cidade de Boa Vista às margens do Rio Jaguaribe. A poucos quilômetros de distância ficava a Fazenda Embargo, terra natal de Juarez Távora. Lá, os líderes rebeldes decidiram deixar todo o arquivo da Coluna atualizado (por exemplo, correspondências, boletins, relatórios internos) sob a guarda da família Távora.[45] Como veremos no "Capítulo 10", a publicação nos anos 1990 do arquivo dos Távora geraria um debate polêmico sobre o legado da marcha para o interior.

À medida que a Coluna avançava em direção ao Rio Grande do Norte, os jornais aumentaram as publicações contra os rebeldes. Em reporta-
gem sobre os rebeldes no Ceará, *O Nordeste*, de Fortaleza, informou que os rebeldes da Coluna "cometeram verdadeira piratagem, roubando todo o

---

43 Lins de Barros, *Memórias*, p.144.
44 A invasão do Estado pelas hordas rebeldes, *O Nordeste*, 14 de janeiro de 1926.
45 Moreira Lima, *A Coluna Prestes*, p.241.

ouro, dinheiro, animais e gêneros. Limparam as lojas, só deixando mesmo as prateleiras vazias. Queimaram campos e campos de pastagem. A sua passagem constituiu, assim, um verdadeiro flagelo".[46] Esses artigos destacavam as contradições da rebelião – como os tenentes podiam professar serem guiados por ideais elevados e depois abusar das comunidades locais? Uma manchete criticava a Coluna como "O tufão revolucionário no Ceará" e outra descreveu o assassinato de um fazendeiro local como "mais uma prova do seu 'idealismo!'".[47] E quando a Coluna cruzou para o Rio Grande do Norte, a manchete de *O Nordeste* anunciou "O Ceará limpo de rebeldes" – insinuando que uma chaga finalmente tinha sido apagada do corpo físico e moral do estado.[48]

A Coluna passou muito pouco tempo no Rio Grande do Norte, marchando 80 quilômetros em três dias, saqueando várias cidades ao longo do caminho.[49] Na noite de 5 de fevereiro, a Coluna cruzou para a Paraíba, onde seu principal objetivo era mover-se rapidamente pelo Vale do Piancó até Pernambuco. Embora não tão curta quanto a passagem anterior pelo Rio Grande do Norte, a marcha rebelde pela Paraíba também foi breve, cobrindo cerca de 350 quilômetros em pouco mais de dez dias.

Como faziam ao entrar na maioria dos novos territórios, os rebeldes distribuíram seu manifesto às populações locais. No depoimento, os rebeldes invocavam dois heróis paraibanos do final do século XIX:

> desdobramos a bandeira revolucionária em território paraibano, berço de Almeida Barreto e Maciel Pinheiro, conscientes de que nossos gestos terão uma resposta heroica (...) Desejamos apenas sua paz e felicidade (...) Não somos bandidos (...) Povo da Paraíba! Contamos com seu apoio ativo para o movimento de libertação.[50]

O governador da Paraíba também distribuiu mensagem de sua autoria, chamando a Coluna de

---

46 Ecos da incursão dos rebeldes, *O Nordeste*, 17 de fevereiro de 1926.

47 O tufão revolucionário no Ceará, *O Nordeste*, 19 de fevereiro de 1926; A acção devastadora dos rebeldes, *O Nordeste*, 4 de fevereiro de 1926.

48 O Ceará limpo de rebeldes, *O Nordeste*, 12 de fevereiro de 1926.

49 Para detalhes sobre o saque de São Miguel, ver Nonato, *Os revoltosos*, p.79-131.

50 Esta afirmação e a do governador da Paraíba a seguir são reproduzidas de Nathaniel P. Davis, 10 de fevereiro de 1926, "Notes on revolutionary activities in the Pernambuco consular district". USNA, Brazil 1910-29, microfilme 832.00 - 559.

os resquícios imaginários de um movimento odioso contra a lei e contra o país (...) Não procuram mais ganhar a simpatia e o apoio do povo brasileiro por suas intenções mal disfarçadas; pelo contrário, por todos os lados e em ataques repetidos, eles ameaçam a honra, a vida e a propriedade de pessoas indefesas.

Tais narrativas contraditórias circulavam na Paraíba e por todo o interior nordestino.

O MASSACRE DO PIANCÓ

A marcha da Coluna para o interior continuou em direção ao vilarejo de Piancó, Paraíba, lar do padre Aristides Ferreira da Cruz, um líder popular que atuou na área por várias décadas.[51] O avanço em Piancó provocou um êxodo em massa. Apenas alguns habitantes locais ficaram, incluindo uma senhora idosa que trabalhava como padeira e o cobrador de impostos do local. Como veremos, esses indivíduos se tornaram testemunhas dos eventos violentos que se seguiram. O padre Aristides, que há muito mantinha estreita relação com o governador da Paraíba, recebeu instruções para defender o vilarejo até que a milícia estadual chegasse com reforços. Aristides reuniu 32 pessoas, incluindo ele mesmo, para conter os rebeldes.[52]

A Coluna montou acampamento no dia 8 de fevereiro nos arredores de Piancó. O dia seguinte veio a ser um dos momentos mais violentos e polêmicos de toda marcha. Dependendo da perspectiva de quem conta a história, pode ser visto ou como uma vitória triunfal contra um líder abusivo, ou como um exemplo cruel das atrocidades rebeldes. Os detalhes iniciais do combate em Piancó são relativamente claros: os rebeldes entraram no vilarejo e o padre Aristides se rendeu após algumas horas de combate. O que permanece polêmico é o que aconteceu depois da rendição, quando Aristides e seus seguidores foram assassinados.

Na manhã de 9 de fevereiro, uma pequena unidade sob o comando de Cordeiro de Farias desceu as encostas do quase seco Rio Piancó e marchou pela cidade. As ruas e, aparentemente, todas as casas estavam vazias.

---

51 Macaulay, *The Prestes Column*, p.205-206.
52 Otaviano, *A Coluna Prestes na Paraíba*, p.110-112, 145.

Poucos minutos depois de entrar no vilarejo, os homens de Cordeiro foram alvejados por legalistas que se escondiam nas habitações. Vários rebeldes morreram nesse primeiro tiroteio. Ao som dos tiros, o restante dos homens de Cordeiro disparou pelo vale abaixo e entrou na cidade. Os legalistas eram combatentes experientes, movendo-se rapidamente através e atrás das casas, dando a impressão de que havia muito mais do que apenas algumas dezenas de homens. Como resultado, o destacamento de Dutra foi então chamado para reforço.[53] Os quinhentos rebeldes ao todo marcharam cautelosamente para o centro da cidade. Por conta da demora no combate, o cobrador de impostos Manuel Cândido ergueu em sua casa uma bandeira branca e uma trégua temporária foi anunciada enquanto ele e sua família se refugiavam no presídio da cidade. Durante essa breve pausa, metade dos combatentes civis de Piancó abandonou a luta, deixando Aristides com catorze defensores, e todos se protegeram em sua casa. Quando o combate recomeçou, foi esporádico, pois ambos os lados precisavam economizar suas munições. A certa altura, um soldado sob o comando de Dutra tentou fazer uma bomba improvisada com gasolina da oficina do mecânico, mas foi baleado e morto antes que pudesse jogá-la pela janela da casa de Aristides. Cada lado perdeu cerca de meia dúzia de soldados durante o tiroteio desse dia. Mas o número de vítimas logo dobrou.

No início da tarde, estava claro que os defensores legalistas não poderiam aguentar muito mais tempo, com apenas uma dúzia de homens enfurnados em uma casa, cercados por quinhentos rebeldes. Aristides decidiu se render. Um dos legalistas, um jovem de 17 anos chamado João Monteiro, escapou pela janela dos fundos.[54] Os outros treze homens, incluindo Aristides, foram tomados como prisioneiros.[55]

O que se passou a seguir é controverso. Os dois moradores que não haviam fugido da cidade escutaram a conversa entre Aristides e os rebeldes, e testemunharam a violência que ocorreu logo em seguida. Cândido, o cobrador de impostos que se refugiou com a família, e Dona Antônia César, a

---

53 Moreira Lima, *A Coluna Prestes*, p.255-258; Ferreira, *A Marcha da Columna Prestes*, p.179-180; Otaviano, *A Coluna Prestes na Paraíba*, p.112, 115-116, 121; Landucci, *Cenas e episódios*, p.114.

54 Moreira Lima, *A Coluna Prestes*, p.258.

55 Otaviano, *A Coluna Prestes na Paraíba*, p.117-123, 139-140; Moreira Lima, *A Coluna Prestes*, p.257-258; Diário do Congresso Nacional, 20 de julho de 1926, p.1435; Ferreira, *A Marcha da Columna Prestes*, p.180-181; Landucci, *Cenas e episódios*, p.114-115.

padeira, confirmam o diálogo seguinte.[56] Quando Aristides foi capturado, ele teria proclamado: "sei que vou morrer, mas apenas peço ao comandante da força que me dê uma ligeira trégua, só enquanto rezo uma pequena oração... Sou sacerdote e não devo morrer sem pedir a Deus [perdão] de minhas grandes culpas". A isso, os rebeldes responderam: "que padre, que nada! Degola este assassino de nossos camaradas (...) e todos estes bandidos que estão com ele". Relembrando as mortes que se seguiram de Aristides e seus homens, Cândido disse: "Nunca, em minha vida, ouvi tamanho clamor. Deus me livre de testemunhar cena igual! (...) Doem-me ainda os ouvidos com os gritos e bramidos dos miseráveis presos trucidados!".

Na manhã seguinte, quando a polícia estadual finalmente chegou a Piancó, eles encontraram o corpo de Aristides, com a garganta cortada. Famosa desde as guerras civis gaúchas no Rio Grande do Sul, essa forma de matar pretendia humilhar os inimigos – e também mostrava a transposição de uma tradição interiorana dos pampas do sul para os espaços do interior nordestino, onde em casos similares de violência, cabeças eram cortadas e afixadas para exibição pública. Aristides também tinha hematomas que mostravam uma forte pancada no rosto e uma facada no ombro esquerdo. Os outros doze legalistas também foram encontrados mortos, todos eles com suas gargantas cortadas.[57]

Essa violência teve um impacto duradouro. Imediatamente após as mortes, os jornais da região denunciaram as ações rebeldes. Um subtítulo do jornal paraibano *O Norte* anunciava "A carnificina de Piancó", e seu artigo descrevia a morte de Aristides e seus seguidores: "Dizem alguns que os assaltantes os aprisionaram e friamente, à arma branca, sangraram um a um".[58] Um jornal local de Cajazeiras, cidade próxima, *O Rebate*, dedicou uma página inteira à história, com o título "Os furores da rebeldia: pormenores da tragédia de Piancó".[59] E *O Nordeste*, do estado vizinho Ceará, deu descrições pavorosas do que teria acontecido em Piancó:

> Saquearam, depredaram e incendiaram o que puderam. Depois, não contentes
> com isso, passaram às vinganças pessoais. Preso o padre Aristides, cortaram-lhe as

---

56 Otaviano, *A Coluna Prestes na Paraíba*, p.144-145.
57 Ibid., p.145.
58 A carnificina em Piancó, *O Norte*, 14 de fevereiro de 1926.
59 Os furores da rebeldia, *O Rebate*, 27 de fevereiro de 1926.

faces, donde tiravam sangue que lhe davam a beber. Depois de tanto o martirizarem, sangraram-no no pescoço, ultimando, assim, a sua selvagem tarefa.[60]

Independentemente de essas alegações serem verdadeiras, ajudaram a estimular um sentimento antirrebelde em toda a região. O padre Aristides foi canonizado na tradição popular como o Mártir de Piancó.

Embora o registro histórico não ofereça evidências tangíveis, outra história também circulou nas décadas posteriores, tornando-se uma forma de folclore pró-rebelde capaz de equilibrar a violência em Piancó. Como descrito no famoso livro de 1942 de Jorge Amado sobre Luís Carlos Prestes, entre outros relatos, a história conta que, após Piancó, a polícia da Paraíba acabou capturando alguns rebeldes e encenou seu próprio massacre.[61] Entre os rebeldes capturados estava Tia Maria, que, pelo medo que tinham de seus poderes de magia negra, foi separada do resto do grupo e forçada a cavar seu próprio túmulo antes de ter sua garganta cortada.[62] Como observou a historiadora Maria Meire de Carvalho, "Tia Maria era a materialização do mal na visão daqueles [forças legalistas]: mulher, velha, negra e rebelde. Não por acaso, foram atribuídos poderes mágicos, mas de feiticeira, e não de fada. Por temerem os poderes mágicos dessa mulher, ela foi ferozmente torturada".[63] É provavelmente impossível confirmar se foi realmente assim que Tia Maria encontrou o seu fim. O que é possível, e indiscutivelmente muito mais útil em termos analíticos, é ver a história de sua morte como parte da luta discursiva para apresentar os inimigos como o verdadeiro bandido, o verdadeiro prenúncio da violência no interior. E dentro da tradição oral nordestina de se contar histórias, a morte de Tia Maria também pode ser lida como uma alegoria para a trajetória da Coluna: se seus poderes mágicos tinham até então ajudado a guiar e proteger a rebelião, sua morte marcaria o início do declínio da marcha.

Menos de duas semanas após os acontecimentos em Piancó, os líderes rebeldes receberam uma carta da cidade cearense de Juazeiro do Norte escrita pelo padre Cícero Romão Batista (mais conhecido como Padre Ciço), um venerado padre e líder local que se tornou popular como "santo mila-

---

60 O tufão revolucionário no Nordeste, *O Nordeste*, 21 de fevereiro de 1926.
61 Amado, *O Cavaleiro da Esperança*, p.116.
62 Schumaher e Brazil, *Dicionário mulheres do Brasil*, p.590-591.
63 Carvalho, *Vivendo a verdadeira vida*, p.160.

groso" por transformar a Santa Comunhão em sangue.[64] O padre Cícero queria persuadir os rebeldes a deporem as armas, exortando-os a

> refletir ainda na viuvez e na orfandade que, com penalizadora abundância, se espalham por toda parte; na fome e na miséria que acompanham os vossos passos, cobrindo-vos de maldições dos vossos patrícios, que não sabem compreender os motivos da vossa tormentosa derrota através do nosso grandioso hinterland.[65]

Apesar de seu gesto para manter a paz, como muitos dos líderes poderosos do Nordeste, o padre Cícero também organizara seu próprio batalhão patriótico para combater os rebeldes. Como reportou o jornalista Lira Neto, quando Cícero reuniu seu bando de combatentes locais, em sua "dupla condição de prefeito e líder espiritual, Cícero passou em revista a tropa e abençoou os voluntários".[66] Trabalhando em conjunto com o deputado federal cearense Floro Bartolomeu – servindo de intermediário para o ministro da Guerra – , Cícero também buscou recrutar Virgulino Ferreira da Silva, mais conhecido como Lampião. Lampião – apelido vindo da crença de que ele atirava com sua espingarda Winchester tão seguidamente que parecia um poste de luz – era o mais famoso dos cangaceiros. Com a reputação tanto de um bandido violento quanto de um valente herói popular, não era certo se Lampião escolheria lutar com ou contra a Coluna Prestes. Ele, afinal, aceitou o convite de padre Cícero para ir a Juazeiro do Norte, onde foi oficialmente nomeado capitão da reserva do exército. O recém-contratado "Capitão" Lampião também recebeu um estoque de fuzis Mauser do exército, novos em folha. Mas ele parecia não ter interesse em lutar contra a Coluna e, depois de receber as armas em Juazeiro do Norte, ele e seus homens seguiram seu caminho.[67]

Por ter delegado o título para depois ser roubado pelo famoso cangaceiro sertanejo, o regime Bernardes foi ridicularizado pela oposição na imprensa.[68] E nenhuma menção foi feita pelos jornais pró-governo ao papel

---

64 Uma obra clássica sobre Padre Cícero é Della Cava, *Miracle at Joaseiro*. Para maior análise sobre catolicismo folclórico, ver Pessar, *From Fanatics to Folk*.

65 Carta de Cícero Romão Batista a Luís Carlos Prestes, 20 de fevereiro de 1926. Reproduzido em Prestes, *A Coluna Prestes*, p.450-451.

66 Neto, *Padre Cícero*, p.464.

67 Para mais informações sobre o encontro entre Cícero e Lampião, ver Neto, *Padre Cícero*, p.463-482.

68 Por exemplo, Alliado ao padre Cícero, o bandido "Lampeão" luta pela causa da maioria da Câmara, *Correio da Manhã*, 27 de maio de 1926, p.5.

de Cícero – e ao do Ministério da Guerra – por terem armado Lampião; ao invés disso, enfocavam na ameaça de um fora da lei nordestino (Lampião) se unir a um fora da lei sulista itinerante (Prestes). *O Paiz*, por exemplo, publicou uma série em três partes com manchetes como "Prestes e Lampião: As origens da obra satânica".[69] Em resposta a essa cobertura antirrebelde, Assis Chateaubriand, firme defensor da Coluna, escreveu um artigo de primeira página para *O Jornal*:

> O ministro da Justiça, que tanto se preocupa em censurar, não devia permitir a ignomínia dessa comparação. Lampião é um bandido, um salteador vulgar, um miserável que assassina para roubar, um degenerado que se fez cangaceiro a fim de dilapidar os bens e tirar a vida de seus semelhantes. O capitão Prestes é um revolucionário (...) [e ele é] bravo, ardente, pugnaz, como decerto o Brasil não tinha visto nada comparável.[70]

E, por fim, embora Prestes, Lampião e padre Cícero nunca chegassem a se cruzar, o envolvimento dessas três figuras míticas marca um momento que perduraria na lenda da passagem da rebelião pelo Nordeste.

A Coluna Prestes saiu de Piancó e cruzou a fronteira de Pernambuco no dia 12 de fevereiro. Durante sua jornada de duas semanas pelo estado, os rebeldes marcharam 600 quilômetros, indo para o sudoeste através da Serra Talhada antes de virar para o sul no Rio Pajeú e através da Serra Negra em direção à Bahia. Como ocorrido quase meio ano antes, o Rio São Francisco se apresentava como a barreira final para o ingresso na Bahia. Durante essa caminhada por Pernambuco, a Coluna lutou quase incessantemente contra as milícias estaduais, as tropas de Floro Bartolomeu e contra outras forças legalistas. O objetivo em Pernambuco permanecia o mesmo: tentar encontrar com os rebeldes de Cleto Campelo para uma possível revolta no Recife e depois continuar em direção à Bahia, onde esperavam obter os tão falados e tão necessários suprimentos do general Isidoro. Ao longo de sua permanência em Pernambuco, os rebeldes buscaram captar qualquer vestígio de Cleto Campelo. O que os rebeldes não descobririam até um mês depois é que o levante de Campelo havia fracassado. Em 18 de fevereiro, Campelo liderou um pequeno grupo em uma revolta que começou em um quartel do exército em

---

69 Como citado em Teixeira, "A Coluna Prestes vista por *O Paíz* e o *Correio da Manhã*", p.131.
70 Como citado em Morais, *Chatô*, p.106.

Tejipió, uma pequena cidade ao sul de Recife. Depois de se deslocarem para o interior por 100 quilômetros em um trem confiscado, os rebeldes foram finalmente parados na cidade de Gravatá, onde Campelo foi morto a tiros.[71] Embora Prestes e seus rebeldes marchando pelo interior de Pernambuco ainda não soubessem da morte de Campelo, o levante fracassado era sinal de que uma revolta em todo o Nordeste – ideia que há apenas seis semanas tinha lhes dado uma esperança tentadora, embora irrealista – estava agora extinta.

Prestes decidiu mais uma vez tentar atravessar para a Bahia. Sua tentativa de cruzar o Rio São Francisco em agosto havia fracassado – forçando uma jornada tortuosa em sentido horário pelo Nordeste – e esperava agora encontrar uma maneira mais adequada de fazê-lo. Líderes legalistas como o general João Gomes Ribeiro Filho – o oficial comandante de todo o Nordeste – e o governador da Bahia Góes Calmon acreditavam que os rebeldes não podiam atravessar um rio tão extenso. Assim, poucas tropas foram enviadas para bloquear a rota em direção ao São Francisco.[72]

Marchando para o sul pela Serra Negra, em Pernambuco, a Coluna chegou ao São Francisco na manhã do dia 25 de fevereiro. No dia seguinte, os rebeldes identificaram um local adequado, embora desafiador, para cruzar o rio – com quase três quilômetros de largura e enlameado por chuvas recentes.[73] Os rebeldes abandonaram todos seus cavalos, exceto os mais fortes, mantendo apenas um pequeno número para carregar pacotes de suprimentos e transportar os feridos. Isso significava que, se a Coluna conseguisse atravessar o rio, teria de caminhar a pé na Bahia ou roubar muitos cavalos pelo caminho. Uma tropa de reconhecimento acabou encontrando uma canoa que foi usada para levar alguns rebeldes para o outro lado, onde outro barco foi apreendido formando uma pequena frota.[74] No dia 26 de fevereiro, começando ao meio-dia e continuando até a noite, os rebeldes fizeram várias viagens de um lado para outro do rio. Meio ano depois de terem tentado cruzar o Rio São Francisco pela primeira vez, e com grandes expectativas para aquilo que os esperava, os rebeldes chegaram à Bahia.

---

71 Barros, *A década 20 em Pernambuco*, p.119-126.
72 Relatório do general Mariante ao ministro da Guerra, fevereiro de 1926. AHEx, Acervo Góes Monteiro, caixeta 4a, caderno 1.
73 Landucci, *Cenas e episódios*, p.119-120.
74 Moreira Lima, *A Coluna Prestes*, p.274, 613.

CAPÍTULO 5

OS BANDEIRANTES NA BAHIA

Para os tenentes rebeldes, o interior da Bahia era a terra mística imortalizada por Euclides da Cunha em *Os sertões*, de 1902, crônica do violento confronto de 1896-1897 entre as tropas federais e um assentamento messiânico-milenarista em Canudos. Como descrito no "Capítulo 1: A rebelião e o sertão", Cunha escreveu relatos da guerra como repórter de *O Estado de S. Paulo*, e a popularidade de seus artigos deu origem ao livro que, assim como a cobertura jornalística da Coluna Prestes duas décadas depois, retratava um confronto entre o litoral (o exército federal) e o interior (camponeses mestiços). Todos os livros de memórias dos rebeldes fazem referência a Cunha, e é claro que os tenentes se viam como seguidores de seu legado – imitando as descrições prodigiosas de Cunha da paisagem natural, bem como suas observações quase sempre pejorativas dos sertanejos. Especialmente pelo fato de a viagem da Coluna pela Bahia ter sido muito rápida, o que não lhes deu tempo para interagir ou aprender com os habitantes locais, fazendo que sua compreensão da região voltasse sempre ao que Cunha já lhes havia predisposto a pensar. A influência de Cunha nas visões dos litorâneos sobre o interior remete aos estudos de Mary Louise Pratt sobre o papel dos colonizadores europeus, que só podiam relatar usando o discurso do império; da mesma forma que os exploradores da era colonial viam novas paisagens e povos através dos "olhos imperiais", assim também os rebeldes tenentistas percebiam a Bahia através do prisma de *Os sertões*.[1] Em suas memórias, Landucci lembra, por exemplo, a Bahia como um lugar exótico e perigoso, onde a angústia descrita por Cunha ainda permeava:

> Era a crua realidade do quadro pintado a vivas cores por Euclides da Cunha (...) Fazendas destruídas, vilas, outrora florescentes, em decadência, casas salpicadas de balas, tudo mostrava o espírito belicoso de fanáticos irreconciliáveis, dando ao ambiente um aspecto desolador e como se não bastasse esse trágico espetáculo, que se apresentava aos nossos olhos, devíamos sentir os efeitos de uma tácita conspiração da própria natureza de mãos dadas com os moradores rebeldes. A configuração do terreno, as pesadas chuvas, os caminhos transformados em lamaçais, os extensos atoleiros, embaraçavam os movimentos da Coluna.[2]

A Bahia, como quintessência do sertão brasileiro, personificava a imagem do Nordeste para os rebeldes. Era também para lá que o general Isidoro, enquanto vivia no exílio, supostamente organizara o envio de um carregamento de armas e munições. À medida que os rebeldes atravessavam o Nordeste, de Goiás a Pernambuco, a Bahia se apresentava como um destino quase inevitável, servindo tanto de refúgio para fortalecer seus postos, como último interior simbólico a ser cruzado (Mapa 7).

A Coluna tinha duas expectativas interligadas para a Bahia: conseguir novos soldados e suprimentos, e consolidar a imagem autoprojetada de libertadores. Depois que os rebeldes se voltaram para o norte e se autodenominaram os bandeirantes da liberdade, a Bahia passou a representar um cenário potente para provar sua legitimidade caso derrotassem os famosos coronéis. O termo coronel teve origem na patente militar das milícias coloniais do século XVIII, embora com o tempo passou a se referir mais genericamente aos homens poderosos do interior.[3] Dispondo de capital baseado em atividades rurais como plantações de açúcar, pecuária ou mineração, os coronéis travaram guerras entre si e contra os governos estaduais para obter o controle dos municípios e de seus habitantes. Conforme Eul-Soo Pang, os "coronéis subdividiram vastas regiões em feudos autárquicos. Cada coronel

---

1 Pratt, *Imperial Eyes*.
2 Landucci, *Cenas e episódios*, p.128.
3 Pang, *Coronelismo e oligarquias*, p.20.

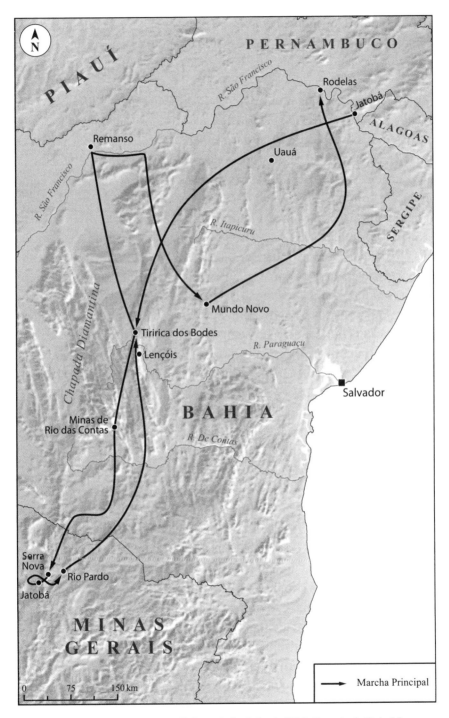

Mapa 7 – A Coluna Prestes na Bahia, abril a julho de 1926. Cortesia de Gabe Moss.

controlava um município ou dois, e o mais forte costumava dominar de três a cinco".[4] A Bahia abrigava vários dos mais poderosos coronéis, e foi durante a passagem da Coluna pela Bahia que o exército federal delegou uma série de coronéis para perseguir os rebeldes.

Então, mesmo que o objetivo original da Coluna de derrubar o presidente Bernardes tivesse se tornado quase impossível, talvez pudessem ainda tentar um tipo diferente de rebelião. Os coronéis governavam em várias áreas do Nordeste, mas sua concentração na Bahia – e a descrição que Euclides da Cunha fez deles – levou os rebeldes tenentistas a começarem a incriminar os coronéis, e não apenas o governo federal, como "os inimigos" do povo brasileiro. Os rebeldes esperavam que o povo baiano, há muito oprimido pelos coronéis, se mobilizasse para ajudar a derrubar seus opressores. Essas expectativas nunca se materializaram: as comunidades baianas não encamparam essa luta, nem entregaram alimentos, roupas e armas, muito menos se voluntariaram como soldados. Como foi o caso em todo o interior, os baianos eram em sua maioria camponeses e pobres, uma situação pouco condizente para doar o pouco que tinham. Os baianos também hesitaram em relação à Coluna ainda por conta do poder exercido pelos coronéis, pela propaganda veiculada na mídia local e pelas ações – e preconceitos – dos próprios rebeldes. Incapazes de obter suprimentos suficientes em sua marcha inicial pela Bahia (Mapa 7), os rebeldes logo deram meia-volta e começaram sua jornada para o exílio. No que se revelou como a mais intensa onda de violência de toda a marcha, durante a jornada de volta na retirada do estado, os rebeldes deram voz às frustrações invadindo fazendas, incendiando casas e atacando mulheres. Esses acontecimentos estavam muito longe da visão inicial da Coluna de libertação do sertão.

Apesar das expectativas não concretizadas, o mito da Coluna continuou a crescer. Quando os rebeldes deixaram a Bahia, seus fracassos recentes pareciam ter tido pouco impacto em seu incipiente prestígio nacional como a Coluna Invicta. Embora seja esse o caso para toda a sua marcha no sertão, o tempo na Bahia – acentuado pela violência de sua retirada através do estado – revela como a mitologia rebelde se enraizava no interior. A lenda se tornou tão baseada no simbolismo da passagem da Coluna pelo sertão que, pelo menos para as principais plateias do litoral, os detalhes dos acontecimentos se mostravam muito menos importantes.

---

4 Pang, The Revolt of the Bahian Coronéis, p.6.

No dia 26 de fevereiro, 1,2 mil soldados se reuniram na margem norte do Rio São Francisco preparando-se para cruzar de Pernambuco para a Bahia. Com a Bahia agora visível na margem oposta do São Francisco, os rebeldes passaram o dia inteiro e a madrugada em balsas de um lado para outro. Após marchar mais de 10 mil quilômetros, o fascínio da Bahia parecia rejuvenescer os rebeldes, como visto na descrição de Moreira Lima da figura de um oficial comandante enquanto seu barco cortava as águas agitadas em direção à Bahia:

> E quando sobreveio a noite, uma deliciosa noite do Nordeste, iluminada pela [lua] crescente que resplandecia no céu como uma grande hóstia partida, a figura atlética do herói postado ao leme, com a longa barba negra agitada pela brisa, avultava, naquele cenário, como o chefe lendário de uma antiga Bandeira.[5]

Para os chamados bandeirantes da liberdade, a Bahia marcava sua entrada no verdadeiro interior do Brasil. Landucci lembrou a travessia do Rio São Francisco como uma "esplêndida vitória [que] contribuiu para confirmar a lenda, já propalada, sobre a invencibilidade da Coluna".[6] E as descrições de Moreira Lima ficaram ainda mais grandiosas depois que seus bandeirantes figurativos começaram a marchar pela Bahia: "dir-se-ia que a Natureza desabrochara em flores para festejar a travessia da Coluna Invicta por aquelas paragens".[7] A empolgação dos rebeldes se dissipou nos quatro meses seguintes. Isso se deu lentamente, no início, durante sua viagem de seis semanas para o sudoeste em direção a Minas Gerais, e depois acelerou em um vórtice de raiva quando tiveram de retroceder e refazer seus passos – levando quase o dobro do tempo – de volta ao mesmo rio que tinham cruzado anteriormente com tanto triunfo.

Fracasso no sertão

A causa da frustração dos rebeldes foi por não conseguirem recrutar soldados. Em um ciclo que se autoperpetuava, sem novas tropas na Bahia,

---

5 Moreira Lima, *A Coluna Prestes*, p.274.
6 Landucci, *Cenas e episódios*, p.126.
7 Moreira Lima, *A Coluna Prestes*, p.276-277.

os escalões e os suprimentos permaneciam baixos, o que os levou a roubar dos moradores locais, por sua vez dissuadindo as pessoas de se juntarem à Coluna. Como havia acontecido durante toda a rebelião, o número dos tenentes era muito menor do que o das forças inimigas na Bahia. Os 1,2 mil soldados rebeldes que entraram na Bahia enfrentaram uma força inimiga de quase 20 mil soldados, incluindo o exército federal e a polícia estadual (cerca de 10 mil no total), bem como os coronéis, cada um comandando entre algumas centenas e vários milhares de homens.[8] Mas os números por si só não explicam o fracasso da Coluna ali.

Os coronéis e seus batalhões patrióticos eram muito mais potentes do que a Coluna havia previsto. Antes de sua chegada no sertão, os rebeldes esperavam que sua mensagem de libertação bastasse para derrubar os poderosos chefes da Bahia. No seu livro de memórias, João Alberto escreveu que "imaginávamos a solidariedade que iríamos encontrar entre as populações oprimidas (...). Libertar o homem do interior do chefe político ou do coronel despótico, senhor de baraço e cutelo, parecia-nos um grande passo para o progresso do país".[9] Não fica totalmente claro se os rebeldes tinham de fato presumido que os baianos se insurgiriam para lutar contra os coronéis, ou se essas memórias eram projeções do que mais tarde se tornou a narrativa dominante de libertação no sertão. De qualquer forma, as comunidades não se juntaram à luta: os coronéis provaram ser inimigo mais temível da Coluna na Bahia, hábeis no uso de redes clientelistas e de parentesco, instigando medo para manter a lealdade do povo local. O sistema do coronelismo foi um legado da escravidão, e as conexões que as pessoas escravizadas (e mais tarde os peões e trabalhadores rurais) tinham com o proprietário ou chefe, que prometia proteção e fomentava laços com a comunidade, se davam através de rituais como o apadrinhamento. Mesmo que as comunidades locais simpatizassem com a causa rebelde, podem ter negado seu apoio por causa dessa relação com os coronéis. A busca da Coluna pela região foi ainda mais reforçada pelo apoio financeiro do governo federal, já que o regime Ber-

---

8 Várias fontes fornecem estatísticas sobre o tamanho das tropas na Bahia, incluindo Moreira Lima, *A Coluna Prestes*, p.293; Howard Donovan, Nota Consular de Salvador, Bahia, 17 de abril de 1926. USNA, 832.00 - 575; e Álvaro Mariante, "Histórico dos acontecimentos desde a passagem do Rio São Francisco pelos rebeldes", p.19. AHEx, Acervo Góes Monteiro, caixeta 4a, caderno 12.

9 Lins de Barros, *Memórias*, p.149.

nardes delegou a essas milícias do interior grande parte da sua luta contra Prestes. A obediência aos coronéis foi facilitada por um esforço conjunto de setores pró-governo da Bahia para retratar a Coluna, não erroneamente, como invasores violentos. Essa narrativa foi amplamente propagada por jornais pró-governo em todo o estado – particularmente os jornais regionais do interior – como também divulgada boca a boca.

O preconceito dos rebeldes também foi condicionado pela sua experiência na Bahia. A falta de apoio em sua primeira caminhada pelo estado reforçou sua visão preconcebida dos baianos como atrasados. Sentindo-se menosprezados por pessoas que eles presumiam poder despertar através da mensagem de libertação, os rebeldes pareciam permitir que os estigmas do sertão justificassem a violência da sua marcha de retorno. E a devastação infligida pela Coluna, por sua vez, dissuadia ainda mais os possíveis novos recrutas. Um morador do local chamado Domingos Rego lembrou que estava ansioso para se juntar à rebelião, mas então testemunhou o comportamento abusivo da Coluna:

> Eu tinha 19 anos e estava no ponto para defender os direitos do povo. Queria lutar pela liberdade. Arrumei as minhas trouxas e esperei. Os rebeldes chegaram e foram botando fogo na casa de um pobre miserável. Um vizinho meu que levou dois anos para ter um sitiozinho de cana e um alambique de barro para fazer a sua cachacinha. Eu emprestava um boi meu pra puxar o engenho de madeira. Queimaram tudo. Quando o Antônio Severo chegou, só tinha cinzas. Morreu na miséria.[10]

Conforme mostrado nos capítulos anteriores, alguns dos líderes tenentistas deram explicações descaradamente racistas para justificar o baixo recrutamento no interior.[11] Em contraste, Luís Carlos Prestes mais tarde descreveria isso como uma questão política. Semelhante aos livros de memórias rebeldes escritas anos ou décadas após a marcha, as lembranças de Prestes são obviamente emolduradas pelo contexto de quando ele as articulou. Nesse caso, sua visão dos moradores baianos foi refratada por sua eventual virada para a política radical e para a plataforma comunista que via os grupos rurais como potenciais agentes de mudança, embora sem a

---

10 Conforme citado em Brum, *Coluna Prestes*, p.89.
11 Moreira Lima, *A Coluna Prestes*, p.182; Lins de Barros, *Memórias*, p.152.

consciência política necessária para agir com base na oportunidade apresentada pela Coluna. Nos anos 1980, ao fim da vida, Prestes explicaria em entrevista com sua filha Anita Prestes que:

> A adesão foi muito pequena (...) o sertanejo compreendia que, contra nós, lutavam todos os seus inimigos, que eram o governo federal, o governo estadual, o governo municipal e os fazendeiros e "coronéis" (...) Então, eles viam que estávamos lutando contra o inimigo deles, mas não tinham perspectiva. Achavam que éramos uns loucos, uns aventureiros (...) Não compreendiam. Então, não aderiam.[12]

Mais de meio século após a jornada que lançou seu status de Cavaleiro da Esperança, Prestes ainda parece incapaz, ou desinteressado, de compreender as realidades e necessidades locais por si só: sua lógica retrospectiva não permitia que os baianos escolhessem por si mesmos como agir e que lado, ou não, apoiar no combate entre a Coluna e os coronéis. Além de desconsiderar o poder de decisão das comunidades locais, Prestes também não deu nenhuma atenção à sua própria falta de alcance. Exceto as declarações ocasionais sobre por que os habitantes locais deveriam apoiar – e ajudar a reabastecer – o movimento, Prestes e os rebeldes nunca mantiveram um diálogo contínuo com os habitantes da cidade. A Coluna raramente parava em um lugar por mais de alguns dias e, mais importante ainda, a conscientização dos moradores locais nunca fez parte da missão central da marcha. Na época, especialmente em trechos difíceis como o da Bahia, o objetivo era simplesmente continuar andando.

Na manhã de 27 de fevereiro, após a travessia do rio no dia anterior, a Coluna iniciou sua incursão pela Bahia. A maioria dos rebeldes seguiu a pé – tendo deixado quase todos os cavalos para trás em Pernambuco –, em direção sudoeste rumo à Chapada Diamantina. Embora árida em grande parte de seu território, a Bahia é também um estado fluvial, circundado na fronteira oeste pelo São Francisco e com uma série de rios situados como degraus em uma escada, fluindo para oeste como afluentes do São Francisco ou para leste, da elevação dos planaltos até o Oceano Atlântico. Como a Coluna entrou no estado durante o período das chuvas, Prestes traçou uma

---

12 Conforme citado em Prestes, *A Coluna Prestes*, p.231.

rota que buscava evitar atravessar rios o máximo possível.[13] Nem sempre esse esforço foi viável e, ao final, os rebeldes tiveram que atravessar 33 rios diferentes, vários deles mais de uma vez.[14]

Para a Coluna, as paisagens evocavam as descrições floreadas e assustadoras da região que Euclides da Cunha tornou famosa. Deve-se notar que grande parte da topografia baiana descrita pelos rebeldes também existia em outras regiões do Nordeste, inclusive em muitas das regiões por onde haviam passado. A atenção desproporcional – e páginas de suas memórias – que os rebeldes dedicaram à Bahia faziam parte do legado autorrealizado de *Os sertões*: predispostos a ver a Bahia através da lente de Euclides da Cunha, os rebeldes usaram a linguagem e observações dele para emoldurar suas próprias crônicas. Como resultado, a lenda dos sertões que Cunha ajudou a popularizar vai, posteriormente, se expandir no centro das atenções gerado pela Coluna Prestes. Dias Ferreira, por exemplo, descreveu os rios da Bahia como "barrancos altos e cavados (...) muito caudaloso na época das chuvas, conforme diz o incomparável Euclides da Cunha na sua imortal obra".[15] Assim como o fora para Cunha, a vegetação da área também era motivo de grande preocupação para a Coluna. Acima de tudo, os rebeldes sentiam-se frustrados pela caatinga, um bioma seco, embora ecologicamente diverso, que abrange grande parte das regiões de baixa altitude da Bahia. Em *Os sertões*, Euclides da Cunha descreve a caatinga da seguinte forma:

> Ao passo que a caatinga o afoga; abrevia-lhe o olhar; agride-o e estonteia-o; enlaça-o na trama espinescente e não o atrai; repulsa-o com as folhas urticantes, com o espinho, com os gravetos estalados em lanças; e desdobra-se-lhe na frente léguas e léguas, imutável no aspecto desolado: árvores sem folhas, de galhos estorcidos e secos, revoltos, entrecruzados, apontando rijamente no espaço ou estirando se fle xuosos pelo solo, lembrando um bracejar imenso, de tortura, da flora agonizante.[16]

Em seu livro de memórias, o oficial rebelde Ítalo Landucci oferece uma descrição similar da marcha inicial para a Bahia:

---

13 Prestes, *Luiz Carlos Prestes*, p.90.
14 Moreira Lima, *A Coluna Prestes*, p.369.
15 Ferreira, *A Marcha da Columna Prestes*, p.188.
16 Cunha, *Os sertões*, p.23.

entramos no insidioso sertão baiano pela histórica zona de Canudos. A caatinga, que se desdobrava um pouco além, mostrava-se pouco convidativa com a sua estranha vegetação de espinheiros e toupeiras intermináveis de xiquexiques, macambiras, cabeças de frade, um confuso emaranhado de espinhos compridos, ou recurvos como unhas de gatos, que agarravam e feriam. Nela entramos e nela sofremos.[17]

Os tenentes não foram os únicos a expressar fascínio pelas paisagens da Bahia. Um relatório do próprio exército federal apontou que, ao entrar no norte da Bahia, a Coluna Prestes "havia chegado à terra calcinada e áspera dos arraiais, das caatingas e dos jagunços – tão afamada pelo gênio de Euclides da Cunha".[18] Deve-se lembrar que a formação de Cunha vem das academias militares de maior renome do Brasil, e sua descrição do sertão, portanto, influenciou tanto os rebeldes quanto seus perseguidores.

Se a passagem pela Bahia foi dificultada pelas características naturais do estado, ao menos teve como benefício os constantes fracassos do exército que os perseguia. Os problemas de longa data das tropas legalistas, como sua ineficácia e as dificuldades logísticas, foram agravados por um conflito crescente entre os líderes militares. O general João Gomes Ribeiro Filho era o comandante do Nordeste, mas quando não conseguiu impedir o avanço dos rebeldes na Bahia, o ministro da Guerra Fernando Setembrino de Carvalho despachou outro general, Álvaro Mariante. Os dois generais discordavam sobre qual seria a melhor tática para parar a marcha. Gomes queria erguer uma "barreira" de 400 quilômetros em que as forças legalistas se posicionariam de norte a sul para impedir que os rebeldes adentrassem mais a Bahia. Essa estratégia, que Mariante ridicularizou como teoricamente possível mas completamente impraticável, alinhava-se com a lógica militar dominante da época, particularmente influenciada pela Missão Militar Francesa que treinou grande parte do corpo de oficiais do Brasil após a Primeira Guerra Mundial.[19] Mariante imaginou uma abordagem diferente de "grupos de caça" para imitar os rebeldes com tropas móveis

---

17 Landucci, *Cenas e episódios*, p.127.

18 Álvaro Mariante, Histórico dos acontecimentos desde a passagem do Rio São Francisco pelos rebeldes, p.4-5. AHEx, Acervo Góes Monteiro, caixeta 4a, caderno 12.

19 Álvaro Mariante, Histórico dos acontecimentos desde a passagem do Rio São Francisco pelos rebeldes, p.4-5. AHEx, Acervo Góes Monteiro, caixeta 4a, caderno 12. Para mais informações sobre a influência da Missão Militar Francesa, consulte Diacon, Searching for the lost Army, p.427.

e rápidas.[20] Sua proposta prevaleceu, e o exército federal passou então a instruir suas próprias forças para copiar essencialmente a guerra de movimento de Prestes. Além dos coronéis e suas milícias, a campanha legalista na Bahia transformou-se em um teatro de abordagens militares sobrepostas, com dois generais competindo pelo poder operacional e vários grupos de caça, além de múltiplas unidades do exército e da polícia perseguindo simultaneamente a Coluna Prestes.

Quando os rebeldes começaram sua marcha contra um inimigo agora fragmentado, a cobertura dos jornais atiçou as chamas antirrebeldes que já circulavam pelo Nordeste. A primeira batalha da Coluna na Bahia aconteceu em 3 de março na cidade de Várzea da Ema, onde os rebeldes mataram dois moradores locais e apreenderam vários cavalos e suprimentos. O *Correio do Bonfim* noticiava que esses acontecimentos faziam parte de uma "legião da desgraça" liderada por rebeldes que "há quase dois anos, na luta e desespero, sem outro ideal que não o capricho ou a ambição, loucos, aglomerados, a rolar de sul a norte como uma tromba negra".[21] Seis dias depois, após uma batalha muito maior para ocupar Uauá, o *Diário Oficial* citou um fazendeiro que disse que os rebeldes

> Passaram liquidando tudo, arrebanhando toda a quantidade de animais, fazendo grandes matanças de gados e de outras criações. Levavam todos os artigos encontrados nas casas, roupas, joias, etc. (...) Mataram algumas pessoas do povo e balearam muitas, carregando outras, pelo pescoço, e por muitas léguas como guias, um horror! (...) Agora, estão muitos voltando mortos de fome, e sem nada mais de seu, pois a pilhagem dos bandoleiros foi em tudo que encontraram.[22]

A batalha de Uauá também trouxe um novo enredo: uma rebelde chamada Alzira foi presa e se tornou objeto de fascínio. Gaúcha de 17 anos, ela foi retratada pela imprensa por suas vestimentas: "veste-se de homem, usa chapéu desabado, calças de montaria, botas".[23] Um artigo do *Diário da*

---

20 Carta de Álvaro Mariante para Fernando Setembrino de Carvalho, Pirapora, Minas Gerais, 19 de maio de 1926. Reproduzido em Prestes, *A Coluna Prestes*, p.452-460.

21 O sertão assolado pelos bandos revolucionários, *Correio do Bonfim*, 21 de março de 1926.

22 A bravura do Sertanejo Bahiano, *Diário Oficial* (Bahia), abril de 1926. APM, série AB, pasta PV-Cx.07, doc.177.

23 Uma página romanesca da revolta, *Diário da Bahia*, 25 de março de 1926; O momento no Nordeste, *O Paladino*, 4 de abril de 1926.

Bahia – jornal de Salvador – descreveu a rebelde presa como uma "amazona... [com] um revólver em mãos femininas".[24] Essa reportagem mesclava vários tropos regionais: com chapéu, calça de montaria e botas, Alzira se encaixava no arquétipo de uma gaúcha dos pampas meridionais, mas o retrato que o jornal fazia dela como uma amazona também transformava seu ativismo político em atitude de mulher exótica e sexualizada – uma referência talvez à Amazônia do interior do Brasil, ou às mulheres guerreiras, as amazonas da mitologia grega, ou uma mistura de ambas. Outras reportagens foram ainda mais longe ao sexualizar Alzira, afirmando que ela estaria no meio de um triângulo amoroso entre Prestes e Miguel Costa. Sob a manchete "O ciúme estraga a situação dos revoltosos", o jornal de Salvador, *Diário de Notícias*, afirmava que "a 'generala' prisioneira (...) por sinal que é uma bela mulher (...) teria declarado ter abandonado o acampamento revolucionário em virtude do desabrido ciúme de Miguel Costa pelo seu camarada Prestes".[25] A cobertura jornalística de Alzira foi tão difundida que o general Mariante comentou como "a imprensa da capital baiana e pessoas interessadas – fantasiavam um romance ruidoso e escandaloso, sendo a infeliz *detraquée* focalizada como heroína brasileira, amazona destemida, tipo de peregrina beleza, fascinadora e amante dos generais rebeldes".[26] Particularmente insatisfeito com esses artigos, o general considerava-os parte da "imprensa amarela (de Salvador), endeusando os rebeldes, acoroçoando a desordem, estraçalhando reputações e forjando e explorando escândalos".[27]

Esses artigos sobre Alzira indicam uma diferença regional que permeava a cobertura jornalística na Bahia. Jornais do interior – onde a presença da Coluna era sentida mais diretamente – tendiam a ser muito mais antirrebeldes, enquanto os da capital litorânea de Salvador publicavam histórias que, mesmo não sendo explicitamente pró-rebeldes, eram menos antagônicas. As reportagens das mulheres rebeldes na Bahia logo se espalharam nacionalmente. Três semanas depois, o *Diário de Notícias*, do Rio de Janeiro, continuou esse tipo de reportagem de gênero escrevendo sobre Alzira e outra rebelde chamada Emília, sob o título "A bela generala e a

---

24 Uma página romanesca da revolta, *Diário da Bahia*, 25 de março de 1926.

25 Citado em Carvalho, *Vivendo a verdadeira vida*, p.174.

26 Álvaro Mariante, Ordens, instruções e informações recebidas do Comandante das FONR, fevereiro de 1926. AHEx, Série Góes Monteiro caixa 4a, pasta 4, anexo n.7, p.10.

27 Descripção dos factores ocorridos até a travessia da Via Férrea em Santa Luzia, 15 de março de 1926, p.14. AHEx, Acervo Góes Monteiro caixeta 4, caderno 16.

piedosa enfermeira".[28] Retratados na Bahia como bandidos assassinos ou combatentes sexualizadas, os tenentes tiveram de achar um meio de ganhar o apoio das comunidades locais.

Ao longo da caminhada pela Bahia, a Coluna também precisava descobrir para onde ir. A questão de encontrar rotas sempre foi fundamental, mas em comparação com as fases anteriores da marcha quando os rebeldes tinham extensões maiores de território para navegar, mais tempo para enviar tropas de avanço para mapear a área e menos inimigos os perseguindo, agora a topografia da Bahia apresentava um problema sério. Na maioria das vezes, a Coluna pressionava os moradores locais a servirem de guias. É possível que alguns tenham oferecido seus serviços voluntariamente, mas as evidências e as circunstâncias sugerem que muitos foram coagidos. Os arquivos de Pedro Aurélio de Góis Monteiro – chefe de estado-maior do general Mariante – contêm um relatório que resume a capacidade da Coluna de navegar pelo terreno acidentado da Bahia: "Para orientá-los em sua marcha, prendiam os rebeldes homens da zona que sob ameaças e maus tratos os guiavam pelos caminhos e veredas conhecidos e eram, depois de substituídos, deixados nos lugares onde não se tornavam mais necessários".[29] E uma matéria do *Correio de Bomfim* sobre o primeiro mês da rebelião na Bahia contava a história de Júlio e Antônio Gomes Soares, dois fazendeiros locais que, depois de ter sua casa saqueada foram "obrigados a servir de guias, sofrendo humilhações".[30]

Mesmo com a orientação de moradores que conheciam a geografia, a primeira investida da Coluna pela Bahia durou quase um mês, traçando mais de 480 quilômetros em direção ao planalto da Chapada Diamantina. Esse trecho foi relativamente sem conflitos e os rebeldes até apreenderam um transporte de suprimentos legalistas destinados ao quartel do exército de Uauá, contendo oito carroças carregadas de café, açúcar, cigarros, feijão e arroz, além de grande quantidade de munições.[31] Com o estoque renovado de alimentos e armas, e com o governo federal ainda brigando sobre como organizar sua perseguição, a Coluna seguiu em frente. Esses

---

28 A bella generala e a piedosa enfermeira, *Diário de Notícias*, 16 de abril de 1926.
29 Recursos e modos de agir dos rebeldes, 2. AHEx, Acervo Góes Monteiro caixeta 4, caderno 17.
30 O sertão assolado pelos bandos revolucionários, *Correio do Bonfim*, 21 de março de 1926.
31 Howard Donovan, Movements of rebel troops in the state of Bahia, 8 de abril de 1926. USNA, 832.00 - 571; Moreira Lima, *A Coluna Prestes*, p.283; Ferreira, *A marcha da Columna Prestes*, p.188.

acontecimentos positivos foram logo abafados quando os rebeldes, enquanto acampados perto da Fazenda Icó, leram sobre o fracassado levante em Recife e souberam da morte de Cleto Campelo, ocorrida um mês antes.[32] (Figura 5.1) A notícia dava mais uma prova de que os possíveis reforços do litoral poderiam nunca chegar.

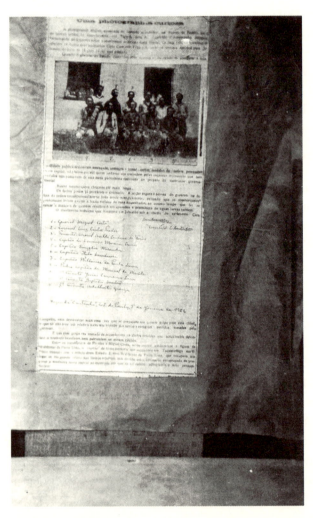

Figura 5.1 – Boletim divulgado no Nordeste, de 2 de março de 1926, anunciando o levante fracassado em Recife. Vale ressaltar que o informe traz uma foto não dos rebeldes de Cleto Campelo, mas da Coluna Prestes. CPDOC PEB foto 009.

---

32 Moreira Lima, *A Coluna Prestes*, p.284.

Rumo ao sudoeste pela Chapada Diamantina, os líderes tenentistas tinham três opções principais. Eles poderiam manter o plano original de marchar para o Rio de Janeiro para derrubar o governo, embora isso exigisse um esforço muito além do tamanho de suas tropas, suprimentos e energia. Também poderiam ir para o exílio, retornando para o oeste em direção a Goiás e Mato Grosso para eventualmente se dispersarem em solo estrangeiro. Ou poderiam simplesmente continuar se movendo, mantendo a guerra de movimento de Prestes pelo maior tempo possível. Essa opção também mantinha aberta a possibilidade de receber os suprimentos que Isidoro estaria supostamente enviando para a Bahia.[33] Os rebeldes permaneceram em contato com Isidoro, mas a longa demora na comunicação por conta do envio de mensageiros entre a Argentina e o Nordeste do Brasil complicou a logística de se estabelecer para onde os suprimentos deveriam ser de fato enviados. Prestes, apesar dos riscos dessa última opção, decidiu-se por manter suas forças em movimento. Enquanto esperava por uma possível notícia de onde e quando o apoio de Isidoro poderia chegar, a Coluna continuou se movendo ao longo de um caminho incerto.

O DOMÍNIO DE HORÁCIO DE MATOS

Em meados de março, a Coluna cruzou a Estrada de Ferro Central da Bahia que ligava a capital Salvador a Juazeiro, porto fluvial situado no norte do estado às margens do São Francisco. A Estrada de Ferro Central era uma linha divisória não oficial da Bahia: ao longo dessa rota ao norte ficava o centro do poder político e comercial do estado, e ao sul, os planaltos e serras, e os sistemas fluviais que abrangem grande parte da Bahia. Entre as múltiplas zonas do sertão, a região dominante – tanto em topografia quanto em simbolismo – era a Chapada Diamantina, estendendo-se por quase 500 quilômetros pelo centro do estado. Na década de 1820 foram descobertos diamantes nos riachos que desciam dessas cristas de quartzito, levando a um *boom* de mineração que durou quase cinquenta anos. O centro da atividade mineradora era a cidade de Lençóis, onde a família Matos governava,

---

33 Ibid., p.346.

não oficialmente, as riquezas minerais e políticas do planalto.[34] Na década de 1920, Horácio de Matos se tornou o líder incontestável da Chapada Diamantina e um dos chefes mais poderosos de todo o interior do Brasil.

A animosidade de longa data da família Matos em relação ao governo apresentava uma situação que poderia ter tornado Horácio favorável à ideia de adesão à Coluna. Contudo, em outro sinal de desconexão da marcha com a política real dos locais no Nordeste, conflitos recentes na Bahia haviam mudado a relação da família Matos com os líderes nacionais. Em 1920, após muitos anos de luta entre coronéis e o estado da Bahia, o governo federal interveio e assinou um tratado diretamente com os coronéis, basicamente cedendo autonomia política a oligarcas do sertão como Horácio de Matos.[35] Em seu livro sobre a história da Chapada Diamantina, Walfrido Moraes observa que Horácio tinha considerado unir-se aos rebeldes tenentistas, mas, com sua nova posição fortalecida – e suas novas conexões com o governo federal –, escolheu lutar contra Prestes.[36] Em março de 1926, o general Mariante autorizou oficialmente Horácio a criar um batalhão patriótico.[37]

Como todos os batalhões organizados pelos coronéis da região, em troca de combater os rebeldes, Horácio e suas tropas receberiam valores mensais e suprimentos do Ministério da Guerra. Esse apoio material costumava ser atrasado ou não era pago e, embora os coronéis mantivessem comunicação com o general Mariante – via telegrama, rádio e mensageiros –, os batalhões patrióticos funcionavam como exércitos autônomos.[38] Essa autonomia fez que coronéis como Horácio de Matos dependessem de suas redes e influência locais: um relatório consular dos Estados Unidos dizia que Horácio controlava "uma força armada privada de cerca de 4 mil homens, todos devotados e dependentes dele como uma espécie de senhor feudal".[39] No dia 19 de março, Horácio distribuiu carta ao povo da Chapada

---

34 Para maior profundidade na história de Horácio e da família Matos ver Chagas, *O chefe*.

35 Para mais informação acerca da intervenção federal de 1920, ver Pang, The Revolt of the Bahian Coronéis.

36 Moraes, *Jagunços e heróis*, p.153.

37 Descripção dos factores ocorridos até a travessia da Via Férrea em Santa Luzia, 15 de março de 1926, 5. AHEx, Acervo Góes Monteiro caixeta 4, caderno 16.

38 "Operações - Méthodo e medidas adoptadas - Execução", 14 de junho de 1926, Pirapora. AHEx, Acervo Góes Monteiro caixeta 4, caderno 25.

39 "Movements of revolutionary troops in the state of Bahia", 17 de abril de 1926. USNA, Brazil 1910-29, microfilme 832.00-575.

Diamantina, divulgando sua luta contra os rebeldes, anunciando que "por ordem do general Mariante, vou requisitar animais, armas e suprimentos onde e quando for necessário. Peço a todos os meus amigos, portanto, que me ajudem de todas as formas possíveis na defesa do distrito de Lençóis, que será muito prejudicado se cair nas mãos dos rebeldes".[40] Durante o tempo dos rebeldes na Bahia, e mesmo depois quando refizeram seus passos para o exílio, os batalhões patrióticos foram, das forças legalistas, as mais eficientes e bem-sucedidas.

Ao lado de Horácio de Matos, outros coronéis que lutaram contra Prestes foram Franklin Lins de Albuquerque, também baiano, e os de estados vizinhos como José Honório Granja (piauiense) e Abílio Wolney (goiano). A importante função assumida por esses coronéis foi devida em grande parte ao fracasso do exército federal e das forças estaduais. Um cônsul dos Estados Unidos observou que "é opinião geral na Bahia que as tropas de Matos causarão mais problemas aos rebeldes do que as forças federais, que aparentemente estão fazendo um esforço estudado e bem-sucedido para evitar qualquer coisa que pareça um combate".[41] Documentos do exército sugerem uma escassez crônica de alimentos, incapacidade de levar suprimentos médicos para a linha de frente e superlotação nos poucos hospitais disponíveis.[42] Entre as doenças que afligiam as tropas legalistas – extensivas também àquelas provavelmente sofridas pelos rebeldes, embora os tenentes tenham feito muito menos anotações sobre o assunto –, nota-se a malária, úlcera, disenteria, sífilis e outras doenças venéreas, picadas de escorpião, gastrite, além de ossos quebrados e ferimentos de guerra.[43] A comunicação era outro problema, pois havia relativamente poucas estações de telegrama no interior da Bahia, principalmente na zona norte do estado.[44] O general Mariante tinha plena consciência dessas deficiências, admitindo que seus

---

40 Cópia incluída em "Movements of revolutionary troops in the state of Bahia", 17 de abril de 1926. USNA, 832.00 - 575.

41 Howard Donovan, "Movements of rebel troops in the state of Bahia", 8 de abril de 1926. USNA, 832.00 - 571.

42 Relatórios do exército sobre hospitais e situação de saúde, 15 de março de 1926. Pasta AHEx 5278, doc. 173.

43 Dr. A. Cajaty, Relatório do Serviço de Saúde, março de 1926. AHEx, Acervo Góes Monteiro caixeta 4, caderno 24.

44 Álvaro Mariante, Diário de comunicações com o ministro da Guerra, 26 de fevereiro a 27 de março de 1926, 35. AHEx, Acervo Góes Monteiro, caixeta 4a, caderno 1.

próprios soldados eram "indisciplinados [e] pusilânimes (...) só pude até agora utilizar patriotas, pois tudo mais falhou".[45] No entanto, a proeminência dos batalhões patrióticos se devia igualmente às suas habilidades e conhecimentos, pois eram os mais familiarizados com o terreno baiano e incitavam maior respeito, e pavor, das comunidades locais.

Assim que a Coluna Prestes se aproximou da Chapada Diamantina, os batalhões patrióticos iniciaram sua perseguição imediata. João Alberto lembra deles como uma espécie de espectro do sertão. Neste tema, que seria recorrente nos comentários sobre a Coluna, o uso do termo cangaceiro (ou seja, bandido, como Lampião) reflete ainda mais uma percepção vaga, quando não ignorante, das categorias locais: "Os conflitos na zona serrana dominada pelo cangaceiro Horácio de Matos aumentaram. Nossos soldados continuaram caindo em armadilhas preparadas por um inimigo invisível".[46] Por três semanas, os tenentes marcharam mais de mil quilômetros pela Chapada Diamantina e raramente passaram mais de um ou dois dias sem uma escaramuça com Horácio. Como vários dos combatentes do batalhão também eram membros da família Matos, os conflitos logo se tornaram pessoais. No dia 2 de abril, em Campestre, a Coluna matou em combate Francisco Macedo de Matos (primo de Horácio) e José Bernardes de Matos (sobrinho de Horácio). Três dias depois, os rebeldes mataram então a tia de Horácio, Dona Casimira, uma poderosa matriarca da família que havia transformado sua fazenda Carrapicho em base de operações do combate antirrebelde.[47] Horácio se sentiu tão lesado com a ofensiva contra seus familiares que escreveu uma carta aos editores do *Diário de Notícias*, jornal de Salvador, lamentando que os rebeldes tivessem assassinado "barbaramente" seus parentes.[48] E *O Sertão*, de Lençóis, jornal da família Matos, comparou a rebelião a "Satanás pregando Quaresma", denunciando os tenentes por estarem "assaltando povoações indefesas" enquanto diziam ser "bravos e indômitos defensores do brio nacional".[49] Os ataques dos jagunços persistiram nos planaltos da Chapada e, como escreveu Landucci, os rebeldes estavam exaustos e queriam

---

45 Relatório do Exército, 15 de março de 1926. AHEx, Acervo Góes Monteiro caixeta 4, caderno 16.

46 Lins de Barros, *Memórias*, p.150.

47 "A devastação e os crimes praticados pelos rebeldes", 1 de maio de 1926, 4. AHEx, Acervo Góes Monteiro caixeta 4, caderno 34.

48 Até a loucura!, *Diário da Notícias*, 22 de abril de 1926.

49 A corrida da morte, *O Sertão*, 11 de abril de 1926.

desesperadamente "escapar daquele inferno de emboscadas e de tormentos de toda espécie".[50] Só na segunda semana de abril a Coluna deslocou-se, saindo pelas ravinas que desciam para o vale do Rio Brumado.

Com a Chapada Diamantina para trás, os rebeldes seguiram para o sul em direção a Minas Gerais. À medida que a distância entre eles e o interior da Bahia aumentava, sentiam um outro benefício – simbólico e material – que era o de se afastar do sertão. Nas duas semanas anteriores à entrada em Minas Gerais, a Coluna passou por inúmeras cidades que, ao seu olhar litorâneo, não lembravam o sertão.[51] Em Minas do Rio de Contas, eles ficaram impressionados com o fato de a cidade ter teatro, mercado público e biblioteca; em Caculé puderam assistir a um filme; e Condeúba foi descrita como "rica e grande, tendo várias ruas calçadas e uma edificação particular". Talvez por se sentirem energizados pelo relativo conforto dessas cidades do sul baiano, e provavelmente prevendo a necessidade de construir laços de apoio mais fortes com os habitantes locais, a Coluna libertou prisioneiros tanto em Minas do Rio de Contas quanto em Condeúba, atos de justiça vigilante que não tinham praticado até então na Bahia.

Em Minas do Rio de Contas, no entanto, dois rebeldes foram mortos de uma maneira que mostrou que os perigos do sertão poderiam segui-los a qualquer lugar. Em 10 de abril, uma das mulheres rebeldes, Albertina, estava ajudando a um soldado que havia sido gravemente ferido durante os combates em Piancó e, desde então, desenvolvera tuberculose. Quando a Coluna chegou em Minas do Rio de Contas, foi decidido que o soldado deveria permanecer lá, onde poderia morrer em paz. Albertina se ofereceu para ficar a seu lado em seus últimos dias, mas, uma vez que os rebeldes avançaram, uma unidade do batalhão patriótico de Horácio apareceu e rapidamente matou o soldado. Um combatente da milícia tentou estuprar Albertina, e, embora ela tenha lutado, acabou assassinada.[52] Em seu livro de memórias, Moreira Lima lamentou tal brutalidade:

> Albertina era uma linda rapariga de seus 22 anos, a mais bonita das nossas vivandeiras (...). Depois da nossa saída, chegou a essa cidade um batalhão patriótico.

---

50 Landucci, *Cenas e episódios*, p.129.
51 As descrições das três cidades são de Moreira Lima, *A Coluna Prestes*, p.299-304.
52 Para um relato detalhado deste evento, ver Moraes, *Jagunços e heróis*, p.154.

> Um miserável que era tenente desses mercenários quis se apoderar de Albertina, e, como ela se recusasse a satisfazer a sua concupiscência, degolou-a brutalmente.[53]

Sendo a única evidência em registro de uma mulher da Coluna sendo estuprada, o assassinato de Albertina pareceu ter sido particularmente chocante para os rebeldes. Em seu livro de 1942, Jorge Amado – com as memórias de Moreira Lima e a breve descrição acima como sua principal fonte – forneceu um relato de quase duas páginas sobre a morte de Albertina.[54] Talvez a barbaridade do ato tenha sido ainda mais surpreendente, uma vez que a Coluna se sentia segura em uma cidade relativamente "civilizada".

Em 19 de abril, a Coluna cruzou para Minas Gerais e, desde a época do levante de São Paulo, quase dois anos antes, o objetivo inicial de marchar sobre o Rio de Janeiro nunca estivera tão perto. No entanto, os rebeldes passariam apenas onze dias em Minas Gerais. Depois de marchar 2 mil quilômetros em 52 dias pela Bahia, percorreram rapidamente 240 quilômetros em Minas Gerais. A incursão começou com quatro dias de marcha para o sul que incluiu vários combates contra as forças dos coronéis.[55] Enquanto acampavam próximo a Jatobá, em 23 de abril, Prestes ordenou que a Coluna fizesse a volta e retornasse ao Nordeste em direção à Bahia. Essa manobra ficou conhecida como laço húngaro, pelo formato de laço usado pelos vaqueiros gaúchos.

Existem várias explicações para o recuo após sua breve excursão fora da Bahia. O historiador Todd Diacon explica que o exército federal se organizou melhor em Minas Gerais e utilizou a rede ferroviária mais desenvolvida do país para montar um bloqueio defensivo.[56] Moreira Lima afirmou que o plano era atrair forças legalistas através das fronteiras estaduais para que fosse possível o retorno à Bahia, onde tinham esperança de que o carregamento de armas de Isidoro ainda pudesse se materializar.[57] A volta de Minas Gerais também foi uma admissão de que a rebelião jamais alcançaria seu objetivo de derrubar o governo. Em suas memórias, João Alberto admitiu que a única opção que restava era o exílio: "Agora viramos as costas, para

---

53 Moreira Lima, *A Coluna Prestes*, p.300.
54 Amado, *O Cavaleiro da Esperança*, p.112.
55 Moreira Lima, *A Coluna Prestes*, p.305-306.
56 Diacon, Searching for the lost Army, p.435.
57 Moreira Lima, *A Coluna Prestes*, p.306.

sempre, às nossas esperanças de vitória, e seguir em frente apenas na luta pela sobrevivência (...) teríamos que viajar dez mil quilômetros em busca de nossa própria salvação".[58]

A maior parte das evidências sobre a Coluna foi produzida pelos líderes tenentistas, tornando difícil avaliar as opiniões dos soldados de infantaria dentro da rebelião. Uma das únicas fontes de arquivo que oferece uma visão da experiência dos rebeldes de menor escalão é uma série dos registros de interrogatórios compilada pelo exército.[59] Esses arquivos de prisioneiros abrangem cerca de cinquenta rebeldes que foram capturados na Bahia, Maranhão e Pernambuco entre dezembro de 1925 e abril de 1926. Menos da metade dos homens capturados eram, na verdade, rebeldes. Os restantes eram principalmente moradores que foram forçados a marchar com a Coluna, muitas vezes pressionados a servir como carregadores para levar suprimentos ou como pastores para cuidar dos animais.[60] Entre os prisioneiros que eram de fato rebeldes, havia um padrão de divulgação de informações a seus captores. Embora possam ter prestado depoimento para diminuir sua punição, o vazamento de informações, no entanto, oferece uma perspectiva nas ações de alguns dos rebeldes. Por exemplo, dois soldados que lutaram com os tenentes desde o Paraná relataram como a Coluna conseguiu cruzar o São Francisco para a Bahia, para onde se dirigia, quanta munição ainda tinham e o estado geral da rebelião. Esses registros de interrogatório sugerem que, após quase dois anos e 13 mil quilômetros de campanha, muitos dos rebeldes pareciam exaustos e desencantados. Foi nesse contexto de tensão que os rebeldes deixaram Minas Gerais para reentrar na Bahia.

DE VOLTA À BAHIA, COM UMA VINGANÇA

A segunda incursão da Coluna Prestes pela Bahia começou em 30 de abril e durou 64 dias, traçando cerca de 3.200 quilômetros em zigue-zague por todo o estado. Enquanto a primeira incursão rebelde seguiu uma mar-

---

58 Lins de Barros, *Memórias*, p.154-155.
59 Interrogatórios de prisioneiros, Salvador, 19 de abril de 1926. AHEx, Série: Revoluções internas, Sub-Série: Coluna Prestes, Forças em operações no Norte da República, 1925/1926. I-14.02 5269.
60 Alguns dos prisioneiros restantes eram na verdade combatentes legalistas que os rebeldes tenentistas haviam capturado anteriormente em batalha.

cha um tanto linear pela Chapada Diamantina descendo até Minas Gerais, a segunda fase, mais desarticulada, refletia a necessidade de encontrar uma saída cruzando o Rio São Francisco. Por dois meses, os tenentes traçaram uma rota angular pelo estado, cruzando por três vezes o caminho que haviam percorrido em sua rota inicial. Na marcha de retorno, os rebeldes tiveram que enfrentar a determinação dos coronéis, a apreensão das comunidades locais e as fortes chuvas que espalhavam malária e mantinham o São Francisco intransitável. Enquanto a primeira jornada da Coluna fora definida por uma visão esperançosa, embora equivocada, da libertação nordestina, o recuo logo se transformou em um ataque contra uma região que parecia ter rejeitado sua causa. Na linha de fogo da rebelião tenentista, a Bahia estava em uma situação sem saída: em virtude do fascínio mitificado que exercia, a região foi apontada pela Coluna como um local de libertação, mas quando os seus habitantes não receberam os rebeldes de braços abertos e dóceis, foram castigados como ingratos e incorrigíveis.

Em suas memórias, os rebeldes não negaram a violência de sua retirada pela Bahia. Em vez disso, desviaram a culpa para a região e para seus habitantes – um reflexo do pensamento malthusiano racializado da época, que via o ambiente como tendo o poder de transformar pessoas em selvagens. Nesse contexto, quaisquer delitos não eram culpa dos libertadores civilizados, mas sim fruto da influência sufocante daquele ambiente selvagem e manipulador. Como Landucci escreveu:

> Estávamos ainda empenhados numa luta de sobrevivência contra milhares de sertanejos baianos. Intencional e maldosa propaganda fizera crer, aquela gente simples, que queríamos invadir as suas terras e destruir os seus lares e, tocados na sua altaneira soberania, resistiam galhardamente ao avanço da Coluna. Nesse ambiente mortal, em que o ódio se manifestava sob os mais variados gestos, a nossa reação se tornou violenta. Combatíamos diariamente, durante a marcha, nas horas de sesteada e de pouso. Estando as escassas aguadas defendidas por fanáticos e os víveres escondidos, alimento e água eram obtidos após sangrentas escaramuças.[61]

Quando os rebeldes voltaram a entrar na Bahia, a política em nível nacional estava mudando. As eleições presidenciais ocorreram no dia 1º de

---

61 Landucci, *Cenas e episódios*, p.130.

março, sendo o vencedor Washington Luís Pereira de Sousa, do Partido Republicano de São Paulo. A vitória de Washington Luís era típica da política do café com leite da época, num contexto quando a contagem representava menos de 10% da população, dado que o voto era reservado a homens alfabetizados. Com o fim do governo do mineiro Artur Bernardes já próximo, as elites do período ajudaram a controlar o processo eleitoral para colocar o paulista Washington Luís no poder. O presidente eleito manifestou disposição de libertar alguns rebeldes que haviam sido presos após a revolta inicial de 1924 em São Paulo, mas se opôs à anistia para os integrantes da Coluna Prestes.[62] Se Washington Luís continuasse firme nessa posição ao assumir o cargo em novembro, isso anularia um dos principais motivos para a continuidade da rebelião.

No início de maio, com as tropas de Prestes voltando para a Bahia, Bernardes divulgou uma mensagem presidencial que buscava acalmar a nação apresentando os rebeldes, não de maneira errada, mas em situação calamitosa. O presidente enfatizou que os escalões da Coluna tinham sido reduzidos por conta das deserções, mortes e capturas. Bernardes descreveu os rebeldes como "um grupo de bandidos" que há muito tinha desistido dos "objetivos políticos confusos" que tinham originalmente lançado a Coluna.[63] Nos meses seguintes, o debate continuou girando em torno das ações no interior. Defensores dos rebeldes, como o deputado Batista Luzardo, alegaram que quaisquer excessos ou saques eram efeito colateral infeliz de uma rebelião: "Em todos os tempos, em todos os países, não há revolução nenhuma em que se não tenha observado aquilo mesmo que hoje observamos".[64] Muitos desses discursos foram reproduzidos em jornais críticos de Bernardes, como O Jornal, comandado por Assis Chateaubriand.[65] Os defensores do governo, em contraste, citaram os saques e a violência na Bahia como prova de que os tenentes eram bandidos antipatrióticos. Francisco Rocha – um deputado federal baiano que era o principal intermediário do regime com

---

62 Em torno do futuro governo, *O Nordeste*, 14 de abril de 1926.
63 Senado Federal, *Anais do Senado*, livro 1, 1926, 14. Disponível em https://www.senado.leg.br/publicacoes/anais/pdf/Anais_Republica/1926/1926%20Livro%201.pdf, acessado em 8 de agosto de 2018, p.14.
64 Discurso de Batista Luzardo à Câmara dos Deputados, 25 de maio de 1926. Câmara dos Deputados, *Perfis Parlamentares 22, Batista Lusardo* (Brasília: Câmara dos Deputados), p.132-150.
65 O Segundo Discurso do Sr. Baptista Luzardo, *O Jornal*, 27 de maio de 1926.

os coronéis nordestinos – tornou-se o político antirrebelde mais declarado. Como ocorrera com os discursos de Luzardo, os discursos de Rocha também foram reimpressos em jornais, embora os seus tenham aparecido em veículos de comunicação pró-governo. Por exemplo, em *O Paiz* a declaração de Rocha foi apresentada aos leitores sob a manchete "A Coluna da morte através dos sertões brasileiros: impressionante documentação das bárbaras façanhas praticadas pelos bandos nômades de Prestes, Miguel Costa e outros celerados".[66]

Ao entrar na Bahia, Prestes traçou uma rota que evitava a Chapada Diamantina e seguia a oeste ao longo da bacia hidrográfica do planalto, uma área conhecida como Lavras Diamantina. Esse caminho tinha o duplo propósito de evitar a área de principal domínio de Horácio, como também os riachos transbordantes que cortam a Chapada. Apesar da vantagem de um terreno mais plano, Lavras, de fato, reposicionou a Coluna no meio da caatinga que haviam encontrado na sua entrada inicial na Bahia. Moreira Lima escreveu que "A maior parte da tropa foi vítima dos espinhos, especialmente os que estavam descalços, que ficaram com os pés sagrando".[67] Landucci descreveu este trecho em tom igualmente abatido, com ambos os soldados e oficiais da Coluna, "descalços, cobertos de andrajos, com longas barbas e cabeleiras, apresentavam um aspecto de miséria".[68]

Com um sentimento misto de urgência (para cruzar o rio antes que seus inimigos bloqueassem seu caminho) e desespero (por seu estoque cada vez menor de suprimentos), a Coluna iniciou a fase mais violenta de toda a rebelião. Nas primeiras duas semanas de maio, os tenentes lideraram ataques a meia dúzia de cidades. No dia 7 de maio, trinta pessoas foram mortas em Mucugê – entre soldados e civis – e entre 10 e 14 de maio cidades inteiras foram incendiadas em locais como Água de Rega, Tiririca dos Bodes, Canabrava e Maxixe.[69] Um morador de Mucugê chamado Ambrósio Caires testemunhou um desses ataques:

---

66 A columna da morte através dos sertões brasileiros, *O Paiz*, 3 de julho de 1926.
67 Moreira Lima, *A Coluna Prestes*, p.343.
68 Landucci, *Cenas e episódios*, p.139.
69 Os detalhes das quatro batalhas vêm do livro de telegramas do exército, maio e junho de 1926. AHEx, Acervo Góes Monteiro caixeta 5, massa 2, caderno 2; e Moreira Lima, *A Coluna Prestes*, p.334-342. Detalhes de violência sexual são de "A devastação e os crimes praticados pelos rebeldes", 1 de maio de 1926, 4. AHEx, Acervo Góes Monteiro caixeta 4, caderno 34.

Então os revoltosos chegaram lá em casa, acharam a porta fechada (...) eles foram, bateram o fuzil na porta, jogaram a porta no chão e entraram (...) a mesa estava trancada, estava com os documentos do lugar, eles disseram: "O dinheiro está é aqui, é aqui que o dinheiro está". Sentou a boca do fuzil na gaveta, tocou, arrancou e caiu lá, a gaveta caiu lá; "estava tudo de papel, tudo de escritura das propriedades, imposto, tudo. Eles não acharam nem um réis, aí eles apanharam, mexeram, tinha um animal no fundo da casa, eles pegaram, arrearam para viajar e viajaram".[70]

Ataques semelhantes ocorreram em fazendas vizinhas, onde a Coluna apreendeu suprimentos, gado e animais de carga, e assassinou vários fazendeiros que tentaram impedir o saque. Além disso, os rebeldes infligiram outro tipo de violência sem ligação alguma com as necessidades materiais da rebelião. De acordo com depoimentos coletados pelo exército, três mulheres foram estupradas na fazenda Matto Verde e, em um segundo caso de estupro, os soldados também sequestraram todas as mulheres de uma fazenda próxima e não as devolveram até a manhã seguinte.

A violência também refletia os legados da escravidão e das dinâmicas de raça em que as comunidades do interior eram consideradas menos humanas. Em entrevista de 1993, Manoel Lopes, na época com 90 anos, lembrou que, quando a marcha se aproximou de sua cidade, os rebeldes o laçaram como um animal de fazenda: "Laço foi feito pra burro e pra boi, não pra homem".[71] Outra entrevistada, Lindaura Rosa da Silva, de 78 anos, relembrou como a Coluna matou dois de seus vizinhos de maneira semelhante: "Os revoltosos acabaram com tudo. Foi a pior coisa que passou por aqui. Mataram o Manoel Cândido e o João só porque disseram que não iam dar gado pra vagabundo. Laçaram, arrastaram e sangraram [até a morte, como animais]".[72]

Considerando que Prestes já havia tentado manter um sistema de disciplina sempre que suas tropas cometiam tais atos, a onda de crimes dos rebeldes – aliada ao próprio desespero e incerteza sobre o futuro – parecia ir além do que ele conseguia lidar. A mudança ocorrida na Bahia ficou evidente até para seus inimigos. No seu relatório final sobre a campanha no Nordeste, o general Mariante escreveu que "Anteriormente, Prestes tinha

---

70 Citado em Bandeira, *A Coluna Prestes na Bahia*, p.124.
71 Brum, *O avesso da lenda*, p.126.
72 Ibid., p.143.

ordenado punições e execuções sumárias (...) Mas, depois, todos os crimes e abusos se conservaram impunes (...) O capitão Prestes não podia mais evitá-los (...) nem puni-los".[73] Em outras evidências anedóticas, um fazendeiro que convidou os oficiais rebeldes para passar a noite em sua casa – procurando ter sua fazenda poupada da violência da Coluna – perguntou a Prestes por que seus soldados estavam agindo com tanta ira. Em resposta, de acordo com o agricultor, "Prestes muito taciturno e mostrando-se desanimado respondeu apenas que já estava com o coração endurecido e nada faria para evitar as depredações de sua gente".[74] Essa explosão de violência contra as comunidades baianas foi o golpe final nas tentativas da Coluna de promover o bom relacionamento com os habitantes locais. Moreira Lima admite que a partir dali "a luta assumia, assim, um caráter trágico. Perante a hostilidade geral (...) os corações [de nossas tropas] se fecharam à generosidade e as almas endurecidas entregavam-se à satisfação de represálias cruéis".[75] Para a Coluna, o sertão baiano tinha se tornado, então, um local de vingança.

A violência foi cometida não apenas pela Coluna Prestes, mas também por aqueles que perseguiam os rebeldes. Ao chamar "o mês de maio [um] dos episódios mais vergonhosos na história da Bahia", um cônsul dos Estados Unidos enfatizou que "as tropas federais e estaduais cometeram depredações muito piores do que as atribuídas aos rebeldes".[76] A violência cometida por soldados federais, assim como a da Coluna, perdurou na tradição oral do local. Uma senhora baiana, Adelina Sodré Mendonça, lembrou-se de como sua mãe contava histórias sobre "quando eles passaram (...) foi a desordem do mesmo jeito (...) Minha mãe dizia que os soldados pintavam mais desordem do que os revoltosos".[77] Esses abusos se aplicavam também aos coronéis. Foi relatado que Honório Granja cometeu violência tão generalizada que se sentiu compelido a escrever pessoalmente uma carta no final de maio aos editores do *Diário da Bahia* tentando negar esses atos.[78]

---

73 "Histórico dos acontecimentos desde a passagem do Rio São Francisco pelos rebeldes", 19. AHEx, Acervo Góes Monteiro, caixeta 4a, caderno 12.

74 "A devastação e os crimes praticados pelos rebeldes", 1 de maio de 1926, 4. AHEx, Acervo Góes Monteiro caixeta 4, caderno 34.

75 Moreira Lima, *A Coluna Prestes*, p.335.

76 "Activities of rebel troops in the state of Bahia", 1 de junho de 1926. USNA, Brazil 1910-29, microfilme 832.00-581.

77 Citado em Bandeira, *A Coluna Prestes na Bahia*, p.71, p.90.

78 Os atos de Granja e sua carta estão resumidos em "Activities of rebel troops in the state of Bahia", 1 de junho de 1926. USNA, Brazil 1910-29, microfilme 832.00-581.

A COLUNA PRESTES

Outro jornal citou um comerciante local de Santo Antônio da Glória chamado Barbosa Fortes que disse que soldados do batalhão patriótico saquearam suas lojas e mataram gado e que, ao fim da passagem da Coluna pela área, os coronéis infligiram um "duplo flagelo [que] caiu sobre os infelizes sertanejos do Nordeste".[79]

Como ocorreu no interior do Brasil, essa noção de duplo flagelo capta de forma pertinente a situação de muitas comunidades baianas. No caminho da Coluna Prestes, os moradores tiveram que lidar com um contexto incerto onde a violência poderia vir tanto dos rebeldes quanto de seus perseguidores. A jornada tenentista pelo estado causou medo e confusão. Em uma carta obtida pelos homens de Prestes, um morador local escreveu que

> Estamos aterrorizados com a aproximação dos revoltosos, últimas notícias recebidas que se achavam em pé de Serra foi um verdadeiro pânico, famílias fugiram para as caatingas deixando o comércio desabitado. Forçamos fazer ali um positivo pedimos que nos informasse o que sabe, o que há. Estamos sobressaltados, pois não dispomos de força alguma.[80]

Embora seja verdade que a maioria das cidades não tinha capacidade de lutar contra a Coluna ou contra os legalistas, eles não eram simplesmente vítimas.

Pegos no meio de uma guerra violenta, os moradores locais mostraram criatividade em suas interações com as várias forças armadas. Essa adaptabilidade foi especialmente perceptível ao lidarem com os legalistas, que logo presumiram que os baianos locais estavam ajudando a marcha. Os relatórios do exército indicam um padrão no qual os moradores entregavam alguns suprimentos aos rebeldes – provavelmente para movê-los e evitar o conflito – e, quando confrontados por forças legalistas, fingiam ignorância dizendo que os rebeldes levaram tudo (para evitar que os legalistas apreendessem seus poucos itens restantes), ou denunciavam os rebeldes para provar que não eram simpatizantes deles. Uma reportagem refletia a frustração do exército:

---

79 Rebeldes e legalistas no nordeste bahiano, jornal baiano sem nome, 17 de abril de 1926. APM, série AB, pasta PV-Cx.07, doc. 177.
80 Carta reproduzida em Moreira Lima, *A Coluna Prestes*, p.630.

Toda cidade, todo fazendeiro, gritava que os rebeldes ameaçavam-no, que a passagem deles era coisa certa, que dentro de 24 ou 48 horas seriam atacados e estariam perdidos etc. Mas, quando se pilhavam com a nossa tropa os garantindo, esqueciam-se do perigo, não possuíam cavalhada, não sabiam de nada.[81]

Um comunicado semelhante do exército da Bahia observou que "Após a passagem da onda rebelde, esses mesmos fazendeiros, essas mesmas autoridades clamavam contra os desmandos praticados por eles e se diziam vítimas, via de regra, de roubos avultados e superiores ao que realmente surrupiaram os rebeldes".[82] Tais exemplos sugerem que, apesar do "duplo flagelo" em jogo, as comunidades locais encontraram maneiras, por menor que fossem, de navegar pelas diversas forças armadas que percorriam seu estado.

Esses pequenos atos de resiliência não conseguiram proteger totalmente as comunidades da violência, nem mudaram a narrativa geral que continuava a enquadrar o interior da Bahia como exótico e perigoso. Isso vale tanto para as forças rebeldes e legalistas que espalhavam a violência no interior quanto para os meios de comunicação que noticiavam os acontecimentos. Em uma manchete de primeira página intitulada "A Coluna da morte", um artigo do jornal pró-governo *Gazeta de Notícias* do Rio de Janeiro incluía uma grande foto de seis rebeldes que tinham sido capturados como prisioneiros. Como pode ser visto na Figura 5.2, todos os seis soldados são de pele escura, enquadrando-se na imagem estigmatizada que a maioria dos brasileiros tinham das comunidades do interior da Bahia. Embora houvesse de fato brasileiros não brancos na rebelião, a escolha da foto do jornal reflete uma tentativa clara de apresentar a Coluna como racialmente anômala. Aqui, os tenentes são apresentados não como gaúchos virtuosos – a forma preferida de autorrepresentação da Coluna –, mas sim como bandoleiros perigosos, cuja cor da pele os taxava de nordestinos. O texto do artigo explica ainda que "damos a fotografia dos seis camaradas de Prestes. É uma ilustração oportuna aos relatos fantásticos, que por aí

---

81 "Recursos e modos de agir dos rebeldes", 1926, 2. AHEx, Acervo Góes Monteiro caixeta 4, caderno 17.

82 Álvaro Mariante, livro de ordens e instrução, fevereiro de 1926, 19. AHEx, Acervo Góes Monteiro, caixeta 4a, caderno 4.

correm, acerca da qualidade da gente que constitui a falange do chefe revolucionário".[83] Curiosamente, apesar de seu preconceito, o artigo fornece alguns dos únicos detalhes pessoais no registro histórico dos soldados de infantaria da Coluna – sem falar dos soldados não brancos. A legenda da imagem fornece os nomes de todos os seis rebeldes: Mário Augusto de Oliveira, João Martiniano da Silva, Augusto Anselmo Toledo, Pedro Paulo, Miguel de Paula Florentino e Ezequiel Dias de Oliveira.

Figura 5.2 – Capa da Gazeta de Notícias, *6 de julho de 1926.*

---

83 A columna da morte, *Gazeta de Notícias*, 6 de julho de 1926.

Conforme argumentado ao longo deste livro, as ações da Coluna foram condicionadas pelos discursos dominantes das capitais da região litorânea sobre o interior do Brasil. Frequentemente, esses discursos coincidiam com o tipo de cobertura jornalística racializada da notícia acima. A jornada de retorno da Coluna pela Bahia foi sem dúvida seu pior momento: os rebeldes haviam abandonado o objetivo original de marchar no Rio de Janeiro, seus suprimentos estavam quase extintos e sua mensagem de libertação não conseguiu engajar as comunidades locais. Nesse contexto de frustração e desespero, os tenentes liberaram a mais violenta onda da rebelião. E quando a violência foi veiculada na mídia local e nacional, isso ampliou as mais perversas figurações sobre o interior.

Depois da passagem explosiva de duas semanas por Lavras Diamantina, a Coluna chegou ao Rio São Francisco. Na pequena cidade de Remanso, um desânimo abateu os tenentes ao descobrirem que as águas à sua frente ainda estavam muito altas para tentarem uma travessia. Com forças inimigas navegando no rio intransponível, Prestes marchou com suas tropas ao leste por 320 quilômetros ao longo do São Francisco, onde as margens pantanosas inundadas pela cheia obrigavam os soldados a caminhar com água até a cintura.[84] Agravada pelos surtos de malária que voltaram durante as chuvas torrenciais, a Coluna teve que sobreviver com quase nenhum alimento, dependendo tão somente de quaisquer animais pequenos que pudessem caçar. O livro de memórias de João Alberto descreve um "inferno das margens do São Francisco, enquadrado de um lado por uma serra agressiva e intransponível e, do outro, por um rio caudaloso transbordando do próprio leito".[85] No dia 26 de maio, a Coluna deixou o rio para trás e seguiu para o sul pela Serra do Encaibro, até virar para a direção nordeste na cidade de Mundo Novo. Por quase todo o mês de junho, os rebeldes marcharam paralelamente ao litoral Atlântico.

Prestes acabou virando a Coluna para o interior, perto da fronteira com o Sergipe, marchando para noroeste. Como foi o caso em toda a Bahia, o folclore de Canudos e os escritos de Euclides da Cunha influenciaram os líderes. Moreira Lima escreveu que na caminhada de uma semana antes de chegar ao Rio São Francisco, a Coluna seguiu o mesmo caminho

---

84 Moreira Lima, *A Coluna Prestes*, p.346, p.349.
85 Lins de Barros, *Memórias*, p.155-157.

que as forças federais tinham feito em 1897 para avançar sobre Canudos.[86] Embora tenha discursado longamente sobre terem feito o mesmo caminho dos exércitos que lutaram em Canudos, Moreira Lima não se deu conta de outra semelhança óbvia: assim como o governo trinta anos antes, a Coluna Prestes também não conseguiu subjugar a geografia e o povo baiano à sua campanha.

Nos primeiros dias de julho, os rebeldes marcharam por quase 24 horas direto para chegar ao rio antes que os legalistas cortassem sua rota de fuga. No dia 2 de julho, levantaram acampamento pouco depois da meia-noite e prosseguiram quase sem pausa até o anoitecer, quando chegaram aos arredores de Rodelas, pequeno povoado às margens do São Francisco, 50 quilômetros a oeste de onde entraram pela primeira vez na Bahia.[87] Assim que localizaram quatro pequenos barcos, Prestes não perdeu tempo e ordenou que suas tropas começassem a cruzar o rio no meio da noite.[88] Enquanto esperava na beira do rio, o alto-comando rebelde também reservou um tempo para escrever os detalhes de sua travessia pela Bahia. Esse boletim incluía as datas e locais das batalhas, onde eles acamparam todas as noites, e uma contagem provisória de deserções, prisões e mortes em combate e por doenças como a malária.[89] Tendo chegado à Bahia com 1.200 soldados, a Coluna agora contava com cerca de novecentos em seus escalões.[90] Era difícil para os rebeldes manter registros sistemáticos durante os quatro meses intensos na Bahia – este foi somente o segundo boletim interno desde que saíram de Pernambuco, uma produção bem menor do que os 21 relatórios compilados durante os dez meses anteriores à entrada na Bahia.[91]

Com uma fogueira acesa na margem oposta para orientar sua travessia noturna, a Coluna passou a noite navegando pelo São Francisco. Só no final da travessia as forças legalistas finalmente apareceram, com os soldados de Honório Granja chegando de madrugada e disparando sobre a água

---

86 Moreira Lima, *A Coluna Prestes*, p.367.
87 Moreira Lima, *A Coluna Prestes*, 368.
88 Ferreira, *A Marcha da Coluna Prestes*, p.198; Moreira Lima, *A Coluna Prestes*, p.369.
89 Alto-comando rebelde, Boletim n.23, Rodelas, Bahia, 2 de julho de 1926. AEL LML Série III Coluna, Subsérie Boletins n.23, p.511-521.
90 Moreira Lima, *A Coluna Prestes*, p.371; Landucci, *Cenas e episódios*, p.129.
91 O outro boletim na Bahia era o alto-comando rebelde, Boletim n.232, Baixa do Coxo, Bahia, 28 de fevereiro de 1926. AEL LML Série III Coluna, Subsérie Boletins n.22, p.500-510.

em um dos últimos barcos rebeldes que já partia.[92] Moreira Lima, que já tinha em suas memórias descrito tão triunfantemente a chegada dos rebeldes bandeirantes, voltou a invocar o mesmo simbolismo para justificar seu afastamento daquelas paisagens que, "trezentos anos antes, fazia tremer de pavor as Bandeiras que investiam para o desconhecido das selvas virgens".[93] Os líderes rebeldes, portanto, definiram sua saída da Bahia não como um último recurso de exaustão ou autopreservação, mas sim como a continuação de uma longa tradição de brasileiros vindos do sul e da costa, sobrevivendo contra todas as probabilidades em um lugar atrasado e perigoso. Dada a extensão da violência cometida pelos rebeldes e os inúmeros percalços do caminho, é de se esperar que a passagem pela Bahia tenha sido omitida da lenda da Coluna. No entanto, ao se unirem a Euclides da Cunha e *Os sertões*, os líderes conseguiram redefinir sua marcha através do sertão.

Como será mostrado no capítulo seguinte, o fracasso na Bahia pouco fez para diminuir a crescente mitologia em torno dos revoltosos. Quando muito, sua passagem pelas terras de *Os sertões* e seus combates contra os coronéis ampliaram a noção prevalecente de sua invencibilidade. Apesar dos focos de resistência física e discursiva dos baianos que vivenciaram a Coluna como agressores violentos, os jornais e políticos do litoral sul mantiveram o poder de determinar a narrativa do movimento. A lenda da Coluna Prestes serviu assim de bandeira própria, sobre a qual grupos litorâneos criaram uma narrativa, projetaram-na para o interior e definiram a rebelião como um sucesso, não importando o que realmente tivesse ocorrido.

---

92 Macaulay, *The Prestes Column*, p.225.
93 Moreira Lima, *A Coluna Prestes*, p.369.

CAPÍTULO 6

MAPEANDO UM MITO

Em 3 de julho de 1926, um dia após os rebeldes deixarem a Bahia, a manchete do jornal *A Noite*, do Rio de Janeiro, anunciava a publicação de uma série de oito reportagens intitulada "A Coluna Prestes através do Brasil".[1] O texto escrito por Viriato Corrêa, jornalista e dramaturgo conceituado, acompanhado de um mapa que tomava quase toda a página (Figura 6.1), apresentava aos leitores os materiais que seriam publicados nos dois meses seguintes:

> Para o Brasil inteiro, a existência da Coluna Prestes, ainda em plena ebulição, se afigura um mistério e, às vezes, um milagre. Ninguém pode normalmente compreender que um punhado de homens que não atingem a mil, rompa, em pé de guerra, este país de sul a norte e de norte ao centro (...) impávida e triunfalmente.

Assim como os artigos de Euclides da Cunha na década de 1890 expuseram o público leitor brasileiro a Canudos, *A Noite* contratou um grande escritor, neste caso Viriato Corrêa, para produzir uma série detalhada sobre os rebeldes no interior.

---

1 A Columna Prestes através do Brasil, *A Noite*, 3 de julho de 1926, p.1.

Figura 6.1 – Capa de A Noite, *3 de julho de 1926.*

Essa reportagem marcou de forma não oficial o início da referência pública à marcha como *Coluna Prestes*. Das mais de oitocentas reportagens de jornais que compuseram minha pesquisa, a série de *A Noite* é a primeira a usar explicitamente o nome que a partir de então se tornaria sinônimo da rebelião como um todo. Antes, em jornais e discursos era quase sempre chamada de *revolta*, *Coluna* ou *revolução* – os tenentes, além de se autodenominarem bandeirantes da liberdade, muitas vezes referiam a si mesmos como as "forças revolucionárias". Antes da série *A Noite*, quando o nome *Coluna Prestes* era usado, referia-se à unidade específica de soldados comandada por Prestes. No entanto, a partir de julho de 1926, quando os rebeldes começaram a regressar do Nordeste, em quase todas as coberturas jornalísticas e discursos públicos subsequentes, a rebelião ficou fortemente ligada à imagem de Luís Carlos Prestes. Ainda ecoando a cobertura de Cunha sobre Canudos em que o líder messiânico Antônio Conselheiro servia como enredo central, reportagens de jornais sobre a Coluna ajudaram a criar a figura de Prestes como um herói popular inspirado. Como Viriato Corrêa escreveu em sua reportagem sobre Prestes: "Ele é a alma da Coluna, que muito justamente tem o seu nome".[2]

A manchete no *A Noite* também sinalizou o início do que seria uma plataforma central na construção de mitos: os jornais, particularmente esse tipo de reportagem em série referida acima. E essas reportagens, por sua vez, pertenciam a uma onda de novos desenvolvimentos no setor jornalístico brasileiro. Em sua história comparativa de Assis Chateaubriand e William Randolph Hearst, Jacques Alkalai Wainberg aponta 1926 como o ano em que Chateaubriand fez algumas de suas inovações mais duradouras – auxiliado pela entrada de seu novo diretor de publicidade, um norte-americano que havia contratado do *New York American*, que era de Hearst. Segundo Wainberg, entre as características mais importantes que Chateaubriand introduziu nesse período estavam as crônicas em várias partes sobre a Coluna Prestes.[3] Essas séries, tanto dos jornais de Chateaubriand quanto de outros, foram predominantes sobretudo nos meses finais da rebelião e durante todo o primeiro ano do exílio na Bolívia.

---

2 Episódios da Coluna Prestes, *O Jornal*, 29 de agosto de 1926, p.1.

3 Wainberg, *Império de palavras*, p.166-167.

As matérias especiais de jornais também ajudaram a inaugurar o que descrevo neste capítulo como um *picaresco cartográfico*.[4] Com base no substantivo *picaresco* e sua forma adjetiva *pícaro* (que significa malandro ou patife), picaresco refere-se a um gênero literário que narra os contos de heróis rudes, mas atraentes, que sobrevivem por conta própria, muitas vezes contados através de narração episódica de viagens e descobertas. De obras canônicas na literatura ibérica, como o livro anônimo *La vida de Lazarillo de Tormes y de sus fortunas y adversidades* (1554) e, de Miguel Cervantes, *Rinconete y Cortadillo* (1613), os romances picarescos também apresentam exemplos mais modernos como *As aventuras de Huckleberry Finn* (1884), de Mark Twain, e *As confissões do impostor Felix Krull* (1959), de Thomas Mann. Histórias popularizadas sobre a Coluna Prestes, conscientemente ou não, criaram um picaresco com dois protagonistas: os rebeldes tenentistas e o interior. Essa dualidade em si tem duas camadas, dado que o picaresco do interior se relaciona tanto com as paisagens do interior quanto com suas populações. Como a Coluna passou a representar uma espécie de história da origem do Brasil contemporâneo, o conceito de picaresco cartográfico nos ajuda a explorar os componentes territoriais da nacionalidade.

Em um mercado jornalístico em expansão em que se competia por leitores e anunciantes pagos junto a uma classe média emergente, boa parte da cobertura incluía grandes mapas da marcha pelo interior. O elemento cartográfico da mitologia emergente da Coluna celebrava os tenentes por terem preenchido os espaços supostamente vazios do mapa nacional. Em combinação com artigos muitas vezes romantizados, esse componente visual da criação de mitos – alimentado também pela motivação financeira de vender cópias – ajudou a tornar o interior o núcleo conceitual e territorial da rebelião. Em uma época em que muitos grupos no país esperavam entrar em um novo processo de construção da nação, os mapas proporcionavam uma forma atraente de alcançar o público, incluindo os analfabetos que podiam ver as ilustrações dos jornais sendo vendidas nas ruas.

---

4 Agradeço a um revisor deste manuscrito, pela ajuda na formulação da ideia de picaresco cartográfico.

Os mapas, dentre a maior parte das imagens da Coluna Prestes, não eram científicos, no sentido de terem sido produzidos por cartógrafos profissionais. Mais do que um relato preciso da marcha, os jornais usavam vagas aproximações para dar um panorama mais amplo da expedição ao interior. Assim sendo, os jornais ofereciam algo mais próximo a uma fábula cartográfica, um picaresco, no qual Prestes e seus companheiros rebeldes deveriam entreter e inspirar a nação.

Na segunda metade de 1926, à medida que a Coluna voltava do Nordeste, as reportagens serializadas serviam como testes para medir quanta margem o governo daria aos seus oponentes. Embora Washington Luís tivesse vencido as eleições presidenciais em março, não estava previsto que assumisse o cargo antes de novembro, assim, a censura permaneceu sob a alçada de Artur Bernardes. Menos de uma semana após a estreia da série de Corrêa, a polícia do Rio de Janeiro confiscou as edições do *A Noite*, citando especificamente o material sobre a marcha de Prestes pelo interior. Embora a censura dos dois anos anteriores não tivesse impedido completamente os jornais de publicarem artigos sobre a rebelião, as autoridades objetavam reportagens mais ousadas como as da série de Corrêa.[5] A tentativa do governo de restringir essa cobertura fracassou. Não só a série de Corrêa continuou por quase dois meses – após uma breve pausa depois da operação policial –, mas tornou-se tão popular que foi reimpressa em *A Gazeta*, outro jornal do Rio de Janeiro, bem como no curitibano *O Estado do Paraná*.[6] Em uma provável tentativa de controlar a narrativa da ainda invicta rebelião tenentista, Bernardes interveio novamente: uma semana após a oitava e última publicação da série de Corrêa, o Ministério da Justiça ordenou aos jornais que suspendessem a publicação de todo material referente à Coluna Prestes.[7] Os jornais da oposição pareciam cada vez mais dispostos a desrespeitar as restrições do governo e, principalmente após a saída

---

5 A marcha da columna Prestes, *O Dia*, 9 de julho de 1926, p.1.

6 A columna Prestes através do Brasil, *A Gazeta*, três números nos dias 24 e 25 de agosto e 6 de setembro de 1926; e A columna Prestes através do Brasil, *O Estado do Paraná*, cinco números publicados entre 9 de julho e 5 de setembro.

7 Prohibida a publicação das reportagens sobre a columna Prestes, *O Dia*, 10 de setembro de 1926, p.8.

de Bernardes, a mitologia da Coluna Prestes proliferou nas páginas dos impressos brasileiros.

A cobertura da mídia antirrebelde também se expandiu durante esse período, denunciando os tenentes e ao mesmo tempo criticando a própria narrativa romantizada pró-rebelde. *A Gazeta*, de São Paulo – que manteve uma posição relativamente neutra em relação à Coluna Prestes –, criticou os discursos do deputado Batista Luzardo e os artigos de Viriato Corrêa como uma espécie de golpe duplo:

> Todos os dias o sr. Baptista Luzardo fala, na Câmara, a esse respeito, contando lá à sua maneira os atos de valentia da Coluna guerreira. Por outro lado, Viriato Corrêa, também escreve diariamente, a sua história referente a mesma questão de que trata o sr. Luzardo. De forma que, por mais curioso que seja, o povo acaba enfarado de tanta fantasia.[8]

Da mesma forma, um artigo do *Gazeta de Notícias* – fiel defensor do regime de Bernardes – expressava desagrado pela forma como os relatos sobre a Coluna pareciam justificar suas ações violentas:

> A marcha da Coluna Prestes, através do *hinterland* brasileiro, é assim um fato desinteressantíssimo para a nação, e até mesmo para os amadores do sensacionalismo. Trata-se dos ímpetos de desespero de um punhado de rebeldes que, fugindo à derrota, prevista em combate frontal com as tropas da legalidade, se embrenharam pelos sertões, talando, saqueando, assassinando, depredando tudo quanto esteve e está ao seu alcance.[9]

À medida que a censura diminuía, os jornais funcionariam como principal canal na batalha contínua pela opinião pública, com cada lado usando a imagem projetada do outro para realçar a sua. Essas narrativas conflitantes tornaram-se cada vez mais pronunciadas durante a fase final da Coluna, quando os rebeldes inverteram o rumo e iniciaram sua longa jornada até a fronteira nacional.

---

8 A marcha da columna Prestes e os seus commentadores, *A Gazeta*, 27 de agosto de 1926, p.1.

9 A Columna Prestes, *Gazeta de Notícias*, 25 de agosto de 1926, p.1.

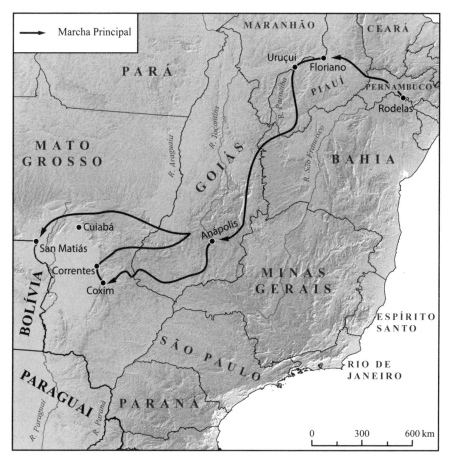

Mapa 8 – A Coluna Prestes, de julho de 1926 a fevereiro de 1927. Cortesia de Gabe Moss.

O caminho para o exílio

Os rebeldes deixaram a Bahia e iniciaram o que acabou sendo uma jornada de retorno de sete meses e 6 mil quilômetros que os deixaria como exilados na Bolívia no início de fevereiro de 1927. A Coluna fez primeiro um rápido avanço por Pernambuco e Piauí – com uma breve passagem de volta à Bahia – antes de passar quase seis meses circulando pelos estados centrais de Goiás e Mato Grosso. Com a maior parte das tropas do governo ainda na Bahia, e antes que o exército federal pudesse instalar uma nova unidade de comando mais ao sul, a perseguição à Coluna novamente ficou em grande parte por conta dos batalhões patrióticos, principalmente os de Horácio de Matos, Abílio Wolney e Franklin de Albuquerque. Depois de dois anos perseguindo os rebeldes pelo interior, nem as tropas do governo nem os coronéis puderam deter a Coluna, que retrocedeu e buscou refúgio no exílio.

Tendo evitado as forças inimigas na Bahia ao cruzar novamente o Rio São Francisco, os rebeldes iniciaram sua corrida para o exílio na manhã de 3 de julho de 1926. A primeira fase foi uma viagem de nove dias por Pernambuco. A marcha teve um início desfavorável, quando em 5 de julho – o aniversário de dois anos da rebelião – Prestes ordenou a expulsão de um sargento rebelde que havia estuprado uma jovem. Embora a violência indicasse que os abusos na Bahia continuaram para outros estados, a decisão de Prestes mostrou que estava tentando restabelecer um sistema de disciplina. O embate entre os líderes tenentistas e seus soldados continuou na semana seguinte: no dia 9 de julho, tropas rebeldes mataram um cidadão local enquanto ocupavam Ouricuri, e no dia seguinte um soldado usou uma faca para matar um menino em Olho d'Água. Prestes viu este último assassinato como algo tão ruim que o soldado foi não apenas expulso da Coluna, mas entregue às autoridades locais.[10]

A Coluna Prestes cruzou a oeste para o Piauí em 11 de julho, perto da cidade de Campinas do Piauí, e em 23 de julho chegou a Floriano. Como fizeram na primeira estada em dezembro anterior, os rebeldes usaram a gráfica local para publicar *O Libertador*; e embora não pudessem saber na época, esse número do jornal rebelde, o décimo, seria o último da rebelião. No clima mais aberto da mídia no final de 1926, uma cópia dessa edição consegue chegar ao Rio de Janeiro e, em seguida, é reproduzida nos jornais nacionais. A primeira página de *A Gazeta* de 3 de setembro – com um atraso de seis semanas devido à necessidade de exemplares do boletim terem de viajar por emissário do Piauí – citava diretamente *O Libertador*, ao qual chamou de "órgão ambulante da Coluna Prestes".[11] Em 24 de julho, a Coluna saiu de Floriano e rumou para o sul, entrando finalmente em Goiás no dia 20 de agosto. Ao se aproximar dos Chapadões, Moreira Lima descreveu a região como "uma capital do Brasil (...) elevar-se-á, sim-

---

10 Boletim n.24, alto-comando rebelde, Barra da Estiva, 31 de julho de 1926. AEL LML Série III Coluna, Subsérie Boletins no. 24, 522-528; e Moreira Lima, *A Coluna Prestes*, p.371-373.

11 Promoções na columna Prestes, *A Gazeta*, 3 de setembro de 1926, p.1.

bolicamente, no espaço, como o coração invulnerável dos nossos imensos e formosíssimos domínios".[12] O que os rebeldes pretendiam fazer nesse ponto não ficou imediatamente claro, nem para Prestes e seus colegas oficiais, nem para seus perseguidores. Em uma chamada de rádio com o Ministério da Guerra, o general Mariante ofereceu um resumo corrente das muitas rotas potenciais que a Coluna poderia tomar agora:

> O que farão em Goiás ninguém pode prever. Procurarão ganhar as fronteiras do Mato Grosso para se internarem em país estrangeiro? Continuarão sua trajetória vagabunda por onde for mais fácil e conveniente para eles? Tratarão de se localizar em alguma zona, acoberto de perseguição imediata para obrigar o Governo a levar até lá meios para atacá-los e uma vez de novo ameaçados continuarem a fuga para outros pontos (...) Só é certo que eles agora podem atingir zonas no interior do país muito difíceis ficando livres de uma pressão séria por múltiplas causas.[13]

Apesar da presença do exército federal e das tropas estaduais, as milícias dos coronéis continuaram desempenhando um papel central na perseguição – sendo que a participação desses homens poderosos do sertão ganhou muita atenção na mídia nacional.[14] Na batalha mais ampla pela opinião pública, opositores do governo apontavam para o fato de coronéis nordestinos terem sido postos como comandantes suplentes. Em discurso no Congresso que o *Correio da Manhã* reproduziu na íntegra, Batista Luzardo afirmou que os coronéis deveriam ser presos por seus crimes, em vez de receberem uniforme para atuarem como forças federais. Luzardo chamou isso de "uma vergonha, uma humilhação para os brios do exército nacional, o ato do governo lançando mão de elementos como esses, por desconfiança do próprio Exército".[15] Essa opinião foi repetida por outras figuras proeminentes na mídia. Assis Chateaubriand preocupava-se com o precedente aberto pela colaboração do governo com os coronéis. Refletindo uma visão

---

12 Moreira Lima, *A Coluna Prestes*, p.397.

13 Registro de rádio do exército, mês de julho de 1926, p.27. AHEx, Acervo Góes Monteiro caixeta 5, pasta 2b caderno 3.

14 Dos 3,6 mil combatentes que perseguiram a Coluna durante esse período, menos de um terço pertencia aos batalhões patrióticos. Registro de telegrama, agosto a dezembro de 1926, 171. AHEx, Acervo Góes Monteiro, caixeta 4a, caderno 2.

15 A columna Prestes – o sr. Baptista Luzardo pronunciou mais um discurso, *Correio da Manhã*, 25 de agosto de 1926, p.2.

litorânea em que diversas figuras do interior se fundem, Chateaubriand se refere aos coronéis como cangaceiros, fora da lei do sertão como Lampião:

> Que será, porém do Brasil amanhã, com Horácio de Mattos, Abílio Wolney, toda esta gente do cangaço e da insubmissão, ou Lampião, filho espúrio do crime, elevados à categoria de pilares da República e antemurais da ordem? O cangaço sertanejo está armado até os dentes, para servir uma ou outra facção.[16]

Outros jornais fizeram comentários similares. Um artigo de primeira página de *A Gazeta* lamentava que

> os crimes, os roubos, os assaltos [dos cangaceiros] assumiram o caráter de atos toleráveis, sobre os quais descia o manto da proteção oficial. Passada a luta contra a Coluna Prestes, o cangaço permaneceu na sua audácia, agora fortalecida pelo armamento superior e pela abundância de munições.[17]

Essas declarações podem ser interpretadas de duas formas sobrepostas: a fusão de diferentes categorias do interior talvez sugerisse uma tentativa dos opositores do governo de criminalizar os coronéis – e, portanto, o regime Bernardes que os delegara –, como também poderia refletir uma ignorância mais corrente da sociedade dominante, em que as elites litorâneas agrupavam tudo o que vinha do interior.

No que se revelou como sendo o último esforço coordenado para deter a Coluna Prestes, vários milhares de militares estaduais de São Paulo foram despachados para o planalto goiano. Enquanto a campanha anterior na Bahia tinha sido comandada principalmente pelo general Mariante, a ação em Goiás ficou sob o comando do coronel Pedro Dias de Campos, chefe das forças do estado de São Paulo. O plano de Dias de Campos era espalhar forças legalistas em uma linha de leste a oeste por 400 quilômetros através de Goiás para impedir que a Coluna se movesse para o sul de Goiás, ou seja, para mais perto do exílio.[18] Essa estratégia era quase uma réplica do plano fracassado na Bahia, onde João Gomes idealizou uma bar-

---

16 A pacificação, *O Jornal*, 19 de outubro de 1926, p.2.
17 O problema do cangaço, *A Gazeta*, 3 de fevereiro de 1927, p.1.
18 Macaulay, *The Prestes Column*, p.228.

ricada humana semelhante. Na ocasião, a Coluna tinha evitado o exército marchando pela Chapada Diamantina, e em Goiás o fizeram aproveitando outra via de escape topográfica: Dias de Campos posicionou forças nas três principais rodovias de Goiás, mas enviou poucas unidades para cobrirem os muitos rios da região. Com as hidrovias goianas abertas, Prestes evitou as tropas paulistas conduzindo seus homens por uma série de travessias de rios.[19] A Coluna continuou seguindo para o sul, desfrutando de uma passagem relativamente tranquila de um mês por Goiás.

No dia 15 de outubro, voltou ao Mato Grosso atravessando o Rio Correntes. Ao cruzar a fronteira de Cabeceira do Capão – entre as cidades goianas de Jataí e Mineiros –, refizeram seus passos quase exatamente até o ponto onde haviam deixado o Mato Grosso pela primeira vez, em junho de 1925. Nesse ponto, a Coluna contava com cerca de oitocentos combatentes, apenas seiscentos dos quais consideravam-se em forma física adequada, ao passo que seus suprimentos, principalmente munições, estavam acabando.[20]

Ao entrar no distrito de mineração de diamantes de Mato Grosso, Prestes viu a região como possível aliada para suas tropas empobrecidas. Os garimpeiros do local tinham uma longa tradição de conflito com o governo estadual, e Prestes fez então uma proposta ousada aos rebeldes: a Coluna poderia ser dissolvida em bandos menores e dispersa por toda a área de mineração. Isso significava que, em vez de fugir para o exílio para esperar voltar em uma data futura para recomeçar a luta, poderiam ficar no Brasil e reconstruir o apoio local. Miguel Costa, que normalmente apoiava as decisões de Prestes, opôs-se veementemente à ideia.[21] Os outros líderes rebeldes concordaram com Costa e finalmente convenceram Prestes a desistir do plano. Como os líderes rebeldes optaram por evitar os distritos diamantíferos, o que eles não sabiam é que pelo menos alguns moradores de Mato Grosso estavam abertos a se aliar. Um desses garimpeiros, Pedrito Rocha, lembrou mais tarde que a passagem da Coluna foi uma oportunidade perdida: "O Prestes é uma besta! Como ele podia pensar em mudar este país sozinho, com um punhado de homens em farrapos e mal armados?

---

19 Prestes, *Luiz Carlos Prestes*, p.94; Moreira Lima, *A Coluna Prestes*, p.412-427.
20 Moreira Lima, *A Coluna Prestes*, p.449.
21 Lins de Barros, *Memórias*, p.165-169.

Se ele tivesse armado os garimpeiros, se ele movimentasse grande contingente de soldados, algo poderia ter mudado".[22]

Pode-se enquadrar a proposta de Prestes de permanecer nos distritos de mineração no panorama mais amplo de como sua posição política evoluiu durante a marcha. Ele parecia ser, dos oficiais tenentistas, o mais afetado pela pobreza e injustiça que se manifestavam no interior do Brasil, e foi nesse período em Mato Grosso que escreveu o que permanece no registro histórico como o primeiro documento de sua trajetória rumo à radicalização. Sob o título "Liberdade ou morte - título de domínio", Prestes escreveu à mão um panfleto de quatro páginas sobre a necessidade da reforma agrária no Brasil.[23] O documento afirmava que

> caminhando com o povo brasileiro, especialmente as classes pobres, vivi sob o mais ferrenho despotismo exercido pelas oligarquias (...) Considerando que [as] terras públicas devem ser repartidas pelos pobres (...) Considerando que os governos estaduais em vez de distribuírem as terras devolutas pelos pequenos trabalhadores, delas fazem um meio de negociá-las, dando-as gratuitamente aos (...) vastos latifúndios (...) Resolvem mandar títulos de domínio de terras devolutas para qualquer senhor que peça adquiri-las.

Ao pedir a redistribuição de terras e o fim do sistema de latifúndios, Prestes lançou as primeiras sementes do que mais tarde se fundiria a uma abordagem mais radical – na década de 1940, por exemplo, o Partido Comunista Brasileiro sob a liderança de Prestes faria da reforma agrária uma de suas principais bandeiras.[24] Indo além das demandas reformistas que catalisaram o movimento tenentista, esse panfleto mostra uma crítica social incipiente baseada no que os rebeldes viram durante sua marcha pelo interior.

---

22 Citado em Na trilha da Coluna Prestes, *Manchete*, 10 de fevereiro de 1996, p.59.

23 Luís Carlos Prestes, "Liberdade ou morte – título de domínio". CPDOC, JT 1924.05.10, IV-118. Embora o documento inclua três nomes como signatários (Miguel Costa, Luís Carlos Prestes e Juarez Távora), a carta foi escrita à mão por Prestes; inclusive, Távora ainda estava preso nesse momento. Não há data anexada, mas por Prestes ser identificado como "general" – sua promoção havia ocorrido em janeiro de 1926 – e por mencionar sua localização no Mato Grosso, o documento só poderia ter sido redigido entre outubro de 1926 e janeiro de 1927.

24 Para mais informação sobre a história dos movimentos de reforma agrária, ver Welch, *The Seed Was Planted*.

Novo governo, mesmo prognóstico

Em 15 de novembro de 1926, Washington Luís foi empossado como o novo presidente do Brasil. O fim do governo de Bernardes gerou uma onda ainda maior de comentários e críticas da oposição na imprensa. Conforme observado em um relatório consular britânico, "a censura foi relaxada com a mudança de governo e os jornais da oposição, sem exceção, aproveitaram a oportunidade para atacar o dr. Bernardes e clamar por uma anistia".[25] Nos primeiros dias e meses da nova presidência, a questão da anistia foi levantada em todo os contextos políticos. De um lado do movimento pró-anistia estavam partidários declarados da Coluna Prestes, como Leôncio Correia, um escritor bem conhecido vindo de uma influente família de políticos paranaenses. Em um artigo de opinião para o jornal curitibano *O Dia*, Correia colocou a anistia como um passo necessário "pela harmonia da família brasileira". Mais do que querer que os tenentes fossem protegidos a curto prazo das acusações de sedição, Correia via a marcha "verdadeiramente épica" da Coluna pelo interior como prova de que Luís Carlos Prestes deveria ser parte integrante do futuro do Brasil: "vencendo os formidáveis obstáculos que a exuberância da nossa natureza bravia e selvagem (...) a ciência militar de Prestes, a sua estratégia, o seu golpe de vista, a sua coragem (...) [motiva] a tarefa augusta e sagrada de dar ao Brasil a preeminência que ele deve e pode ter na América".[26]

A mitologia emergente de Prestes serviu como uma forma própria de capital político. Na sua coluna de jornal, Mendes Fradique – pseudônimo do médico que se tornou humorista, José Madeira de Freitas – argumentou que os rebeldes mereciam anistia justamente por terem explorado as profundezas do interior do Brasil. Fradique elogiou Prestes como um cartógrafo valioso, ainda que acidental:

> a Coluna Prestes fez sem dúvida correções ao nosso mapa. Isto é talvez a maior obra desta geração dos brasileiros, e redime por si só, de toda a culpabilidade, quantos se hajam desviado da ordem legal da coisa para dar o corpo a ideia revolucionária. Só o

---

25 B. Alston, Political Situation in Brazil, 16 de novembro de 1926. FO, Londres, série 371, pasta A, doc. 6614/516/6.

26 Leôncia Correia, Pela harmonia da família brasileira, *O Dia*, 18 de novembro de 1926, p.2.

trabalho da Coluna Prestes merece do governo uma ampla e afetuosa anistia, mesmo com as armas nas mãos dos rebeldes, porque, afinal, ao que se vê, tais armas devem ser apenas um arsenal portátil de desenho cartográfico.[27]

O interior há muito pairava no imaginário nacional como um espaço inexplorado e vazio e para comentaristas como Fradique, Prestes ajudou a preencher o mapa do Brasil e incorporar o sertão à nação. O vazio, nessa visão do interior do Brasil, remete às observações da historiadora Courtney Campbell e seus colegas, segundo os quais

> como condição, o vazio invoca necessariamente o que *não* está presente; é, de certa forma, um estado de ausência. Deste modo, como o vazio é uma questão de percepção, é um fenômeno altamente subjetivo, que depende em grande parte de quem está fazendo a observação e do que o sujeito espera encontrar.[28]

Nesse caso, a observação estava sendo feita pela sociedade convencional que percebia um interior vazio como um "outro" cartográfico e imaginativo, um prisma geográfico para refratar a marcha civilizatória da Coluna Prestes. Neste momento, no final de 1926, partidários da Coluna argumentavam que os rebeldes mereciam anistia, devido, em parte, por terem transformado os vazios do interior brasileiro em espaços legíveis capazes de contribuir para a nação.

Embora Washington Luís tenha feito um gesto de pacificação no mês seguinte, libertando vários presos políticos das revoltas de 1924, a nova administração não ofereceu anistia aos rebeldes ainda em ação.[29] Só em 8 de novembro de 1930, duas semanas depois de Getúlio Vargas liderar com sucesso a Revolução de 1930, o governo brasileiro absolveu oficialmente os rebeldes – tanto os da Coluna, quanto os envolvidos nas várias revoltas desde 1922.[30] Sem nenhum sinal de anistia no horizonte e ainda relutantes em cruzar para o exílio, a Coluna continuou em movimento no Brasil.

---

27 A quelque chose malheur est bon, *Gazeta de Notícias*, 13 de janeiro de 1927, p.2.

28 Campbell, Giovine, e Keating, *Empty Spaces: Perspectives on Emptiness in Modern History*, p.1.

29 B. Alston, Foreign Office annual report on Brazil for 1926, 26 de abril de 1926. NA, FO 371, A 2932/2932/6.

30 Decreto n.19.395, de 8 de novembro de 1930, publicado no *Diário Oficial da União*, Seção 1, de 11 de novembro de 1930, 20621. Para mais informação, ver Schneider, *Amnesty in Brazil*.

Com mais coronéis e policiais estaduais entrando em Mato Grosso, Prestes marchou com suas tropas de volta a Goiás, aonde chegaram no dia 19 de novembro. Passou muito pouco tempo em Goiás, pois traçou um circuito de 800 quilômetros no sentido anti-horário que durou três semanas e pouco tempo depois, dia 10 de dezembro, estava de volta a Mato Grosso.[31] Essa rápida investida dentro e fora de Goiás teve lutas constantes. Quase meia dúzia de batalhas ocorreram nessas três semanas. Em 20 de novembro, a Coluna passou pela cidade de Barra do Bugres, onde, segundo reportagens do jornal local, tomou 250 animais e mais de 1 milhão de réis dos fazendeiros.[32] Em resposta, um grupo de moradores se uniu para lutar contra a Coluna, embora os soldados rebeldes tenham rapidamente acabado com a resistência matando quinze dos defensores da cidade.

No final de novembro, a Coluna deu um passo definitivo para sair do país. Quando Prestes levou suas tropas de volta ao Mato Grosso em 10 de dezembro, o retorno para o oeste não deixou ambiguidades quanto ao destino. Como registrou Dias Ferreira em suas memórias: "Foi verdadeiramente com a passagem do Rio Araguaia para o Mato Grosso que começou a marcha da Coluna revolucionária para o exílio".[33] À medida que os rebeldes avançavam para o oeste ao longo do mês de dezembro, os batalhões de coronéis de Horácio e Franklin os perseguiam de perto e, embora eles tenham buscado o confronto várias vezes, nunca conseguiram detê-la.

Um picaresco cartográfico

Como seria o caso nos três anos seguintes, o viés principal do enfoque crescente em torno da Coluna era a mitificação dos líderes tenentistas. Embora o estado de sítio tivesse sido suspenso por Washington Luís no final de dezembro, ainda permaneceu ativo para três estados: Mato Grosso, Goiás e Rio Grande do Sul – portanto, a censura ainda existia nas regiões com atividade rebelde contínua. Com maior abertura e liberdade de imprensa

---

31 Moreira Lima, *A Coluna Prestes*, p.486.
32 A Columna Prestes em Matto Grosso, *A Capital*, sem data, 4. Incluído no Arquivo Público do Estado de Mato Grosso, Cuiabá, arquivo de jornal, série 01-8, pasta 024.
33 Ferreira, *A Marcha da Columna Prestes*, p.225.

em São Paulo e no Rio de Janeiro, os jornais ampliaram sua cobertura. O cônsul dos Estados Unidos observou que, após a suspensão da censura, a imprensa da oposição lançou

> uma tremenda explosão de linguagem tórrida. Os líderes fugitivos da revolta são exaltados e qualquer notícia sobre eles se repete uma dúzia de vezes com alterações verbais. Já estão crescendo lendas sobre esses homens, e suas extraordinárias andanças e fugas os colocaram no imaginário popular ao lado de Cid, Robin Hood, Marion e outros heróis de tempos difíceis.[34]

O jornal carioca *A Manhã* mostrava-se bastante interessado pela iconografia da longa marcha tenentista. Em um artigo de meados de janeiro, o jornal se referiu a Prestes como um "jaguar humano e generoso dos nossos sertões, ele é hoje, com a sua Coluna guerreira, a Coluna do brio nacional".[35]

A grandiosidade da marcha de Prestes pelo interior engendrou uma série de comparações históricas cada vez maiores. Em outro artigo, *A Manhã* comparou Prestes a Christiaan de Wet, um general africâner que lutou nas Guerras Bôeres do final do século XIX.[36] E na primeira página, a *Gazeta de Notícias* declarava "Prestes, maior do que Aníbal!" com um grande mapa comparando a jornada tenentista através do Brasil com a do general da antiga Cartago que marchou sobre Roma no século III (Figura 6.2).[37] Nessa reportagem, Prestes não foi apenas aclamado por ter viajado "três vezes e meio maior e 28 vezes mais veloz" do que Aníbal e por ter realizado o feito de cavalo e a pé, sem a ajuda de "os numerosos elefantes, que aplainavam o caminho à tropa cartaginesa". Além disso, os picos europeus e os mundos misteriosos do Mediterrâneo e do Norte da África foram retratados como se fossem uma rota mais fácil em comparação com o interior brasileiro percorrido pelos tenentes.

Sendo o herói mais proeminente, Prestes recebeu a maior parte das atenções. Mas seus colegas oficiais também se tornaram figuras nacionais. *A Manhã* fez um relato elogiando o alto-comando rebelde e chamando Mi-

---

34 C. R. Cameron, Nota Consular dos EUA no. 7, São Paulo, 31 de janeiro de 1927. USNA, Brazil 1910-29, microfilme 832.00 - 616.

35 O movimento revolucionário, *A Manhã*, 13 de janeiro de 1927, p.1.

36 Ibid., 20 de janeiro de 1927, p.1.

37 Prestes, maior do que Annibal, *Gazeta de Notícias*, 19 de janeiro de 1927, p.1.

Figura 6.2 – Capa da Gazeta de Notícias, *19 de janeiro de 1927.*

guel Costa de intrépido e estoico: "outro tipo de herói. Inteligência calma, reflexiva". Siqueira Campos, por sua vez, foi apresentado como incessantemente corajoso, "Aquela marcha consciente para a morte (...) por um princípio, por um ideal". E Juarez Távora, ainda preso no Norte, como "um revolucionário do tipo romântico".[38] Em meio a esse culto à personalidade, o simbolismo da Coluna se vinculava cada vez mais ao do interior do Brasil. O artigo do jornal *A Manhã* encerrou seu louvor com uma descrição romantizada do caminho traçado pelos rebeldes em todo o país, fornecendo uma lista dos estados como forma de se rastrear as geografias internas do interior:

> os revolucionários, deixando as pampas do Rio Grande, atravessando as regiões insalubres do Paraná e Santa Catarina, rasgando a selva rude de Mato Grosso, derramando o glorioso tropel nos campos infindáveis de Goiás, penetrando e cortando, em todos os sentidos, os chapadões escaldantes do Piauí, ziguezagueando pelos sertões ávidos de Pernambuco, Ceará, Paraíba e Rio Grande do Norte e galgando, em zonas extensíssimas, as serras abruptas do interior baiano.

---

38 Homens e coisas da revolução brasileira, *A Manhã*, 4 de janeiro de 1927, p.5.

Junto às imagens de mapas que comparavam o interior do Brasil a outros espaços tidos como exóticos em todo o mundo, essas descrições promulgaram uma história de maravilha social e cartográfica: leitores, que talvez nunca viajassem para o sertão, poderiam ser levados a experimentar a emoção de explorar essa área sem nunca precisar sair de suas casas. Essa narrativa de crônicas do interior tinha raízes profundas no Brasil. No romance de 1873 *O índio Afonso*, por exemplo, Bernardo Guimarães explica às suas "leitoras" que elas podem viajar com segurança com ele no "caleche suave e bonito" de sua história "até o fundo dos mais remotos e bravios 'sertões', sem perigo algum e sem fadiga".[39] As histórias do interior eram então projetadas para levar os leitores para longe de seus ambientes (litorâneos) e para dentro dos espaços emocionantes do sertão.

Apesar da mitificação que se fazia nas manchetes e nas colunas dos jornais, na realidade a Coluna Prestes estava para embarcar na passagem final e talvez a mais cansativa de toda a sua marcha. Em 10 de janeiro, os rebeldes entraram no Pantanal, imensa planície alagada que recebe as águas do Rio Paraná, uma paisagem que define o oeste do Mato Grosso. O Pantanal apresentava um duplo obstáculo de topografia, após um primeiro trecho de floresta árida surgem as planícies alagadas do Rio Paraná. Os rebeldes muitas vezes tinham que abrir caminho entre as árvores e, em suas memórias, Dias Ferreira lembrou que "longos e intermináveis dias passaram as forças revolucionárias embrenhadas nas densas matas, sofrendo privações de toda a ordem. A sua alimentação consistia quase exclusivamente de palmitos".[40] A segunda fase no Pantanal acabou sendo uma busca constante por terra seca, já que os rebeldes não tinham alternativa a não ser marchar direto pelos terrenos inundados. João Alberto escreveu que "já não contávamos com uma só roupa enxuta. Seria impossível! Suspirávamos por um terreno firme, onde pudéssemos fazer fogo durante as paradas para o almoço, e uma pousada qualquer ao fim do dia".[41] Com as forças de jagunços sob o comando de Franklin lançando vários ataques, a Coluna passou o mês de janeiro se arrastando em direção à fronteira com a Bolívia. Landucci

---

39 Guimarães, *O índio Afonso*, p.9. Para análise deste romance e de outros baseados no interior do século XIX, ver Sá, *The romantic Sertões*.
40 Ferreira, *A Marcha da Columna Prestes*, p.232.
41 Lins de Barros, *Memórias*, p.187.

descreveu o impulso final para o exílio como "tristemente desolador. Reduzida a cerca de 600 homens depauperados, descalços e mais ou menos nus (...) essa travessia foi a mais difícil de toda a campanha".[42]

As agruras do Pantanal permaneceram fora de alcance do público nacional. No dia 28 de janeiro, *A Manhã* publicou entrevista com um oficial rebelde não identificado que supostamente teria passado pelo Rio de Janeiro. Nenhuma evidência sugere que um tenente tenha se mudado para a capital nesse período e, muito provavelmente, a "entrevista" pode ter sido uma adaptação de um relatório enviado a Batista Luzardo. Independentemente da proveniência da fonte, o artigo descreve uma força rebelde animada, marchando alegremente para o exílio. O entrevistador de *A Manhã* perguntou "E o espírito da tropa?". Ao que o oficial respondeu: "Excelente. Todos bem-dispostos e animados, possuindo uma resistência admirável. Ali não há desânimos, nem abatimentos".[43] Enquanto a rebelião se preparava para cruzar para o exílio, os jornais também se utilizavam da iconografia cartográfica para projetar uma sensação de triunfo. Como visto na Figura 6.3, *A Manhã* imprimiu duas imagens em artigo longo a respeito: à esquerda, um mapa da marcha rebelde antes de seu retorno à Bahia, e à direita, o que se tornaria uma famosa fotografia do alto-comando rebelde em Porto Nacional, Goiás – a mesma imagem mostrada no "Capítulo 3: Bandeirantes da liberdade". Em meio a um contexto político em que os rebeldes tenentistas foram elevados à luz condutora do movimento de oposição do Brasil, os jornais não informaram como a Coluna estava realmente se saindo em sua fase final, concentrando-se, em vez disso, nos detalhes heroicos – e nas pistas visuais – do que poderia simbolizar.

No entanto, os rebeldes tinham poucos motivos para entusiasmo no Pantanal. Mesmo após várias travessias desafiadoras de rios – incluindo o Sepotuba, o Cabaçal e o Jauru –, os rebeldes não conseguiram se livrar de seus perseguidores ao se aproximarem da fronteira com a Bolívia. Uma série de escaramuças no final de janeiro viriam a ser as batalhas finais da rebelião, e a Coluna exausta logo se separou de seus inimigos e se preparou para o exílio. Na noite de 2 de fevereiro, Prestes e seus homens montaram acampamento a 13 quilômetros da fronteira. Trinta meses desde a revol-

---

42 Landucci, *Cenas e episódios*, p.183.
43 Movimento revolucionário, *A Manhã*, 28 de janeiro de 1927, p.2.

Figura 6.3 – A Manhã, *1º de janeiro de 1927.*

ta inicial de São Paulo e 27 meses desde a revolta gaúcha, passaram uma última noite dormindo em solo brasileiro. Levantaram acampamento na manhã seguinte e, por volta das 5h30 da manhã, marcharam para o oeste. Poucas horas depois, entravam na Bolívia.[44]

Quando a Coluna Prestes cruzou a fronteira para a Bolívia em 3 de fevereiro de 1927, o fizeram com uma tropa totalizando apenas 620 soldados.[45] Incluindo uns 65 soldados a mais que entrariam na Bolívia seis semanas depois, isso significava que a marcha, em seu auge contando com quase 3 mil combatentes, agora encerrava sua campanha com menos de setecentos. E das cinquenta mulheres que começaram, apenas dez cruzaram para o exílio, com as demais tendo em sua maioria desertado, enquanto outras tendo sido capturadas ou mortas ao longo do caminho.[46]

---

44 Moreira Lima, *A Coluna Prestes*, p.497-499.
45 Ibid., p.499.
46 Prestes, *A Coluna Prestes*, p.313.

A COLUNA PRESTES

Quando os rebeldes chegaram no dia seguinte à cidade boliviana de San Matías, eles se dirigiram à guarnição do exército local para discutir os termos de sua rendição. Ficou acertado que a Coluna se colocaria de boa vontade sob a proteção do governo boliviano. Em troca, os tenentes cederam quase todas as suas armas, que incluíam noventa espingardas Mauser, quatro metralhadoras, dois fuzis automáticos e 8 mil cartuchos de munição. Os rebeldes só puderam manter suas pistolas e rifles Winchester para caça e proteção pessoal.[47] Um documento assinado por Prestes, Miguel Costa e o major Carmona Rodó – comandante boliviano local – delineou esse acordo e estipulou que, desde que os rebeldes se comportassem bem e obedecessem às leis bolivianas, seriam tratados de forma pacífica.[48]

A imprensa da oposição celebrou o fim da Coluna de forma tipicamente triunfante. A essa altura, a mitologia rebelde havia crescido tanto que a cobertura heroica do exílio dos rebeldes se estendia para além do epicentro do Rio de Janeiro e São Paulo. O jornal maranhense *Folha do Povo* publicou uma manchete proclamando que "a revolução caminha para o triunfo final". Ao refletir como a lenda floresceria nos próximos anos, o artigo afirmava que "Não há quem, sinceramente patriota, não se orgulhe dos feitos admiráveis de Prestes e seus valorosos companheiros, nessa gloriosa ascensão para a imortalidade".[49]

---

47 Moreira Lima, *A Coluna Prestes*, p.497-499.

48 Major Carmona Rodó, Miguel Costa e Luís Carlos Prestes, declaração conjunta de rendição, 4 de fevereiro de 1927, reproduzida em Landucci, *Cenas e episódios*, p.188-189.

49 A revolução caminha para o triumpho final, *Folha do Povo*, 3 de fevereiro de 1927, p.1.

CAPÍTULO 7

CONSTRUINDO O CAVALEIRO DA ESPERANÇA

> A personalidade de Luiz Carlos Prestes é, nesse momento, objeto das lendas as mais curiosas e desencontradas. Para aqueles que se incautaram do ódio do quadriênio passado, o revolucionário não passa de um bandoleiro vulgar; para os que se ligam de corpo e alma à causa e à obra da revolução, é ele um semideus.
>
> Entra Prestes!, *Gazeta de Notícias.*

Essas linhas foram publicadas na *Gazeta de Notícias* em 6 de fevereiro de 1927, três dias depois de a Coluna Prestes ter se exilado na Bolívia. O artigo mostra que, embora uma mitologia estivesse sem dúvida começando a se formar, não havia ainda uma narrativa dominante estabelecida. Por um lado, Prestes era visto pelos defensores como um ser imortal que cruzou a nação brasileira. Por outro lado, aos olhos de seus detratores, essa mesma viagem pelo interior fez dele um bandido violento – em nada melhor do que os coronéis ou cangaceiros fora da lei como Lampião. A questão que se coloca é se o interior do Brasil funcionou como uma ferramenta territorial e do imaginário para elevá-lo (refletindo seu status litorâneo e civilizado) ou para denegri-lo ("se tornou selvagem" no sertão). O fato de Prestes poder simbolizar figuras tão contrastantes mostra não apenas a complexidade do tenentismo e do crescimento da popularidade dele, mas sobretudo o conjunto mais amplo de significados projetados ao interior do Brasil. O interior, assim como Prestes naquele momento no início de 1927, poderia representar tanto a promessa de uma missão civilizadora, quanto um espaço de perigo repleto de bandidos. Entre esses dois polos, aliás, havia uma ampla gama de interpretações mais sutis, sempre sujeitas a mudanças dependendo de quem mantinha o poder de estabelecer os limites da nacionalidade brasileira.

Em relação a Prestes, assim que a Coluna interrompeu sua marcha e os rebeldes se retiraram dos espaços físicos do interior do Brasil, a mitologia, outrora incipiente, tornou-se dominante. Após a travessia para a Bolívia, uma narrativa recorrente se formou: impulsionada por aliados na mídia e por um movimento de oposição crescente, a imagem de Prestes como um bandido vulgar do interior deu lugar à de um virtuoso caubói sulista que se aventurou no sertão e voltou como um herói invicto. Assim surgiu a lenda de Luís Carlos Prestes como o Cavaleiro da Esperança.

Ao enfocar os anos entre o exílio em fevereiro de 1927 à revolução de outubro de 1930, este capítulo traça a origem e a influência do status de Prestes como o Cavaleiro da Esperança. Durante esse período, Prestes começou a aderir ao marxismo. E quanto ao Brasil de forma mais ampla, os conflitos políticos se intensificam nesse período, culminando com a tomada do poder por Getúlio Vargas. Em meio a essas mudanças em nível nacional, Prestes tornou-se um símbolo de grande apelo para vários movimentos políticos. Ao examinar as representações populares de Prestes nos anos imediatamente posteriores à marcha tenentista, este capítulo mostra como a lenda da rebelião surgiu da ligação imaginária da Coluna com o interior. Como a popularidade dele estava ligada à sua experiência no interior, podemos traçar tanto os elementos de inclusão como os de exclusão das histórias que cresceram em torno de sua figura. Como Cavaleiro da Esperança, Prestes simbolizava um elemento unificador gaúcho e heroico que trouxera a perspectiva de liberdade a regiões antes atrasadas. Esse quadro dinâmico atraiu o Partido Comunista (que via Prestes como a chave para a organização do campesinato) e também Vargas, cujo partido da Aliança Liberal queria capitalizar em cima da sua popularidade. Prestes tinha uma relação de vaivém tanto com os comunistas quanto com os liberais e, em

1930, recusou-se a aliar-se a ambos. Ao mesmo tempo, seu status como o Cavaleiro da Esperança dependia das características e das pessoas das regiões não litorâneas do Brasil, como instrumento narrativo de sua jornada de ida e volta ao interior. O poder desse imaginário tornou-se tão arraigado na lenda da Coluna que, mesmo quando Prestes se separou de seus antigos compatriotas tenentes, a sua conexão romantizada com o campo perdurou.

A VIDA NO EXÍLIO E A CRIAÇÃO
DE UM CULTO À PERSONALIDADE

Logo após sua marcha de 25 mil quilômetros, os rebeldes tenentistas chegaram à Bolívia com um misto de emoções. Embora pudessem agora depor suas armas sem medo de ataques de perseguidores do exército ou milícias, sua situação permanecia incerta. Estavam cansados, muitos adoeceram e não tinham dinheiro quase algum. Enquanto se debatia no Brasil se o governo deveria oferecer um acordo de anistia ou não, os rebeldes tiveram que descobrir o que fazer no exílio. A maioria dos tenentes seguiu para a Argentina, onde vários oficiais procuraram se reconectar com o general Isidoro para ajudar a planejar rebeliões futuras. Prestes mostrou pouco interesse em se ligar a Isidoro e permaneceu na Bolívia com um pequeno contingente de rebeldes, dentre eles alguns líderes como Djalma Dutra e Lourenço Moreira Lima.

A região da fronteira oriental da Bolívia era um denso matagal de floresta e pântanos situados a 240 quilômetros ao sul da nascente do Rio Paraguai. A proximidade com as vias fluviais do Paraguai – o segundo maior rio da Bacia do Prata – havia despertado o interesse de empreendimentos comerciais. No ano anterior à chegada da Coluna ao exílio, uma empresa inglesa, a Bolivian Concessions Ltd., obteve permissão do governo local para desenvolver extração de minérios, agricultura e exploração madeireira por 30 milhões de acres.[1] A empresa estava sediada em La Gaiba, uma pequena cidade 150 quilômetros ao sul de San Matías, onde os rebeldes entraram na Bolívia. Com poucas oportunidades de emprego na região e disposto a colocar em prática sua formação de engenheiro militar, Prestes foi até La Gaiba e negociou um contrato para ele e seus homens trabalha-

---

1 League of Nations, *Dispute Between Bolivia and Paraguay*, p.17.

rem para a empresa inglesa. Em troca de um modesto salário diário, os rebeldes abriram uma estrada na floresta e construíram pequenos prédios para servir como silos de armazenamento de café e de outras safras (Figura 7.1). Prestes afirmou que o dinheiro que ele e seus homens ganhavam mal dava para viver, sobretudo porque eles tinham que comprar constantemente remédios para tratar malária e disenteria, doenças que predominavam nas florestas pantanosas ao longo da fronteira.[2] Para cuidar dos trabalhadores, Hermínia, a enfermeira vivandeira que ficou com a rebelião desde a revolta inicial em São Paulo, montou um hospital improvisado.[3]

A pobreza rural na Bolívia não era diferente daquela de grande parte do interior do Brasil, no entanto os rebeldes reagiram de maneira distinta. Em suas memórias, João Alberto escreveu que "apesar de termos cruzado o Brasil em todos os sentidos, percorrendo regiões inóspitas, surpreendeu-nos o abandono e a pobreza da zona por onde viajávamos. Os vilarejos de índios bebedores de chicha (...) eram sujos, melancólicos e acanhados".[4] Aqui, vemos uma refração nacionalista do preconceito dos tenentes em relação às comunidades do interior. No Brasil, o desdém racializado em relação aos povos do interior manteve um certo tom de aspiração, em que seu atraso poderia ser superado – se impulsionado adequadamente por pessoas de fora, mais civilizadas. O Brasil tinha uma costa, o que significa que seu interior ainda poderia ser integrado a um projeto de modernização. Mas na Bolívia, um dos dois únicos países sem litoral do continente, e onde os povos indígenas constituíam a grande maioria da população, a pobreza de seu sertão era vista como uma qualidade inata de um país atrasado. O senso de superioridade racializado dos rebeldes provavelmente condicionou suas reações aos bolivianos – os moradores locais podem, de fato, ter sido "rudes" com os rebeldes que, por sua vez, pareciam se irritar por serem tratados como estrangeiros sem importância. E como os rebeldes não tinham objetivo de luta na Bolívia, exceto sobreviver, não precisavam contar com a hospitalidade ou a capacidade de combate da população local, dispensando um possível gesto de respeito que a coluna tivera em relação às comunidades no interior brasileiro. Na perspectiva dominante do litoral, como a dos líderes rebeldes, condicionada por necessidades materiais inconstantes, nem todos os interiores eram iguais.

---

2 Prestes, *Luiz Carlos Prestes*, p.102.

3 Carvalho, *Vivendo a verdadeira vida*, p.138.

4 Lins de Barros, *Memórias*, p.194.

Figura 7.1 – Rebeldes exilados trabalhando para a Bolivian Concessions, Ltd, La Gaiba, Bolívia, 1927. CPDOC ILA foto 011-7.

Foi quando a rebelião chegou ao fim que o crescimento da sua lenda acelerou. Isso ocorreu por várias razões. A primeira foi a questão do momento. O abrandamento da censura coincidiu com o fim da Coluna, e com os jornais livres para informar sobre os fatos, os leitores tiveram uma onda de cobertura jornalística sobre a marcha recentemente concluída, bem como sobre a situação corrente dos rebeldes. A segunda razão foi que o exílio no interior boliviano acrescentou mais possibilidades imaginativas à mitologia emergente: embora os rebeldes tivessem conseguido sobreviver à sua jornada de dois anos pelo interior brasileiro, seu exílio no leste da Bolívia constituía uma excursão contínua em outro interior – ainda mais sinistro. Os jornais descreviam a Bolívia como um lugar perigoso. Intitulado "Um quadro do inferno verde", um artigo de *O Jornal* – um dos jornais de Assis Chateaubriand – observou que os ex-combatentes "estão sendo dizimados pela fome e pelo paludismo, sob a opulência de uma natureza rústica, tendo por leitos folhas de palmeiras e por cemitério a floresta semivirgem do oriente boliviano".[5] Em outro artigo escrito pelo próprio Chateaubriand, o

---

5 Um quadro do inferno verde, *O Jornal*, 21 de maio de 1927, p.1.

"inferno verde" das fronteiras bolivianas destacava ainda mais a resiliência dos rebeldes, a quem Chateaubriand descreveu como "compatriotas, de soldados brasileiros, que honram a nossa bandeira, no amargo exílio que atravessam, e que hoje morrem como párias, dentro da floresta selvagem de uma região inóspita".[6] Além das implicações raciais, a representação do interior da Bolívia como "pior" do que os sertões brasileiros também servia como uma estratégia política para defender um acordo de anistia. Essa narrativa era um apelo patriótico para que um grupo de brasileiros, apesar da tentativa recente de derrubar seu próprio governo, pudesse ao menos ser salvo da vergonha de ter que sofrer em um interior estrangeiro. A lenda dos rebeldes heroicos que enfrentaram uma série de interiores, cada vez mais perigosos, serviu de justificativa para garantir a passagem de volta ao Brasil – e aos espaços seguros de sua costa.

Enquanto Prestes e um grupo de seus homens trabalhavam no leste da Bolívia, outros oficiais como Miguel Costa e João Alberto Lins de Barros desceram para a Argentina onde o general Isidoro continuava a pressionar o governo de Washington Luís por um acordo de anistia. Os jornais desempenharam um papel importante na pressão por uma anistia, e como apoio, o simbolismo da marcha da coluna por todo o interior era frequentemente invocado. *A Manhã*, por exemplo, escreveu que os rebeldes mereciam anistia porque sua longa marcha pelo interior já havia mostrado sua capacidade de unificar o país: "Lição de bravura, espetáculo de fé patriótica (...) a Coluna Prestes sacudia as populações do interior, até então vencidas pela tirania dos chefes políticos locais. De todos os ângulos da terra imensa sobem apelos em favor do repatriamento dos exilados cheios de glória".[7] Tais exemplos oferecem uma visão importante do porquê e quando a narrativa de libertação no sertão ganhou impulso pela primeira vez. No momento em que os rebeldes foram retratados em sofrimento em um interior estrangeiro, as histórias da marcha patriótica pelo interior do Brasil tornaram-se uma ferramenta discursiva na campanha de anistia. Desde sua primeira eclosão nas batalhas políticas do final da década de 1920, a lenda dos libertadores heroicos logo predominaria, tornando-se adaptável a diferentes contextos ao longo do século XX.

---

6 O inferno verde, *O Jornal*, 21 de maio de 1927, p.2.

7 "A torva figura que ameaçou asphixiar o paiz", *A Manhã*, 5 de julho de 1927, p.15.

O presidente Washington Luís nunca ofereceu um acordo de anistia, mas a atenção dispensada a Prestes construiu um culto à personalidade que se estendeu muito além dos conflitos políticos mais imediatos. O apelido de Cavaleiro da Esperança só passa a fazer parte do discurso do grande público em meados de 1927. Mas, nos primeiros meses daquele ano, quando não estava claro que direção, se é que alguma, o movimento antigovernamental tomaria, os jornais pintavam uma aura em torno de Prestes que fez da Coluna um símbolo de fortaleza patriótica. Nesse momento, em que Prestes não tinha mais lutas para travar nem mensagens específicas para divulgar, foram as suas façanhas no interior do Brasil que o transformaram em uma lenda viva.

Um ponto central nesta narrativa diz respeito às ações dos rebeldes durante sua longa marcha. Em contraponto à imagem de invasores violentos, os jornais descreviam Prestes como um líder altruísta e solidário. Uma semana depois de cruzar para o exílio, o *Correio da Manhã* escreveu que ele e seus homens eram "esses cavalheiros do ideal, trilharam imensas extensões do território nacional, sem levantar, das cidades e vilas por onde passaram, senão o reconhecimento dos que foram espectadores da sua conduta exemplar".[8] Sem negar que certa violência fora infligida às comunidades locais, a cobertura da mídia parecia exonerar Prestes, elevando-o como a autoridade moral orientadora da rebelião. Um artigo no final de fevereiro escreveu que, de todos os comandantes rebeldes, Prestes era o "mais humanitário, achava (...) que deveriam guerrear apenas os combatentes que lhes oferecessem resistência, poupando a gente inerme colocada fora da luta".[9] Vários artigos mencionavam que toda vez que seus soldados se desviavam do comportamento adequado, Prestes costumava puni-los.[10] Em entrevista na Bolívia, Elza Schimidt, uma das mulheres da Coluna, disse que Prestes nunca bebeu nem fumou, que não era mulherengo e que sempre teve respeito pelas famílias locais ao longo da marcha.[11] A figura de Prestes como justo e compassivo tornou-se tão onipresente que os jornalistas procuraram traçar suas origens na sua infância. *O Jornal* enviou um repórter para entrevistar a mãe de Prestes, Leocádia, que falou sobre o caráter despretensioso do filho:

---

8 Sursam corda!, *Correio da Manhã*, 11 de fevereiro de 1927, p.4.
9 Tópicos & Notícias, *Correio da Manhã*, 25 de fevereiro de 1927, p.4.
10 Por exemplo, Ouvindo e falando a Luiz Carlos Prestes, *O Jornal*, 17 de março de 1927, p.1.
11 Conversando com as mulheres da Columna Prestes, *O Jornal*, 10 de julho de 1927, p.6.

Ele foi sempre franzino, fraco. Mas adorava ensinar. Na escola, a sua paixão era desinteressadamente fazer-se repetidor dos colegas, ensinando-lhes as questões mais difíceis das cadeiras do curso. Quando se fez revolucionário [em 1924] parecia que não deveria ter inclinação para a guerra. (...) Não era possível que uma criatura de tanta bondade, que só vivia para os outros, pudesse fazer uma revolução para tirar a vida aos seus semelhantes. Só por um grande impulso de patriotismo é que ele poderia ter aderido à revolução.[12]

Na mesma semana em que *O Jornal* publicou essa entrevista, também deu início a uma reportagem de dez partes intitulada "Ouvindo e falando a Luiz Carlos Prestes".[13] Não foi a primeira vez desse tipo de série de jornal com várias partes. Conforme visto no "Capítulo 6: Mapeando um mito", *A Noite* fez uma reportagem de oito partes no mês de julho anterior, quando os rebeldes iniciaram sua jornada de volta da Bahia. Em comparação com a série anterior que discutia a jornada tenentista como um todo, *O Jornal* agora se concentrava inteiramente em Prestes. Essa série de dez partes foi baseada em longas entrevistas conduzidas com Rafael Correia de Oliveira, um dos editores-chefes do jornal, que, graças sobretudo à sua cobertura da Coluna Prestes, se tornaria um dos jornalistas mais renomados da época.[14] A viagem de Correia de Oliveira à Bolívia (Figura 7.2) marcou o início do que se tornou uma série de jornadas, como de peregrinação, para um encontro com Prestes, nas quais jornalistas e políticos viajariam grandes distâncias para cortejar o herói rebelde. Em seus artigos, Correia de Oliveira não fez nenhum esforço para mascarar sua admiração por Prestes, referindo-se a ele como "o *condottiere* fascinante da revolução" – uma referência aos cavaleiros italianos do século XVII e uma alusão ao apelido de Cavaleiro da Esperança que entraria no discurso dominante alguns meses depois. Em uma das edições, Correia de Oliveira exclamava aos leitores:

Prestes! O nome desse santo, que é o bravo iluminado gênio da guerra, nem devia ser pronunciado por esses contumazes difamadores da honra alheia. Onde se encontrará caráter mais puro, alma mais generosa, consciência mais límpida, inteligência mais lúcida do que Carlos Prestes?[15]

---

12 A mãe de Prestes, *O Jornal*, 16 de março de 1927, p.2.
13 Ouvindo e falando a Luiz Carlos Prestes, 10-23 de março de 1927, *O Jornal*.
14 Morais, *Chatô*, p.128.
15 Ouvindo e falando a Luiz Carlos Prestes, *O Jornal*, 17 de março de 1927, p.1.

Figura 7.2 – La Gaiba, Bolívia, onde o jornalista Rafael Correia de Oliveira (sentado, extrema esquerda) entrevistou Luís Carlos Prestes (sentado, centro), 1927. A fileira de trás é formada por bolivianos, provavelmente estacionados na guarnição do exército das proximidades. CPDOC ILA foto 011-9.

Além de reforçar a narrativa heroica da personalidade de Prestes e suas habilidades de liderança, as reportagens também consolidaram a relação prismática entre a figura de Prestes e a do interior do Brasil. Sob o subtítulo "A lição que Prestes levou ao homem do interior", Correia de Oliveira declarou que

> a epopeia de Prestes não é, apenas, uma grande página militar (...) [Ele] foi o chefe de uma grande cruzada de civismo. Pela primeira vez, a nossa gente rústica, abandonada e descurada, na tragédia do isolamento sertanejo, sentiu pulsar a almas da civilização, ao ritmo nobre de um grande ideal político (...) As atitudes de Prestes, o seu respeito pelos fracos, os seus cuidados para atenuar os sofrimentos das localidades que tinha de atravessar, o cavalheirismo dos seus métodos de guerra, fizeram que, pela primeira vez, também, um quadro novo e mais sedutor, do homem civilizado, aproximasse o sertanejo da comunhão da nacionalidade.[16]

---

16 Ouvindo e falando a Luiz Carlos Prestes, *O Jornal*, 11 de março de 1927, p.1.

Ao apresentar o interior como adormecido ("abandonado") e retrógrado ("rústico"), Correia de Oliveira invocou dois dos tropos centrais sobre o interior. Dentro desse quadro, Luís Carlos Prestes foi retratado como um herói pioneiro cuja "cruzada de civismo" teria supostamente despertado os sertanejos de seu sono passivo, deixando-os prontos a se unirem à nação moderna. A menção de Correia de Oliveira a "um grande ideal político" também refletia uma desconexão entre a crescente lenda de Prestes e a progressão real de sua visão de mundo. Como já discutido, a rebelião tenentista não propagava uma ideologia específica, defendendo, em vez disso, um conjunto geral de reformas. E, embora Prestes tivesse começado a adotar uma nova crítica social – evidente em suas deliberações com os comunistas em Pernambuco e em seu ensaio escrito à mão sobre a reforma agrária –, essas opiniões ainda não tinham sido compartilhadas com o público. Em suas entrevistas com Correia de Oliveira, Prestes falou sobre o choque que sentiu ao testemunhar a pobreza e o desespero no interior do Brasil, mas essas declarações dificilmente poderiam ser classificadas como "um grande ideal político". Tendo como pano de fundo um interior sofredor, o simbolismo projetado em Prestes começava a sobrepujar suas inclinações políticas.

As reportagens de março tiveram tanto sucesso que Assis Chateaubriand encomendou uma segunda série. No dia 1º de abril, quase uma semana após a última edição de Correia de Oliveira, outro correspondente de *O Jornal*, Luiz Amaral, partiu do Rio de Janeiro para a Bolívia. Como na série anterior, Amaral publicou uma reportagem de nove partes que durou um mês começando no final de junho; e que tinha até título parecido – "Conversando com Luís Carlos Prestes".[17] Um mês antes da série sobre Prestes, porém, Amaral publicou pela primeira vez uma reportagem em oito partes sobre sua própria expedição ao interior para encontrar o líder rebelde na Bolívia.[18] Com a manchete "Um 'raid' jornalístico de doze mil quilômetros", Amaral narrou sua jornada para encontrar Prestes em estilo que imitava a cobertura da Coluna Prestes. "O jornalismo dinâmico de hoje", afirmava Amaral, "tem exigências":

> Não lhe basta a caça de assunto à maneira camiliana: em vez de ficar de pena
> enristada à borda do tinteiro, para arpoar a ideia no fundo tenebroso, é necessário,

---

17 Conversando com Luiz Carlos Prestes, *O Jornal*, 28 de junho a 29 de julho de 1927.
18 Um "raid" journalistico de doze mil kilometros, *O Jornal*, 6 a 14 de junho de 1927.

não raro, preparar-se como quem vai à caçada nas selvas, munir-se de quinino, perneiras, rifle, chapéu acabanado e moer os ossos nos trens de ferro, nos vapores, nas canoas e até no dorso de bovinos, perlustrar exaustivamente centenas de quilômetros para escrever meia página com matéria prima nova; para propinar uma informação colhida no próprio manancial.[19]

A popularização da expedição da Coluna pelo interior e sua prevalência nas páginas do Rio de Janeiro e dos principais diários de São Paulo ajudaram a criar um clima na mídia em que os jornais se tornaram mais do que simplesmente uma plataforma para mitificar o interior. Como os relatórios originais de Euclides da Cunha de três décadas antes, o jornalismo sobre o interior funcionava dentro de seu próprio gênero sensacionalista.

O tom comemorativo desses artigos se baseava em uma série de tropos subjacentes, incluindo os de gênero e da nação brasileira. Como Maite Conde deixa claro em sua pesquisa sobre a cultura e os fã-clubes das estrelas no Brasil, a mídia naquele momento "passou a cultivar propositalmente um público feminino", sugerindo que as histórias sobre a Coluna ajudaram a fomentar a lenda da marcha rebelde ao também relatar sobre – e apelar para – as mulheres.[20] Semelhante à cobertura da imprensa sobre as mulheres rebeldes durante sua passagem pela Bahia, um duplo padrão de gênero ainda predominava. Parte da série "Conversando com" de Amaral incluiu um artigo dele sobre "Conversando com as mulheres da Coluna Prestes".[21] A maior parte do texto se concentrava em Elza Schimidt, uma enfermeira que havia se juntado à Coluna junto com seu marido e acompanhou a rebelião por todo o percurso até a Bolívia. *O Jornal* trazia uma foto (Figura 7.3) de Schimidt com seu filho pequeno, Evandro, que tinha nascido nos últimos meses da marcha. A maioria das fotos dos rebeldes (como a Figura 7.4) mostrava homens rudes e inexpressivos com barbas compridas e uniformes desgastados. Schimidt, por outro lado, foi representada como eminentemente feminina – usando um vestido branco e um chapéu de aba larga, ela segura o filho e sorri tranquilamente para a câmera. A foto sugeria que Schimidt, e muitas outras mulheres da Coluna, eram pouco mais do que figuras auxiliares e maternais, ao passo que, na realidade, eram par-

---

19 Um "raid" journalistico de doze mil kilometros, *O Jornal*, 8 de junho de 1927.
20 Conde, *Foundational Films*, p.95.
21 Conversando com as mulheres da Columna Prestes, *O Jornal*, 10 de julho de 1927, p.6.

ticipantes ativas que compartilharam todo o ardor da rebelião. Em meio a um crescente destaque público nos rebeldes exilados, a disseminação dessas imagens ajudou a apontar para o modelo a ser considerado como força legítima de mudança. Como mostram as duas fotos abaixo – ambas da mesma série de *O Jornal* –, os homens portavam armas e as mulheres seguravam bebês. Esses tipos de representações de gênero transformaram a Coluna em um símbolo da nação brasileira idealizada: devotamento, mães brancas e soldados corajosos prontos para proteger a nação.

Figuras 7.3 e 7.4 – Fotos de jornal de Elza Schimidt (à esquerda) e de rebeldes (à direita). Fonte: O Jornal, *10 de julho e 30 de junho, respectivamente.*

Como uma prévia dos tipos de memórias dos rebeldes que predominariam nos anos posteriores, os jornais também abriram espaço para os rebeldes escreverem sobre suas próprias façanhas. Juarez Távora escreveu uma série de seis partes e Lourenço Moreira Lima produziu uma crônica de duas partes, a última proclamava no subtítulo que "durante a nossa marcha, constatamos *de visu* que a população dos nossos sertões é uma vasta escravatura vegetando em extrema miséria".[22] Para além da cobertura jornalística celebrizada – uma mistura entrelaçada de linguagem inclusiva e excludente –, os jornais também apoiaram financeiramente os rebeldes. Iniciado primeiro por Assis Chateaubriand nos seus dois jornais (*O Jornal* e *Diário da Noite*) e depois pelos editores dos jornais *Correio da Manhã* e *Folha do Povo*, os jornais organizaram campanhas de doação em que os leitores enviavam dinheiro para ajudar a apoiar os rebeldes na Bolívia. Com o fim da censura no ano anterior, essas campanhas refletiam a rapidez com que a opinião pública se voltou a favor dos rebeldes. Tendo escapado com sucesso das tropas do governo e dos perigos locais em todo o interior do Brasil, eles agora precisavam de ajuda para escapar da fase final de sua jornada. Agora, era o interior boliviano que ameaçava engolir os rebeldes. Para os rebeldes, um público leitor solidário e mobilizado seria essencial para que finalmente voltassem à segurança do Brasil.

No total, os apelos para arrecadação de fundos renderam mais de 50 milhões de réis que ajudaram a complementar os parcos salários dos rebeldes em La Gaiba.[23] Os jornalistas que foram entrevistar Prestes na Bolívia tiveram um papel fundamental nessa arrecadação. Luiz Amaral entregou aos rebeldes 17 milhões de réis quando chegou à Bolívia e, como parte de um ciclo recíproco de apoio e cobertura jornalística, Prestes deu ao jornalista duzentas páginas de documentos e mapas dos rebeldes que serviriam de material central para reportagens posteriores. Prestes também forneceu sessenta exemplares originais do boletim dos rebeldes *O Libertador* que os jornais sortearam por 5 mil réis cada. Buscando trazer a experiência da viagem ao interior dos rebeldes direto para as mãos de leitores ansiosos, literalmente, *O Jornal* proclamou que alguns dos exemplares de *O Libertador* "ainda estão salpicados pelo sangue vertido pelos patriotas".[24] Os jornais publicavam a contagem corrente dos valores doados, geralmente listando os nomes dos doadores e quanto contribuíram, e até suas profissões, mostrando que as contribuições vinham de setores tão diversos quanto de empresários, militares e professores.[25]

---

22 Contra as incoherencias de nossa descentralização política, *O Jornal*, 29 de maio a 17 de julho de 1927; A cavalgada indômita, *O Jornal*, 17 de junho de 1927, p.3.

23 Valor compilado de Em prol dos soldados da columna Prestes, *O Jornal*, 22 de novembro de 1927, p.4, e Subscripção em favor dos revolucionários, *A Gazeta*, 29 de abril de 1927, p.8.

24 Morais, *Chatô*, p.118.

25 Em prol dos soldados da Columna Prestes, *O Jornal*, 17 de março de 1927, p.2.

Os jornais não eram o único setor que ajudou a arrecadar dinheiro – foram também organizados eventos como um festival pró-Prestes, uma partida de futebol na cidade de Curitiba e uma campanha de arrecadação de fundos por iniciativa de alunos do ensino médio no Rio de Janeiro.[26] Os rebeldes receberam tanto apoio que Prestes doou uma parte do dinheiro a um hospital no Mato Grosso, ajudando a construir uma ampliação batizada de "a ala Prestes".[27] Mesmo já tendo alcançado um alto nível de prestígio durante os estágios finais de sua marcha pelo interior, quando os rebeldes se estabeleceram no exílio, a cobertura jornalística em turbilhão e a crescente veneração do público elevaram o seu status ainda mais.

Seis meses após o término do exílio dos rebeldes, ocorreu uma importante mudança de discurso. Como visto nos capítulos anteriores, os rebeldes eram chamados de bandeirantes, seja nas palavras explícitas de seus líderes – usando o termo bandeirantes da liberdade –, seja na referência mais geral à Coluna como forma de expedição bandeirante dos tempos modernos. Esse apelido implicava uma identidade um tanto coletiva: como bandeirantes, os rebeldes eram partes sem nome de um todo maior. Mas a figura de Luís Carlos Prestes logo predominou, como personificado em seu apelido Cavaleiro da Esperança – nome cunhado pelo general Isidoro, líder da revolta original de 1924, que se inspirou num oficial da Revolução Francesa conhecido como *le Chevalier de l'Espérance*. Após o exílio, Isidoro passou a chamar Prestes de Cavaleiro da Esperança.[28]

É difícil averiguar com precisão como o apelido se infiltrou no discurso popular, mas no início de julho já havia referência nos jornais. O dia 5 de julho de 1927 representou uma mudança simbólica de bandeirantes para Cavaleiro da Esperança. Ao celebrar o quinto aniversário da revolta inicial dos tenentes de 1922 e o terceiro aniversário dos acontecimentos de 1924 que geraram a Coluna Prestes, os partidários da rebelião – no exterior e no Brasil – discursaram sobre o legado da revolução tenentista. Em La Gaiba, Bolívia, os homens de Prestes construíram um pequeno monumento aos

---

26 Pro-Prestes, *O Dia*, 1 de junho de 1927, p.1; Pelos bravos da columna Prestes, *O Dia*, 12 de junho de 1927, p.7; A columna Prestes e a mocidade acadêmica, *O Jornal*, 24 de maio de 1927, p.2.

27 Edificante exemplo de gratidão dos chefes da "Columna Prestes", *A Esquerda*, 9 de agosto de 1928, p.3.

28 Reis, *Luís Carlos Prestes*, p.110.

que morreram lutando pela rebelião. Em um bloco de granito, os rebeldes inscrevem "Glória aos bandeirantes da liberdade – 1924-1927" (Figura 7.5). Lourenço Moreira Lima, em discurso para marcar a ocasião, diz:

> Grandemente emocionado e cheio de dor, compareço à inauguração do mausoléu erigido em memória dos valentes soldados da Coluna do general Prestes. (...) A revolução continuará a sua marcha incoercível para a vitória da liberdade, queiram ou não queiram os seus inimigos, tanto na paz como na guerra. Vede a marcha triunfal da revolução.[29]

No mesmo dia em que os rebeldes enterraram os bandeirantes da liberdade, os jornais refletiram sobre os cinco anos de rebelião e apontaram Luís Carlos Prestes como o legítimo herdeiro da próxima fase da revolução. Assim, na cobertura jornalística de 5 de julho de 1927, aparece a primeira menção pública a Cavaleiro da Esperança. Em uma publicação de duas páginas celebrando a progressão da rebelião de 1922 a 1927, *Vanguarda* dedicou várias seções à discussão de Prestes. Além de dar crédito a Isidoro por cunhar o apelido de Cavaleiro da Esperança, o jornal celebrava Prestes por liderar um "*raid* guerreiro (...) que palpitava no coração [com] o anseio por um Brasil emancipado".[30] O dia 5 de julho serviu como momento decisivo, tanto no sentido literal como discursivo, para a evolução da rebelião: com os bandeirantes da liberdade agora enterrados simbolicamente em solo estrangeiro, o Cavaleiro da Esperança surge como lenda dominante.

À medida que Prestes entrava no panteão de ícones nacionais nos meses e anos seguintes, seu status como Cavaleiro da Esperança tornou-se irrevogavelmente ligado ao simbolismo construído pela longa marcha no interior. Dos inúmeros exemplos desse período, um artigo do *Correio da Manhã* se destaca por abordar o caráter duplo da mitologia de Prestes. O Cavaleiro da Esperança foi apresentado como um vetor de elevação e de inclusão, sendo Prestes um herói que galopava "sobre as matas, galgando as nuvens, em sua passagem para o infinito estrelado do nosso firmamento".

---

29 Discurso reproduzido em O 5 de julho no desterro de la Gaiba, *Correio da Manhã*, 22 de julho de 1927, p.5.
30 Os dois 5 de julho, *Vanguarda*, 5 de julho de 1927.

Figura 7.5 – Monumento aos "bandeirantes da liberdade", La Gaiba, Bolívia. Fotografia tirada entre julho e novembro de 1927. CPDOC ILA foto 011-8.

No entanto, o endeusamento do Cavaleiro da Esperança no artigo também incluía o seguinte trecho, ilustrando os tons de exclusão do mito:

> [Prestes] tomou o pulso ao Brasil selvático, confraternizou com as nossas populações do interior, percorreu todos os Estados, conheceu o Brasil sem fins (...) levou o gérmen da cultura às nossas populações rurais (...) Esse exército, legião do progresso, triunfou: levou a noção do bem e do dever, o sentimento de respeito humano às almas rudes do nosso sertão, demonstrou ao índio selvagem das nossas matas, tudo quanto tem de generoso e bom o coração dos brancos do litoral.[31]

Essa citação destaca os contrastes interligados na mitologia da Coluna. Prestes era virtuoso, o interior era selvagem. Prestes simbolizava cultura

---

31 "Luiz Carlos Prestes", *Correio da Manhã*, 16 de dezembro de 1927, p.2.

e modernidade, o interior era retrógrado. Prestes era branco e litorâneo, o interior não era nenhum dos dois.

As raízes radicais do Cavaleiro da Esperança

Décadas de mitificação retrospectiva têm traçado uma linha direta entre a marcha de Prestes pelo interior e sua adoção de uma política radical. Tal assertiva não seria totalmente falsa: o que Prestes viu durante a rebelião teve um impacto genuíno na sua visão de mundo. Ele não só se surpreendeu com o nível de pobreza do interior, mas também passou a ver as demandas do movimento tenentista como insuficientes para romper as hierarquias de poder dos coronéis sertanejos e de seus aliados políticos. Em casos específicos, expressou até a necessidade de maiores mudanças estruturais, como em seu ensaio sobre a reforma agrária. Esses pensamentos apontam para uma crítica social emergente, mas o momento exato de sua virada para a política radical tem sido muitas vezes exagerado. Jorge Amado, na sua biografia de Prestes de 1942, por exemplo, celebra o Cavaleiro da Esperança por estar

> rasgando sertões e rasgando documentos de tomada ilegal de terra pelos grandes coronéis (...) [A]ntes de ler nos livros as soluções de Marx e Lenin Prestes as leu na Grande Marcha. Cada dia era mais que um livro. Aprendeu *O capital* nas terras de esmeraldas de Mato Grosso e Goiás (...). Na Grande Marcha ele (...) foi marxista sem ainda ter lido marxismo.[32]

Apesar do retrato que Jorge Amado fez de Prestes como um marxista no sertão, Prestes de fato não se envolveu com o marxismo até a sua ida para o exílio. O primeiro encontro aconteceu por intermédio de Rafael Correia de Oliveira, correspondente de *O Jornal* que viajara à Bolívia para a série inaugural de reportagens. Correia de Oliveira deixou uma meia dúzia de livros, incluindo alguns sobre teoria política, e a correspondência que se seguiu entre eles ajudou a impulsionar a radicalização de Prestes. Numa carta a Correia de Oliveira, alguns meses depois do seu encontro na Bolívia,

---

32 Amado, *O Cavalheiro da Esperança*, p.98, p.127.

Prestes chegou a citar Lenin dizendo que "as ideias tornam-se forças quando se apoderam das massas".[33] Ainda assim, refletindo o quão rudimentar era a sua política nessa fase inicial, ele atribuiu a citação ao radical errado: a frase foi escrita por Marx, não por Lenin, como afirmara com segurança em sua carta. Não obstante o que sua lenda possa sugerir, mesmo desenvolvendo seu carisma e liderança, as credenciais marxistas de Prestes permaneceram em formação por algum tempo.

Em dezembro de 1927, quase um ano depois de chegar à Bolívia, Prestes foi visitado por Astrojildo Pereira, secretário-geral do Partido Comunista Brasileiro (PCB), uma agremiação que era relativamente nova e pequena – nasceu em 1922, com apenas setenta membros, e, cinco anos depois, quando Pereira visitou Prestes na Bolívia, tinha crescido para apenas seiscentos indivíduos.[34] Como escreve o historiador Daniel Aarão Reis, "a fundação do PCB passou completamente despercebida da opinião pública", e por muitos anos o partido foi "de uma insignificância a bem dizer ridícula".[35] As dificuldades iniciais em se construir uma nova organização foram indiretamente exacerbadas pelo surgimento do tenentismo: entre a primeira revolta tenentista de 1922 e o fim da Coluna Prestes em 1927, o governo brasileiro manteve o estado de lei marcial por quase sete meses. O clima repressivo da década de 1920 forçou o PCB a operar em semilegalidade e prejudicou sua capacidade de construir uma base de membros. No final da década, o PCB passa a adotar uma estratégia de construção de um Bloco Operário e Camponês (BOC). Conforme descrito em declaração de 1927 do Comitê Central do PCB, o Bloco buscava construir "uma política independente de classe, os candidatos do Bloco Operário manter-se-ão em contato permanente com a massa operária, por meio de seus órgãos representativos – sindicais e partidários – e por meio dos comícios públicos".[36] Embora o Bloco fosse planejado para englobar tanto os camponeses quanto os trabalhadores urbanos, na prática o PCB não tinha feito muito no campo. Como o próprio

---

33 A carta, escrita originalmente em 25 de maio de 1927, foi reproduzida com detalhes em contexto em Uma Carta escripta em 1927 por Luiz Carlos Prestes, *Correio da Manhã*, 5 de fevereiro de 1929, p.1.
34 Para a história inicial do Partido, ver Pereira, *Formação do PCB*.
35 Reis, *Luís Carlos Prestes*, p.114-115.
36 Carta aberta da liderança do PCB, 5 de janeiro de 1927. Reproduzido em Pereira, *Formação do PCB*, p.116-120.

Pereira admitiu, "O elemento 'camponês' representava apenas uma palavra incluída no BOC, era um desejo".[37]

Nesse contexto, Pereira viajou à Bolívia com o objetivo explícito de estabelecer uma "aliança entre os comunistas e os combatentes da Coluna Prestes, ou, em termos mais amplos, entre o proletariado revolucionário sob a influência do Partido Comunista e as massas populares (...) sob a influência da Coluna e do seu comandante".[38] Pereira procurou recrutar o Cavaleiro da Esperança para o PCB, na esperança de usar sua popularidade para fortalecer o perfil do Partido e fazer incursões nos setores rurais. Após dois dias de discussão, Prestes recusou a oferta do PCB, mas ficou intrigado e manteve a literatura marxista que Pereira lhe trouxera, incluindo textos de Marx, Engels e Lenin, além de uma dezena de edições do jornal *L'Humanité* do Partido Comunista Francês.[39]

Dois meses após o encontro, Prestes deixou a Bolívia e mudou-se para Buenos Aires, onde viveu pelos próximos dois anos e meio trabalhando em uma empresa de importação e exportação que vendia produtos brasileiros, principalmente café.[40] Ao contrário do Brasil, o Partido Comunista Argentino era legal, e Prestes frequentava sua sede. Em Buenos Aires, Prestes continuou a estudar o marxismo – dois livros influentes para ele foram *O Estado e a revolução*, de Lenin, e o primeiro volume do *Capital*, de Marx.[41] Os textos marxistas e as conversas com militantes do partido levaram Prestes a repensar as condições e o potencial revolucionário dos camponeses brasileiros. Refletindo sobre seu tempo na Coluna, Prestes escreveu mais tarde que

> Durante a marcha através das regiões atrasadas do país sofremos o primeiro e decisivo choque psicológico ao entrar em contato com a realidade brasileira (...) Filhos da pequena burguesia urbana e imbuídos de uma arrogância chauvinista que nos proporcionava uma ideia falsa da vida de nosso país, vimo-nos surpreendidos pelo atraso e a miséria em que vivia a população.[42]

---

37 Pereira, *Formação do PCB*, p.125.
38 Ibid., p.132.
39 Ibid., p.131.
40 Informações sobre Prestes em Buenos Aires de Prestes, *Luiz Carlos Prestes*, p.105-106.
41 Prestes, Como cheguei ao comunismo, p.7.
42 Ibid., p.4-7.

Ao longo da marcha, Prestes explica que os rebeldes tiveram que se atualizar, "ia se modificando a opinião errônea que tínhamos sobre os trabalhadores, que víamos, na verdade, como seres inferiores, docilmente submetidos à elite letrada e aos donos do poder".

UM SÍMBOLO DE UNIDADE

De volta ao Brasil, a radicalização de Prestes ainda não era de conhecimento público. E com a eleição presidencial de março de 1930 se aproximando, seu novo status como o Cavaleiro da Esperança fazia dele uma figura altamente desejável. Ao longo de 1928 e 1929, Prestes foi visto como um possível unificador. Em abril de 1928, o *Diário Nacional* publicou uma manchete de página inteira (Figura 7.6) que incluía um mapa da marcha da Coluna – tão grande que esbarrava no texto adjacente – ao lado de comentários sobre como seu período no interior havia guiado seus objetivos políticos: "os místeres da luta armada não impediram que os oficiais da Coluna fizessem detido estudo de uma série de problemas de interesse nacional".[43] Nessa descrição, completa com indicações visuais das aventuras cartográficas, o Cavaleiro da Esperança erguia-se como um símbolo de unidade.

Embora grande parte dessa cobertura tenha sido dos jornais do Rio de Janeiro e de São Paulo, Prestes também recebeu elogios semelhantes de outras partes do país. O jornal cearense *A Cultura*, por exemplo, escreveu que "Prestes é o espelho de onde reflete toda a luz do futuro! (...) Prestes é um Deus a consolar os que sofrem e aos que sentem dentro do peito, pulular os verdadeiros sentimentos de patriotismo!".[44] Não demorou muito para que essa consagração entrasse no reino da política. Houve apelos para que Prestes se candidatasse à presidência, ele recebeu votos escritos para as eleições locais e uma ampla gama de políticos invocou suas façanhas no interior como forma de fortalecer suas próprias candidaturas.[45] Quando o Partido Democrático fez campanha em Pernambuco nas eleições estaduais de 1928, buscou se posicionar como herdeiro da Coluna Prestes. Os *demo-*

---

43 Luiz Carlos Prestes fala ao "Diário Nacional", *Diário Nacional*, 19 de abril de 1928, p.1.

44 Prestes, o homem do Brasil, *A Cultura*, 13 de agosto de 1929.

45 Por exemplo, Voto de consciência, *Correio da Manhã*, 16 de janeiro de 1929, p.7; e O Rio Grande homenageando Prestes, *A Manhã*, 30 de dezembro de 1928, p.3.

Figura 7.6 – Capa do Diário Nacional, *19 de abril de 1928.*

cráticos, como eram conhecidos, proclamaram que seu partido "representará a continuidade da obra realizada pela Coluna Prestes através dos sertões do Brasil. Será como que o seu complemento. O fecho do ciclo histórico, à margem do litoral brasileiro".[46] Esse tipo de discurso usava a coluna como

---

46 O movimento Democrático-Libertador no Norte do Paiz, *Diário Nacional*, 14 de junho de 1928, p.3.

instrumento para mudanças temporais e geográficas: ao "fechar" o ciclo de isolamento do interior, os políticos poderiam refratar o simbolismo de Prestes para idealizar um Brasil mais moderno.

A união do imaginário do litoral com o interior – uma rotação do prisma que aproximou as duas regiões – ocorreu também no Sul. Quando Affonso de Camargo, o presidente do Paraná, anunciou sua candidatura à presidência da República em abril de 1929, *A Manhã* enquadrou-a como parte do perfil nacional cada vez maior de políticos de um suposto "estado modesto", afirmando que "a moderna política está vindo da periferia para o centro (...) A Coluna Prestes, além de outras glórias, foi uma grande divulgadora da geografia da pátria, pois fez rebrilhar na fama e na história, através de feitos memoráveis, os nomes obscuros da chorografia sertaneja".[47] Seja em Pernambuco, ao Nordeste, ou no Paraná, ao Sul – dois estados litorâneos que eram mais conhecidos por seus sertões simbólicos –, a Coluna simbolizava a fusão da costa e do interior. Como tal, tornou-se um substituto para a promessa de uma nova nação.

Enquanto políticos e jornalistas ampliavam os mitos entrelaçados de Prestes e do interior, dois dos escritores mais influentes do Brasil na época – de visões políticas opostas – publicaram romances baseados na Coluna Prestes. No início de 1929, Graça Aranha, um dos fundadores da literatura modernista brasileira, publicou *A viagem maravilhosa*, um de seus últimos livros antes de sua morte dois anos depois. A obra conta a história de uma jovem chamada Thereza que foge de um casamento onde o amor não existia e viaja pelos confins do país. Nessa obra, Aranha inclui várias referências à Coluna Prestes da vida real. A certa altura, um personagem chamado Manuel diz que "todos esperam tudo de Prestes e seus companheiros. Eles levam a revolução por toda parte (...) O país assiste com entusiasmo o heroísmo desses guerreiros".[48] Embora *A viagem maravilhosa* não tenha recebido nem de longe a aclamação crítica das obras anteriores de Aranha, essa obra refletia o status cada vez maior de Prestes na cultura nacional, principalmente entre aqueles que olhavam para ele como um símbolo de mudança.[49]

---

47 Mais uma candidatura à presidência da república, *A Manhã*, 5 de abril de 1929, p.3.
48 Aranha, *A viagem maravilhosa*, p.82.
49 Para obter o contexto e uma análise crítica do livro, consulte DeStafney, The dialectic of the marvelous.

Ao mesmo tempo, Prestes também foi destacado por setores reacionários, os quais alertavam que os tenentes levariam o país à ruína. Um exemplo destes foi o romance de João de Minas, pseudônimo de Ariosto Palombo, jornalista conservador e editor do jornal *O Paiz*.[50] O autor inseriu sua postura antirrebelde já no título, *Jantando um defunto: a mais horripilante e verdadeira descrição dos crimes da revolução*. Essa obra segue os passos de uma unidade legalista fictícia que perseguia a Coluna Prestes por Mato Grosso e Goiás, detalhando graficamente casos de violência – que o autor afirmou serem "sob a impressão dos fatos" – cometidos pelos rebeldes, incluindo enterrar e queimar pessoas vivas.[51] Portanto, embora o culto de Prestes como herói fosse muito maior do que a visão dele como bandido, exemplos como *Jantando um defunto* mostravam a continuação de associações negativas de Prestes com o interior. Quer tendo como base a narrativa do mito (Prestes como libertador do sertão) ou do contramito (Prestes como o selvagem do sertão), o interior tornou-se uma figura poderosa e flexível no comentário político.

O simbolismo de Prestes também começou a entrar em esferas mais mundanas. Mesmo que os dois romances lançados no início de 1929 sugerissem a chegada da Coluna à alta cultura, também é possível notar seu desenvolvimento na cultura popular – especialmente, como mencionado antes, quando o público-alvo eram as mulheres (leitoras e consumidoras). A discussão em torno da Coluna Prestes tinha se tornado tão comum que passou até a ser ferramenta de marketing para uma gama de produtos comerciais. Um anúncio de fogão a lenha reproduzia o significado literal de Prestes (estar prestes a) para promover as virtudes de sua chaminé (ou coluna), com uma empregada chamada Ignácia contando animadamente a seu chefe que a Coluna Prestes havia chegado: "a Coluna, Prestes, chegou!!!!".[52] Outros exemplos faziam referências irônicas à suposta grandiosidade da jornada pelo Brasil. Depois de perguntar aos consumidores "A maior maravilha do mundo! Que será?", um anúncio de remédio para resfriado lista doze itens, incluindo a marcha da Coluna Prestes.[53] "Nada disso...", o anúncio responde, proclamando em vez disso que "A maior maravilha do

---

50 Para mais análises, ver Almeida, Leituras de "Jantando um defunto".
51 Minas, *Jantando um defunto*, p.5.
52 Impresso em *A Gazeta*, 4 de outubro de 1926, p.2.
53 Impresso em *O Jornal*, 11 de março de 1928, p.9.

mundo custa 3,5 mil e cura todas as gripes e resfriado, acha-se em todas as farmácias e chama-se Xarope de Guaco". E a viagem tenentista de ida e vinda ao interior oferecia ainda uma lição sobre como se libertar da suposta "imundície" dos espaços não costeiros. Uma colunista de moda, em artigo em *O Jornal*, dizia ter voltado ao Rio de Janeiro após um mês de viagem, e observou que uma ida ao salão Doret era o remédio perfeito para "retomar meu aspecto de civilizada e perder os ares de egressa da Coluna Prestes".[54]

Enquanto as imagens da Coluna Prestes predominavam no final dos anos 1920, a eleição presidencial de 1930 era um ponto preocupante no horizonte. Depois que as duas eleições anteriores em 1922 e 1926 agravaram as tensões políticas do país, e com a violência ainda recente da última rebelião, a maioria dos setores esperava evitar mais conflitos com o próximo pleito. Em um país que permanecia profundamente dividido, o Cavaleiro da Esperança continuou sendo uma figura atrativa. Com as eleições de 1930 cada vez mais próximas, o capital político dele continuava a derivar do simbolismo de sua marcha. Um artigo de abril de 1929 em *A Manhã* declarava que

> o programa de Luís Carlos Prestes, traçado, a sangue, sobre a carta geográfica do Brasil é o único que o povo, depois de tantas desilusões e ludíbrios, é capaz de admitir. Assim, os políticos que, neste momento, quiseram tocar o coração do povo, terão de falar-lhe de Prestes e em nome de Prestes.[55]

A Figura 7.7 ilustra esse simbolismo: o rosto de Prestes se estende por todo o país no que se tornaria um famoso cartaz da época. Com o olhar saindo do interior do território nacional, sua face cobre o mapa de tal maneira que o "Brasil" é empurrado até as bordas. Em sua glória, barbudo e estoico, Prestes torna-se quase maior do que o próprio país.

Dois grupos, em particular, buscaram trazer o Cavaleiro da Esperança para o si: os comunistas do PCB e o que viria a ser a Aliança Liberal liderada por Getúlio Vargas. Desde a primeira tentativa de recrutamento de Prestes pelo PCB dois anos antes, as mudanças nas políticas da Internacional Comunista complicaram muito uma aliança com Prestes. Em julho de

---

54 Impresso em *O Jornal*, 21 de junho de 1931, p.22.
55 Imperativos do momento político, *A Manhã*, 26 de abril de 1929, p.3.

Figura 7.7 – Cartaz de Luís Carlos Prestes, 1929.

1928, poucos meses depois de Pereira ter visitado Prestes na Bolívia, Moscou sediou o VI Congresso Mundial da Internacional Comunista, encontro decisivo que deu início ao chamado Terceiro Período. O Congresso revogou a abordagem anterior de frente única de colaboração com grupos revolucionários não comunistas – como a Coluna Prestes – e substituiu-a por um programa mais agressivo de guerra de classes. O Comintern instruiu seus representantes de toda a América Latina a reorientar suas campanhas em direção a uma plataforma de revolução "agrária e anti-imperialista". Cinco meses após a cúpula de Moscou, o PCB realizou seu Terceiro Congresso e, buscando alinhar-se ao foco de Moscou na revolução agrária, os líderes comunistas do Brasil reafirmaram o compromisso em engajar o elemento camponês. O relatório final do Congresso do PCB observou que

> pela primeira vez na história do partido (...) os camponeses e o problema agrário foram levados a sério (...) O Terceiro Congresso não resolveu [o problema], não deu uma solução definitiva, nem poderia; mas, crucialmente, a questão foi colocada na mesa, em toda a sua magnitude.[56]

Numa época em que Luís Carlos Prestes era, legitimamente ou não, visto como alguém que poderia unir os brasileiros do campo, o PCB considerava o Cavaleiro da Esperança uma possível solução para o que chamavam de o problema agrário.

O Terceiro Período do Comintern deixou o PCB em uma posição delicada. A ênfase em uma revolução agrária e anti-imperialista exigia uma campanha vigorosa no campo, mas a nova política de luta de classes complicava uma aliança com a pessoa que o PCB via como a chave para tal abordagem. Embora Prestes tivesse começado a abraçar o marxismo, ainda não tinha se afiliado ao Partido Comunista. Além disso, permanecia sendo um símbolo poderoso da rebelião reformista dos tenentes, precisamente o tipo de grupo não comunista do qual o Comintern naquele momento procurou se distanciar. Nessa conjuntura, o PCB decidiu que o potencial de Prestes como líder do campesinato compensava os riscos de uma colaboração com o ex-chefe do que consideravam um movimento de pequenos burgueses. Em junho de 1929, o PCB convidou-o a concorrer como seu candidato às eleições presidenciais de 1930. Quando estiveram em Buenos Aires para a Primeira Conferência de Partidos Comunistas Latino-Americanos, Paulo de Lacerda – o novo dirigente do PCB – e Leôncio Basbaum reuniram-se com Prestes e apresentaram a ideia de uma candidatura presidencial. Como recordou Basbaum, "nossa esperança consistia em conquistar Prestes e usar o seu prestígio nacional, popular, para ganhar as massas".[57] Embora afirmasse concordar com grande parte da plataforma PCB, Prestes rejeitou a oferta, dizendo "não posso aceitá-lo porque devo fidelidade aos tenentes. Só depois de conversar com eles é que poderei tomar uma posição".[58]

---

56 Citações no parágrafo do Programa do Terceiro Congresso do PCB, 12 de fevereiro de 1929. AEL, IC, no. 3, 537-574.

57 Bausbam, *Uma vida em seis tempos*, p.69.

58 Reproduzido em Moraes e Viana, *Prestes*, p.44.

A COLUNA PRESTES

Nessa mesma época, ele também estava sendo cortejado por Getúlio Vargas, o então governador do Rio Grande do Sul que disputava a presidência nas eleições de 1930. Nas décadas seguintes, o impasse entre Vargas e Prestes se tornaria uma das características marcantes da política brasileira, mas, no final da década de 1920, uma aliança entre os dois gaúchos ainda parecia plausível. Vargas buscou recrutar Prestes para a Aliança Liberal, partido que unia as elites políticas do Rio Grande do Sul, Minas Gerais e Paraíba, junto com vários líderes da oposição no Rio de Janeiro e em São Paulo. Longe de ser um bloco coeso, a Aliança Liberal apresentava o que Daryle Williams chamou de "uma plataforma reformista [que] extraía sua força das elites regionais descontentes e de uma coalizão heterogênea de oficiais militares reformistas, liberais urbanos e industriais".[59] O fato de um membro proeminente ter sido Artur Bernardes, o presidente que os tenentes haviam procurado derrubar durante a maior parte da década, ressaltava o status controverso da Aliança.

A convite de Vargas, Prestes voltou clandestinamente ao Brasil para se encontrarem em Porto Alegre em setembro de 1929 – três meses depois de ter se encontrado com os líderes do PCB – e depois novamente em janeiro de 1930. Vargas queria que o Cavaleiro da Esperança o apoiasse para presidente, mas em ambas as reuniões ele recusou.[60] Suas discussões mantiveram aberta uma possível parceria, e Vargas deu a Prestes um passaporte falso e prometeu enviar dinheiro a Buenos Aires para ajudar a organizar uma rebelião armada caso perdesse a eleição. A propensão de Vargas se mostrou presciente e, em 1º de março de 1930, ele perdeu a presidência por quase vinte pontos percentuais para o presidente do estado de São Paulo, Júlio Prestes. Depois de perder o que alegou ser uma eleição fraudada, Vargas começou a preparar um levante armado e novamente procurou o Cavaleiro da Esperança, dessa vez oferecendo o papel de chefe militar da revolução. Como antes, não teve sucesso. Refletindo essa recente mudança de alianças, Vargas então ofereceu o cargo a Góis Monteiro, o chefe do Estado-Maior que comandou o exército durante a perseguição da Coluna na Bahia. À medida que caminhava cada vez mais para a política radical, Prestes via Vargas como um veículo insuficiente para a mudança e, além

---

59 Williams, *Culture Wars in Brazil*, p.4.
60 Moraes e Viana, *Prestes*, p.47-49.

disso, achava que Vargas só queria "apoiar-se no prestígio da Coluna para escalar o poder central".[61]

Na sequência das eleições de 1930, e tendo recusado as súplicas do PCB e da Aliança Liberal, não se sabia que posição Prestes iria tomar. Nesse clima de instabilidade política, Prestes continuou sendo uma força de atração. Um artigo do *Correio da Manhã* uma semana após a derrota presidencial de Vargas afirmava que "Luís Carlos Prestes é um símbolo. Depois da lenda que se formou em torno dele, e que nele encarnou as qualidades da mocidade do gorte e de todos os seus companheiros, ele é talvez, a incorporação da única esperança de uma reação capaz de levar o Brasil a dias melhores".[62] Apesar do poder simbólico de Prestes, durante seus dois anos no exílio ele fez poucas contribuições diretas para a política brasileira e havia o risco de que sua influência diminuísse se ele ficasse afastado por muito tempo.

O *Manifesto de Maio*

Ainda se recusando a fazer aliança com o PCB ou com Vargas, Prestes optou por um caminho próprio ao lançar o que ficou conhecido como o *Manifesto de Maio*. Sem abraçar totalmente o comunismo, o que só aconteceria no ano seguinte, o *Manifesto de Maio* foi uma reprimenda direta à Aliança Liberal de Vargas. Prestes publicou seu manifesto usando o mesmo meio que ajudou a criar sua lenda: os jornais. Na capa do *Diário da Noite* de 29 de maio – jornal carioca fundado no ano anterior por Assis Chateaubriand, como o irmão gêmeo carioca do seu jornal paulista de mesmo nome –, saiu o manifesto de Prestes, na íntegra, introduzido por um artigo curto intitulado "O capitão Luiz Carlos Prestes define a sua atitude atual".[63] Embora Prestes tenha usado algumas frases da política oficial do Comintern – mais notavelmente com ênfase na "revolução agrária e anti-imperialista" –, o manifesto não mencionava o Partido Comunista. As primeiras linhas eram direcionadas "ao proletariado sofredor das nossas cidades, aos trabalhadores oprimidos das fazendas e das estâncias, à massa miserável do nosso sertão".

---

61 Luiz Carlos Prestes, Como cheguei ao comunismo, p.7.
62 Os dois Prestes, *Correio da Manhã*, 9 de março de 1930, p.4.
63 O capitão Luiz Carlos Prestes define a sua atitude atual, *Diário da Noite* (Rio de Janeiro), 29 de maio de 1930, p.1.

Convocando trabalhadores e camponeses a se mobilizarem, Prestes traçou sua visão para

> a revolução agrária e anti-imperialista (...) [lutando] pela completa libertação dos trabalhadores agrícolas de todas as formas de exploração feudais e coloniais, pela confiscação, nacionalização e divisão das terras, pela entrega da terra gratuitamente aos que trabalham.

O manifesto definia uma ruptura nítida com os tenentes ao articular um programa fortemente baseado nas injustiças rurais que ele presenciara no interior. O *Manifesto de Maio* foi desacreditado não só pelos tenentes e seus aliados e simpatizantes na imprensa, mas também pelo PCB. O conflito sobre como interpretar o documento era um presságio da batalha pela opinião pública que se desenrolaria nas duas décadas seguintes. Depois que Vargas assumiu o poder na Revolução de 1930, e particularmente depois que Prestes ingressou oficialmente no Partido Comunista enquanto vivia em Moscou, ocorre uma disputa entre os possíveis aliados de outrora para definir quem seria o herdeiro legítimo do legado da Coluna Prestes. A marcha pelo interior do Brasil perdurou como um contencioso símbolo de legitimidade política por ser a história que deu origem tanto a Prestes como à rebelião tenentista que culminou com a vitória de Vargas em 1930.

Seus detratores liberais tiveram o cuidado de criticar Prestes, sem criticar as ações que o haviam trazido originalmente à proeminência. Essencialmente, esses foram esforços para eliminar a figura recém-radical de Prestes da sua imagem simbólica de Cavaleiro da Esperança. Um editorial de primeira página do *Diário Carioca* declarava que, embora o jornal já tivesse apoiado Prestes – "como bandeira do movimento (...) o jovem soldado, que cruzou o Brasil de extremo a extremo" , agora deveria retirar o seu apoio à luz de seu "estranho" novo manifesto.[64] Como consequência ainda, 35 ex-tenentes assinaram uma carta aberta distanciando-se daquilo que o Cavaleiro da Esperança havia se tornado, e o general Isidoro divulgou uma denúncia pública de suas "tendências bolchevistas".[65] Asdrúbal Gwyer

---

64 A nova directriz do Commandante Prestes, *Diário Carioca*, 29 de maio de 1930, p.1.
65 Carta aberta de oposição a Prestes, outubro de 1930. CPDOC, série PEB c 1930.10.00-8, microfilme 390-91; O marechal Isidoro Dias Lopes discorda do commandante Luís Carlos Prestes, *Diário Carioca*, 4 de junho de 1930, p.12.

de Azevedo, que havia sido preso por seu papel na revolta de 1924, zombou do que chamou de "manifesto comunista" de Prestes e lamentou que o Cavaleiro da Esperança tivesse monopolizado as atenções nacionais: "À certa altura, Luiz Carlos Prestes foi feito chefe supremo do grande movimento. Aos poucos, a 'Revolução' se transformou em 'Coluna Prestes'".[66]

A crítica mais firme veio de Juarez Távora. Poucas semanas depois da publicação do manifesto, Távora escreveu uma carta aberta contra Prestes que saiu na capa do *Diário Carioca*.[67] Nos meses seguintes, Távora então engajou Prestes diretamente em uma série de correspondências mútuas. Numa das suas cartas, Távora centrou-se no apelo do manifesto à reforma agrária e empoderamento dos trabalhadores, afirmando que

> Mas discordo de que seja preciso confiscar o latifúndio honestamente adquirido; confisquem-se, sim, os que tiverem sido desonestamente apropriados – e os há muitos em mão de estrangeiros e nacionais (...). Mas discordo de que isso se faça pelo simples confisco.[68]

Embora perdido do registro histórico, Prestes parece ter lhe respondido, como evidenciado pelas respostas subsequentes nos arquivos pessoais de Távora, que registrou ao seu ex-companheiro:

> V. se permitiu enxergar [nas minhas cartas] insulto e hipocrisias, onde apenas houve e há o nobre intuito de salvar seu nome e o de todos nós revolucionários (...) Apenas pretendo (...) possuir um lembrete precioso do quanto é falha a justiça humana, mesmo quando distribuída por um desses homens a quem nos acostumamos, às vezes, a obedecer e estimar, como se fossem semideuses.[69]

É revelador que, em sua reação ao *Manifesto de Maio*, Távora invoque a mesma imagem do texto de 1927 que abre este capítulo: Prestes como semi-

---

66 Ainda o manifesto Prestes, *Diário Carioca*, 4 de junho de 1930, p.12.

67 As novas ideias de Luiz Carlos Prestes e o problema brasileiro, *Diário Carioca*, 19 de junho de 1930, p.1.

68 Carta de Juarez Távora a Luiz Carlos Prestes, 1930 [s.d.]. University of California, Los Angeles, Special Collections, Juarez Távora series.

69 Carta de Juarez Távora a Luiz Carlos Prestes, 25 de junho de 1930. University of California, Los Angeles, Special Collections, Juarez Távora series.

deus. À medida que o simbolismo do Cavaleiro da Esperança emanava nos três anos subsequentes, tenentes como Távora enfuriavam-se com a atenção lançada sobre seu antigo líder.

Para os comunistas do Brasil, por outro lado, o *Manifesto de Maio* não ia longe o suficiente. A questão central era que Prestes não via a classe trabalhadora liderando a revolução. Menos de duas semanas após o lançamento do manifesto, o líder do PCB Octávio Brandão emitiu nota declarando que "esse documento e o seu autor não são comunistas".[70] Ao longo dos meses seguintes, o PCB continuou a denominar Prestes de "pequeno burguês".[71] E em setembro, em entrevista ao *Diário de Notícias*, Brandão diz que Prestes atribuía demasiada importância à personalidade e ao caráter – exatamente as qualidades que fizeram do Cavaleiro da Esperança um símbolo nacional tão apelativo. Em reflexão sobre a abordagem oscilante do PCB, Brandão afirmou que "Prestes colocou mal a questão. Para a realização da frente única revolucionária, não se trata somente de 'sinceridade e honestidade' (...). As massas laboriosas não poderão ser libertas pelos cavaleiros da esperança".[72]

A REVOLUÇÃO DE 1930 E A NOVA FASE DO TENENTISMO

Nos cinco meses seguintes ao manifesto de Prestes, uma série de conflitos políticos e militares culminou com a tomada do poder por Vargas em 24 de outubro. Vargas já vinha trabalhando nos bastidores no caso de uma eleição contestada, embora os eventos só tenham se acelerado depois de 26 de julho, quando João Pessoa – o presidente da Paraíba que havia sido candidato a vice-presidente ao lado de Vargas – foi morto. O assassinato fora consequência de crime passional e, apesar de não ter sido abertamente um assassinato político, sua morte acendeu uma faísca nas forças da oposição. Nos dois meses seguintes, líderes ligados à Aliança Liberal se mobilizaram em seus respectivos estados, e uma revolta nacional estourou

---

70 Ainda o manifesto do comandante Luiz Carlos Prestes, *O Jornal*, 11 de junho de 1930, p.3.
71 Moraes e Viana, *Prestes*, p.51.
72 A réplica dos comunistas ao sr. Luiz Carlos Prestes, *Diário de Notícias*, 2 de setembro de 1930, p.1.

no fim da tarde de 3 de outubro. As revoltas começaram onde a Aliança Liberal era mais forte: Rio Grande do Sul, Paraíba e Minas Gerais. Os rebeldes tomaram o controle dos dois primeiros estados em 24 horas, e Minas Gerais foi vencida após cinco dias de combates. Em seu chamado à luta, Vargas empregou o mesmo tipo de discurso nacionalista de base territorial recém-difundido pelo Cavaleiro da Esperança. No dia seguinte ao início da revolta, os rebeldes distribuíram um manifesto no qual Vargas declarou:

> Estamos ante uma contrarrevolução para readquirir a liberdade, para restaurar a pureza do regime republicano, para a reconstrução nacional. Trata-se de um movimento generalizado, do povo fraternizando com a tropa, desde o norte valoroso e esquecido dos governos até o extremo sul.[73]

Em questão de semanas, o movimento havia de fato se espalhado por todo o país, com todas as facções convergindo para o Rio de Janeiro. A revolução tinha chegado, mas não estava ligada a Luís Carlos Prestes.

Vários oficiais da Coluna Prestes desempenharam papéis importantes na revolta de outubro de 1930. No Sul, João Alberto liderou o ataque às guarnições legalistas em Porto Alegre, ajudando a proteger a capital do Rio Grande do Sul no primeiro dia crucial da revolta. E Miguel Costa comandava uma das três colunas rebeldes que, partindo do Rio Grande do Sul, passaram rapidamente por Santa Catarina e pelo Paraná antes de rumar ao leste em direção a São Paulo. No Nordeste, Juarez Távora supervisionou todas as forças rebeldes, um cargo que refletia não apenas suas raízes locais – ele provinha de uma família poderosa no Ceará –, mas também sua ligação dinâmica com a Coluna Prestes. Por conta das críticas muito públicas ao *Manifesto de Maio*, Távora se distanciou do Cavaleiro da Esperança, embora ainda se posicionasse como um herdeiro do legado da Coluna. Isso lhe deu uma aura de autoridade para comandar o movimento de Vargas nos estados do Norte e Nordeste, onde logo ganhou o apelido de "O Vice-Rei do Norte". Com a figura de Prestes naquele momento envolto em polêmica,

---

73 Manifesto de Getúlio Vargas, 4 de outubro de 1930. Reproduzido em Silva, *A revolução traída*, p.430-433.

surge espaço para outros líderes preencherem esse papel simbólico. Um oficial consular britânico notou que quando Távora "executou sua manobra armada inicial em Pernambuco, o efeito no resto do Norte foi elétrico. Ele se tornou o ídolo do povo; suas (...) [ideias] foram engolidas avidamente pelas massas crédulas; e ele mal teve que disparar outro tiro".[74] Távora, agora o chamado Vice-Rei do Norte, exemplificava o heroico tenente enviado para libertar o sertão e unir o país.

Além de ampliar um vínculo simbólico com o interior do Brasil, a Coluna Prestes também ajudou a abrir o caminho para a revolução de 1930, uma vez que seu ícone principal – o Cavaleiro da Esperança – era um gaúcho. A Coluna estava longe de ser homogênea. Seus principais líderes, para não falar da enorme diversidade dos moradores locais que se juntaram ao longo do caminho, vinham não só do Rio Grande do Sul e de São Paulo, mas também do Ceará e de Pernambuco. Embora a revolta de 1924 tivesse surgido em São Paulo, uma vez que a rebelião atravessou para o exílio, a deificação de Prestes como o Cavaleiro da Esperança mudou a ótica regional do movimento. Com visibilidade e apelo nacional, o mítico Cavaleiro da Esperança possibilitou a ascensão de outro gaúcho, Getúlio Vargas.

As forças de Vargas tomaram o controle do Rio de Janeiro em 24 de outubro de 1930 e anunciaram a criação de um novo governo provisório. Poucos dias depois, Vargas entrou no Rio de Janeiro com uniforme militar, bandana vermelha e chapéu gaúcho de aba larga.[75] E em uma oportunidade fotográfica de encenação simbólica que acabou na primeira página da *Revista do Globo* (Figura 7.8), os homens de Vargas, depois de viajarem de trem para a cidade, cavalgaram pelo centro da cidade e amarraram seus corcéis ao obelisco da Praça Rio Branco. Tais performances baseavam-se na popularidade da Coluna, mesmo sem o apoio do próprio Prestes. Com essa mostra da cultura dos pampas, a chegada de Vargas pressagiava uma nova era: as oligarquias paulista e mineira da República Velha haviam sido substituídas. Alegando ter despertado e unido os vastos recantos do país, os gaúchos tinham chegado à capital brasileira.

---

74 William Seeds, *Foreign Office Annual Report on Brazil, 1930*, escrito em 23 de fevereiro de 1931. FO, Londres, série 371, pasta A, doc. 1849/1849/6.

75 Love, *Rio Grande do Sul and Brazilian Regionalism*, p.242.

Figura 7.8 – Soldados rebeldes atrelam seus cavalos ao obelisco da Praça Rio Branco, Rio de Janeiro. Revista do Globo, *n.21, 1º de novembro de 1930*.

A Coluna Prestes não foi de forma alguma o único motivo da ascensão de Vargas ao poder. Na conclusão de seu livro pioneiro sobre a história brasileira, *Raízes do Brasil*, Sérgio Buarque de Holanda argumenta que a revolução de 1930 foi o ápice de uma longa campanha para revogar os vestígios do antigo sistema colonial. Escrevendo em 1936, antes da virada para o regime autoritário de Vargas, Holanda observou que a grande revolução brasileira não é um fato que se registrasse em um instante preciso; é antes um processo demorado e que vem durando pelo menos há três quartos de século. Seus pontos culminantes associam-se como acidentes diversos de um mesmo sistema orográfico.[76]

Gerações seguintes de estudiosos apontaram os diversos fatores que condicionaram os eventos de 1930, incluindo mudanças dentro das forças armadas como instituição, o surgimento de novas elites regionais apresentando líderes nacionais viáveis, o impacto global da quebra da bolsa de 1929 e uma insatisfação geral com os sistemas políticos da Primeira República, especialmente em relação à posição dominante de São Paulo.[77] No entanto, a conexão – tanto simbólica, quanto política – entre a Coluna Prestes e o sucesso de Vargas era forte o suficiente para que, após a Revolução de 1930, Vargas e seus aliados trabalhassem para dissociar Prestes de sua conexão mitificada com a Coluna. A lenda perdurou, mesmo que sua figura mais proeminente fosse por hora deixada em segundo plano.

No dia seguinte à tomada do Rio de Janeiro pelas tropas de Vargas, uma edição especial do *Diário Carioca* publicou na primeira página uma foto da Coluna Prestes. Sob o título "Os bravos de uma grande epopeia", a imagem mostrava líderes da marcha durante sua passagem por Porto Nacional, Goiás, em outubro de 1925 – conforme mostrado anteriormente nos capítulos 3 e 6, a liderança rebelde estava sentada em frente ao convento da cidade, onde eles ficaram como hóspedes do padre Audrin.[78] Com uma abordagem discreta, de uma figura que havia se tornado *persona non grata*, o jornal mencionou Prestes apenas ao listar os nomes de todas as dezoito pessoas incluídas na foto. Em contraste, Juarez Távora, Miguel Costa, João Alberto e Cordeiro de Farias – os quatro tenentes que se destacaram na então recente revolução de outubro – receberam adoração explícita. A mesma foto, com a mesma legenda, também foi publicada no *Correio da Manhã*.[79] Nas semanas e meses seguintes, uma narrativa triunfante foi repetida interminavelmente, na qual seus defensores proclamavam que a revolução havia unido o país.

---

76 Holanda, *Raízes do Brasil*, p.171.

77 Entre a vasta historiografia sobre a revolução de 1930, para uma leitura inicial ver Fausto, *A Revolução de 1930*.

78 Os bravos de uma grande epopéa, *Diário Carioca*, 25 de outubro de 1930, número especial, p.1.

79 Uma photographia que já se tornou histórica, *Correio da Manhã*, 25 de outubro de 1930, p.3.

Em seu discurso de 3 de novembro ao assumir a chefia do governo provisório, Vargas iniciou apelando a uma identidade nacional inclusiva: "O movimento revolucionário, iniciado vitoriosamente a 3 de outubro, no sul, centro e norte do país, e triunfante a 24, nesta capital, foi a afirmação mais positiva, que até hoje tivemos, da nossa existência, como nacionalidade".[80]

O que esse nacionalismo emergente representava – tanto regionalmente quanto racialmente – e como esperava superar os problemas que atormentaram o Brasil foi exemplificado em um ensaio de Assis Chateaubriand. Em *O Jornal*, Chateaubriand escreveu que o "revolucionário histórico" fundiria os melhores elementos do litoral e do interior do Brasil: "De 1925 a 1926, o Brasil viveu entre dois fogos revolucionários: o do sertão e do litoral. O chefe supremo do caciquismo litorâneo abatia friamente o poder dos seus aliados, os governadores das províncias, à mercê de uma revolução branca".[81] Aqui, Chateaubriand usou uma linguagem tradicionalmente ligada ao interior para se referir ao Brasil como um todo: ao chamar os inimigos de Vargas de "os caciques do litoral", Chateaubriand reaproveitou a figura dos chefes sertanejos para criticar a elite, a velha guarda dos poderosos do Brasil. E, assim como nos exemplos dos jornais citados anteriormente neste capítulo, a invocação de Chateaubriand de um litoral branco oferecia uma metáfora visual que seria familiar aos leitores. Ao colocar o sertão e o litoral em simbologia uníssona – com o primeiro sendo integrado no segundo –, essas afirmações buscavam traçar um novo símbolo de unidade nacional que pudesse ser projetado em todo o mapa do Brasil.

O Cavaleiro da Esperança, em ponte imaginativa entre a longa marcha da Coluna Prestes e os acontecimentos de 1930, serviu como plataforma discursiva para amplificar as mitologias do interior do Brasil. Entre 1927 e 1930, o que mudou não foi tanto a temática ligada ao interior, mas a reivindicação de atores políticos ao longo da costa – políticos, mas também as elites da mídia como Chateaubriand – de terem finalmente trazido o campo para o país. O interior estava agora incluído de maneira retórica no imaginário nacional, e suas populações, supostamente despertadas de sua complacência dormente, eram apresentadas como potenciais participantes

---

80 Getúlio Vargas, discurso de 3 de novembro de 1930. Reproduzido em Vargas, *Discursos, mensagens e manifestos*, p.11-20.

81 Um revolucionário histórico, *O Jornal*, 30 de dezembro de 1930, p.2.

na política brasileira. Como sempre, por detrás do verniz inspirador desse discurso, há conotações romantizadas e de preconceito racial. Esses padrões são exemplificados em um hino de guerra que comemora a revolução de 1930, escrito duas semanas depois que Vargas completou a jornada gaúcha dos pampas do Sul até o palácio presidencial. Nesse nexo entre geografia e mitologia, vemos o simbolismo do interior perdurar:

> Por mares, rios, selvas, colinas! ...
> Louros na fronte dos que venceram!
>
> ...
> Da revolta os primeiros alarmas
> Deste céu sob o límpido azul
> Ecoando, correram às armas
> Os valentes dos pampas do Sul.
> Norte a sul, sul a norte, leste a oeste
> Tudo vibra de intensa emoção
> A avalanche de luz que trouxeste
> Glorifica e redime a Nação.[82]

Esse hino de batalha inclui imagens bastante previsíveis de uma campanha militar vitoriosa – várias de suas linhas se assemelham até ao hino nacional brasileiro que tinha sido escrito sob a Primeira República, recém-derrubada. E a convocação geográfica – norte a sul, sul a norte, leste a oeste – era uma forma de nacionalismo cartográfico destinado a diferenciar o movimento de Vargas da concentração de poder em apenas dois estados da Primeira República. Mesmo que o gesto para uma nação brasileira geograficamente difusa existisse muito mais em nível do discurso do que da política, sua continuidade entre a rebelião tenentista e o novo regime de Vargas insinuava as mudanças que estariam por vir.

---

82 "Vencemos", letra de Henriques de Casaes, música de Octavio Dutra, 12 de novembro de 1930, publicada em Porto Alegre. CPDOC FC tp 1929.09.04 31.

❖ CAPÍTULO 8 ❖

CONFLITOS POLÍTICOS E AS HERANÇAS TERRITORIAIS DO TENENTISMO

Lourenço Moreira Lima pretendia publicar as suas memórias sobre a Coluna Prestes em 1928. Tendo sido o redator oficial da longa marcha tenentista pelo Brasil, ele estava em posição privilegiada para escrever o relato definitivo sobre a marcha. A demanda por conteúdo a respeito era intensa: junto ao fluxo constante de matérias e reportagens em série nos jornais, os ex-rebeldes também começaram a publicar suas próprias crônicas em primeira mão, todas focadas no levante inicial em São Paulo. Em 1927, os participantes da revolta paulista já haviam escrito mais de uma dezena de livros.[1] Após essa primeira eclosão de livros de memórias sobre julho de 1924, mais quatro publicações relatavam uma série mais ampla de eventos relacionados à Coluna Prestes, incluindo um livro de João Cabanas – que tinha desertado em maio de 1925 – e outro que Juarez Távora escrevera principalmente enquanto estava preso em 1926.[2] O livro de memórias de Moreira Lima é o relato mais completo até hoje. Não só era o membro do

---

1 Por exemplo, Costa e Góes, *Sob a metralha*; Americano, *A lição dos factos*; Assis, *Nas barrancas do Alto-Paraná*; Chaves Neto, *A Revolta de 1924*; Távora, *À guisa de depoimento*; Cunha, *No paiz das Amazonas*; Leite, *Dias de pavor*; Soares, *Justiça*; Duarte, *Agora nós!*; Figueiredo, *1924*; Marcigaglia, *Férias de julho*; Noronha, *Narrando a verdade*.

2 Távora, *À guisa de depoimento*; Cabanas, *A Columna da Morte*; Ferreira, *A Marcha da Columna Prestes*; e Gama, *Columna Prestes*.

alto-comando rebelde encarregado de manter registros precisos de toda a marcha, mas, em comparação com os primeiros memorialistas, ele estivera com a Coluna até o fim.

Moreira Lima terminou de escrever a primeira metade de suas memórias em 5 de julho de 1928, aniversário de um ano do dia em que fez seu discurso de "bandeirantes da liberdade" em La Gaiba, Bolívia. Dez dias depois desse discurso, voltou sorrateiramente ao Brasil e trabalhou no livro enquanto morava no Rio Grande do Sul.[3] No final do ano, tudo levava a crer que o livro estava pronto para ser publicado. Em novembro de 1928, *A Manhã* fez uma revisão prévia do livro, observando que constavam mais de quatrocentas páginas no total, incluindo mapas, fotografias e reproduções de documentos originais. O artigo afirmava que o relato em primeira mão de Moreira Lima constituía "o trabalho mais interessante entre os publicados sobre a revolução".[4]

Apesar do que foi sugerido pelo jornal *A Manhã*, o livro não foi lançado. Embora o livro de memórias tivesse sido divulgado ocasionalmente nas notícias, a política turbulenta do final da década de 1920 continuava adiando sua publicação.[5] Quando Moreira Lima aderiu à rebelião que estava sendo planejada por Getúlio Vargas, o livro atrasou ainda mais. Só em novembro de 1930, o mês após a tomada de Vargas ao poder, Moreira Lima encerrou a segunda metade da obra. O livro de memórias foi então publicado no início de 1931 com o título de *Marchas e combates: a Coluna invicta e a revolução de outubro*. Tornou-se a crônica mais aludida da Coluna Prestes. Jorge Amado baseou boa parte da sua biografia de Prestes nas memórias de Lima relacionando-a ao relato de John Reed sobre a Revolução Russa, o historiador Nelson Werneck Sodré comparou-a a *Os sertões* de Euclides da Cunha, e o jornalista Edmar Morel chamou-a de "a Bíblia" da Coluna Prestes.[6] Ao longo do século XX, o livro tornou-se popular não apenas na sociedade litorânea dominante, mas também nas regiões do interior. Quando jornalistas, na década de 1990, refizeram os passos da Coluna, vários

---

3 Moreira Lima, *Marchas e combates*, p.ix.
4 Marchas e combates, *A Manhã*, 15 de novembro de 1928, p.2.
5 Por exemplo, o livro foi referido como "em preparação" em Miguel Costa, no livro de um desafecto, *A Manhã*, 19 de setembro de 1929, p.4.
6 Jorge Amado, prefácio de Moreira Lima, *Marchas e combates*, p.9; as duas últimas citações de Morel, *A Marcha da Liberdade*, p.20-21.

habitantes locais mencionaram as memórias de Moreira Lima referindo-se a ela simplesmente como "o diário", uma abreviação que reflete sua popularidade por todo o país.[7] E muitos estudiosos que escrevem sobre a Coluna, incluindo eu mesmo, recorrem bastante a esse livro de memórias.

Para compreender a memória histórica da Coluna pelo interior, é preciso perceber que a importância do livro de memórias de Moreira Lima vai além de seu vasto público leitor. Ele também pode ser visto como um veículo e um reflexo dos legados territoriais do tenentismo. Na era Vargas, os livros desempenharam um papel vital na evolução da mitologia de Prestes, da Coluna, e do tenentismo de maneira mais ampla. Como esse período foi definido em grande parte pelo impasse entre Prestes e Vargas, qualquer referência à Coluna tinha que ser feita com cautela. Apesar de ter se tornado o inimigo público número um de Vargas, Prestes não poderia ser totalmente apagado da narrativa pública. Suas façanhas no interior tinham fornecido um núcleo simbólico do movimento tenentista, e essa fusão do espaço geográfico com a nação continuou sob Vargas, momento em que as batalhas sobre como representar a Coluna nos livros de memórias se tornaram uma disputa sobre quem detinha a legitimidade para definir o legado do tenentismo.

Este capítulo discute o simbolismo da Coluna Prestes entre 1930 (quando Vargas assumiu o poder) e 1954 (quando se suicidou). Como um meio de entrelaçar as trajetórias dos ex-líderes tenentistas durante a turbulenta era Vargas – dando mais atenção aos eventos-chave na vida e política de Prestes –, o texto concentra-se principalmente em memórias e livros sobre a Coluna, analisando seu conteúdo (a forma como os escritores descreviam a passagem dos rebeldes pelo interior), bem como os contextos de sua publicação. Por exemplo, cada edição posterior das memórias de Moreira Lima, em 1934 e 1945, incluía um novo prefácio que utilizava a história da Coluna para criticar o regime Vargas, e além da biografia de Prestes – escrita por Jorge Amado como parte de uma campanha internacional para ajudar a libertar Prestes da prisão – nenhuma das memórias foi publicada durante os nove anos (1936-1945) em que ele esteve preso. Do contrário, elas só surgiram nos momentos em que o papel de Prestes na sociedade era relativamente menos polêmico, como antes da revolta comunista de 1935 ou depois de 1945, quando o controle de Vargas sobre o poder se afrouxou.

---

7 Por exemplo, Na trilha da Coluna Prestes, *Manchete*, 9 de março de 1996, p.59 e p.61.

Indício do apelo simbólico duradouro da Coluna, as memórias foram escritas não só por líderes tenentistas (Moreira Lima, João Alberto Lins de Barros e Ítalo Landucci), mas também por militares que lutaram contra os rebeldes, como Bertoldo Klinger (o principal perseguidor da Coluna em 1925) e Setembrino de Carvalho, ministro da Guerra durante a maior parte da rebelião. Seja qual fosse o lado para qual o pêndulo político estava oscilando em um determinado momento, as visões do interior serviam sempre como uma forma de capital político. Tanto na tentativa de empoderar o povo do interior (a estratégia escolhida por Prestes, o Partido Comunista e outros setores progressistas) ou na expansão da presença do estado no interior por Vargas, as paisagens e as pessoas do sertão ganhavam nova relevância nos esforços de se liderar o país.

VARGAS NO PODER E O FANTASMA DO INTERIOR DO BRASIL

Poucos meses após a revolução de 1930, o livro de memórias de Moreira Lima mostrava forte indício de que seria aquele que iria definir o legado da Coluna Prestes. Como citado no Capítulo 3, o prefácio do livro dava uma primeira indicação de como Moreira Lima apresentaria o interior: "O sertão, nessas páginas, apresenta-se em toda a sua beleza selvagem, contrastando o esplendor do quadro magnífico com o deplorável estado mental de sua gente".[8] Inspirando-se na tradição de *Os sertões*, a descrição dualista de Moreira Lima perpassa todo o livro, pois o esplendor do entorno natural se justapõe constantemente ao atraso presumido das comunidades. Ansioso por mostrar suas observações detalhadas da topografia do Brasil, Moreira Lima oferece uma gama aparentemente infinita de imagens do espaço geográfico. Neste exemplo, proclama que a Coluna

> transpôs centenas de rios caudalosos; galgou montanhas sem conta; rompeu florestas impérvias; rasgou caatingas selvagens; atravessou atoleiros insondáveis e pantanais extensos; galopou nos pampas rio-grandenses e nos gerais das altas chapadas mineiras e baianas nos agrestes da região sertaneja do Nordeste.[9]

---

8 Moreira Lima, *Marchas e combates*, p.xv.
9 Ibid., p.139.

Por esse ângulo, ele mostra que os tenentes rebeldes passaram a conhecer intimamente as vastas regiões da nação brasileira. Comparando as suas descrições do ambiente natural – consideradas marcadores de uma grande e orgulhosa nação –, Moreira Lima tendia a apresentar o povo do interior como um obstáculo ao futuro desenvolvimento do Brasil. Como visto, novamente, nas frases mais representativas do livro:

> no interior, o povo é semibárbaro, não tendo noção nítida da Pátria (...), é uma massa amorfa que não tem a ideia de liberdade, um verdadeiro rebanho de brutos, vivendo uma vida puramente vegetativa. É um simples ajuntamento de párias, guiados pelos impulsos inconscientes dos instintos inferiores (...). O sertanejo, evidentemente, estacionou nos degraus inferiores da escala ascendente da civilização.[10]

A revolução de 1930 mudou o cálculo do que se poderia alcançar com essas representações. Considerando que as referências anteriores a essa narrativa exprimiam *por que* os tenentes mereciam governar – por exemplo, sua reivindicação de ter unificado a nação –, agora que estavam, de fato, no poder a questão mudou para a *maneira como* iriam governar. Revelando uma sensibilidade política que se estenderia por todo o espectro político nas próximas décadas, Moreira Lima encerra seu livro com uma série de proscrições de políticas que destacavam os problemas das populações do interior do Brasil. Com Vargas no poder, tais pronunciamentos também serviam de denúncias do governo anterior, uma vez que os tenentistas procuraram associar o atraso do interior à recém-deposta Primeira República. Na seção final de suas memórias sobre a Coluna Prestes, Moreira Lima delineava a forma como o novo governo poderia desenvolver o país. Antes de listar as demandas políticas, como o voto secreto e a reforma judicial, menciona pela primeira vez os camponeses e a necessidade de levar "dezenas de milhares de escolas" a novas regiões do país, tão distantes quanto "no vale amazônico, nos sertões do Nordeste, nas regiões montanhosas, nos pantanais mato-grossenses e nas campanhas gaúchas".[11] Certamente, as campanhas de modernização rural também foram impulsionadas por fatores não relacionados à Coluna Prestes. No entanto, sua influência na tra-

---

10 Ibid., p.239-240.
11 Moreira Lima, *Marchas e combates*, p.362, v.II.

jetória do tenentismo fez que as preocupações com o interior muitas vezes mantivessem uma âncora simbólica no legado da longa marcha. No final de suas memórias, Moreira Lima exorta o governo Vargas como aquele que

> melhor representará o nosso belíssimo firmamento e mais falará às nossas almas, nesta fase memorável da nossa história, quando sentimos os nossos corações pulsar de alegria pela vitória da Liberdade, de que a Coluna Prestes foi a vanguarda imperttérrita e invencível, na sua marcha imortal, através dos sertões.[12]

O interior era visto não só como o espaço onde a Coluna Prestes havia traçado sua "marcha imortal", mas também como uma paisagem mítica capaz de ajudar o Brasil a cumprir seu destino.

O período entre 1930 e 1954 foi marcado por esforços continuados no campo da política e do discurso para modernizar o sertão e incorporá-lo melhor ao Estado-nação. Em seu estudo seminal dos imaginários políticos na década de 1930, Eliana de Freitas Dutra argumenta que a ligação entre Vargas e Prestes pode ser em geral entendida como uma competição de quem detinha a legitimidade para proteger a terra, ou mais especificamente como escreve Dutra, o solo: "Na sua ligação aos extremos de berço e sepulcro, nascimento e morte, sobrevoa um vínculo de destino que, a nosso ver, informa um forte componente do sentimento patriótico e nacionalista que (...) [resulta na] idolatria do solo".[13] Embora os direitos trabalhistas e proteções legais não se aplicassem aos trabalhadores rurais assalariados, como os da cana-de-açúcar, até a década de 1960, Vargas promoveu os primeiros passos no Brasil em direção à reforma do campo. Em seu discurso de posse como chefe do governo provisório, apenas uma semana após suas forças tomarem o poder, Vargas incluiu em sua lista de prioridades nacionais "promover, sem violência, a extinção progressiva do latifúndio, protegendo a organização da pequena propriedade, mediante a transferência direta de lotes de terra de cultura ao trabalhador agrícola".[14] Como parte de seu novo governo, Vargas autorizou a criação de sindicatos, tanto para trabalhado-

---

12 Ibid., p.371.
13 Dutra, *O ardil totalitário*, p.154.
14 Vargas, discurso de 3 de novembro de 1930. Reproduzido em Vargas, *Discursos, mensagens e manifestos*, p.19.

res urbanos quanto rurais, para fornecer aos membros proteção legal, treinamento e assistência social.[15] Mas, organizar os trabalhadores agrícolas em sindicatos corporativos apoiados pelo Estado era uma tarefa bem mais distinta do que lidar com o isolamento social e político mais amplo do interior do Brasil. Como veremos, depois que Vargas consolidou seu poder com a ditadura do Estado Novo de 1937, supervisionou várias iniciativas da chamada Marcha para o Oeste, que veio a expandir a presença física e imaginativa do governo no interior. A preocupação com o futuro dessas áreas era uma outra forma de diferenciar o novo regime da Primeira República e, assim, reforçar a legitimidade da Revolução de 1930.

Meio ano após o início do regime de Vargas, as comemorações de 5 de julho foram um teste de quanta credibilidade o governo daria à marcha rebelde pelo interior. Conforme demonstrado nos capítulos anteriores, essa data funcionava como um símbolo comemorativo do avanço da causa tenentista. No entanto, a cisão com Prestes no ano anterior tinha complicado a questão, e o 5 de julho sob o novo regime foi então marcado por escolhas delicadas em que Vargas e seus aliados buscavam prestar homenagem à Coluna, mas não ao próprio Prestes. Em quase todos os casos, Prestes foi retirado das comemorações. À semelhança do que aconteceu após a vitória de Vargas no final de outubro de 1930, as comemorações de 5 de julho mencionaram a Coluna, mas omitiram o nome de Luís Carlos Prestes.[16] Mas nem todos os comentários se esquivaram do Cavaleiro da Esperança. Na comemoração no Rio de Janeiro, a poetisa Rosalina Coelho Lisboa proferiu um discurso no qual não apenas mencionou Prestes explicitamente, mas enquadrou sua visão do futuro do Brasil como a continuação da luta pela liberdade que ele promoveu por todo o país. Coelho Lisboa exclamou que uma luz-guia continuamente

> Vem das florestas, ecoando ainda a marcha da Coluna sob o comando de Luís Carlos Prestes, do Maranhão ao Uruguai, do Atlântico à Bolívia, combatendo inimigos cem vezes mais poderosos, e a fome, e as doenças e as intempéries! (…) Vem

---

15 Decreto n.19.770, aprovado em março de 1931. "Regula a sindicalização das classes patronaes e operárias e dá outras providências". Disponível em: http://www.planalto.gov.br/ccivil_03/decreto/Antigos/D19770.htm; acessado em 28 de outubro de 2020.

16 Por exemplo, "De pé, os mortos!". *O Jornal*, 10 de julho de 1931, p.6.

das centenas de brasileiros anônimos, cujos corpos trucidados marcam, pelo coração do Brasil, a avançada apoteótica da revolução![17]

A disposição de Coelho Lisboa de se alinhar a Prestes publicamente refletia a sua própria política: ela que era uma escritora célebre e delegada frequente em conferências internacionais de mulheres, também logo se tornaria um membro proeminente do movimento integralista, de inspiração fascista e de direita. Em geral, foram as figuras mais combativas – os integralistas de direita, assim como os comunistas de esquerda como Jorge Amado – que se recusaram a ignorar Prestes. Nos anos seguintes, as referências a Prestes serviriam como crítica indireta ao regime de Vargas.

O CAVALEIRO DA ESPERANÇA E A POLARIZAÇÃO DA POLÍTICA BRASILEIRA

À medida que o nome de Prestes continuava a assomar como um fantasma central, embora polêmico, nos anos após a Revolução de 1930, ele próprio se radicalizou ainda mais. Esse processo se acelerou quando ele foi novamente forçado a mudar de país. Após a entrada em vigor do recém--instalado governo militar argentino, Prestes mudou-se para Montevidéu, no Uruguai, onde encontrou trabalho como capataz em uma construtora de encanamentos.[18] Foi de Montevidéu que Prestes acompanhou a notícia do sucesso de Vargas em outubro de 1930. Duas semanas depois de tomar o poder, Vargas publicou uma lei oficial de anistia que absolveu todos os rebeldes da década anterior.[19] Muitos dos ex-companheiros de Prestes abraçaram a nova abertura política e assumiram papéis importantes no regime de Vargas: João Alberto Lins de Barros tornou-se o interventor de São Paulo (governador nomeado pelo governo federal), Miguel Costa foi nomeado comandante da Força Pública de São Paulo (polícia estadual), Osvaldo Cordeiro de Farias foi designado para o Ministério da Guerra e

---

17 Rosalina Coelho Lisboa, Rio de Janeiro, 5 de julho de 1931. Fonte: CPDOC, RCL 1931.07.07.

18 Prestes, *Luiz Carlos Prestes*, p.135.

19 Decreto n.19.395, 8 de novembro de 1930. A lei também incorporou automaticamente os rebeldes ao exército. Como Prestes recusou a anistia e permaneceu no exílio, tecnicamente ele se tornou um desertor do exército; após sua prisão em 1936, o regime de Vargas, entre outros crimes, o acusou de deserção desde 1930.

Juarez Távora viria a servir como secretário da Agricultura. Prestes, por outro lado, permaneceu exilado em Montevidéu onde estreitou sua colaboração com o Partido Comunista Uruguaio.[20] Influenciado por líderes comunistas e ansioso para obter a aprovação do Comintern e do PCB, Prestes escreveu outro manifesto. Em março de 1931, denunciou veementemente sua política anterior, incluindo seu papel original como tenente.[21] Embora o PCB permanecesse cético em relação a Prestes por muitos anos, o novo documento foi visto de forma muito favorável pelo Comintern.

Em meados de 1931, Prestes foi convidado a morar na União Soviética e, no final de setembro, partiu de Montevidéu para uma primeira parada em Le Havre, na França. Sua mãe e irmãs viajaram separadamente para a Alemanha, onde se reuniram com Prestes e seguiram juntos para Moscou, aonde chegaram em novembro.[22] Prestes trabalhou primeiro como engenheiro em um ministério do governo que supervisionava grandes projetos industriais, e mais tarde se tornou oficial de comunicações no Instituto Agrário Internacional do Comintern, onde escrevia artigos – em português ou francês, que depois eram traduzidos para o russo – sobre tópicos como reforma agrária. Em outubro de 1934, Moscou sediou a III Conferência dos Partidos Comunistas da América do Sul e do Caribe. Nessa conferência, o secretário-geral do PCB Antônio Maciel Bonfim deliberou com o Comitê Executivo da Internacional Comunista (CEIC) sobre as condições no Brasil, e foi decidido que Prestes deveria retornar ao país para ajudar a organizar uma revolta armada contra Vargas. Para salvaguardar a viagem de Prestes de volta ao Brasil, o Comintern designou-lhe um guarda-costas: uma militante alemã chamada Olga Benário. Aos 26 anos quando conheceu Prestes – dez anos mais velho –, Benário era uma líder da Juventude Comunista Internacional, com experiência na organização de grupos na Alemanha, Grã-Bretanha, França e União Soviética. Benário e Prestes foram apresentados poucos dias antes de partirem para o Brasil, viajando incógnitos como portugueses recém-casados em lua de mel.

Como se sabe, enquanto fingiam ser um casal, Prestes e Benário apaixonaram-se. Os dois deixaram Moscou em 29 de dezembro de 1934 e, com documentos falsos em mãos, fizeram uma viagem de quatro meses pela

---

20 Detalhes sobre Prestes no Uruguai são de Prestes, *Luiz Carlos Prestes*, p.13-39.

21 Carta Aberta, 12 de março de 1931, reproduzida em Bastos, *Prestes e a revolução social*, p.220-231.

22 Salvo indicação em contrário, os detalhes sobre a passagem de Prestes na União Soviética são de Prestes, *Luiz Carlos Prestes*, p.140-162.

Europa, de lá para os Estados Unidos, depois descendo para a América do Sul. Acabaram chegando clandestinamente ao Rio de Janeiro em 17 de abril de 1935.[23] Após oito anos no exílio, o Cavaleiro da Esperança havia retornado.

Durante os três anos de Prestes na União Soviética, o regime Vargas enfrentava cada vez mais fricção interna. Os legados controversos do tenentismo foram demonstrados nas atas do Clube 3 de Outubro – batizado a partir da data em 1930 em que Vargas lançou a sua revolta em larga escala. O Clube fora fundado originalmente em fevereiro de 1931, poucos meses depois que Vargas assumiu o poder, e o seu primeiro presidente, Góis Monteiro, via no grupo uma plataforma para a criação de uma base tenentista de apoio à revolução de Vargas. O historiador John W. F. Dulles afirma que, no período inicial de Vargas, o Clube 3 de Outubro era "a força política mais forte do país".[24] Não demorou muito para que se formasse uma cisão entre os setores moderados e os mais radicais. Um ano após a fundação, Góis Monteiro renunciou à presidência que foi assumida pelo tenente radical Pedro Ernesto. Médico e defensor da saúde pública que se juntou à Revolução de 1930 como líder civil, Ernesto exemplificava a ala do tenentismo que, embora não apoiando explicitamente a adoção do comunismo por Prestes, ainda assim promovia uma visão mais radical. Sob a liderança de Ernesto, o Clube começou a defender reformas de maior alcance. Em fevereiro de 1932, o Clube lançou seu Programa Revolucionário que enfatizava, entre outros itens, a necessidade de enfrentar os problemas agrários do Brasil ao dar aos trabalhadores rurais os mesmos direitos que os dos setores urbanos, além da participação nos lucros entre proprietários de terras e camponeses. O Clube também buscou enquadrar o campo, de forma mais ampla, como um espaço social a ser tratado com respeito, declarando que "quem trabalha a terra merece se beneficiar de sua renda".[25]

As demandas cada vez mais radicais do Clube 3 de Outubro fizeram que se desencadeasse uma crise política. Como os tenentes viam um governo central forte como a chave para implementar as reformas desejadas, argumentavam que Vargas deveria continuar governando por autoridade provisória, em vez de convocar novas eleições. Em contrapartida, vários

---

23 Reis, *Luís Carlos Prestes*, p.172-173.
24 Dulles, *Vargas of Brasil*, p.83.
25 Clube 3 de Outubro, "Esboço do Programa Revolucionário de Reconstrução Política e Social do Brasil", fevereiro de 1932; conforme citado em Welch, *Vargas and the reorganization of rural life*, p.6.

grupos pediam que o Brasil fosse "reconstitucionalizado". Dentre eles, líderes liberais alinhados a Vargas em estados como Rio Grande do Sul e Minas Gerais que viam as eleições como uma forma de ganhar influência no governo federal e, consequentemente, manter um certo nível de autonomia regional. Sinalizando a iminente crise nacional, havia um segundo – e mais reacionário – grupo de constitucionalistas, formado pelos líderes de São Paulo que se opunham fortemente a Vargas. Para eles, as propostas do Clube 3 de Outubro eram particularmente alarmantes, pois reduziriam significativamente os lucros e o poder político das elites agrícolas paulistas.

As rivalidades políticas durante os primeiros dois anos de Vargas no poder chegaram ao auge em julho de 1932, quando uma contrarrevolução eclodiu em São Paulo, a Revolução Constitucionalista, espécie de guerra civil que deixou cerca de 2 mil mortos.[26] Após três meses de luta, as forças federais reprimiram a rebelião. Entre as amplas repercussões do conflito estava o fato de que o equilíbrio de poder dentro da coalizão do governo de Vargas foi fundamentalmente mudado. Antes, ele havia permitido que os vários ramos do tenentismo coexistissem, apesar de seus antagonismos; como Thomas Skidmore observa, "o estilo político maquiavélico de Vargas encorajava cada um desses grupos a fazer valer suas reivindicações".[27] No entanto, como Vargas precisou de forte apoio dos militares para suprimir os rebeldes de São Paulo, os setores mais conservadores do regime saíram revigorados. E na sequência da revolta de 1932, Vargas se movimentou para consolidar a estabilidade de seu próprio governo apaziguando estrategicamente os movimentos regionais e políticos divergentes. Para os constitucionalistas liberais, prometeu eleições e uma nova constituição. Aos rebeldes de São Paulo, ofereceu anistia total por seu levante e ordenou que o Banco do Brasil assumisse as dívidas de guerra. E para os tenentes – por mais díspar que o movimento tenha se tornado –, Vargas fez questão de que a Constituição de 1934, aprovada em julho daquele ano, incluísse várias de suas reivindicações de longa data, como eleições livres, imparcialidade do Judiciário e compromissos federais com o desenvolvimento econômico e com o bem-estar social.

A biografia de Moreira Lima foi reeditada quando Vargas promulgou a Constituição de 1934. Embora não seja uma segunda edição *per se*, a reimpressão de 1934 foi veiculada pela Legião Cívica 5 de Julho. Inicial-

---

26 Weinstein, *The Color of Modernity*, p.74.
27 Skidmore, *Politics in Brazil*, p.14.

mente alinhada com Vargas, a Legião Cívica logo assumiu as características do que Adalberto Coutinho de Araújo Neto chama de "o socialismo tenentista", defendendo um amplo leque de reformas sociais que incluíam a extinção do latifúndio, sindicalização de todos os trabalhadores, imposto territorial nacional e uma forma parlamentar de governo.[28] Quando o apoio inicial da Legião Cívica a Vargas rapidamente se esvaiu, ela se tornou alvo da repressão governamental. Em julho de 1934, sua sede foi invadida – a mando de Góis Monteiro, o recém-nomeado ministro da Guerra – e o grupo foi forçado a se dissolver totalmente. Foi nesse contexto, então, que a Legião Civil reimprimiu as memórias de Moreira Lima como um ato abertamente político. Destaca-se o fato que o livro continha um novo prólogo que usava a mitologia da Coluna como forma de atacar o regime de Vargas:

> a Legião Cívica 5 de Julho de São Paulo promove a divulgação da verdadeira Odisseia, de bravura, de sangue, de martírio e de glória, que foi a vida acidentada da Coluna (...) pelas cidades e sertões do Brasil. No momento presente, quando a nebulosa política vagueia soprada de um a outro quadrante por ventos desencontrados de aspirações ou de ambições, consideramos que melhor serviço não poderíamos prestar à revolução do que recordar a todos, o que foram esses momentos de luta árdua por um ideal (…). Aos vivos que ainda sentem a aspiração que os levou a comparticipar dos trabalhos, dos sofrimentos e das glórias daquela época, a segurança, de que – hoje como então – o Brasil, o verdadeiro Brasil, o Brasil que sofre as misérias que os politiqueiros lhe impõem, vibra pelo mesmo ideal.[29]

No ano seguinte à reedição, o livro foi posto no meio do impasse que se desenrolava entre Vargas e seus oponentes. Os esforços de Vargas para silenciar seus críticos culminaram na Lei de Segurança Nacional de 4 de abril de 1935, um amplo conjunto de políticas destinadas a reprimir a oposição. Nesse clima, um jornal pró-Vargas – *O Radical* – aproveitou a oportunidade para proporcionar uma reprodução quase inédita das memórias de Moreira Lima sobre a Coluna Prestes. Havia uma longa história de matérias serializadas a respeito, com vários jornais publicando séries de oito ou nove partes no final dos anos 1920. *O Radical* fez o oposto da Legião Cívica, que usou o livro para denunciar Vargas um ano antes. A partir de abril, reimprimiu

---

28 Neto, *O socialismo tenentista*.
29 Moreira Lima, *Marchas e combates*, p.IX.

o livro inteiro dele ao longo de seis meses. No total, foram 138 artigos separados.[30] Com exceção de uma pequena parte do primeiro capítulo do livro – no qual Moreira Lima discute bolchevismo –, *O Radical* reimprimiu tudo palavra por palavra. Raramente se passavam mais do que alguns dias sem a publicação de um trecho das memórias. Houve um momento, quatro meses após o início da série, em que *O Radical* até pediu desculpas aos leitores após vários dias terem se passado sem um artigo, citando restrições de espaço, mas prometendo imprimir a próxima sequência no dia seguinte.[31]

Figura 8.1 – Capa de O Radical, *18 de abril de 1935.*

---

30 "A História da Columna Prestes", *O Radical*, 17 de abril a 19 de outubro de 1935.
31 A columna Prestes, *O Radical*, 22 de agosto de 1935, p.6.

A reimpressão das memórias de Moreira Lima vinculou a história da Coluna Prestes à evolução da crise política dos meados da década de 1930. Conforme mostrado na Figura 8.1, as manchetes e artigos sobre a política corrente se desenrolavam ao lado dos eventos mitificados da marcha da Coluna. Ao longo da reprodução das memórias, o texto de Moreira Lima muitas vezes foi exibido paralelamente a conteúdos abertamente favoráveis a Vargas. Na Figura 8.1, acima "A história da Coluna Prestes" também há um artigo intitulado "Solidariedade irrestricta ao presidente da republica". Enquanto *O Radical* intensificava seu apoio a Vargas, as memórias de Moreira Lima condensavam o passado e o presente da rebelião no Brasil. Ao fundir as duas plataformas principais da mitologia da Coluna – jornais e livros de memórias –, *O Radical* transformou o legado da marcha em uma arma.

A Aliança Nacional Libertadora

Nos seis meses em que *O Radical* divulgou as memórias de Moreira Lima, uma de suas principais histórias – como em jornais de todo o Brasil – foi a ascensão e queda da Aliança Nacional Libertadora (ANL). A organização, conforme observado pelo historiador John French, foi uma "aventura revolucionária estimulante, embora de curta duração (...) [que] prometia a substituição imediata da ordem vigente por um 'governo popular' que iria contra o fascismo, o imperialismo e os grandes proprietários de terras".[32] Lançada oficialmente em março de 1935 – um mês antes de Prestes e Olga Benário retornarem ao Brasil, e quatro meses antes de a política da Frente Popular do Comintern autorizar precisamente esse tipo de campanha –, a ANL reunia uma grande faixa das correntes radicais do Brasil, uma vez que a facção dos tenentes anti-Vargas compartilhavam as causas dos socialistas, trotskistas, anarquistas e comunistas. Entre seu lançamento, em março, e sua proibição pelo governo, em julho, a ANL cativou a atenção do público, assim como a ira de Vargas. Daniel Aarão Reis escreve que durante os quatro meses de existência da ANL "era a primeira – e última – vez na história que todas as esquerdas do país se agrupavam sob uma única legenda".[33] Em

---

32 French, *The Brazilian Workers' ABC*, p.62-63.
33 Reis, *Luís Carlos Prestes*, p.175-176.

um curto período, a ANL contava com mais de 1,5 mil capítulos e 100 mil membros, sendo 50 mil somente no Rio de Janeiro.

Desde o seu início, a ANL se apoiava em grande parte no simbolismo de Prestes. Durante a reunião de fundação da ANL, no Teatro João Caetano, no Rio de Janeiro, a entidade escolheu Prestes como seu presidente honorário.[34] Assim, apesar de ainda não ter voltado ao Brasil, ele já era uma figura destacada da ANL. À medida que outros núcleos da ANL proliferavam nos meses seguintes, crescia paralelamente a influência de Prestes. Em vários comícios em maio e junho, foram realizadas cerimônias em homenagem à Coluna Prestes, com os líderes da ANL apresentando e hasteando uma bandeira que teria supostamente sido usada pelos tenentes durante sua marcha pelo interior.[35] Um panfleto de um desses comícios proclamava "Pela Aliança Nacional Libertadora! Por Luís Carlos Prestes!".[36] A incorporação do simbolismo de Prestes à ANL repercutiu em muitos dos grupos militantes afiliados, principalmente no Partido Comunista Brasileiro, cujo número crescente de membros nos anos anteriores também incluía os militares. Como recontado no livro de memórias de Gregório Bezerra, o famoso sargento pernambucano e membro do PCB,

> Prestes continuava sendo, na mentalidade do povo brasileiro, o cavaleiro de suas esperanças, e sua inclusão nas fileiras do PCB foi uma magnífica contribuição para o fortalecimento e desenvolvimento do partido em todos os setores, principalmente nos quartéis.[37]

E em 5 de julho, o dia mais significativo da tradição tenentista, Prestes lançou um manifesto que foi amplamente divulgado nos jornais e lido em seu nome na comemoração da ANL. Procurando fazer uma ponte entre a luta daquele momento da ANL e a história mais longa do tenentismo, Prestes declarou que "Nós, os aliancistas de todo o Brasil, mais uma vez, levantamos hoje, bem alto, a bandeira dos '18 do Forte', a bandeira de Catanduvas, a bandeira que tremulou em 1925, nas portas de Teresina, depois

---

34 Ibid., p.175.
35 A bandeira da columna Prestes em um comício da ANL, *Diário da Noite*, 28 de maio de 1935, p.5; e Um comício hoje, à noite, em Nictheroy, *Diário da Noite*, 1 de junho de 1935, p.2.
36 Folheto para o comício da ANL, 2 de junho de 1935. AEL, IC, n.8, p.23.
37 Bezerra, *Memórias*, p.234.

de percorrer, de Sul a Norte, todo o Brasil".[38] Tendo estabelecido suas raízes nas batalhas tenentistas da década anterior, o manifesto de Prestes mostra uma mudança de atitude, esboçando uma postura radical e inflexível. A ANL ainda não havia adotado uma plataforma oficial – muito menos um discurso – de insurreição armada, mas Prestes agora declarava que "a situação é de guerra e cada um precisa ocupar o seu posto (...) Brasileiros! Todos vós que estais unidos pela ideia, pelo sofrimento e pela humilhação de todo Brasil! (...) Vós que nada tendes para perder, e a riqueza imensa de todo Brasil a ganhar!". Encorajado pela recepção que recebeu ao retornar ao Brasil, ele procurou aproveitar a ascensão meteórica da ANL para cumprir a visão comunista que ele havia abraçado durante seus anos no exílio.

Em uma reviravolta irônica que mostrou o quanto a percepção que a grande mídia tinha de Prestes havia mudado em poucos anos, um de seus primeiros divulgadores, o editor de jornais Assis Chateaubriand, passa a se tornar um crítico ferrenho. Anticomunista obstinado, Chateaubriand chama Prestes de "o Cavaleiro da Lua", escarnecendo dele como sendo um radical sem noção, cujas ideias patéticas ameaçavam a nação.[39] Da mesma forma que Chateaubriand havia originalmente usado as imagens do interior brasileiro para ajudar a cultivar a lenda da Coluna, agora adotava a mesma postura para com o campo de forma a deslegitimar Prestes. Referindo-se ao recente manifesto e às suas declarações enfáticas, Chateaubriand afirmou que Prestes havia deixado de ser "o capitão do mato" e que tinha se transformado em "em uma sentinela perdida no meio de uma selva de pontos de exclamação".[40]

Logo após quatro meses de mobilização sem precedentes, o manifesto teve uma consequência imediata. Embora Prestes esperasse que isso impulsionasse a ANL para uma nova fase, Vargas encontrou a desculpa perfeita para encerrar o movimento.[41] Menos de uma semana após o lançamento do documento, o presidente declarou a ANL na ilegalidade, a polícia invadiu sua sede e prendeu vários dos líderes. Tecnicamente, a ANL foi suspensa

---

38 O manifesto do sr. Luiz Carlos Prestes, *O Jornal*, 6 de julho de 1935, p.11.

39 O Cavalleiro da Lua, *O Jornal*, 6 de julho de 1935, p.2.

40 Confirme citado em Morais, *Chatô*, p.252.

41 Reis oferece uma boa visão geral dos debates – tanto políticos da época, como historiográficos desde então – sobre o manifesto de Prestes (Reis, *Luís Carlos Prestes*, p.177-178).

por apenas seis meses, mas na prática ela acabou.[42] Enquanto os sindicatos, especialmente os da região metropolitana de São Paulo, continuavam a fazer greves durante os meses de agosto e setembro, a ANL se dissolveu ainda mais rápido do que havia se formado.[43] À medida que a Aliança diminuía em número e influência, Prestes permanecia como um para-raios. Para seus partidários, ele oferecia a esperança de um confronto direto com o regime Vargas. Depois que a ANL foi banida, seus membros restantes provinham em sua maioria dos dois grupos que ainda compartilhavam a visão de Prestes de uma insurreição armada: a facção revolucionária do PCB e os radicais remanescentes do grupo dos tenentes. Para seus detratores, por outro lado, a presença iminente de Prestes era uma prova contínua de que a ANL era nada mais do que um fantoche soviético.

No final de setembro, foi bastante noticiado que o *Pravda*, o jornal oficial do Comintern, tinha publicado um artigo extenso sobre Prestes. A cobertura no Brasil incluía uma reprodução integral (Figura 8.2) do artigo na língua original com letras em cirílico.[44] A notícia dizia respeito aos procedimentos do VII Congresso Mundial do Comintern, que acontecera em Moscou em julho e agosto. Motivado pelo espectro do fascismo crescente em toda a Europa, o VII Congresso descartou o programa anterior de guerra de classes em favor de uma nova Frente Popular através da qual os Partidos Comunistas poderiam fazer coalizões para avançar em suas metas revolucionárias. Como um sinal da imagem em ascensão de Prestes, ele foi eleito, em ausência, para o Comitê Executivo do Comintern. Como ele continuava a viver e se organizar clandestinamente no Rio de Janeiro, esses artigos sugeriam que ele estava tramando uma guerra guiada pelo PCB contra o regime corrente. Afinal, esses relatórios eram de fato precisos.

No dia 23 de novembro de 1935, eclodiu uma revolta, ocorrendo primeiro nas guarnições nordestinas de Natal e Recife – chefiada pelo sargento e militante Gregório Bezerra e pela direção do PCB do Recife.[45] Dois dias depois da revolta nos quartéis nordestinos, Prestes iniciou um levante

---

42 Skidmore, *Politics in Brazil*, p.22.

43 Para mais informações sobre as greves sindicais após julho, ver French, *The Brazilian Workers' ABC*, p.64-65.

44 Orientação Communista da A.N. Libertadora, *Diário Carioca*, 21 de setembro de 1935, p.3; e Um documento esmagador, *O Jornal*, 21 de setembro de 1935, p.5.

45 Bezerra, *Memórias*, p.238-246.

Figura 8.2 – Perfil de Luís Carlos Prestes no jornal soviético Pravda, *por ocasião da sua eleição para a Comissão Executiva do Comintern, reproduzido no* Diário Carioca *de 21 de setembro de 1935, p.3.*

no Rio de Janeiro.[46] A essa altura, as forças de Vargas tiveram bastante tempo para se preparar para tal movimento. Os militares foram avisados que a revolta no Rio de Janeiro seria lançada por rebeldes do 3º Regimento de Infantaria estacionados na Praia Vermelha – sinalizando o alcance limitado

---

46 Para um relato mais detalhado das revoltas, e em particular das ações da Coluna, ver Prestes, *Luiz Carlos Prestes*, p.173-184; e Reis, *Luís Carlos Prestes*, p.181-188.

do PCB, sua revolta ocorreu entre membros do partido no setor militar, em vez de entre a classe trabalhadora. Djalma Dutra, que tinha sido um dos comandantes do destacamento de Prestes durante a longa marcha pelo interior, liderou o contra-ataque do governo, e o levante foi reprimido no início da tarde.[47] A insurreição comunista tinha fracassado.

Se o manifesto de Prestes em julho tinha dado a Vargas um pretexto para fechar a ANL, a revolta de novembro permitiu que fosse ainda mais longe. Com a prova em mãos de uma conspiração comunista real, Vargas agiu decisivamente para fortalecer seu próprio poder e reprimir seus oponentes.[48] Nos meses seguintes, o governo endureceu a Lei de Segurança Nacional, aprovou uma série de emendas constitucionais que deram ao Executivo maiores poderes e prendeu milhares de pessoas, mantendo muitas delas presas a bordo de um antigo navio atracado na costa do Rio de Janeiro. Líderes proeminentes estavam entre os encarcerados, incluindo vários membros do Congresso. A maior parte da liderança do PCB também foi detida. Prestes e Olga Benário escaparam à captura e ficaram quase meio ano foragidos.

Enquanto o regime de Vargas prendia supostos dissidentes nos últimos meses de 1935 e no início do ano seguinte, Prestes e Benário permaneceram escondidos. Sem possibilidades de sair do país, Prestes e Benário ficaram quietos, refugiados durante meses numa casa no subúrbio carioca. Nesse ponto, a parceria militante da dupla havia se transformado em uma parceria romântica. Foi em 1936 que Benário engravidou.[49] Dado que sua filha, Anita Leocádia, nasceu em 27 de novembro, tudo sugere que tenha sido concebida durante o que vieram a ser os últimos dias de liberdade para o casal. Na madrugada de 5 de março de 1936, a polícia cercou a casa e prendeu os dois. Eles foram conduzidos à delegacia central e, após um breve interrogatório, foram separados. Nunca mais voltariam a se ver.

A prisão chamou a atenção do público. Além do fascínio pela mulher misteriosa que acompanhava Prestes – Olga Benário era tratada com desdém como sua "secretária" –, a cobertura da mídia também se concentrou no que Prestes disse logo após sua detenção.[50] Interrogado pelas forças de

---

47 Camargo e Góes, *Meio século de combate*, p.220-225.
48 Os detalhes neste parágrafo são de Skidmore, *Politics in Brazil*, p.23.
49 Reis, *Luís Carlos Prestes*, p.196-197.
50 A prisão de Luiz Carlos Prestes, *O Jornal*, 6 de junho de 1936, p.1.

segurança, ele se recusou a discutir suas ações como comunista, dizendo que "só posso fazer declarações acerca da Coluna Prestes".[51] Nesse momento de coação, a estratégia era invocar sua própria mitologia nacional. Como uma piscada de olho para Vargas, a menção à Coluna foi um esforço tanto para se proteger, como também para lembrar o público que sua lendária marcha pelo interior ajudara a levar o atual regime ao poder. Os defensores de Prestes aproveitaram essa mesma narrativa. Dado que, durante esses dias de tensão, os militantes radicais se tornaram o principal alvo, é importante notar que parte do apoio mais vocal a Prestes não veio da extrema esquerda, mas sim da extrema direita. Uma semana após a prisão de Prestes, Plínio Salgado – o líder dos integralistas de inclinação fascista, que já havia entrado em confronto com simpatizantes da ANL nas ruas em várias ocasiões – declarou publicamente que

> a marcha da Coluna que ele comandara significou, numa hora trágica, a simbólica serpente de fogo, passeando sobre o corpo inanimado de uma nação, como a despertá-la de um letargo. Simbolizava bem nossa inquietação, nosso desespero, porque não tínhamos, nós, os espíritos inquietos, encontrado o caminho necessário.[52]

Como esse caminho facilitou a ascensão de Vargas, seu legado permanecia politicamente volátil. Durante sua prisão e julgamento subsequente, Prestes continuou a antagonizar com Vargas, jogando o foco nas suas interações anteriores. Quando pressionado a dar informações sobre quem sustentou financeiramente a revolta, Prestes negou que qualquer dinheiro tivesse vindo de Moscou, dizendo que havia sido financiado pelo próprio Vargas com o dinheiro que lhe havia dado no final dos anos 1920, quando os dois se encontraram secretamente em Porto Alegre.[53]

Determinado a fazer de Prestes um exemplo, Vargas ordenou a deportação de Olga Benário. Em setembro de 1936, o regime de Vargas a mandou, grávida de sete meses, de volta à Alemanha nazista. Como era judia, a deportação de Olga Benário tornou-se um dos acontecimentos mais infames da história de Vargas, e também foi um indicador de sua tendência

---

51 Depõe Harry Berger, *A Noite*, 6 de junho de 1936, p.26.
52 Plínio Salgado, *A Offensiva*, 15 de março de 1936, reproduzido em Salgado, *O Drama de um herói*, p.16.
53 O depoimento de Luiz Carlos Prestes, *A Noite*, 9 de setembro de 1937, p.1.

ao fascismo, tanto em termos do golpe que ele logo cometeria, quanto em seu interesse em ingressar nas potências do Eixo apenas alguns anos depois. Ao chegar à Alemanha, Benário ficou detida em uma prisão feminina em Berlim, onde nasceu sua filha Anita. Um ano depois, a criança foi entregue à custódia da mãe de Prestes, Leocádia, que se mudou de Moscou para Paris para liderar uma campanha para libertar sua nora e neta. No final, apenas a criança ganhou a liberdade. Benário permaneceu presa e foi enviada para uma série de campos de concentração nazistas. Ela foi morta nas câmaras de gás de Bernburg em 1942.[54]

Ostentando Prestes como prova de uma conspiração comunista, Vargas passou a concentrar ainda mais poder para si mesmo. Ao mesmo tempo que manobrava contra seus detratores de direita – mais notavelmente Plínio Salgado, que tentou disputar as eleições presidenciais de 1937 –, a postura política de Vargas tanto possibilitou quanto fundamentou sua mão forte no poder. Durante o julgamento de um ano de Prestes e de outros militantes acusados de promover a revolta de 1935, Vargas substituiu vários funcionários do governo por seus próprios legalistas e deu mais autoridade aos militares.[55] Em meio a essas maquinações, Prestes foi considerado culpado de sedição e condenado a quase dezessete anos de prisão.[56] Com a maioria dos oponentes de Vargas agora neutralizados, deu início ao desvio das eleições planejadas para o início de 1938. Em 10 de novembro de 1937, Vargas armou um golpe, embora sem derramamento de sangue. Ele enviou tropas para cercar o Congresso e emitiu uma nova Constituição que lhe concedeu poder executivo quase total.

Expandindo a nação

O regime do Estado Novo de Vargas foi uma forma híbrida de ditadura populista que durou de 1937 a 1945. Sendo um Estado autoritário, imitava o fascismo de estilo europeu em que o poderio das forças militares ajudava a manter um governo centralizado e não eleitoral. O Estado Novo

---

54 Para uma biografia criteriosa, consulte Morais, *Olga*.

55 Skidmore, *Politics in Brazil*, p.24-29.

56 A sentença, *A Noite*, 9 de setembro de 1937, p.1. Os demais réus receberam penas menores variando de três a treze anos.

pretendia acabar com os conflitos regionais de longa data do Brasil e, menos de um mês após seu golpe, Vargas ordenou que as tradicionais bandeiras estaduais fossem queimadas publicamente – uma atuação simbólica de seu governo centralizado.[57] A repressão era um instrumento comum para atingir esses objetivos, com a polícia do Rio de Janeiro desempenhando um papel central em reprimir qualquer dissidência aparente. A tortura tornou-se especialmente notória sob o comando do chefe da polícia do Rio, Filinto Müller – o ex-tenente que abandonou a Coluna Prestes em 1925.[58] No entanto, o Estado Novo também funcionou como uma administração tecnocrática e voltada para a reforma. Vargas investiu fortemente em programas sociais relacionados à educação e ao desenvolvimento econômico, principalmente nos setores urbanos, embora com novas proteções também para os trabalhadores agrícolas.[59]

Outro preceito do Estado Novo era a Marcha para o Oeste, uma série de empreendimentos de infraestrutura e comércio que buscavam desenvolver as regiões supostamente "vazias" do Centro-Oeste e da Amazônia.[60] Enquanto os tenentes da primeira onda alegavam ter denunciado a ausência do Estado no interior do país, o governo Vargas agora se movia para estabelecer uma presença tangível. Ex-membros da Coluna Prestes ajudaram a liderar importantes iniciativas, especialmente João Alberto Lins de Barros que supervisionou a Fundação Brasil Central, uma operação em expansão no início da década de 1940 que criou várias cidades em Goiás e Mato Grosso, juntamente com a construção de uma nova linha ferroviária, rodovias, redes de comunicação e postos avançados comerciais.[61] O trabalho de Lins de Barros e da Fundação Brasil Central foi um indicativo dos objetivos mais amplos visados por Vargas. Como relata o historiador Joel Wolfe, a

---

57 Skidmore, *Politics in Brazil*, p.37.

58 Uma biografia recente de Müller sugere que, embora a tortura possa ter sido desenfreada nas forças policiais sob o comando de Müller, não há evidências documentais que o incriminem pessoalmente. Rose, *O homem mais perigoso do país*.

59 Welch, Vargas and the reorganization of rural life, p.7.

60 Para um relato contemporâneo, ver Escobar, *A Marcha para o Oeste*. Esses territórios do interior não estavam vazios, é claro, tendo sido ocupados por milhares de anos por grupos indígenas e, mais recentemente, por escravos fugitivos, migrantes e outras categorias de populações do interior. Para obter mais informações sobre os efeitos adversos dessa política sobre grupos indígenas em particular, consulte Garfield, *Indigenous Struggle at the Heart of Brazil*, p.28-33.

61 Maia, Fronteiras e state-building periférico.

Marcha para o Oeste "apelou para ideias há muito defendidas sobre o futuro do Brasil que se baseavam no desenvolvimento bem-sucedido do interior".[62]

Além de denotar o escopo geográfico desse desenvolvimento dirigido pelo Estado, marchar *para o oeste* também representava uma aspiração geopolítica de aproximação do Brasil ao status global das nações ocidentais mais modernizadas. Esse tipo de expansão territorial, para "preencher" os vazios do mapa, também tinha fundamentos financeiros. Conforme Raymond Craib relata sobre o caso do México, as aspirações territoriais eram não só para os cidadãos que um projeto pretendia modernizar, mas também "aos investidores estrangeiros, ansiosos por ver uma imagem *representativa* da estabilidade política e da previsibilidade territorial necessárias para um investimento rentável".[63] Em sua análise do contexto discursivo de Vargas na Marcha para o Oeste, Almir Lenharo observa que Vargas vinculou a questão da identidade nacional à "interiorização" do país, como proferido por Vargas em discurso de 1939, "caminhamos para a unidade, marchamos para o centro".[64] A percepção de Vargas da costa e do interior – e seus esforços para unir os dois – evocava boa parte do mesmo simbolismo que alimentava a lenda da Coluna Prestes. No contexto do seu impasse com Luís Carlos Prestes, também podemos entender a Marcha para o Oeste como um esforço de Vargas, explícito ou não, para se sobressair a Prestes. Enquanto Prestes se tornara o herói mítico que havia comandado a marcha da Coluna pelo interior – ampliando assim o desejo profundamente arraigado das elites litorâneas de modernizar o sertão –, Vargas naquele momento apostava mais ainda no que o Estado brasileiro poderia realizar em termos de integração e desenvolvimento nacional.

A partir da década de 1930, os governos brasileiros estruturaram sua abordagem para o interior em contraponto com o que, a seu ver, havia impedido o país de cumprir seu potencial. Se por um lado a sociedade litorânea, desde o período colonial, havia em muito negligenciado o interior, o Estado brasileiro agora pretendia dominá-lo. A passagem do descaso ao domínio, na qual a Coluna Prestes foi um dos vários catalisadores, inspirou uma onda renovada de pensamento sobre os territórios interiores. Embora escrito no início dos anos 1930, foi somente a partir de 1938, em meio ao Estado Novo,

---

62 Wolfe, *Autos and Progress*, p.104.
63 Craib, *Cartographic Mexico*, p.9.
64 Citado em Lenharo, *Sacralização da política*, p.56.

que o livro de Mário Travasso, *Projeção continental do Brasil*, tornou-se um trabalho pioneiro sobre expansionismo geopolítico brasileiro.[65] Coronel do exército no final da década de 1920, Travassos participara da perseguição à Coluna Prestes durante sua passagem pela Bahia em 1926 – na verdade, foi ele quem conduziu muitos dos interrogatórios de prisioneiros suspeitos de serem rebeldes, como analisado no "Capítulo 5: Os bandeirantes na Bahia". As políticas e discursos da Marcha para o Oeste de Vargas ressoavam na visão de Travassos de expandir o "coração do território" [*heartland*] brasileiro não apenas em seu próprio espaço nacional, mas expandindo-o para a Bolívia e em direção ao Oceano Pacífico.[66] Para Travassos, o interior do Brasil era indistinguível do interior da América do Sul como um todo.

Da mesma forma, em 1940, o jornalista e crítico literário Cassiano Ricardo lança um livro influente intitulado *Marcha para Oeste: a influência da bandeira na formação social e política do Brasil*.[67] Do mesmo modo que líderes da Coluna Prestes se denominaram bandeirantes da liberdade, a Marcha para o Oeste, na avaliação de Ricardo, ajudou a reimaginar os bandeirantes da era colonial como a forma definitiva de progresso difundindo a democracia e a harmonia racial. Ao argumentar que a ocupação do interior do Brasil foi fundamental para o desenvolvimento de uma identidade nacional, Ricardo oferecia uma versão brasileira da tese da fronteira de Frederick Jackson Turner, famoso por ter traçado o movimento da fronteira norte--americana para o oeste como modelo de um autêntico caráter nacional democrático.[68] Semelhante à ideia de Turner que via a fronteira dos EUA como um conceito elástico adaptável a diferentes fases do desenvolvimento nacional, Ricardo também argumenta que as visões convencionais do interior podiam mudar dependendo de como diferentes grupos usavam a ideia para justificar a expansão.[69] Tanto em nível material quanto ideológico, portanto, a Marcha para o Oeste permitiu que Vargas expandisse a presença do governo no interior de forma inigualável, até mesmo para o lendário Cavaleiro da Esperança.

---

65 Travassos, *Projeção continental do Brasil*. A edição mais influente do livro foi republicada em 1938.

66 Para um bom panorama da visão geopolítica de Travassos ver Albuquerque, 80 anos da projeção continental do Brasil.

67 Ricardo, *Marcha para o Oeste*.

68 Para mais informações, consulte Evans e Dutra e Silva, Crossing the Green Line.

69 Para saber mais sobre a tese da fronteira de Turner, ver Grandin, *The End of the Myth*, p.113-131.

Uma eclosão de histórias

À medida que as políticas de Vargas se estendiam por todo o país, Luís Carlos Prestes – que uma década atrás havia percorrido muitas das regiões agora tocadas pela Marcha para o Oeste – definhava na prisão. Durante os nove anos que passou encarcerado, Prestes teve poucos visitantes, embora mantivesse um fluxo constante de correspondência com líderes do PCB, com conhecidos e com sua família, o regime de Vargas impediu muitos jornalistas de verem o Cavaleiro da Esperança.[70] Como resultado, a publicidade e a atenção nacional que até então davam visibilidade a Prestes diminuíram consideravelmente sob a censura do Estado Novo. Fora do Brasil, porém, as campanhas pela libertação dele proliferavam com maior liberdade. Um exemplo notável em que a correspondência com um jornalista se permitiu foi a entrevista dada ao jornal argentino *La Nación*. Na mesma citação mostrada antes no início do "Capítulo 2: A marcha acidental", ele oferece uma lógica retrospectiva do objetivo da Coluna Prestes, dizendo que "o que tentamos, principalmente, foi despertar as massas do interior, tirando-as da apatia em que viviam, indiferentes ao destino da nação, sem esperança de remédio para suas dificuldades e sofrimentos".[71] Esse discurso de despertar do interior foi fundamental para a campanha de libertação de Prestes.

Uma das intervenções mais fortes do movimento pró-Prestes veio de Jorge Amado, o escritor brasileiro e camarada do PCB que vivia exilado na Argentina. Em 1943, o PCB elegeu Prestes como secretário-geral do partido – posição que ele manteria até 1980 –, aumentando a pressão para que seu líder fosse libertado. A pedido do partido, Amado escreveu uma biografia de Prestes que buscava ganhar apoio do público e pressionar o regime Vargas. Para evitar os censores do Estado Novo, o livro foi publicado em espanhol em Buenos Aires em maio de 1942 e levava o título de *A vida de Luís Carlos Prestes: o Cavaleiro da Esperança*.[72]

A biografia se tornou uma febre logo quando lançada. A primeira tiragem de 30 mil cópias esgotou em poucos meses, vindo a ser um dos livros

---

70 A extensa correspondência de Prestes na prisão foi publicada como uma trilogia, editada por sua filha, Anita, e sua irmã, Lygia: Prestes e Prestes, *Anos tormentosos*.

71 Luís Carlos Prestes, entrevista, *La Nación*, 28 de dezembro de 1941, em Alexander, Brazilian "Tenentismo", p.231.

72 Ramos, "Jorge Amado e o Partido Comunista".

mais vendidos da América Latina no início dos anos 1940. Cópias também eram contrabandeadas para o Brasil, onde eram repassadas secretamente entre leitores. Uma versão em português foi lançada em 1945 – quando Vargas estava à beira de perder o poder – e acabou sendo traduzida para mais de vinte idiomas.[73] O livro seria proibido em 1964, após a tomada do poder pelos militares, e só voltou a circular em 1979, quando o regime começou a se conformar com as perspectivas de democratização.

Em seus esforços para tornar o argumento para a libertação de Prestes o mais forte possível, Amado aprofundou-se na conexão de Prestes com o interior do Brasil. Embora lançado como uma biografia, o livro focava quase que exclusivamente na Coluna Prestes, apresentado como o crisol da radicalização de Prestes e como prova de amor do povo brasileiro. Dos inúmeros exemplos que refletem essa mitificação às vezes a-histórica, destaca-se o trecho a seguir que descreve o povo do interior se aglomerando em torno de Prestes e as supostas mudanças ocorridas em todos os envolvidos:

> Os sertanejos criavam demônios e criavam santos, nos seus corações nem uma sombra de confiança no futuro. Esses rios, amiga, tão volumosos de água, tão largos e encachoeirados são mantidos pelas lágrimas do sertão infeliz. Lágrimas e sangue nas terras da caatinga, nos rios sertanejos. Nem um sonho de futuro, apenas a desgraça desse presente sem solução. Mas, de repente, o sertanejo larga sua foice, seu machado, suas cadeias de escravidão. Sua foice é um fuzil agora, uma metralhadora é seu arado, na frente da Coluna vem o Cavaleiro da Esperança. Ele atravessa o sertão como um vento de tempestade que muda a face das águas e traz à tona do mar os detritos escondidos no fundo dos oceanos. O sertão, virado pelo avesso, aberto em chagas de problemas a solucionar, se descobre a si mesmo nesse homem, e ele, Luís Carlos Prestes, encontra o Brasil na sua nudez.[74]

Ao longo do livro de Amado, Prestes e o interior do Brasil se enredam em uma história de despertar político. A partir do antigo simbolismo do interior como paisagem adormecida, Amado mostrou como a marcha da Coluna pelo sertão libertou Prestes de sua própria forma de passividade pequeno-burguesa. Além de elogiá-lo por ter superado os exércitos federais e

---

73 Para recepção e divulgação do livro, ver Gaudêncio, O Cavaleiro da Esperança.
74 Amado, *O Cavaleiro da Esperança*, p.91.

as milícias locais, o escritor destacou seu domínio das paisagens do interior: "Venceu a fome, as doenças inúmeras, as febres desconhecidas. Venceu as montanhas, os rios, as selvas, a caatinga intransitável. Venceu o desespero do sertão".[75] Amado, um comunista na década de 1940, via os camponeses como um recurso inexplorado de mudança política, cujo potencial exigia a intervenção de líderes externos. Em seu argumento sobre a marcha de Prestes desde o final dos anos 1920 – embora com claras implicações também para eventos no futuro –, o autor afirma que, sem Prestes, o povo do interior não poderia escapar de sua "infinita miséria".[76]

A biografia incorporava o efeito cascata de mitificação da Coluna Prestes e do interior do Brasil. Para quem queria ver seu camarada liberto da prisão, o Cavaleiro da Esperança era retratado como mais do que um prisioneiro político: era um herói nacional que enfrentou as verdades da nação brasileira, viu seus problemas em primeira mão, e, portanto, estava em uma posição única para conduzir o país a um futuro mais brilhante. No mínimo, subentendia-se que a glória das ações anteriores de Prestes deveria bastar para mantê-lo fora da prisão. E numa abordagem mais explicitamente radical, sua liderança nos espaços rurais e interiores teria sido como um chamado às armas para as próximas fases da revolução. Assim como aconteceu com quase toda a história oral em torno de Prestes nas duas décadas anteriores, as ideias sobre o interior poderiam ser direcionadas para fins políticos específicos. Impulsionado pela fama global de Jorge Amado, o livro ajudou a lançar as histórias entrelaçadas de Prestes e do interior a esferas sem precedentes, na América Latina e além.

A atenção cada vez maior dada à prisão de Prestes não trouxe de imediato a sua liberdade. Em um sinal de como seu destino estava ligado ao de Vargas, o Cavaleiro da Esperança permaneceu na prisão até 1945, quando o regime do Estado Novo começou a entrar em colapso. Entre os inúmeros fatores que explicavam essa situação estava o papel do Brasil na Segunda Guerra Mundial. Embora Vargas pudesse se orgulhar por ter enviado o único contingente da América Latina para lutar na Europa, bem como por ter iniciado um programa em massa de industrialização e desenvolvimento econômico durante o período de guerra, o apoio do Brasil às

---

75 Ibid., p.94.
76 Ibid., p.90.

potências aliadas lançava um olhar inevitável a uma contradição central do Estado Novo: os soldados brasileiros lutaram, e morreram, para impedir o avanço do fascismo na Europa, mas ao mesmo tempo eram governados por uma ditadura. Após a Segunda Guerra Mundial, Vargas foi forçado a gradualmente largar seu controle do poder. Em 18 de abril, anistiou todos os presos políticos. Nesse mesmo dia, Luís Carlos Prestes foi libertado após quase nove anos atrás das grades. A primeira página de *O Globo* resumia a cena de sua saída da prisão: "a multidão o identifica, rompe o cordão de isolamento e ergue vivas ao 'Cavaleiro da Esperança'".[77] O jornal noticiou ainda que, à medida que a multidão aumentava ao seu redor, ele foi saudado por um homem, descrito pejorativamente como um "tipo de caboclo nordestino" que procurava chamar sua atenção gritando "sou um homem da Coluna!".

UMA LEVA FINAL DE MEMÓRIAS

Três meses após a libertação de Prestes, enquanto Vargas resistia durante o que foram seus últimos meses no poder, a lenda da Coluna foi novamente reavivada. Em julho, o livro de memórias de Lourenço Moreira Lima foi republicado, sendo esta a segunda edição oficial.[78] Moreira Lima morrera na prisão em 5 de setembro de 1940; a causa direta foi tuberculose, embora tivesse raízes na miséria que enfrentou como prisioneiro político durante o regime de Vargas. Figura mártir, fortemente vinculado à lenda da Coluna Prestes, Moreira Lima foi elevado a símbolo da resistência anti-Vargas. A editora do livro, Brasiliense, apresentou a nova versão com a seguinte afirmação

> Lançamos esta edição definitiva (...) numa homenagem a todos os heróis do ciclo tenentista, especialmente a seu grande chefe Luís Carlos Prestes, e em homenagem a Lourenço Moreira Lima, capitão da Coluna, seu historiador, sempre fiel a ela, que haveria de morrer foragido, condenado pelo monstruoso [Estado Novo].[79]

---

77 Como Prestes reconquistou a liberdade, *O Globo*, 19 de abril de 1945, p.1.

78 É difícil dizer com precisão quando o livro foi publicado, mas já era evidente nos jornais em julho; por exemplo, um anúncio do livro saiu na edição de 29 de julho de 1945 na *Tribuna Popular*.

79 Moreira Lima, *A Coluna Prestes*, p.5.

O livro contou ainda com dois prefácios, um de Jorge Amado e outro de Caio Prado Júnior, historiador de renome e militante do PCB. Comparada à versão original, a edição de 1945 trazia uma grande diferença: foi retirado completamente o trecho de Moreira Lima sobre a Revolução de 1930. Enquanto o regime de Vargas no seu início tinha procurado extrair Prestes da história do tenentismo, vemos aqui o contrário: os defensores do Cavaleiro da Esperança ofereciam uma história do tenentismo que excluía Vargas.

Poucos meses depois, Vargas foi retirado de mais do que apenas as páginas de um livro de memórias. No final de outubro, o próprio Ministério da Guerra interveio e o forçou a renunciar, oito anos depois de dar início ao Estado Novo. A abertura política trouxe novas opções para a esquerda brasileira, incluindo a legalização do PCB pela primeira vez em várias décadas. Prestes fez uma campanha bem-sucedida e se elegeu senador pelo Rio de Janeiro; foi a única vez que ocupou cargos públicos. O próprio Jorge Amado foi eleito para o Congresso pelo estado de São Paulo. Sob a liderança de Prestes, o PCB cresceu rapidamente e, em 1947, recebeu quase meio milhão de votos nas eleições nacionais. Embora o recém-eleito presidente Gaspar Dutra tenha logo restabelecido a proibição do PCB, empurrando o partido mais uma vez para a clandestinidade, Prestes alcançou um novo nível de influência que permitiu que seu próprio status e, por extensão, o da Coluna se disseminassem mais extensivamente pela sociedade em geral.

Nesse período ocorre uma explosão final de livros de memórias. Estimulados pelo sucesso do livro de Moreira Lima e com Vargas não mais no poder, novas memórias foram escritas não apenas por ex-rebeldes, mas também por oficiais militares legalistas que tinham lutado contra a Coluna. Essa onda de memórias começou com o livro de 1947 de Ítalo Landucci, capitão do exército que havia se juntado aos tenentes como chefe da Brigada Italiana de combatentes imigrantes na revolta de São Paulo de 1924. Dois anos depois, outro livro foi escrito, dessa vez por Bertoldo Klinger que havia comandado a perseguição do exército federal à Coluna em Mato Grosso. Em 1950, uma memória póstuma foi publicada em nome de Setembrino de Carvalho, o ministro da Guerra no governo do presidente Bernardes.[80]

---

80 Carvalho, *Memórias*.

Alguns anos depois, uma última memória foi publicada em 1954 pelo comandante rebelde João Alberto Lins de Barros. Provavelmente por influência do seu papel proeminente sob o regime Vargas, as memórias de João Alberto receberam maior cobertura dos jornais, incluindo uma crítica do influente acadêmico Gilberto Freyre – apesar de aplaudir as memórias como um importante documento histórico, Freyre descartou-as como uma prova de que o movimento tenentista sofria de falta de uma coesão ideológica.[81]

Como evidenciado nos capítulos anteriores, em que há várias citações dessas memórias, esses livros replicaram certas figurações e narrativas sobre o interior do Brasil. Em todas as memórias, as paisagens eram naturalmente belas, embora infinitamente infernais, as pessoas eram ingênuas e incivilizadas, e o grande triunfo – tanto para os rebeldes quanto para os exércitos federais em perseguição – era a capacidade das forças civilizadas do litoral de se aventurarem no interior, enfrentando esses perigos e voltando novamente com segurança. Os autores fazem longas descrições dos sertões – dos lugares, mas também das pessoas – como um meio de provar sua legitimidade, tanto como testemunhas locais da rebelião no final dos anos 1920, quanto como figuras políticas no clima recém-aberto das décadas de 1940 e 1950.

Enquanto essa última leva de memórias circulava pelo Brasil, Prestes e Vargas embarcavam em uma etapa final, talvez inesperada, de sua história. Em março de 1945, um mês antes de ser libertado da prisão e com soldados brasileiros ainda lutando no exterior na Segunda Guerra Mundial, Prestes divulgou um documento no qual afirmava que, para derrotar os nazistas – e assim apoiar a União Soviética, uma força aliada –, o Brasil todo deveria apoiar Vargas.[82] Como parte da abordagem da Frente Popular do Comintern da época, o Cavaleiro da Esperança expressou a disposição de trabalhar com grupos aparentemente antagonistas, mesmo com aqueles que haviam causado danos pessoais a ele e à sua família. Além disso, como chefe do PCB, Prestes aproveitou a oportunidade para se apresentar como um membro firmemente engajado do Partido Comunista. Na pergunta de Marco Aurélio Santana:

---

81 Estilos à procura de idéias, *Jornal do Brasil*, 10 de março de 1954, p.5.
82 Luiz Carlos Prestes opina sobre a situação no mundo, na América e no Brasil, *O Globo*, 15 de março de 1945, p.1.

Que tipo de homem defenderia uma linha política que implicasse a reconciliação com o líder que havia mandado sua esposa grávida para a morte e por quem tinha "o ódio mais justificável"? Subordinando seus sentimentos pessoais ao dever político, Prestes mais uma vez deu um exemplo a ser seguido e celebrado.[83]

Essa posição deu início a uma reaproximação pública com Vargas. Em uma ação que teria parecido impossível uma década antes, os dois homens (Figura 8.3) fizeram campanha lado a lado nas eleições que se seguiram. Com a proeminência nacional de ambos reforçada por suas respectivas ligações com o interior, Prestes e Vargas deram uma breve trégua, suas visões para o futuro aparentemente mais alinhadas do que em qualquer momento das três décadas anteriores.

Figura 8.3 – Getúlio Vargas (à esquerda) e Luís Carlos Prestes (segundo da direita) dividem o palco em comício pela campanha de Cirilo Júnior em 1947 para vice-governador de São Paulo. Cortesia da Agência Folhapress.

O retorno aberto do Cavaleiro da Esperança à vida política teve vida curta. Depois que o governo Dutra baniu o PCB em 1947, ele teve seu mandato cassado e foi forçado a se esconder, embora continuasse ativo tal qual o partido nas décadas seguintes. Se Prestes foi para a clandestinidade,

---

83 Santana, Re-imagining the cavalier of hope, p.120.

Vargas seguiu uma trajetória inversa e retornou à presidência. Duas décadas após tomar o poder pela primeira vez, Vargas venceu as eleições de 1950 com uma margem confortável. Mas uma série de crises culminou com ele tirando a própria vida em 24 de agosto de 1954. Nas linhas finais de sua carta de suicídio, lida nas rádios e distribuída por todo o país, Vargas escreveu que "Serenamente dou o primeiro passo no caminho da eternidade e saio da vida para entrar na história".[84] O automartírio de Vargas firmou assim o fim de seu governo no Brasil e, por extensão, sua história com Luís Carlos Prestes.

Vargas e Prestes travaram uma disputa de quase três décadas. Além dos conflitos políticos e pessoais mais abertos, o impasse entre eles era também uma competição para reivindicar e definir as regiões subdesenvolvidas, rurais e interiores do Brasil – áreas que a Coluna havia atravessado e que Vargas havia procurado modernizar. Com a sua morte em 1954, Vargas deixa de poder influenciar os legados do tenentismo que o levaram ao poder. Prestes, por outro lado, permaneceu uma figura ativa na política brasileira, e seu impacto no desenvolvimento político e territorial do Brasil permaneceu influente ao longo do século XX.

---

84 Para um estudo da nota de suicídio de Vargas, consulte Rogers, "I choose this means to be with you always".

⋙ CAPÍTULO 9 ⋘

VISÕES DO FUTURO: CULTURA E COMEMORAÇÃO

Como fora o caso desde o final da década de 1920, a Coluna Prestes continuou sendo um símbolo poderoso – e adaptável – na discussão sobre o presente e o futuro do Brasil. As referências à marcha, baseadas na premissa do interior como retrógrado (uma aflição a ser superada) e ativo (capaz de contribuir para a nação), passam a ser uma forma de as pessoas, tanto no Brasil como no exterior, de expressarem suas esperanças e sofrimentos. Tendo visto nos capítulos anteriores como isso se manifestou no campo político, o presente capítulo entrelaça exemplos de cultura e comemoração desde os anos 1940 até o início dos anos 1990. Aqui, minha análise é baseada no trabalho do teórico cultural Stuart Hall, que argumenta que representações na cultura popular podem ter um efeito tangível sobre a realidade, moldando a opinião pública, defendendo ou contestando o que possa ser considerado verdade.[1] Ao examinar a produção cultural (isto é, poemas e romances) juntamente com três momentos emblemáticos de comemoração (quase sempre disseminados pela mídia impressa), este capítulo traça as continuidades e rupturas na história da Coluna e do interior brasileiro. A partir dos anos 1940, quando uma campanha global de solidariedade procurou obter a libertação de Luís Carlos Prestes da prisão,

---

1 Por exemplo, Hall, *Representation*.

e até à sua morte em 1990, as representações da Coluna refletiam visões sobrepostas que eram projetadas no interior por uma vasta gama de artistas e comentadores.

As obras culturais discutidas neste capítulo fornecem um conjunto de perspectivas condicionadas a cada região. Artistas não oriundos do interior – tanto do litoral brasileiro quanto de outros países – costumavam celebrar a Coluna como sinal de um Brasil em transformação, onde rebeldes iluminados tinham ajudado a despertar um interior que era promissor, embora ainda subdesenvolvido. Essa contextualização dinâmica continuou sendo a narrativa predominante da Coluna Prestes, disseminada nos jornais e editoras da sociedade litorânea. A arte do interior do Brasil, por outro lado, refletia um legado mais complexo. Para os escritores que compartilhavam a visão heroica da Coluna, seu trabalho destacava não apenas o valor de Prestes e dos rebeldes, mas também as contribuições das comunidades interioranas. E para os artistas que chamavam a atenção para a violência infligida pela Coluna Prestes, formas culturais como os cordéis expressavam visões regionais que iam contra a lenda romantizada. Tanto os legados de triunfo quanto os de violência serviam de plataforma para os escritores do interior comentarem sobre a situação presente em suas regiões: seja por um viés positivo que destacava a atuação da população local ou por uma visão negativa de como os rebeldes exacerbaram as agruras da vida no interior. Ao examinar a produção cultural de todo o Brasil e de outros países sobre a Coluna, este capítulo mostra como se formaram as narrativas não apenas sobre o interior, mas também a partir dele.

De modo a fornecer sinalização contextual ao longo de um período de quase cinco décadas, este capítulo intercala três comemorações relacionadas à Coluna Prestes: seu aniversário de 30 anos em 1954, seu cinquentenário em 1974 e a morte de Prestes em 1990. Note-se que todos os grandes eventos aconteceram no Rio de Janeiro e em São Paulo, longe dos espaços emblemáticos ao longo da marcha da Coluna. Cada celebração refletia um período de mudança no Brasil. Em 1954, no raiar da era pós-Vargas, grupos radicais exaltavam abertamente a Coluna a fim de defender sua visão de um setor rural fortalecido e comandado por líderes de vanguarda como Prestes. Em 1974, em meio a uma violenta ditadura militar, os rebeldes tenentistas passam a ser descritos em um léxico da Guerra Fria que se referia a eles como "liberais" em vez de "revolucionários", tudo isso enquanto se vinculava a expedição ao interior dos anos 1920 aos projetos de desenvolvimento do regime militar dos anos 1970. E, em 1990, com a morte de Prestes nos primeiros anos do novo regime democrático no Brasil, uma esquerda ressurgente erguia novamente o Cavaleiro da Esperança como um sinal de unidade e poder progressista. Ao longo dos três momentos, o interior – um legado do passado e uma preocupação do presente – continuava sendo um símbolo adaptável do futuro do Brasil.

Campanhas nos litorais estrangeiros

A primeira leva de produção artística contínua sobre a Coluna Prestes surgiu no início dos anos 1940. Semelhante à biografia de Luís Carlos Prestes por Jorge Amado abordada no capítulo anterior, as produções culturais deste período procuraram incentivar o apoio ao Cavaleiro da Esperança, preso durante a ditadura do Estado Novo. Assim como a biografia, publicada enquanto o autor vivia no exílio, essas obras foram produzidas fora do Brasil. Concentro-me aqui em dois exemplos-chave, do escritor argentino Alfredo Varela e do poeta chileno Pablo Neruda. Em ambos os exemplos, o interior brasileiro é reimaginado como um interior continental que se estende pelas Américas. E como Varela e Neruda eram ambos membros do Partido Comunista, sua escrita mostra como os autores de toda a região ajudaram a fazer de Prestes um ícone comunista transnacional.

Em 1943, um ano depois de Jorge Amado escrever sua biografia de Prestes, Alfredo Varela publicou seu primeiro romance, *El río oscuro*. O livro se tornou um dos romances mais renomados do período, sendo traduzido para quinze idiomas e adaptado em filme de sucesso.[2] *El río oscuro* se passa na fronteira norte da Argentina e descreve uma comunidade de *mensús* – trabalhadores das plantações de erva-mate. O Partido Comunista argentino havia enviado Varela à região de Misiones no final dos anos 1930, onde passou um tempo com Marcos Kanner, o radical líder sindical dos trabalhadores mensú. Ao ser exposto à exploração a que eram submetidos e às suas

---

2 O filme de 1952 foi intitulado *Las aguas bajan turbias*, dirigido e estrelado por Hugo del Carril. Comparado ao romance original, o filme reimaginou os trabalhadores não como colhedores de erva, mas como trabalhadores sindicalizados, um reflexo da influência do peronismo na política da época.

lutas políticas, a experiência de Varela forma a base de seu romance, transformando em ficção os esforços dos mensús para reivindicar melhores condições de vida. O livro atinge o seu ápice quando Luís Carlos Prestes chega ao interior argentino e conduz os trabalhadores à vitória. Isso, é claro, nunca aconteceu. Além de a Coluna Prestes nunca ter ido à Argentina, quando os rebeldes passaram por plantações de erva-mate no Paraguai e Mato Grosso, conforme visto no "Capítulo 2: A marcha acidental", eles colaboraram não com os trabalhadores – como no romance de Varela –, mas com a empresa Matte Laranjeiras, recebendo suprimentos e dinheiro do mesmo tipo de corporação demonizada no livro *El río oscuro*. Varela descarta esses fatos e, em vez disso, usa o simbolismo de Prestes como o Cavaleiro da Esperança.

No romance de Varela, Prestes é a chama que finalmente ilumina os trabalhadores empobrecidos. A metáfora de um interior dormente não foi apenas uma construção brasileira. Ela ecoou por toda a região. Nascido em Buenos Aires, Varela cresceu em meio a uma visão de mundo litorânea, portenha, que via as províncias do interior do país como atrasadas – sua ideologia comunista, além disso, moldava sua descrição dos trabalhadores camponeses como atores políticos subdesenvolvidos. Como observou a acadêmica argentina Cristina Mateu, "em *El río oscuro*, a consciência social dos mensús (...) [só] começa a despertar quando os exilados brasileiros da revolução de Prestes chegam às plantações de erva e, com sua atitude e palavras solidárias, instigam uma reação".[3] Em um dos capítulos finais do livro de Varela, o Prestes fictício chega às plantações de erva-mate e guia os mensús a um levante que destrói equipamentos, queima registros de impostos e dívidas e liberta a força de um povo, antes latente:

> Sob o olhar de Prestes, foram destruídos os velhos livros de contas onde o "crédito" dos mensús nunca se equilibrava ao "débito", bem como as balanças roubalheiras. A ira do povo pôs abaixo os alicerces da empresa, derrubou a administração, partiu as correntes e os troncos e os demais instrumentos de tortura. E logo foram incendiados os grandes depósitos de erva-mate. Vigorosas e coléricas, as chamas se elevaram tumultuosamente como se fosse para lavar toda a ignomínia amontoada. Os rebeldes mensú mal podiam acreditar que a justiça, finalmente, fora feita.[4]

---

3 Mateu, Encuentros y desencuentros entre dos grandes obras.
4 Varela, *El río oscuro*, p.291.

Como um breve aparte, é importante notar que, assim como o romance de Varela sobre Prestes no sertão argentino, uma das obras-primas literárias brasileiras também misturaria fatos históricos sobre a Coluna com ficção. Em 1962, o escritor gaúcho Érico Veríssimo publicou *O arquipélago*, a última parte de sua trilogia, *O tempo e o vento*. A trilogia tece um conto épico e multigeracional de duas famílias no Rio Grande do Sul de 1700 a 1950. Em *O arquipélago*, os protagonistas, irmãos chamados Rodrigo e Toríbio, se juntam à Coluna Prestes e, nos detalhes da trama, Veríssimo combina acontecimentos da guerra civil de 1923 no Rio Grande do Sul – uma estratégia metaficcional que também pretendia ajudar os leitores dos anos 1960 a traçar paralelos com os conflitos contemporâneos no Brasil.[5] Segundo José Augusto de Souza, Veríssimo usa a marcha dos irmãos pelo Brasil como forma de "fazer a oposição primitivismo *versus* civilização (...) para fazer um recorte da visão dos gaúchos sobre uma certa época do Brasil".[6] O trabalho de Veríssimo ajudou a fortalecer muitos dos mesmos mitos que sustentavam a lenda do Cavaleiro da Esperança, onde as aventuras dos cavaleiros gaúchos serviam de plataforma para expandir as fronteiras – imaginativas e geográficas – da modernidade no Brasil.

Junto aos esforços literários de membros do Partido Comunista como Alfredo Varela e Jorge Amado, o movimento para conquistar a liberdade de Prestes foi liderado em grande parte por sua mãe, Leocádia. Quando seu filho foi preso no Brasil em 1936, ela se mudou de Moscou para Paris para coordenar melhor um movimento de solidariedade, mas, quando a Segunda Guerra Mundial começou, ela se relocou para o México, levando sua pequena neta, Anita. De lá, Leocádia continuou a campanha para libertar seu filho, embora tenha vindo a falecer em 1943. Em homenagem à sua morte, e como forma de chamar a atenção para a prisão de Prestes ainda em curso, Pablo Neruda, o famoso poeta e comunista chileno, escreveu um poema em 1943 intitulado "Dura elegia". Enquanto vivia na Cidade do México, Neruda visitou a lápide de Leocádia e recitou seu poema, elogiando-a por ter criado um filho cuja importância se estenderia por todas as Américas:

---

5 Rodrigues, O tempo e o vento.
6 Souza, A Coluna Prestes em discursos, p.157.

Senhora, fizeste grande, tão grande, a nossa América.

Deste-lhe um puro rio, de águas colossais:

Deste-lhe uma árvore alta de infinitas raízes:

Um filho teu digno de sua pátria profunda.

Todos nós fizemos dele querido junto a essas orgulhosas

Flores que cobrirão a terra em que descansas,

Todos ficaríamos felizes que viessem do fundo

da América, através das selvas e do deserto,

Para que assim acariciarem tua face cansada

Sua nobre mão cheia de louros e despedidas.

(...)

Sombras da América, heróis coroados de fúria,

de neve, sangue, mar, tempestade e pombos,

aqui: vem ao fundo que esta mãe em seus olhos

guardava para o claro capitão que esperamos:

heróis vivos e mortos de nossa grande bandeira:

O'Higgins, Juarez, Cárdenas, Recabarren,

Bolívar, Martí, Miranda, Artigas, Sucre, Hidalgo, Morelos

Belgrano, San Martín, Lincoln, Carrera, todos,

venham, encher o vazio de nosso grande irmão

e que Luís Carlos Prestes sinta em sua cela o ar,

as asas torrenciais dos pais da América.

(...)

Porém como uma brasa acesa incandescente

através das barras de ferro em cinzas

a luz do coração de Prestes sobressai.

Como nas grandes minas do Brasil a esmeralda,

como nos grandes rios do Brasil a correnteza,

e como em nossos bosques de índole poderosa

sobressai uma estátua de estrelas e folhagem,

uma árvore das terras sedentas do Brasil.[7]

---

7 Pablo Neruda, Dura elegia, 1940, reproduzido em Maior, *Luiz Carlos Prestes na poesia*, p.112-117.

O poema de Neruda coloca Prestes diretamente no panteão dos heróis nacionais de todo o hemisfério ocidental, convocando os fantasmas das lendas do passado para liderar um novo movimento a fim de libertar seu compatriota. Neruda retrata Prestes como o herdeiro de um longo legado de líderes americanos, capaz de libertar o potencial revolucionário dos territórios rurais e interiores. O poema baseia-se no simbolismo topográfico das revoluções nas Américas. Similarmente às batalhas de figuras libertadoras como Bernardo O'Higgins no Chile, Abraham Lincoln no sul dos Estados Unidos, Miguel Hidalgo no México e Simon Bolívar no norte da América do Sul, Neruda associa a grandeza de Prestes à sua presença nas regiões selvagens do Brasil. Para ele, Prestes *era* o interior: ele atribui à Leocádia o nascimento de um rio colossal, de uma árvore altíssima, uma paisagem icônica que não pode ser contida. O poeta insere Prestes na topografia brasileira, como se Prestes fosse a terra em si, o solo que alimenta os rios e a floresta. Esse Prestes feito de terra, enraizado, representava o cerne da nação brasileira, embora com um tom radical – os matizes vermelhos de uma "brasa acesa incandescente" também podem ser lidos como simbolismo comunista. A lenda de Prestes emanava assim para fora do coração do Brasil pelas Américas, onde o interior era concebido como um interior hemisférico, pronto para servir de catalisador de uma nova era de revolução e progresso.

Essa visão contrasta com as representações hemisféricas vistas no "Capítulo 7: Construindo o Cavaleiro da Esperança", quando defensores da anistia usaram o exílio da Coluna no "inferno verde" do interior da Bolívia para argumentar que os rebeldes mereciam voltar ao Brasil. Enquanto os apelos em 1927 invocavam ideias de espaço geográfico e nação em um esforço para retornar Prestes à costa brasileira, o poema de Neruda, de 1943, empregava um conjunto de figuras de linguagem para argumentar que Prestes fosse libertado da costa – ele estava preso no Rio de Janeiro – e posto em liberdade por todo o continente. Como um símbolo em que esperança e paisagem se fundiam, Prestes se destacava como "uma estátua de estrelas e folhagem". Quando finalmente conseguiu sua liberdade em 1945, seu legado como o Cavaleiro da Esperança ficou ainda mais ligado a uma visão de mudança do futuro do Brasil.

Comemoração 1: Prestes como ícone radical

Antes de 1954, todas as grandes comemorações da Coluna ocorriam em 5 de julho, data das duas primeiras revoltas tenentistas, no Rio de Janeiro em 1922 e em São Paulo em 1924. Mas o aniversário de 30 anos em 1954 ocorreu em 29 de outubro, data em que Prestes liderou a revolta no Rio Grande do Sul. O suicídio recente de Getúlio Vargas possibilitou que Prestes fosse mais celebrado. Mesmo assim, no entanto, a repressão política ainda prosseguia – Prestes tinha se refugiado quando o PCB foi banido em 1947 –, e as comemorações de 1954 funcionariam também como críticas ao governo atuante. Para seus defensores, o trigésimo aniversário da Coluna foi um chamado para que o Cavaleiro da Esperança se erguesse novamente.

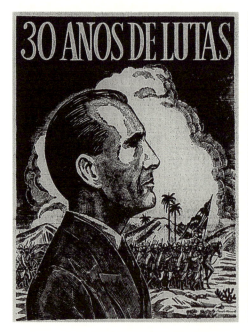 

Figuras 9.1 e 9.2 – Imagens comemorativas dos 30 anos da Coluna Prestes na Imprensa Popular, *31 de outubro de 1954.*

Os dois números acima foram publicados na *Imprensa Popular*, jornal radical carioca vinculado ao PCB. A primeira imagem saiu na capa e a segunda ilustrava o suplemento de nove páginas pelo trigésimo aniversário. Em ambas as imagens, Prestes se destaca como um herói estoico, com a cabeça ligeiramente inclinada para cima, olhando para o horizonte, moldado pelas paisagens áridas do interior do Brasil com palmeiras, cactos (Figura 9.1) e troncos expostos (Figura 9.2), oferecendo um pouco de diversidade em um quadro que de outra forma seria desolador. As figuras dos homens amontoados e quase inexpressivos em ambas as imagens justapõem as qualidades míticas de Prestes. Ambas as representações combinam estigmas do interior com a promessa esperançosa de dias melhores. À esquerda, Prestes é desenhado não como teria sido durante a marcha, mas sim como era em 1954: sem barba e vestido de terno e gravata, o Cavaleiro da Esperança tinha então deixado o interior, levando sua campanha de justiça para o campo de batalha moderno da política brasileira. E, à direita, a representação mais clássica do cavaleiro gaúcho – montado calmamente e de chapéu e bandana com nó –, contemplando o sol nascente. Trinta anos depois de sua marcha épica pelo Brasil, Prestes é retratado como uma lenda viva, sempre pronta para traçar um novo caminho. Esse número comemorativo da *Imprensa Popular* incluiu dezenas de reportagens que aliavam esperança no futuro ao legado construído pela Coluna; intitulam-se, entre outros artigos: "Prestes, símbolo da honradez"; "Prestes é hoje o ídolo do povo brasileiro", e "O caminho da Coluna jamais se apagará do coração do Brasil". O jornal publicou ainda um poema de Martins Fontes chamado "O camarada lendário", que especulava sobre seu paradeiro:

> Luís Carlos Prestes onde está? mas onde?
> Está onde anuncia a nova aurora!
> Pelo planeta, pelo espaço afora:
> Em que estria, em que mundo ele se esconde?
> Quem sabe onde está, por mais que sonde?
> Dizem uns que é na Rússia que ele mora:
> E outros que no Uruguai reside agora.
> Porém, ninguém ao certo nos responde!
> Em toda a parte, está na nossa terra!
> E, se paira afastado, é que o aterra
> A podridão crescente dos monturos,
> Seu refúgio nós todos conhecemos.
> Onde ele vive todos nós sabemos:
> No coração dos brasileiros puros![8]

---

8 Martins Fontes, O camarada lendário, *Imprensa Popular*, 29 de outubro de 1954, número especial, p.4.

Os significados incutidos nas imagens e textos da *Imprensa Popular* foram ecoados em uma série de eventos públicos no Rio de Janeiro e em São Paulo. Para o PCB, o trigésimo aniversário foi uma oportunidade de vincular as façanhas da Coluna da década de 1920 ao contexto da década de 1950. Ao longo da década anterior, o partido havia passado por várias mudanças de vaivém, oscilando entre apelos pró reforma e chamadas para um levante revolucionário. O impulso quase sempre frequente de Prestes por mais estratégias de confronto geralmente esbarrava em oposição interna, o que era um sinal dos desafios iminentes à sua liderança.[9] Em meados da década de 1950, como observou Ronald Chilcote, o PCB adotou uma "estratégia de reforma gradual... [que] refletia o abandono das demandas revolucionárias", e o partido agora abraçava a participação nas eleições e renovava alianças com grupos como o sindicato dos comerciantes.[10]

As comemorações do trigésimo aniversário da Coluna Prestes pelo PCB refletiam a ampliação de seu escopo em meados dos anos 1950. O partido sediou um evento comemorativo no Rio de Janeiro que homenageava os tenentes rebeldes por terem trazido "o facho da luta pela liberdade ao mais profundo interior do Brasil". A programação ligava o legado de Prestes à plataforma baseada na aliança ressurgente do PCB:

> Sob a direção do Partido Comunista [Brasileiro], o partido de Prestes, nosso povo mantém acesa a chama da luta libertadora, amplia e enriquece a tradição combativa da Coluna. O Programa de Salvação Nacional do PCB é a bússola que orienta para a vitória as lutas crescentes de nosso povo. Aliam-se ao proletariado das cidades os milhões de camponeses que gemem sob o jugo do latifúndio (...). Através de suas lutas nas cidades e nos campos marcham hoje os brasileiros para a formação duma frente democrática de libertação nacional, que conquistará a paz, o progresso e a felicidade de nosso povo, o regime de democracia popular.[11]

Em seu jornal oficial, *Voz Operária*, o PCB publicou uma edição comemorativa do trigésimo aniversário. A edição de onze páginas incluía a

---

9 Em especial, a publicação de Prestes do Manifesto de Agosto de 1950, convocando uma derrubada violenta do governo brasileiro e a criação de um estado revolucionário. Para mais informações sobre essas reviravoltas, ver Vinhas, *O Partidão*, p.129.

10 Chilcote, *The Brazilian Communist Party*, p.63.

11 O XXX Aniversário da Coluna Prestes, *Nosso Povo*, 1954. Incluído na "Coleção Luiz Carlos Prestes", Biblioteca Comunitária, Universidade de São Carlos, São Paulo.

iconografia da heroica liderança de Prestes, bem como a jornada da Coluna pelo interior (Figuras 9.3 e 9.4). À esquerda, Prestes está desenhado de terno e gravata – exatamente como na *Imprensa Popular*, mas agora com sua barba característica da marcha rebelde. A ilustração mostra dois trabalhadores rurais celebrando os rebeldes que passavam. A imagem de um Prestes bem-vestido contra o pano de fundo de um campesinato desperto representava a esperança de aproximação do litoral com o interior, a emblemática da visão do PCB de unir o país em torno de uma aliança operária e camponesa. E, à direita, a *Voz Operária* traçava o percurso extenso da Coluna pelo Brasil – um mapa do passado que indicava onde o partido queria expandir sua presença no futuro. Em ambas as imagens, o Cavaleiro da Esperança era a prova de que o interior poderia ser modernizado e acrescido ao país.

Figuras 9.3 e 9.4 – Imagens da edição comemorativa da Voz Operária, *29 de outubro de 1954.*

Na iminência da era pós-Vargas, diversos grupos comemoravam abertamente o trigésimo aniversário. A Associação Brasileira de Imprensa (ABI) realizou uma comemoração pública no Rio de Janeiro com a presença de um grupo de pessoas que até então seria impensável: ao lado de personalidades como o general Felicíssimo Cardoso (um importante ideólogo militar), estavam incluídos também participantes radicais como Roberto Morena (que sob Vargas exilara-se na União Soviética) e Jorge Amado, o mais famoso defensor de Prestes.[12] E em São Paulo, o general Miguel Costa – o colíder menos lendário da Coluna Prestes – fez uma comemoração para homenagear "os esplêndidos atos de bravura e sacrifício que guiaram a trajetória daquele episódio de nossa história, um momento decisivo nas lutas do nosso povo pela democracia e pelo progresso".[13] Enquanto vários grupos disputavam por posição de poder após a morte de Vargas, o mítico Cavaleiro da Esperança – um cavaleiro intrépido, um explorador testado em batalha – brilhava como um farol invocável para o futuro do país.

Os artistas também contribuíram para as comemorações. Em 1954, a escritora baiana Jacinta Passos escreveu um poema intitulado "A Coluna". Ao longo de quinze estrofes e 975 versos, Passos conta a história da marcha da Coluna Prestes pelo Brasil. Passos abre seu poema com as seguintes linhas:

> Ó céus e terras, tremei
> que a Coluna já partiu
> neste ano de Vinte e Quatro
> todo o Brasil sacudiu
> será Coluna de Fogo
> que o viajante já viu?
> Coluna de vento e areia
> dos desertos desafio?
> Ó céus e terras, tremei
> que a Coluna já partiu.
> (...)
> Através da terra imensa
> abrindo caminho no chão,
> seus cavalos, cavaleiros
> e seu grande Capitão,
> Coluna dos revoltosos
> Coluna da decisão,
> espinha dorsal no corpo
> do Brasil, Insurreição.
> Através da terra imensa
> abrindo caminho no chão.[14]

---

12 30.º aniversário da columna Prestes, *O Dia*, 29 de outubro de 1954.

13 Homenagem de São Paulo ao 30.º aniversário da Coluna Invicta, incluída na série AEL Miguel Costa (MC), pasta 57.

14 Jacinto Passos, A Coluna, reproduzido em Amado, *Jacinta Passos, coração militante*, p.163-209.

– 226 –

Para Passos, a passagem da Coluna foi um feito épico adentrando o verdadeiro centro do país. Mais do que um apêndice periférico, o interior se apresenta como a própria "espinha dorsal no corpo" do Brasil – um aceno talvez a Euclides da Cunha, que em *Os sertões* descreveu os sertanejos como "o cerne vigoroso da nossa nacionalidade".[15] No meio do poema de Passos, quando os rebeldes se preparavam para entrar na Bahia, ela antropomorfiza a topografia da região. Em uma troca em primeira pessoa com o Rio São Francisco, Passos dialoga:

> Ó São Francisco, barreira
> entre o Oeste e o mar
> tu vais servir ao Governo
> para a Coluna cercar?!
> Eu, nunca! Responde o rio
> sou até capaz de secar
> como outrora o Mar Vermelho
> para a Coluna passar.[16]

A personificação do São Francisco por Passos reflete uma visão do interior não como passivo ou incivilizado, mas sim como um agente de mudança. Na narrativa de Passos, a Coluna precisava da ajuda do interior, e não o contrário. Aqui, não é o sertanejo que vem resgatar, mas a própria geografia do interior. Dado que o interior há muito era apresentado como protagonista secundário da Coluna, não é de se estranhar que, no campo cultural, artistas como Passos levassem a narrativa mais além e dessem vida ao interior. E em comparação com a visão estigmatizada do interior como figura perigosa, Passos oferece uma perspectiva diferente: embora ainda contando com o imaginário e a fisicalidade do interior, seu poema reimagina o interior não como adversário, mas como aliado. O próprio contexto de Passos adiciona nuances importantes para a compreensão das dimensões regionais da mitologia da Coluna. Embora Passos fosse baiana, sua trajetória de vida a afastou do sertão *nordestino* sobre o qual escrevia: cresceu na capital litorânea de Salvador, antes de se mudar para São Paulo e Rio de Ja-

---

15 Cunha, *Os sertões*, p.113.
16 Passos, A Coluna, reproduzida em Amado, *Jacinta Passos, coração militante*, p.179.

neiro no final dos anos 1940, onde ingressou no PCB e se tornou jornalista, poeta e ativista de esquerda. Portanto, apesar de uma ligação pessoal com o Nordeste que a maioria dos artistas e comentaristas não compartilhava, ainda assim ajudava a manter o padrão de formação do legado da Coluna, principalmente ao longo da costa.

Visões do interior: a literatura de cordel

Capturar a perspectiva do interior é uma tarefa impossível. Como todas as categorias – geográficas e sociais –, não existe uma voz única e de autoridade. A singularidade condensada em *o interior*, além do mais, ofusca uma gama incomensurável de experiências dentro do que deveria ser mais apropriadamente denominado de *os interiores* (plural). E, dado que o tropo de um interior marginalizado se baseia em um desequilíbrio de poder no mundo real, o peso da sociedade dominante do sul e do litoral tende a sobrepujar as perspectivas do interior.

Até então, as visões que este livro mostra das regiões do interior basearam-se em três fontes principais: os jornais da época da marcha da Coluna, livros de memórias nas décadas seguintes e a história oral obtida por meio de entrevistas conduzidas por jornalistas na década de 1990. Como acontece com qualquer fonte, a cobertura da imprensa e as entrevistas foram moldadas por seu contexto. Os jornais que eram ligados a poderosos oligarcas locais procuraram colocar a opinião popular contra os rebeldes e, meio século depois, jornalistas pareciam preferir as histórias mais dramáticas contadas por idosos que tinham tido experiências com a Coluna em sua juventude. Essas fontes sugerem uma narrativa continuada de raiva e desconfiança decorrentes da violência da Coluna. Pelo menos no Nordeste, uma forma de medir o ciclo de vida dessas memórias – abordagem que destaca as várias ligações positivas e negativas à Coluna Prestes – é por meio da literatura de cordel.

Trata-se de um estilo poético rítmico associado às regiões rurais nordestinas onde os poemas são impressos em ambos os lados de uma folha maior, depois dobrada em folhetos que são pendurados em cordéis para serem vendidos nas feiras. Os folhetos costumam ter uma ilustração em xilogravura impressa na capa e são escritos em estrofes rimadas de seis linhas.

Tradicionalmente, os poemas eram vendidos em mercados locais, onde os poetas os liam em voz alta. Sendo um meio de difusão altamente performativo e acessível, os folhetos também atraíam pessoas que não sabiam ler, mas compravam as histórias para que parentes ou amigos letrados as lessem como forma de entretenimento. Conforme afirma Sarah Sarzynski, a literatura de cordel quase que desafia qualquer categorização. O gênero está indubitavelmente ligado à cultura popular e às tradições orais. No entanto, nacionalmente, os poemas de cordel são muitas vezes vistos como parte da cultura "folclórica" de um Nordeste empobrecido. Contudo, também é um equívoco pensar que os poemas sejam a representação direta da experiência do povo. Os poemas eram frequentemente encomendados por elites rurais, políticos, e os próprios poetas nem sempre vinham da classe trabalhadora ou eram de origem camponesa. A questão, então, é se os poemas de cordel constituem uma forma de desafiar a cultura dominante ou se são uma refração involuntária dela. Com base em estudos recentes sobre literatura de cordel em específico, e em teorias da cultura de forma mais ampla, Sarzynski reconhece a

> literatura de cordel como o espaço dialético onde tanto a contenção quanto a resistência ocorrem (...). As mensagens e lutas políticas nos poemas dos panfletos populares ilustram como os nordestinos interpretam seu mundo, lutando contra a cultura dominante e ao mesmo tempo sendo influenciados por ela.[17]

Os poemas oferecem uma visão importante de como Prestes e a Coluna foram retratados localmente. Nos capítulos anteriores, aparecem frequentemente representados juntos, onde Prestes (o homem) e a Coluna (a rebelião que ele liderou) são partes de um mesmo símbolo maior. A literatura de cordel, em contraste, ajuda a elucidar como as duas entidades também podem ter legados distintos. Em comparação ao considerável *corpus* poético de Prestes, há bem menos folhetos sobre a própria Coluna, o que sugere que, no Nordeste, Prestes e a Coluna Prestes podem ser vistos de forma diferente.

Minha pesquisa identificou 26 folhetos relativos tanto a Luís Carlos Prestes quanto à Coluna Prestes – além de uma outra dúzia sobre Lampião,

---

17 Sarzynski, Reading the Cold War from the margins, p.130.

em que Prestes faz apenas uma breve aparição.[18] Dos 26 poemas, apenas quatro deles são sobre a Coluna Prestes em si, o restante aborda Prestes de forma mais geral. Dos quatro poemas sobre a Coluna, dois enfocam eventos violentos da rebelião, o massacre em Piancó e a batalha em Crateús – e dois podem ser classificados como "neutros". Para os primeiros, como logo será mostrado, as representações de violência refletem uma visão regional da Coluna como cangaceiros. E quanto aos dois últimos, os poemas mais neutros não valorizam nem censuram a Coluna, mas oferecem descrições gerais de sua passagem.[19]

À primeira vista, pode parecer intrigante existirem muito mais poemas de cordel sobre Prestes do que sobre a Coluna. Proponho quatro fatores para ajudar a explicar esse desequilíbrio. Primeiro, é possível que existam mais dessas obras do que fui capaz de identificar, embora, mesmo sendo esse o caso, minha análise de mais de duas dúzias de folhetos ainda assim abre uma janela para os significados regionais atribuídos a ambos. Em segundo lugar, os cordéis tendem a focar personagens heroicos, o que faz de Prestes uma figura bastante convincente. E em terceiro, no final dos anos 1940 e no início dos anos 1950, o PCB organizou campanhas rurais através da criação das Ligas Camponesas que ajudaram a infundir o já animado culto da personalidade de Prestes com esforços concretos para melhorar a vida no campo. Esses esforços incluíam assegurar uma melhoria nos salários, escolas, hospitais e iniciativas para aluguéis mais baixos e acesso a crédito.[20]

A tradição local desempenhava um papel fundamental nessas campanhas. Segundo aponta Sarzynski, "os líderes dos movimentos sociais rurais perceberam que a estratégia mais poderosa para obter apoio para seus projetos políticos era infundir novos significados revolucionários nas lendas e

---

18 Pesquisa realizada na Biblioteca de Obras Raras Átila Almeida, Universidade Estadual da Paraíba (Campina Grande, PB); Fundação Casa Rui Barbosa (Rio de Janeiro, RJ); e cordéis reproduzidos em Maior, *Luiz Carlos Prestes na poesia*, e Amado, *O Cavalheiro da Esperança*.

19 Os dois cordéis que discutem a violência são *Os mais violentos dias do Piancó* (2006) e *A besta fera e o disco voador: a passagem da Coluna Prestes por Crateús* (sem data atribuída, mas dada a sua localização no arquivo, estimativa razoável do final dos anos 1990 ou início dos anos 2000). Dos cordéis "neutros" tem-se *ABC da Revolução*, de Adolfo Mariano, 1940 (parcialmente reproduzido em Bastos, *Prestes e a questão social*, p.183) e *Os revoltosos no Nordeste*, de Francisco das Chagas Batista, sem data, mas como Batista morreu em 1930, é possível situar a data no final dos anos 1920, após o exílio da Coluna em 1927. Reproduzido em Maior, *Luiz Carlos Prestes na poesia*, p.277.

20 Welch, Camponeses, p.129.

símbolos históricos do Nordeste".[21] Um exemplo dessa infusão simbólica, mesmo que não diretamente de um líder de movimento social, foi *Zé Brasil*, um livro de 1947 escrito pelo famoso autor infantil Monteiro Lobato, que teve destaque na década de 1910 com suas histórias sobre Jeca Tatu, um caipira fictício do interior de São Paulo. Em comparação à representação de Jeca Tatu como um caipira simplório, o novo personagem de Lobato, Zé Brasil, oferecia uma visão muito mais positiva da população rural, já que Zé é retratado como capaz de entender a luta por mudanças estruturais no campo. O livro é construído em forma de diálogo entre Zé e o autor, e quando Zé parece duvidar da possibilidade de melhorar as condições para os trabalhadores rurais, lhe são apresentadas as histórias do lendário Luís Carlos Prestes. O livro termina com Zé declarando orgulhosamente: "Prestes! Prestes! Por isso é que há tanta gente que morre por ele. Estou compreendendo agora. É o único homem que quer o nosso bem".[22] A evolução dos personagens de Lobato, de Jeca Tatu a Zé Brasil, é reflexo de uma mudança mais ampla nas percepções sobre o interior do Brasil, e de como o símbolo heroico de Prestes poderia ser usado para redirecionar o estigma de atraso rural para potência rural.

Mesmo depois que o PCB sofreu uma grande cisão interna entre 1956 e 1958, Prestes manteve o apelo popular em movimentos rurais subsequentes, como os liderados por Francisco Julião em Pernambuco no final dos anos 1950 e início dos anos 1960 – um período em que organizadores e escritores passaram a recuperar arquétipos rurais como o cangaceiro como forma de afirmar uma identidade nacional enraizada nas lutas do povo brasileiro.[23] Décadas depois, Prestes se mantém como um símbolo de empoderamento rural dentro do maior movimento social do Brasil, o Movimento dos Trabalhadores Sem Terra (MST), cujos líderes o citavam como inspira-

---

21 Sarzynski, *Revolution in the Terra do Sol*, p.5.
22 Lobato, *Zé Brasil*, p.21.
23 No início da década de 1960, Prestes e Julião colaboraram brevemente em ações de organização rural. A cisão de 1958 no PCB foi desencadeada pelas reações da liderança do partido a um conflito em Moscou, quando Nikita Khrushchov proferiu seu chamado "Discurso secreto" denunciando crimes cometidos por Stalin. Mesmo originalmente tendo apoiado a linha stalinista, Prestes permanece no PCB, ao contrário de outras lideranças que reivindicavam o legado de Stalin e formam um novo partido em 1962, o Partido Comunista do Brasil (PCdoB), de tendência maoísta. Para uma análise da retomada do cangaceiro, ver Sarzynski, *Revolution in the Terra do Sul*, p.65-111.

ção importante.[24] Em 2001, o MST batizou um de seus assentamentos em Sergipe em homenagem a Luís Carlos Prestes. Assim, mesmo que ele tenha feito muito pouco para ajudar as comunidades rurais durante sua marcha real pelo interior, seu legado foi moldado sobretudo pela percepção do que ele fez depois.

Uma quarta e última explicação para a relativa falta de poemas de cordel sobre a Coluna Prestes diz respeito ao mesmo padrão evidenciado nos jornais da década de 1920 e nas entrevistas da década de 1990: a violência cometida pelos tenentes rebeldes. Dos poucos folhetos de cordel que consegui localizar em torno da Coluna, metade deles se concentrava em episódios violentos da marcha pelo Nordeste. Por exemplo, para marcar o octogésimo aniversário da passagem da Coluna pela Paraíba, o poeta Josealdo Rodrigues Leite escreveu um cordel sobre o massacre dos rebeldes em Piancó. Intitulado *Os dias mais violentos do Piancó*, o texto do poema é acompanhado por um desenho ilustrativo da matança (Figura 9.5). O poema mostra uma versão altamente mitificada dos eventos onde os rebeldes teriam supostamente cortado os testículos do Padre Aristides e os enfiado em sua boca, como nos seguintes versos:

> O Padre foi sangrando
> Pelo pescoço primeiro,
> Foi capado como um porco
> Por um facão ligeiro,
> Em sua boca botou
> Os culhões que arrancou
> Foi um massacre verdadeiro
> Os outros viram a morte
> Daquele bravo pastor
> Também foram trucidados,
> Cada um com sua dor,
> Seus corpos amontoados
> Num barreiro jogados
> Uma cena de terror.[25]

---

24 Stedile e Fernandes, *Brava gente*, p.63.

25 Josealdo Rodrigues Leite, *Os mais violentos dias do Piancó: Vida e morte do Padre Aristides, 80 anos da passagem da Coluna Prestes*, 2006.

Figura 9.5 – Massacre do Piancó, desenho de Chico Jó, em Os mais violentos dias do Piancó, *cordel escrito por Josealdo Rodrigues Leite, 2006. Cortesia da Biblioteca de Obras Raras Átila Almeida, Campina Grande, Paraíba.*

Nas décadas desde que a Coluna se aventurou pelo Nordeste, a lenda do Cavaleiro da Esperança cresceu tanto que sua popularidade ultrapassou a da Coluna que chefiava. Prestes então continua sendo um símbolo de unidade e de esperança, mesmo nos espaços onde as memórias regionais de sua marcha permaneceram contenciosas.

Visões da Guerra Fria

No momento em que a Guerra Fria global chega ao Brasil, frações do interior do Brasil haviam sofrido mudanças dramáticas marcadas pela inauguração de Brasília em abril de 1960 como a nova capital nacional. Embora a transferência da capital do Rio de Janeiro para o Planalto Central tenha sido estipulada na Constituição de 1891, isso não havia acontecido até a presidência de Juscelino Kubitschek (1956-1961). A propósito, e em um reflexo revelador da mitologia muitas vezes a-histórica da Coluna, enquanto os preparativos finais estavam em andamento para inaugurar Brasília, o ex-líder tenente Miguel Costa afirmaria que a ideia de uma capital no interior ocorrera durante a Coluna Prestes![26] Brasília representava tanto o culminar, quanto a refração dos esforços "ocidentais" de construção do Estado, discutidos no capítulo anterior. Em uma entrevista com o escritor americano John dos Passos, conduzida no período que antecedeu Brasília, o presidente Kubitschek afirmou que

> Durante sua época de pioneirismo, vocês norte-americanos sempre tiveram o Oceano Pacífico como meta para atraí-los através das montanhas. É por isso que vocês povoaram sua parte do continente tão rápido. Nosso caminho para o oeste tem sido barrado por florestas impenetráveis e pelos Andes. Brasília constituirá um objetivo, um lugar para se dirigir no planalto. Construir Brasília significa (...) um movimento da população para as belas terras agrícolas do interior.[27]

E como escreveu Frederico Freitas, Brasília não só mostrou como "o tipo específico de modernidade tropical do Brasil seria concretizado", mas também "serviu para introduzir a ideia do Planalto Central como uma região onde o futuro do país seria alcançado".[28] Mesmo quando boa parte do poder financeiro e cultural do país continuava a descansar em grandes áreas urbanas ao longo da costa, Brasília marcou um momento decisivo na história do espaço geográfico brasileiro: o interior era agora o coração político do país.

A Guerra Fria mudou o paradigma do que um interior retrógrado poderia significar. Na sequência da Revolução Cubana, quando os camponeses foram vistos ajudando a derrubar um regime apoiado pelos Estados Unidos, o campesinato latino-americano tornou-se uma esfera cada vez mais polarizada. Para os brasileiros que buscavam empoderar os setores rurais, o início dos anos 1960 oferecia uma nova esperança de transformação da sociedade. O Brasil era governado por João Goulart, que havia sido ministro do Trabalho de Vargas na década de 1950 e vice-presidente por dois governos consecutivos. Com a renúncia de Jânio Quadros em 1961, Goulart assumiu a presidência, levando a tradição política do trabalhismo para o cargo mais alto do Brasil. Entre os vários programas iniciados por Goulart, sem dúvida os mais contenciosos eram os relacionados ao campo. Em 1963, aprovou o Estatuto do Trabalhador Rural que regulamentava o trabalho agrícola e, no

---

26 Miguel Costa, ensaio sem título, s.d. AEL, p.16.
27 As cited in Brandt, The Brazilian scene, p.14-15.
28 Freitas, Charting the Planalto Central, capítulo de livro não publicado.

ano seguinte, se preparava para aprovar uma reforma agrária abrangente – uma meta de longa data da esquerda e um ponto há muito criticado pela elite latifundiária do Brasil e por seus aliados políticos. Em um comício público no Rio de Janeiro em 13 de março de 1964, Goulart delineou uma série de iniciativas, incluindo um projeto de reforma agrária que reorganizaria fundamentalmente a posse da terra e a produção agrícola no Brasil.[29]

Para os oponentes de Goulart, que já o viam como um subversivo perigoso, sua reforma agrária foi a gota d'água. Duas semanas depois, na noite de 31 de março, os militares armaram um golpe que derrubou Goulart e inaugurou uma ditadura de 21 anos. Ansioso por implementar sua própria visão de modernização do campo – também para evitar qualquer radicalização camponesa –, o regime militar aprovou sua própria legislação rural, o Estatuto da Terra de 1964, que expandiu a agricultura voltada para a exportação e, ao mesmo tempo, proporcionou aos trabalhadores algumas reformas em menor escala.[30] O Estatuto da Terra foi uma das muitas leis e atos repressivos pelos quais a ditadura buscou consolidar seu poder. A ditadura também recorria a estratégias discursivas. Como haviam feito em 1924 e 1930, os comandantes militares novamente deram às suas ações o título eufemístico de "a revolução de 1964". Mesmo assim, por conta dos legados específicos do tenentismo, o exército teve o cuidado de se distanciar tanto de Vargas, cuja posição como líder civil nunca agradou a muitos dos principais comandantes militares, como de Prestes, o líder comunista. Menos de dois meses após a tomada do poder, o general Artur da Costa e Silva – ministro da Guerra que logo seria o segundo presidente nomeado da ditadura – concedeu longa entrevista ao *Estado de S. Paulo*, na qual relacionou o golpe recente à ascensão inicial e sucessos do tenentismo:

> Esta revolução por seus protagonistas além do povo e por aqueles militares que nela tomaram parte, sobreviventes de uma série de revoluções que vieram polarizando – digamos que vieram sedimentando este esforço inicial desde 1922 (...). Em 1924, tivemos outros como Isidoro Dias Lopes, João Alberto, Nelson de Mello, Cordeiro de Farias e tantos outros. Em 1930, os mesmos, e mais Góes Monteiro (...) todos eles jogando (...). Em 1930 vencemos, também, mas a habilidade política dos políticos, que chefiaram essa revolução, fez sentir-se (...) e até 1945 sofremos uma

---

29 Welch, Keeping communism down on the farm, p.36.
30 Blanc, *Before the Flood*, p.217.

ditadura (...). Trazemos a longa experiência de todos esses movimentos. Somos formados em revolução e desta vez não nos tomarão o comando da revolução.[31]

Com isso, o general Costa e Silva invocava as rebeliões tenentistas originais sem nomear Prestes ou Vargas – uma inversão de como os poemas de cordéis elevavam Prestes enquanto ignoravam o tenentismo. Sem qualquer ponta de ironia, Costa e Silva lamenta a ditadura imposta ao país durante o Estado Novo e critica Vargas como um líder civil equivocado. Seu depoimento também mostra que o tenentismo ainda existia como uma ideia que poderia contextualizar e justificar uma intervenção militar. Desde o seu início, sempre faltou ao tenentismo uma ideologia política abrangente, e o poder duradouro dessa imprecisão permitiu que continuasse sendo um símbolo poderoso.

Quatro décadas depois do movimento tenentista original, vários de seus líderes passam a ser participantes ativos da ditadura dos anos 1960. Juarez Távora foi um dos três líderes militares considerados para a primeira presidência pós-golpe, mas o escolhido seria o general Humberto de Alencar Castelo Branco, que posteriormente nomeia Távora para servir como ministro de Viação e Obras Públicas. Távora se tornou um dos ex-líderes tenentistas mais influentes, e seu apelido de vice-rei do Norte lhe permitia usar a simbologia do interior para os seus próprios fins políticos. Quando concorreu à presidência em 1955, por exemplo, projetou uma visão militar para levar a modernidade ao interior. Um cartaz de campanha (Figura 9.6) o retrata em um posto avançado do exército na mata, em que se contrasta a paisagem selvagem ao fundo com um Távora composto, com o rosto de perfil sério e olhando para a frente – quase uma imagem em espelho da comemoração do Prestes mostrada anteriormente neste capítulo. Embora tenha perdido as eleições, essa abordagem veio a condicionar seu trabalho sob a ditadura. Em seu cargo ministerial, Távora supervisionou uma grande extensão da infraestrutura de transportes, incluindo a conclusão da Rede Ferroviária Centro-Oeste que ligava o interior de Goiânia aos portos do litoral do Rio de Janeiro. Outro comandante de destacamento da Coluna Prestes, Osvaldo Cordeiro de Farias, também exerceu funções semelhantes. Em junho de 1964, poucos meses após o golpe, Cordeiro de Farias foi nomeado para chefiar o Ministério Extraordinário para a Coordenação dos Organismos Re-

---

31 Íntegra da entrevista do gen. Costa e Silva, *O Estado de S. Paulo*, 28 de maio de 1964, p.7-8.

gionais, que logo seria transformado em Ministério do Interior. Refletindo sobre esse trabalho, Cordeiro de Farias disse que sua motivação para modernizar o interior do Brasil partia de sua experiência na Coluna Prestes:

> durante dois anos e meio, vivi o contato com o Brasil sofrido, com sua gente sem escolas, sem saúde, sem estradas, sem polícia, sem justiça, sem nada, paupérrimo e sem esperanças. Este quadro de nosso povo e de seus problemas nunca mais me abandonou. Foi ele, e o é até hoje, o incentivo para minhas lutas (...) o alicerce de toda minha conduta política.[32]

Ao longo de três momentos distintos de intervenção militar (1922-1927, 1930 e 1964), espalhados por quatro décadas, o interior aparece como uma ferramenta indireta para explicar o atraso do país e uma justificativa para intervir no sistema político.

Figura 9.6 – Pôster, campanha presidencial de Juarez Távora, 1955. Fonte: CPDOC: JT-07f.

---

32 Conforme citado em Iorio, Cordeiro de Farias e a modernização do território brasileiro por via autoritária.

Comemoração 2: O legado "descontaminado"

Com os militares novamente no poder e condicionados pelo clima anticomunista da Guerra Fria, parecia apenas uma questão de tempo até que a ditadura perseguisse o Cavaleiro da Esperança. Assim como vários outros líderes e intelectuais esquerdistas, ele acabou por fugir do país em fevereiro de 1971, exilando-se em Moscou, quarenta anos após sua primeira chegada à União Soviética.

Enquanto vivia no exílio, o Brasil testemunhou o período mais repressivo do regime militar, os *anos de chumbo* de 1969 a 1974, sob o general Emílio Médici, que foram marcados pelo maior índice de assassinatos e torturas perpetrados pelo Estado. O fim desse período foi condicionado por uma nova fase da ditadura, onde sob pressão de grupos de oposição nacionais e internacionais e ativistas de direitos humanos, o general Ernesto Geisel supervisionou uma política de distensão que buscava fazer a transição do Brasil para um "lento, gradual e seguro" retorno ao governo civil.[33] Embora a repressão tenha diminuído oficialmente, o Brasil continuou governado por um regime militar violento. A comemoração do quinquagésimo aniversário da Coluna em 1974 apresentou, portanto, um delicado conjunto de desafios: como celebrar um momento triunfante da história nacional – liderado por militares – sem celebrar Prestes, a antiga lenda tenentista e atual ícone comunista.

As comemorações de 1974 ocorreram em julho, em consonância com o principal legado do tenentismo. Duas edições comemorativas de jornais revelam a flexibilidade da mitologia de Prestes – sua capacidade de se adaptar a contextos políticos em mudança –, bem como sua continuidade. Seu simbolismo, novamente, servia de plataforma para se discutir o desenvolvimento do interior do Brasil. O primeiro exemplo é o encarte especial do *Jornal do Brasil*, cuja manchete dizia: "A longa marcha dos liberais".[34] Aqui, o uso do vocábulo "liberais" é estratégico: durante a maior parte dos cinquenta anos anteriores, os tenentes rebeldes foram descritos não como liberais, mas como revolucionários. No entanto, sob o regime militar na Guerra

---

33 Para saber mais sobre o período de distensão, ver Moreira Alves, *State and Opposition in Military Brazil*, p.133-153.
34 A longa marcha dos liberais, *Jornal do Brasil*, 7 de julho de 1974, p.1.

Fria dos anos 1970, ser um revolucionário – como Prestes, um comunista – tinha adquirido novos significados. Além disso, como mencionado anteriormente, o regime militar procurou se apropriar da expressão para sua própria pauta, tendo nomeado o seu golpe da década anterior de revolução de 1964. Ao rebaixar os tenentes ao status de liberais, edições celebrativas como essas tentavam caminhar na corda bamba invocando a glória mítica da Coluna sem pisar no pé das narrativas oficiais da ditadura.

Ao longo da comemoração do *Jornal do Brasil*, as referências ao interior sinalizavam constantemente para os leitores as implicações territoriais e nacionais da longa marcha. Um de seus artigos, intitulado "1924 – um país sob o peso do passado", apresentava uma reportagem voyeurística do perfil do Brasil em 1924: "Os imensos espaços vazios percorridos pela Coluna Prestes (...) refletem, no plano físico, a fisionomia social do Brasil da época".[35] O *Jornal do Brasil* celebrava a forma como os tenentes tinham marchado a fundo na alma do Brasil, alertando sobre o retrocesso da realidade que viram e, com isso, colocando o país no caminho da modernidade e do progresso. A ditadura tinha grande interesse em apresentar o interior atrasado como uma relíquia do passado. Como observa Anna Luiza Ozório de Almeida, a década de 1970 foi a "década da colonização", durante a qual o regime militar empreendeu grandes projetos de desenvolvimento – principalmente na Amazônia e nas regiões ao Norte –, que incluíam colonização agrícola, hidrelétricas e construção de rodovias.[36] Esses projetos representavam a manifestação física do conceito arraigado de ufanismo, a noção de que o nacionalismo brasileiro dependia da abertura de um interior supostamente desabitado. Se o interior da década de 1920 era um "espaço vazio" retrógrado, o interior da década de 1970, aos olhos da ditadura, estava agora pronto para ter todo o seu potencial liberto.

O segundo exemplo comemorativo de 1974 é outro suplemento do jornal *O Cruzeiro*. Com texto do jornalista Edmar Morel, a edição especial abria com a manchete "Canhões dos tenentes acordaram o Brasil".[37] Depois de várias páginas de fotografias e anedotas – sem nunca mencionar Prestes pelo nome completo –, o jornal incluía um grande mapa da expedição pelo

---

35 1924 – um país sob o peso do passado, *Jornal do Brasil*, 7 de julho de 1974, p.2.
36 Ozório de Almeida, *The Colonization of the Amazon*, p.1-29.
37 A epopeia dos 36.000 km, *O Cruzeiro*, 17 de julho de 1974, p.76.

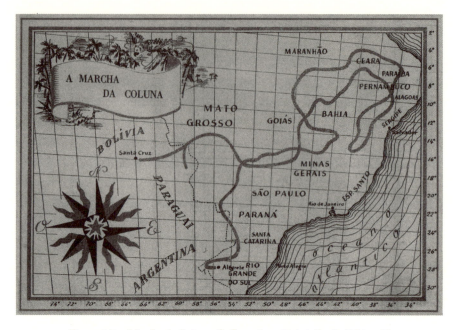

Figura 9.7 – Marcha da Coluna, O Cruzeiro, *17 de julho de 1974, p.81.*

interior (Figura 9.7). Refletindo o mesmo conceito de espaços vazios do *Jornal do Brasil*, o mapa não tinha linhas ou características para demarcar qualquer território do Brasil. Em vez disso, o país inteiro foi apresentado como uma tela em branco na qual os tenentes abriam o caminho para uma nova nação. O único toque de floreio eram as caricaturas desenhadas no canto superior esquerdo, com palmeiras, um papagaio e uma cobra. Como argumentam Courtney Campbell e seus colegas, embora a maioria das histórias do espaço geográfico tende a concentrar-se na evolução das fronteiras e das paisagens povoadas, é crucial também "considerar o vazio ou 'nada' como componentes iguais no tecido do espaço real e imaginado, sujeito a e criado por conjuntos muito semelhantes de atividades físicas e discursivas".[38] Esse vazio também remete ao estudo de Javier Uriarte sobre a "desertificação" do campo latino-americano, através da qual a incursão de atores estatais armados em espaços rurais e interiores transformou vazios anteriormente isolados em vazios legíveis que poderiam ser incorporados ao Estado nação.[39]

---

38 Campbell, Giovine e Keating, *Empty Spaces: Perspectives on Emptiness in Modern History*, p.4.
39 Uriarte, *The Desertmakers*.

No caso do interior do Brasil, essas projeções de vazio ajudam a explicar o apelo da Coluna Prestes: sua condição de marcha heroica através de paisagens simultaneamente vazias (de civilização) e cheias (de potencial) proporcionava um modelo discursivo para se imaginar o futuro do país. Essa dualidade de vazios torna-se mais evidente na página final da edição comemorativa de *O Cruzeiro*. Após celebrar a Coluna por cinco páginas inteiras, Morel reproduz novamente a mesma citação do capítulo anterior da memória de Lourenço Moreira: a Coluna

> transpôs centenas de rios caudalosos; galgou montanhas sem conta; rompeu florestas impérvias; rasgou caatingas selvagens; atravessou atoleiros insondáveis e pantanais extensos; galopou nos pampas rio-grandenses e nos gerais das altas chapadas mineiras e baianas nos agrestes da região sertaneja do Nordeste.[40]

Aqui, a celebração teve como premissa a afirmação de que a Coluna esteve em todas as paisagens do Brasil e, por isso, seus líderes conheciam a verdadeira natureza do país. Como há meio século antes, o simbólico Cavaleiro da Esperança – mesmo com Prestes tornado invisível pela ditadura – continuava sua marcha sempre avante.

Novos horizontes e novos desafios

No final da década de 1970, movimentos sociais e campanhas de solidariedade internacionais conseguiram diminuir com êxito o controle dos militares sobre o poder. A política anterior, de distensão, foi substituída, em 1979, por um novo conjunto de reformas para a democratização – a abertura. Os militares não renunciariam oficialmente por mais seis anos – e, mesmo assim, a transição foi fortemente mediada para manter a influência do regime, bem como para impedir qualquer julgamento legal contra aqueles que tinham cometido assassinato, tortura e outros abusos. Dentro do que o historiador James Green chama de "retorno em câmera lenta à democracia", as reformas da abertura de 1979 sinalizaram um passo importante no retorno dos direitos políticos.[41] Uma peça fundamental da legis-

---

40 A chance dos revolucionários, *O Cruzeiro*, 7 de julho de 1974, p.82.
41 Green, *We Cannot Remain Silent*, p.321.

lação da abertura foi a Lei de Anistia, aprovada em 28 de agosto de 1979, que autorizava o retorno dos exilados e permitia que os políticos suspensos recuperassem seus direitos – embora, como lei de compromisso, também protegia os agentes do regime de processos de direitos humanos. Após dois meses, Luís Carlos Prestes volta ao Brasil depois de oito anos em Moscou. Ao retornar, foi recebido por uma multidão de milhares de pessoas no aeroporto do Rio de Janeiro. A multidão de seguidores segurava cartazes onde, entre outros *slogans*, saudavam a volta do Cavaleiro da Esperança. A certa altura, a multidão gritou "De Norte a Sul, de Leste a Oeste, o povo grita, Luís Carlos Prestes".[42]

Dentro de seu próprio partido, a chegada de Prestes estava longe de ser uma volta para casa tranquila. Tendo atuado como secretário-geral do PCB desde 1943 – e enfrentado vários desafios para manter o partido alinhado com sua visão –, tensões haviam ressurgido durante o exílio na União Soviética. Ao retornar no final de 1979, sentiu que o Comitê Central do PCB tinha se tornado muito reformista, a mesma acusação que ele tinha feito no final dos anos 1950. Em uma carta aberta, Prestes pediu aos militantes que exigissem a criação de um novo comitê de liderança para impedir o partido de ceder às campanhas reformistas.[43] Porém, ao contrário de suas tentativas anteriores, ele não foi mais capaz de determinar a direção do partido. No ano seguinte, a liderança do PCB votou pela remoção de Prestes do cargo de secretário-geral. A divergência persistiu e, em 1984, Prestes, aos 86 anos, ficou afastado da agremiação.

Enquanto Prestes, já ao fim da vida, enfrentava um conflito com o partido que representara durante grande parte do século XX, uma leva final de produção cultural assinalava a permanência da lenda da Coluna Prestes – embora deva ser ressaltado que outros trabalhos continuaram a aparecer nas décadas seguintes, incluindo um livro infantil de 2014 que conta sobre um menino chamado Jaguncinho que, na Coluna Prestes, encontra peixes gigantes galopantes, uma aldeia com indígenas de três metros de altura e outros personagens folclóricos no interior.[44] No fim dos anos

---

42 Prestes afirma que não há democracia sem os comunistas, *Jornal do Brasil*, 21 de outubro de 1979, p.3.

43 Carta aos comunistas, reproduzida em Reis, *Luís Carlos Prestes*, p.434.

44 O livro infantil de 2014 é *Jaguncinho* de Flávia Portela. Outros exemplos são uma música de sucesso da cantora brasileira Taiguara intitulada "O Cavaleiro da Esperança" de 1994 e um romance de ficção histórica juvenil do jornalista Thales Guaracy intitulado *Amor e tempestade*, de 2006.

1970 e início dos anos 1980, tendo como cenário a abertura da democratização, dois escritores nordestinos escreveram livros revelando o heroísmo de Prestes e dos rebeldes tenentistas. Embora compartilhassem da narrativa heroica de escritores não provindos do interior, como Alfredo Varela, Jorge Amado e Pablo Neruda, as obras focavam nas contribuições do interior para a Coluna, e não o contrário. Ofereciam relatos ficcionais da Coluna que buscavam expor a realidade da vida no Nordeste – incluindo a pobreza e os abusos dos líderes locais corruptos –, ao mesmo tempo que destacavam as contribuições da região para a política nacional.

O primeiro livro foi o romance *A Coroa de areia*, de 1979, de Josué Montello, escritor maranhense – o estado onde a Coluna teve seu "período áureo" com uma recepção relativamente positiva dos moradores locais. O protagonista de Montello é João Maurício, jovem estudante de Direito que, no início dos anos 1920, viaja do Maranhão ao Rio de Janeiro. Após a revolta de Copacabana de 1922, João lidera um protesto em apoio aos rebeldes, motivo pelo qual o governo federal o aprisiona e o tortura. João finalmente sai da prisão e, em 1924, junta-se à nova revolta tenentista e marcha triunfante com a Coluna Prestes de volta ao seu Maranhão natal. Para Montello, mais do que a luz da liberdade que os rebeldes trouxeram ao Maranhão, era o fato que um maranhense foi quem os ajudou a chegar lá: "Dir-se-iam irreais aqueles bravos, no imenso chapadão deserto, envoltos pelas pequenas luzes azuladas, que acendiam e apagavam, acendiam e apagavam, abrindo um clarão nas sombras circundantes, enquanto as pesadas botas cheias de lama iam calcando a terra do chao".[45] Na narrativa de Montello, assim como nos comentários por meio século, a Coluna Prestes suavizou as bordas de um interior áspero – amortecendo a terra, abrindo caminho para uma modernidade em expansão –, e assim iluminou o coração autêntico do Brasil.

Três anos depois, um segundo romance nordestino narrava uma história semelhante. O livro de Eulício Farias, de 1982, *O dia em que a Coluna passou*, conta os detalhes do massacre cometido pelos soldados de Prestes na cidade paraibana de Piancó. Ao contrário de boa parte do folclore local – ilustrado anteriormente no cordel de Rodrigues Leite –, o romance oferecia um relato decididamente pró-rebelde. Farias era, na verdade, do vale do

---

45 Montello, *A Coroa de areia*, p.109.

Piancó, o que lhe dava uma ligação pessoal às batalhas de memória relacionadas com o massacre de 1926, e sua origem do interior também o separava de Josué Montello, que, embora maranhense, vinha da capital litorânea, São Luís. No romance de Farias, o padre Aristides não é um mártir, mas um vilão: o protagonista, Jonas, entra na Coluna como forma de se vingar de Aristides por ter matado seu pai. O romance acompanha Jonas quando ele se junta à Coluna Prestes e acaba participando da violência em Piancó. Farias conta a seus leitores que, embora a Coluna tenha cometido violência no interior, fora um ato necessário contra homens fortes que vinham abusando das comunidades locais por décadas. No contexto geral da história do interior, a Coluna Prestes foi apenas um nó, por mais importante que seja, de uma mitologia mais ampla sobre a luta pela justiça no interior.

Comemoração 3:
"Prestes termina a marcha e entra para a história"

No dia 7 de março de 1990, Luís Carlos Prestes morreu de câncer aos 92 anos. Seu falecimento ocorreu em um momento em que o Brasil passava por uma importante transição. O governo civil havia retornado em 1985, mas só no final de dezembro de 1989 Fernando Collor de Mello torna-se o primeiro líder eleito democraticamente no Brasil em quase trinta anos. Dois anos depois, ele renuncia como consequência de uma política econômica fracassada e um escândalo de corrupção. Quando Prestes adoeceu no início de março de 1990, a espiral do colapso do novo regime civil do Brasil ainda não havia começado. Prestes foi hospitalizado no Rio de Janeiro em 2 de março, entrou em coma alguns dias depois e finalmente faleceu na quarta-feira, 7 de março. Collor de Mello foi empossado como presidente na quinta-feira seguinte. Com o século XX chegando ao fim, a morte de Prestes serviu de plataforma para a reflexão sobre o passado e o futuro do Brasil.

O comício e o cortejo fúnebre aconteceram no Rio de Janeiro, e a maior parte da cobertura da mídia sobre os eventos veio dos principais meios de comunicação do Sudeste. Ao discutir a morte de Prestes, os jornais apresentaram o Cavaleiro da Esperança como um símbolo mitificado de unidade nacional, cujo capital político ainda se apoiava fortemente em suas façanhas no interior do Brasil. Prestes foi uma figura lendária durante a maior parte de sua vida e, após sua morte, era agora literalmente descrito como um mito.

A primeira página do *Jornal do Brasil* anunciava a morte do "líder e mito", e *O Globo* publicou uma matéria intitulada "Na vida do 'Cavaleiro da Esperança', um mito brasileiro".[46] Prestes foi automaticamente posto no panteão de heróis do Brasil. Numa referência às linhas finais da carta de suicídio de Getúlio Vargas – "saio da vida para entrar na História" –, uma manchete dizia que "Prestes encerra marcha e vira História".[47] Mesmo na morte, foi aclamado como uma força unificadora – com manchetes tais como "Uma rara unanimidade: o respeito nacional" e "No último passeio, acordos políticos".[48] O cortejo fúnebre no Rio de Janeiro recebeu cobertura semelhante. Como pode ser visto na Figura 9.8, o caixão de Prestes foi conduzido na carroceria aberta de um caminhão, enquanto a multidão marchava com ele pelo centro do Rio. Os jornais deram atenção especial aos líderes da oposição presentes: dois dos carregadores foram Leonel Brizola e Luiz Inácio "Lula" da Silva, indiscutivelmente as referências de esquerda mais importantes durante o período da ditadura e, no caso de Lula, nas décadas seguintes. Ambos discursaram no comício fúnebre realizado no cemitério São João Batista, no Rio de Janeiro, contando que, em suas últimas conversas com Prestes, o Cavaleiro da Esperança os havia exortado a unir forças.[49] Como fora o caso durante grande parte do século XX, Prestes era um símbolo de unidade para aqueles que preconizavam um futuro melhor.

Quase todas as comemorações de Prestes começavam com sua história como o Cavaleiro da Esperança que com sua marcha de 25 mil quilômetros pelo interior do Brasil deu origem à figura mítica e unificadora. Conforme argumentado ao longo deste livro, a lenda da Coluna se baseava em uma narrativa que só começou a se enraizar quando a Coluna cruzou para o exílio, com jornalistas e políticos no Brasil cultivando uma história heroica que poderia ajudar a trazer os rebeldes de volta para casa. Nesse enquadramento, que se tornou uma história de origem tanto de Prestes quanto do Brasil moderno, o Cavaleiro da Esperança tinha despertado o coração escuro e vazio do Brasil, ajudando a transformar comunidades rurais em possíveis aliadas e levando a promessa de nacionalidade para novos horizontes. Como

---

46 Rio enterra Prestes com honras ao líder e ao mito, *Jornal do Brasil*, 8 de março de 1990, p.1; Na vida do "Cavaleiro da Esperança", um mito brasileiro, *O Globo*, 8 de março de 1990, p.12.

47 Prestes encerra marcha e vira História, *Correio Braziliense*, 8 de março de 1990, p.8.

48 Uma rara unanimidade: o respeito nacional, *Correio Braziliense*, 8 de março de 1990, p.9; No último passeio, acordos políticos, *Tribuna da Imprensa*, 9 de março de 1990, p.3.

49 Adeus, Luiz Carlos Prestes, *Tribuna da Imprensa*, 10 de março de 1990, p.3.

Figura 9.8 – Primeira página da Tribuna da Imprensa, *10 de março de 1990.*

acontecera sessenta anos antes, a Coluna foi retratada como um épico de outro mundo, e os jornais devotaram longas seções aos detalhes celebrizados da expedição. Os artigos expunham até que ponto a Coluna marchou e quantas batalhas travou em terras tão inóspitas. Um grande mapa ajudava frequentemente os leitores a visualizar a jornada para o interior e vice-versa. Na morte, essa jornada tinha agora chegado ao fim. E condizente com a história de como alcançou a fama, Luís Carlos Prestes foi sepultado no Rio de Janeiro. O mito do Cavaleiro da Esperança, apesar de forjado nas fronteiras discursivas e territoriais do interior do Brasil, foi enterrado exatamente onde sempre ressoou com mais força: ao longo do litoral.

CAPÍTULO 10

BATALHAS DE MEMÓRIA NA VIRADA DO SÉCULO

A morte de Luís Carlos Prestes em 1990 inaugurou uma nova era no legado da Coluna Prestes. Com o Cavaleiro da Esperança agora falecido, uma série de políticos, ativistas, artistas e escritores lutaram para homenagear um brasileiro célebre, embora altamente controverso. Como forma de encerrar essa história do interior do Brasil do século XX, este décimo e último capítulo explora as batalhas de memória ocorridas na década de 1990, com enfoque em três casos: livros escritos sobre a Coluna, monumentos a Luís Carlos Prestes, e o drama decorrente da doação de documentos históricos a um arquivo no Rio de Janeiro pela família de um tenente conservador. Um eixo central em muitos dos debates sobre o legado de Prestes girava em torno de um aspecto da Coluna que em geral tinha desaparecido das discussões correntes desde os anos 1920: as ações violentas dos soldados rebeldes no interior. O fantasma do banditismo e da violência sempre foi levado em conta no simbolismo da Coluna, mas após a morte de Prestes, as discussões sobre a violência dos rebeldes contra as comunidades do interior se confundiram com debates sobre o legado político do Cavaleiro da Esperança e sobre quem – e quais regiões do país – tinham o direito de moldar a memória pública.

Ao abordar os significados contestados da Coluna na virada do século, este capítulo faz mais do que simplesmente fornecer evidências contemporâneas do debate de longa data entre os proponentes e os detratores da Coluna – ele também mostra como o engajamento com a Coluna Prestes na década de 1990 refletia uma nova maneira de pensar e escrever sobre o interior do Brasil. No contexto da democratização e de um setor civil recém-fortalecido, as reflexões sobre a Coluna Prestes e sua passagem pelos territórios supostamente intocados de uma época passada tornaram-se uma forma de lamentar os danos que a modernização infligira à nação. Numa época em que concepções antigas sobre o desenvolvimentismo eram questionadas por críticas sociais emergentes, o interior adquiriu um novo papel imaginativo: o "velho" Brasil que a Coluna vivenciou na década de 1920 não era mais definido apenas como um *status* a ser superado, mas também poderia servir como um lembrete do que seria possível se as campanhas modernizadoras do século anterior nunca tivessem acontecido. No limiar do século XXI, e com os rebeldes tenentistas já falecidos, as batalhas de memória dos anos 1990 tornaram-se o ponto crítico de como o simbolismo da Coluna faria a transição para uma nova era da política brasileira. Laços antigos perduraram, histórias ressurgiram e, durante todo o tempo, o interior continuou a existir como um símbolo potente e adaptável.

Três jornalistas vão para o interior

Em meados da década de 1990, três jornalistas ajudaram a dar mais publicidade à Coluna Prestes. Partindo de uma abordagem em comum de "redescoberta" da verdadeira história da Coluna, cada um dos três escritores revisitou pessoalmente a rota da Coluna pelo interior. As publicações resultantes foram os livros de Eliane Brum (1994) e Domingos Meirelles (1995), e uma série de dez episódios (1996) na revista *Manchete*, de Luís Carlos Prestes Filho, um dos sete filhos de Prestes com sua segunda esposa Maria. Todos os três realizaram entrevistas com alguns dos últimos sobreviventes que haviam interagido com a Coluna no interior, muitos já na faixa dos 80 e 90 anos de idade.

Uma comparação útil para se compreender o retrato da marcha da Coluna em forma de peregrinação advém novamente da história cartográfica do México de Raymond Craib. Após perder a metade de seu território nacional na guerra de 1848 com os Estados Unidos, o governo do México encomendou uma série de mapas para mostrar a rota de Hernán Cortés, três séculos antes, de Veracruz para a Cidade do México – o local simbólico de nascimento da nação mexicana, embora eurocêntrico e violento. Craib discute os desafios da recriação de paisagens geográficas e sociais que se tornaram centrais para o processo de construção da nação:

> Se as viagens e adversidades de Cortés foram atos da fundação nacional, como poderiam ter sido contingentes e ambíguos? Se as raízes da nação estivessem na rota de Cortés, como esta poderia ser outra coisa que não uma linha sólida e firme, percorrendo audaciosamente o centro da página?[1]

Nessa lógica circular de espaço e nação, não seria preciso muito esforço para se encontrar a rota – e todos ao longo do caminho deveriam estar plenamente conscientes de sua existência. Desse modo, os três jornalistas que seguiram os passos da Coluna Prestes procuraram refazer não apenas a marcha física dos tenentes, mas também sua geografia social: relatando aos leitores o que permanecia igual ao período dos anos 1920 (prova de certas características inatas da nação brasileira) e o que havia mudado – como sinal das possíveis ameaças ao "verdadeiro" Brasil. Embora armados com créditos de publicação e gravadores em vez de equipamentos cartográficos mais tradicionais, os três jornalistas enfrentaram desafios semelhantes sobre como representar uma história territorial cuja rota literal – e simbolismo construído – reverberou por quase todo o território nacional.

A primeira das três publicações foi a de Eliane Brum, na época repórter júnior do *Zero Hora*, que veio a se tornar uma renomada jornalista e comentarista de política do Brasil. Partindo em janeiro de 1993, Brum viajou por 44 dias, entrevistando 101 pessoas passando por cinquenta cidades de quinze estados. Ecoando a cobertura serializada da Coluna Prestes, bastante popular no final dos anos 1920, a reportagem de Brum apareceu pela primeira vez no *Zero Hora* no início de 1994 como uma série de seis partes. Fez tanto sucesso que, naquele ano mais tarde, foi publicada em versão mais extensa, em forma de livro, cujo escopo geral estava expresso no título – *Coluna Prestes: o avesso da lenda*. O livro, basicamente, é uma longa história oral da violência cometida pelos rebeldes. Na avaliação de Brum, ela não partiu com o intuito de buscar indícios de tragédias no interior, mas, como afirma,

---

1 Craib, *Cartographic Mexico*, p.48.

logo que deixamos o Rio Grande do Sul para trás, lembranças amargas foram deli-
neando uma outra história, traçando uma trilha obscura. Nos vilarejos nordestinos,
tão abandonados como no tempo dos rebeldes, o caráter mítico da Coluna nunca
aportou e as recordações são cruas como o foram na época [70 anos antes].[2]

A cobertura do livro pela mídia, embora aproveitando a figuração
do interior como um lugar de perigo, tendia a aplaudir Brum por oferecer
novas perspectivas acerca da narrativa dominante. Uma resenha do *Jornal
do Brasil*, por exemplo, publicada com o título de "Viagem por um Brasil
oculto", comparava trechos do livro a filmes de Hollywood sobre as atrocidades da Guerra do Vietnã: "A despeito da tão festejada índole pacífica
dos brasileiros, sabe-se agora, pelo trabalho de Eliane, que somos capazes
das maiores selvagerias em situação análoga à enfrentada pelos marines na
Indochina".[3] Para Brum, os legados da Coluna Prestes mostravam que, em
nível local, no interior, a rebelião tenentista fora uma guerra civil unilateral.
O livro de Brum oferecia, assim, a primeira grande correção da mitologia heroica da Coluna. Mas nem todos acolheram a reportagem de Brum,
principalmente Anita Prestes, a filha mais velha de Luís Carlos Prestes que
havia nascido em uma prisão nazista e que viria a obter um doutorado em
História e a publicar vários livros sobre a Coluna. Anita Prestes chamou
Brum de jornalista "irresponsável e tendenciosa" que difamou "a memória
desse importante episódio da nossa história".[4] Versões similares dessa batalha de memórias perdurariam por toda a década.

Um ano após o lançamento do relato de Brum, o jornalista veterano
Domingos Meirelles publicou um livro que retomava a narrativa tradicional de heroísmo. Meirelles intitulou sua obra *As noites das grandes fogueiras:
uma história da Coluna Prestes*. Pelo autor, os fogões simbolizavam os laços de solidariedade rebelde estabelecidos no interior do Brasil: "Os fogões
não só revelam ideais como criam vínculos que os mantêm entrelaçados,
como se fizessem parte de um destino comum. Nessas conversas em volta
do fogo, surgem revelações e sentimentos que acabam por fazê-los prisioneiros uns dos outros, algemados pelos mesmos sonhos e paixões. As noites
consumidas em volta dessas grandes fogueiras consolidam a nobreza do

---

2 Brum, *Coluna Prestes*, p.6.
3 Viagem por um Brasil oculto, *Jornal do Brasil*, 11 de fevereiro de 1995, p.5.
4 Prestes, Uma estratégia da direita.

afeto que faz todos aqueles homens parecerem irmãos".[5] O livro segue essa narrativa geral, onde, nas paisagens inóspitas do interior do Brasil, o ritual noturno da fogueira permitia aos rebeldes gaúchos uma trégua da realidade para se reconectarem com a verdadeira natureza da sua identidade.

Assim como o de Brum, o livro de Meirelles iniciava com uma matéria de jornal: em 1974, enquanto trabalhava para o *Jornal da Tarde*, Meirelles passou dois meses viajando pelo país para preparar uma reportagem para os 50 anos da revolta tenentista de 5 de julho de 1924. Durante os próximos vinte anos, enquanto trabalhava como jornalista para muitos dos principais jornais do Brasil, Meirelles trabalhou no livro como um projeto paralelo, indo periodicamente aos arquivos para complementar as entrevistas que havia coletado. O resultado desse projeto recebeu grande aclamação. Um ano após seu lançamento, *As noites das grandes fogueiras* ganhou o Prêmio Jabuti 1996 na categoria de reportagem, uma das maiores honrarias literárias do Brasil.

O terceiro e último trabalho desse período foi a reportagem em série de dez partes de Luís Carlos Prestes Filho, jornalista da revista *Manchete*. Em comparação com os dois livros anteriores, a cobertura de Prestes Filho foi bem mais ampla no engajamento com as comunidades locais: enquanto Eliane Brum e Domingos Meirelles viajaram pelo país por 44 dias e 60 dias, respectivamente, Prestes Filho andou pelo interior por dez meses entre fevereiro e dezembro de 1995. Em sua viagem, Prestes Filho também entrevistou mais de trezentas pessoas. A série foi publicada no início de 1996 com o título "Nas trilhas da Coluna Prestes".[6] A plataforma da reportagem de Prestes Filho condicionou seus limites: a *Manchete* era uma das revistas semanais mais populares do Brasil, cheia de fotos brilhantes e cobrindo tópicos que iam desde a política à cultura pop – na primeira edição da série sobre a Coluna Prestes, a capa da *Manchete* daquela semana foi a supermodelo Naomi Campbell. A reportagem de Prestes Filho tinha, assim, um elemento visual que os outros dois livros não possuíam, pois, quatro fotógrafos o acompanharam em diferentes etapas da jornada, tirando mais de 10 mil fotos, sendo que dezenas delas foram impressas, em cores, na revista. A maior parte dessas imagens era do povo e das paisagens

---

5 Meirelles, *As noites das grandes fogueiras*, p.546.
6 Luiz Carlos Prestes Filho, Nas trilhas da Coluna Prestes, série de 10 episódios em *Manchete*, 13 de janeiro a 30 de março de 1996.

do interior, o que dava aos leitores um vislumbre dos idosos entrevistados por Prestes Filho nos vilarejos, bem como das montanhas, desertos, matas, rios e outros marcos que ainda existiam como resquícios do que a Coluna experimentou. O simbolismo de Prestes, o filho, seguindo os passos de Prestes, o pai, era uma característica fundamental da reportagem.

Figura 10.1 – Luís Carlos Prestes (à esquerda) e seu filho (extrema direita), na parte 1 de abertura da série da Manchete, *"Nas trilhas da Coluna Prestes", 13 de janeiro de 1996, p.3.*

Como pode ser visto na Figura 10.1, a série abriu com fotos dos dois homens lado a lado, o mais velho montando uma mula em 1925 e o filho 70 anos depois, de barba semelhante, mas com uma mochila de acampamento. A legenda da foto explica que Prestes Filho "refaz os caminhos do pai e descobre uma nova realidade brasileira" – uma reviravolta, como veremos, na longa narrativa da Coluna de ter descoberto o interior. No total, a série da *Manchete* de Prestes Filho contou com mais de cem páginas repletas de fotos, descrições de viagens e longas entrevistas com os locais. Quando a reportagem de dez partes terminou, a revista continuou publicando uma série de cartas ao editor de leitores apreciativos, incluindo a de um professor de História que usou os artigos em sua sala de aula, e de alguém que sugeriu que a série fosse transformada em um livro.[7] Ao contrário de Eliane Brum e Domingos Meirelles, Prestes Filho acabou por não transformar a sua cobertura jornalística em livro.

Em todos os três projetos, os jornalistas compartilhavam um objetivo comum de usar as entrevistas para descobrir a "verdadeira" história da Coluna Prestes. Dada a quantidade de pessoas ainda vivas dos eventos originais, não é de surpreender que os jornalistas acabassem entrevistando vários dos mesmos habitantes. Um desses casos revela o problema de como os testemunhos podem ser moldados para se adequar a uma narrativa particular. Na cidade paraibana de Piancó, Eliane Brum e Luiz Carlos Prestes Filho entrevistaram Joana Ferreira da Cruz, filha do padre Aristides, cuja garganta havia sido cortada pelos rebeldes durante o massacre infame de Piancó. Ambos os jornalistas relatam que a personagem contou uma história semelhante, que curiosamente girava em torno de Anita Prestes. Na obra de Brum, além de lamentar a brutalidade do massacre, ela chamou os rebeldes de mentirosos: "A filha do Prestes chegou a dizer numa entrevista que o meu pai era cangaceiro. Ela mentiu. Meu pai nunca matou ninguém... Aqui Prestes e estes oficiais que depois ficaram famosos nunca mais tiveram coragem de pisar".[8] Na obra de Prestes Filho, Ferreira da Cruz conta mais ou menos a mesma história, mas sob um conjunto de emoções inteiramente distintas:

> Sua irmã, que é historiadora, veio uma vez aqui na capital do estado, para fazer palestras sobre os revoltosos e afirmou que meu pai era cangaceiro. Diga para ela que isso não é verdade. Acho que, se pelo menos isso for esclarecido, parte da honra do padre Aristides será lavada (...) O Brasil é grande e não devemos viver de ódios. 70 anos passaram, não podemos cultivar nem crimes, nem guerras e nem raiva.[9]

Sem as transcrições das duas entrevistas, não há como saber se Joana Ferreira da Cruz deu duas versões da história, ou se as diferentes abordagens ou personalidades de cada jornalista produziram depoimentos diferentes. Mas, com base apenas no texto impresso, há uma clara divergência na forma

---

7 "Viva Prestes", cartas ao editor, *Manchete*, 20 de abril de 1996, p.58.
8 Brum, *Coluna Prestes*, p.106.
9 Prestes Filho, Nas trilhas da Coluna Prestes, *Manchete*, 23 de março de 1996, p.70.

como sua experiência foi representada: para Brum, o depoimento de Ferreira da Cruz era a evidência de um ressentimento de setenta anos, enquanto para Prestes Filho, a tristeza dela diante dos impactos negativos sobre a reputação de seu pai foi amenizada por um esforço pessoal de cultivar o perdão. Em ambos os casos, Ferreira da Cruz queria contestar a narrativa das atividades criminosas do pai. No entanto, enquanto Brum a apresenta como uma mulher presa nos infindáveis traumas da vida no interior do Brasil, Prestes Filho mostra uma mulher que tenta seguir em frente. Em ambas as narrativas, a violência e a dor originais não são postas em questão, mas a diferença é se as pessoas do interior estão ou não presas em um ciclo infinito de vingança sertaneja. Dadas as complexidades de fontes baseadas em histórias orais, onde muitas vezes coexistem múltiplas verdades, o fato de Ferreira da Cruz oferecer duas versões da mesma história não é tão incisivo quanto os significados que podem ser deduzidos de como ela foi representada por diferentes jornalistas.

O livro de Domingos Meirelles oferece uma outra percepção sobre o uso de fontes via testemunho oral. Enquanto Brum e Prestes Filho priorizaram as memórias e os detalhes dados pelos moradores do interior, Meirelles pouco expôs as histórias locais. Das 47 entrevistas listadas em seu apêndice, a maioria foi com ex-soldados, políticos e jornalistas. Apenas 21 das supostas testemunhas eram habitantes locais, das quais apenas uma foi realmente citada pelo nome no texto do próprio livro – os 20 moradores locais restantes foram mencionados apenas em notas de rodapé. A referência solitária no texto reflete o escopo de mitificação do livro de Meirelles: ele cita diretamente uma entrevista que fez com um flautista de nome Possidônio Nunes de Queiroz, que se lembrava de compor uma música comemorativa para dar as boas-vindas à Coluna em sua chegada a Oeiras, no Piauí.[10] A voz do interior solitária foi, portanto, usada para reforçar o legado da Coluna como um triunfo da libertação do interior.

As três publicações tinham em comum o interesse em refazer a viagem ao interior como forma de "redescobrir" o Brasil antigo. Para Meirelles, sua pesquisa representava em parte um esforço para reconectar com uma cultura brasileira mais simples e rústica. E para Brum e Prestes Filho, a questão do Brasil antigo não estava relacionada ao legado contestado de qualquer

---

10 Meirelles, *As noites das grandes fogueiras*, p.570.

violência que os rebeldes pudessem ter feito ao povo do interior, mas sim no impacto dos setenta anos de modernização desde então. Conforme mostrado nos capítulos anteriores, as campanhas governamentais para o interior apontavam para um suposto atraso deste como justificativa para empreendimentos da época a fim de desenvolver a nação. Getúlio Vargas invocara o Brasil antigo como forma de distanciar seu regime da Primeira República, e a ditadura dos anos 1960 buscou decretar uma forma de desenvolvimentismo tecnocrático, com rodovias, represas e agricultura moderna no interior para sinalizar a ascensão do país como potência global. Em ambos os casos, o rótulo do Brasil antigo era uma condição a ser superada por meio da modernização estatal. E foi justamente o resultado desses programas de desenvolvimento que tanto preocupava os jornalistas. Especialmente no caso de Brum e Prestes Filho que escreveram em tons igualmente indicativos de declínio, o desaparecimento do Brasil antigo era bastante evidente no interior. Em meados dos anos 1990, durante a primeira década de retorno ao regime civil, Brum e Prestes Filho refletiam uma reação contra o tipo da modernidade agressiva predominante. Se antes a Coluna Prestes havia oferecido um modelo para os governos defenderem o desenvolvimento do interior, agora, para os jornalistas e seus leitores, o interior era um vestígio do que se perdera.

No prefácio de seu livro, Eliane Brum afirma que seu objetivo original era ir "para descobrir o que era hoje o Brasil de Prestes".[11] Para tanto, uma de suas primeiras ações de pesquisa foi entrar em contato com Anita Prestes. Segundo relato de Brum, ela recebeu o telefonema com simpatia, mas disse com firmeza que "O Brasil que a Coluna percorreu já não existe mais".[12] Irredutível, Brum prosseguiu com seu plano de retraçar a marcha.

Enquanto a narrativa central do livro de Brum é a história da violência rebelde, uma trama secundária subjacente diz respeito ao rumo da modernidade no Brasil. Na maioria das regiões que visitou, a jornalista comenta sobre os legados destrutivos dos projetos de desenvolvimento. Entre estes, a represa de Itaipu, na fronteira com o Paraná, que inundou cidades locais e causou más colheitas durante anos depois, o estado de depressão dos grupos indígenas em todo o país cujas terras foram invadidas pela agricultura em

---

11 Brum, *Coluna Prestes*, p.6.
12 Ibid., p.5.

larga escala, e as condições brutais de trabalho nas carvoarias de Minas Gerais. Se a sua esperança inicial era descobrir o Brasil de outrora, o seu percurso nos passos da Coluna Prestes sugeria que talvez Anita Prestes estivesse certa: talvez o Brasil dos anos 1920 já não existisse. Mas se, por um lado, a Coluna ajudara a amplificar a percepção de que o interior ainda precisava ser descoberto, as reportagens de Brum no interior indicavam que talvez a sociedade dominante já tivesse feito descobertas *demais*. Quase um século de desenvolvimento tinha exacerbado muitos dos problemas no interior.

Prestes Filho fez observações semelhantes sobre o legado do antigo Brasil, embora com uma crítica de caráter mais otimista. Como Brum, sua esperança de encontrar vestígios de uma era anterior também o levou a se conscientizar das condições chocantes no interior. Na introdução de sua reportagem de dez partes, os leitores foram informados de que Prestes Filho "encontrou não o Brasil que o pai sonhava, mas, em muitas regiões, uma natureza devastada".[13] O jornalista, pensando que iria descobrir as "terras intocadas" do antigo Brasil, viu de fato "o desenvolvimento do interior do Brasil, nem sempre levando em conta a importância da conservação do meio ambiente e a manutenção de nossas tradições culturais". Já no início de sua jornada, de passagem por Santa Catarina, Prestes Filho conheceu um senhor idoso chamado Luiz Vieira Fagundes, que havia sido soldado da Coluna. Vieira Fagundes lembrou que durante a rebelião ele e os tenentes aprenderam a valorizar as paisagens brasileiras: "A natureza antigamente era uma barreira a ser vencida. Até ela entrar no coração demorou um tanto (...). No meio das picadas, na mata virgem, descobrimos o valor das árvores e dos rios".[14] Essa citação oferece para o objetivo de Prestes Filho de escrever sobre o Brasil antigo uma forma multivalente de descoberta: não apenas a marcha rebelde abriu os olhos de Vieira Fagundes para as maravilhas naturais do Brasil, mas a escolha do jornalista pela citação – de que "a natureza antigamente era uma barreira a ser vencida" – reflete o ambientalismo emergente da virada do século. Assim como Brum, Prestes Filho também notou os efeitos destrutivos dos grandes projetos de desenvolvimento no interior, embora o filho do Cavaleiro da Esperança apontasse a perseverança

---

13 Prestes Filho, Nas trilhas da Coluna Prestes, *Manchete*, 16 de dezembro de 1995, p.24.
14 Ibid., p.34.

das comunidades locais como prova de que talvez o interior ainda pudesse mostrar o caminho a seguir. Depois de refazer quase toda a rota que seu pai havia percorrido sete décadas antes, Prestes Filho concluiu que "no rastro da Coluna continua viva a esperança do Brasil chegar a um desenvolvimento sustentável".[15] Assim como sua meia-irmã, Prestes Filho também queria que o legado do pai fosse um farol de esperança – embora, em vez de um legado estritamente político, ele oferecesse um etos ambiental como uma nova forma de os leitores encontrarem inspiração no interior do Brasil.

MEMORIAL DO WAYWARD: DE PRESTES NO RIO À COLUNA NO INTERIOR

O que começou como uma proposta para homenagear Prestes em um bairro nobre do Rio de Janeiro acabou se materializando como um monumento à Coluna Prestes, em Palmas. Projetado pelo famoso arquiteto de Brasília, Oscar Niemeyer, e, em debate nas páginas dos principais jornais do Brasil, o memorial se tornou um exemplo altamente visível do disputado legado do Cavaleiro da Esperança.

Após a morte de Prestes, seus aliados começaram a planejar projetos comemorativos. Muitas dessas iniciativas aconteceram no Rio de Janeiro, incluindo a mudança de nome de uma avenida e um parque em sua homenagem.[16] No início de 1992, surgiu uma campanha para fazer mais do que mudar nomes e placas de rua: os proponentes queriam construir todo um complexo memorial na Barra da Tijuca, um bairro rico carioca. Inicialmente proposto por um vereador do Partido Democrático Trabalhista (PDT), o projeto recebeu apoio financeiro e político de diversos grupos. A construção do memorial foi planejada por Niemeyer, seu interior foi projetado pelo renomado artista plástico Carlos Scliar, e as exposições teriam a curadoria do jornalista e historiador Nelson Werneck Sodré. O projeto também foi apoiado pelo secretário municipal de Planejamento Público e pelo secretário nacional da Cultura, que prometeu financiamento federal

---

15 Ibid., p.24.

16 A via Parque foi alterada para Avenida Senador Luiz Carlos Prestes, Prestes é nome de rua no Rio, *Jornal do Brasil*, 20 de maio de 1992; e Projeto de Lei n.1367/91, proposta pelo vereador Emir Amed, para mudar o nome da Praça Radial Sul para Praça Luiz Carlos Prestes.

para cobrir um terço do custo estimado de Cr$ 1,15 bilhão (US$300 mil).[17] Niemeyer, que tinha sido amigo íntimo de Prestes e membro do PCB, projetou o memorial em seu estilo modernista habitual, como um prédio de cúpula alongado, de dois andares e feito de concreto – com uma sala de exposições envidraçada no topo, e um auditório, arquivo e conjunto de escritórios abaixo. Do prédio principal, uma rampa circular levaria os visitantes até a atração central do memorial, uma estátua elevada de Prestes.

O projeto gerou polêmica quase que imediatamente com boa parte do conflito girando em torno do local onde o memorial seria construído. A Barra da Tijuca é uma área afluente do Rio de Janeiro, localizada em um trecho à beira-mar a quase 30 quilômetros ao sudoeste do centro da cidade – na época, essa área era efetivamente inacessível para a maioria dos cariocas que dependiam de transporte público – só duas décadas depois a linha de metrô chegaria à Barra. O plano previa a construção do memorial utilizando 500 metros quadrados da Praça São Perpétuo, em frente à praia da Barra, e a apenas alguns minutos do elegante clube de golfe do Itanhangá. Esse local irritou muitos dos que viam Prestes como um símbolo das classes populares do Brasil. Em carta a *O Globo*, por exemplo, uma pessoa zombou do que chamou dos *bambas* envolvidos no projeto: "a ninguém ocorreu que a Barra da Tijuca, reduto da classe média [alta], é o local menos indicado para sediar a homenagem? Que tem a ver Luiz Carlos Prestes com um bairro da burguesia carioca. Por que não as praças (...) frequentadas pelos trabalhadores e suas famílias".[18] Uma carta semelhante comparava a controvérsia do memorial ao escândalo maior que se desenrolava no Brasil naquele momento – o processo de impeachment do presidente Fernando Collor – e desabafava a frustração de que "o povo já se cansou do quixotesco blablabla dessas figurinhas que só têm levado o país ao caos. Concordo, plenamente, com a impropriedade do local escolhido: Barra lembra mar, praias, lazer. Luiz Carlos Prestes deveria lembrar terra, povo, trabalho".[19] Se a Barra da Tijuca era considerada inadequada para um memorial ao Cavaleiro da Esperança, qual seria a melhor opção? Essa questão não seria resolvida por ainda vários anos.

---

17 Detalhes do planejamento do memorial de Memorial de Prestes, *Jornal do Brasil*, 10 de julho de 1992, e Um memorial para o "Cavaleiro", *Tribuna da Imprensa*, 18 de julho de 1992.

18 Prestes, *O Globo*, 23 de julho de 1992.

19 "Prestes", carta ao editor de *O Globo*, sem data anotada, incluída na AN-RJ, Série LC, ficha 0102, doc. 2, 2.

Nos últimos meses de 1992, quando a atenção coletiva era cada vez mais voltada para o impeachment do presidente Collor, o memorial proposto na Barra da Tijuca foi adiado, até se dissipar completamente. A oposição inicial, de comentaristas tanto de direita quanto de esquerda, atingiu seus objetivos e o projeto foi arquivado. Não só estava incerto se o memorial seria construído na Barra da Tijuca, como também era possível que nunca chegasse a ser concretizado.

Vários anos depois, uma marcha fortuita pelo interior reviveu o projeto. Enquanto refazia os passos do pai para a reportagem da *Manchete*, Prestes Filho foi apresentado a José Wilson Siqueira Campos, governador do Tocantins. Em outubro de 1925, a Coluna Prestes havia se hospedado na cidade ribeirinha de Porto Nacional, no então estado de Goiás. Em suas viagens setenta anos depois, Prestes Filho foi para Porto Nacional e depois passou por Palmas. Nessa cidade se reuniu com o governador Siqueira Campos e, ao saber da admiração pessoal dele pelo Cavaleiro da Esperança, sugeriu que o projeto paralisado do memorial a seu pai fosse retomado e levado para o Tocantins.[20] Campos – que se dizia primo distante de Antônio Siqueira Campos, o Herói de Copacabana – havia liderado quase sozinho o movimento pela formação do Tocantins e um memorial se encaixaria no seu objetivo maior de cultivar um mito da criação de seu recém-formado estado. Conforme observado por Patrícia Orfila Barros dos Reis, uma acadêmica em arquitetura da região, era claro que "o uso simbólico desse monumento sem identidade direta com a população de Palmas, e até mesmo com a formação da recente história do Tocantins, faz parte da tentativa de incutir no imaginário popular um mito".[21] Mas, visto que se tratava de um político de direita, um aliado fervoroso da ditadura militar, resta a dúvida do motivo de ele desejar se aliar ao mito do principal comunista do Brasil.

Em vez de criar um memorial a Luís Carlos Prestes, como havia sido planejado originalmente para a Barra da Tijuca, o projeto ganhou um novo nome. No Tocantins, foi chamado de Memorial à Coluna Prestes. O que foi eventualmente inaugurado em 2001 (Figura 10.2) manteve exatamente o mesmo layout e o escopo do projeto inicial de 1992. No entanto, a mudança de nomes foi uma mudança sutil subtraindo a atenção de Prestes e

---

20 Luiz Carlos Prestes Filho, entrevista com o autor, 7 de setembro de 2021.
21 Barros dos Reis, *Modernidades tardias no cerrado*, p.123.

transferindo-a para a Coluna. Esse ajuste imaginativo, sem qualquer mudança substancial, refletia o simbolismo duradouro da Coluna como um marco adaptável de nacionalidade.

Figura 10.2 – Memorial à Coluna Prestes, Palmas, Tocantins. Foto do autor.

Mesmo um governador conservador receberia com entusiasmo uma homenagem ao líder comunista do Brasil, pois o projeto poderia ser usado como uma ferramenta política mais ampla, nesse caso para gerar uma conexão forçada entre o estado recém-criado e a história nacional. Desse modo, não se diferenciava das tentativas de Getúlio Vargas e seus aliados na década de 1930 em querer desvencilhar o recém-radical Prestes de seu papel na lendária marcha pelo interior. Como pessoa, Prestes tinha o potencial de ser um para-raios de controvérsia, mas como Cavaleiro da Esperança era um símbolo adaptável do Brasil. Para o governador Siqueira Campos, à frente de um novo estado localizado na região central do Brasil, o Memorial foi uma oportunidade de reforçar a noção de que o Tocantins representava o verdadeiro coração do país. Como tal, fizeram do projeto uma peregrinação

A COLUNA PRESTES

pelo interior. A estátua de Prestes, uma escultura de bronze pesando 400 quilos e com quase 3 metros de altura, foi construída no Rio de Janeiro e depois levada em uma jornada de 6 mil quilômetros na carroceria de uma caminhonete.[22] A viúva de Prestes, Maria, acompanhou a estátua em sua excursão de um mês, que incluiu paradas em seis cidades ao longo do caminho para realizar comemorações públicas com líderes locais. A cada parada, Maria e as autoridades locais enrolavam cerimoniosamente a estátua com a bandeira brasileira. Quando chegou em Palmas, uma manchete do Jornal do Tocantins declarou triunfante: "Prestes no coração do Brasil, porque o Brasil foi o seu coração".[23] Quase um século após sua jornada inicial, o Cavaleiro da Esperança voltava ao interior.

A menos de uma década da criação do Tocantins, o Memorial também atestava a influência e criatividade das regiões do interior. O governador do Tocantins não apenas supervisionou um projeto que se revelou problemático para o Rio de Janeiro, como também combinou o Memorial com um segundo elemento de comemoração pública, instalando uma presença litorânea ainda mais concreta no interior. O monumento à revolta de Copacabana de 1922 – a centelha inicial do movimento tenentista que deu origem à Coluna Prestes – fora construído a menos de 100 metros ao sul do Memorial. O monumento mostra dezoito soldados posicionados sob uma réplica do calçadão da praia de Copacabana, com seus famosos mosaicos ondulados em preto e branco (Figura 10.3).

Com a estátua de Prestes em bronze montando guarda perto de uma escada que liga os dois memoriais, o monumento de Copacabana preenche no imaginário a lacuna de mais de 1.600 quilômetros de distância entre Palmas e o litoral do Rio. Ao transpor para o interior a praia mais icônica do Brasil, a distância entre o litoral e o interior dava lugar a uma sensação de fusão entre espaço e nação. Para os antigos partidários do memorial, sua localização eventual em Palmas mostrava como o interior do Brasil podia servir de válvula de escape para as tensões costeiras: com mais espaço e menos possíveis oponentes, o interior oferecia refúgio físico a uma forma simbólica de comemoração pública. Em relação ao governador Siqueira

---

22 Cavaleiro de bronze, *Manchete*, 15 de novembro de 1997, p.96; e Cem anos de uma esperança, *Jornal do Brasil*, 2 de novembro de 1997, p.3.

23 Prestes no coração do Brasil, porque o Brasil foi o seu coração, *Jornal do Tocantins*, 23 de novembro de 1997.

Figura 10.3 – Monumento aos 18 de Copacabana, com o Memorial à Coluna Prestes ao fundo.
Palmas, Tocantins. Foto do autor.

Campos, a construção desses memoriais mostrava como os territórios e as lideranças do interior eram também capazes de moldar a narrativa das histórias nacionais.

Drama nos arquivos

Um ano após a chegada da estátua de bronze de Prestes a Palmas, surge um novo drama quando um grande acervo de documentos foi doado a um arquivo do Rio de Janeiro. O material havia pertencido a Juarez Távora, comandante da Coluna Prestes que se tornou um importante político conservador em meados do século XX. Távora faleceu em 1975, mas somente em 1999 sua família doou seus arquivos pessoais, legando-os ao Centro de Pesquisa e Documentação Histórica (CPDOC) da Fundação Getúlio Vargas no Rio de Janeiro. O acervo contava com cerca de 30 mil documentos ao longo da extensa trajetória de Távora na política, incluindo 586 cartas, mapas e relatórios da Coluna Prestes. Conforme mostrado no "Capítulo 4: Olhares divergentes sobre o sertão", quando os rebeldes passaram pela terra natal de Távora, o Ceará, no início de 1926, a liderança decidiu deixar grande parte do arquivo da Coluna existente até então na casa da família Távora para segurança. Foi por esse motivo que o principal arquivo da rebelião permaneceu na posse de Távora.

Para ajudar a divulgar o novo acervo de arquivos, o CPDOC sediou uma exposição pública em março de 1999, que se concentrou principalmente nos mais de seiscentos itens relacionados à Coluna Prestes. Os itens mais polêmicos eram um conjunto de documentos que mencionava a violência cometida por soldados rebeldes. Um artigo do *Estado de S. Paulo* chamou esses itens de "o filé mignon do arquivo".[24] O jornal reproduziu trechos de dois dos documentos mais reveladores. O primeiro era uma carta de um morador de Formoso, em Goiás, que escreveu aos líderes rebeldes pedindo indenização pelos danos causados pelas tropas rebeldes, a quem acusou de roubar sua propriedade e, em seguida, colocar fogo em sua casa. O segundo era um relatório de Miguel Costa, que descrevia o seu choque ao ver uma cidade recentemente tomada pelos rebeldes:

"Cheguei hoje a esta localidade, onde reina completa anarquia implantada pelo saque desumano (...) que aqui se praticou. Requisitar o que é necessário para a tropa (...) é coisa muito diferente do que praticar o roubo, o incêndio e todas as depravações que aqui foram constatadas".

A atenção da mídia gerou um amplo leque de opiniões. De um lado estava Eliane Brum, que destacava os achados do arquivo como uma vindicação de seu livro.[25] Do outro lado estava Anita Prestes, que há muito defendia a crença de que qualquer crítica desse tipo era um ataque ao pai.[26] Na sequência da exposição no CPDOC, Anita Prestes afirmou que os lamentáveis excessos são uma característica comum a todas as guerras: "Era um exército em guerra e não uma passeata (...). Tratar desses excessos tem o objetivo explícito e ideológico de denegrir a figura de Prestes e dos participantes da Coluna".[27] Outros manifestaram sua satisfação com os

---

24 A outra face da Coluna Prestes, *O Estado de S. Paulo*, 11 de abril de 1999, p.4.
25 Face violenta da Coluna Prestes, *Diário Catarinense*, 30 de maio de 1999.
26 Prestes, Uma estratégia da direita.
27 A outra face da Coluna Prestes, *O Estado de S. Paulo*, 11 de abril de 1999, p.4.

documentos recentemente divulgados, incluindo dois historiadores notáveis. Décio Freitas, ex-membro do PCB, escreveu que Prestes e os líderes rebeldes "não autorizaram [diretamente] as infâmias, mas deram provas [pelos documentos] de frouxidão e condescendência imperdoáveis", e Boris Fausto afirmou que "a documentação sobre isso [essa história] é esparsa e o arquivo de Juarez Távora pode abrir um filão interessante".[28] Regina da Luz Moreira, pesquisadora do CPDOC, relacionou a violência com a composição das forças rebeldes, embora com um elemento-chave que parecia absolver os rebeldes "originais" pela violência, culpando por sua vez pessoas de outras partes do interior: "ao longo da marcha, foram-se agregando [à Coluna] aventureiros e pessoas dos povoados atraídas pela mística da Coluna, mas que, provavelmente, mal sabiam quem era o presidente Artur Bernardes".[29] Sugestões como essas são implausíveis: não só foram relativamente poucos que se juntaram à Coluna durante sua marcha, como também não há evidências sobre as origens dos soldados violentos. Tais comentários refletem um tema mais amplo de definição do interior como presumidamente violento – justificando quaisquer agressões que grupos não interioranos possam ter cometido.

O arquivo de Távora não foi o primeiro a tornar públicos documentos desse tipo. Quase uma década antes, e sem alarde, os arquivos pessoais de Lourenço Moreira Lima foram doados por sua família ao Arquivo Edgard Leuenroth da Universidade Estadual de Campinas (Unicamp). O Arquivo Leuenroth – nomeado em homenagem a um jornalista e militante anarquista – é uma das melhores coleções de documentos históricos e jornalísticos do Brasil relacionados à política de esquerda e aos movimentos sociais. A família de Moreira Lima doou seus documentos ao arquivo na década de 1980, disponibilizando importantes fontes primárias da Coluna Prestes, incluindo documentos valiosos que os rebeldes não haviam deixado com a família Távora no Ceará.[30] Em comparação com os documentos um tanto evasivos do arquivo de Távora – por exemplo, a carta de um morador local e as observações de Miguel Costa sobre a conduta dos rebel-

---

28 Citações, respectivamente, de Coluna Prestes revisitada, *Zero Hora*, 13 de junho de 1999, p.23; e A outra face da Coluna Prestes, *O Estado de S. Paulo*, 11 de abril de 1999, p.4.

29 A outra face da Coluna Prestes, *O Estado de S. Paulo*, 11 de abril de 1999, p.4.

30 O Guia do Catálogo para os arquivos de Moreira Lima não oferece uma data de doação mais específica; a ficha diz apenas que ocorreu na década de 1980.

des –, os arquivos de Moreira Lima contêm detalhes explícitos de violência. Nesse arquivo consta o registro completo de 31 boletins do alto-comando rebelde, dois dos quais discutem as punições de soldados rebeldes. No primeiro caso, dois rebeldes foram colocados em confinamento por terem saqueado uma fazenda em Mato Grosso, e no segundo, e mais flagrante exemplo, consta que a liderança rebelde executou quatro de seus próprios soldados por fuzilamento, um dos quais havia estuprado uma mulher em Goiás. Conforme mostrado no "Capítulo 3: Bandeirantes da liberdade", Moreira Lima omitiu esses detalhes incriminadores de seu livro – assim como Anita Prestes. Mesmo que esses autores procurassem proteger certos aspectos da aura heroica da Coluna, o registro arquivístico mostra o contrário. No entanto, as evidências no Arquivo Leuenroth parecem ter passado despercebidas. Enquanto os documentos de Távora no extenso arquivo do CPDOC no Rio de Janeiro geraram polêmica, os documentos muito mais explícitos de Moreira Lima permaneceram fora dos olhos do público em um arquivo menor. Essa relativa obscuridade persistiu por três décadas: pelo que sei, sou a primeira pessoa a publicar todos os detalhes incluídos nesses arquivos.

Há ainda um outro arquivo para Prestes e para a Coluna, ainda em construção. Anita Prestes coletou muitos documentos de seu pai e sempre quis encontrar um lar permanente para os materiais. Como ela mesma me disse em uma chamada de vídeo pelo Zoom, passou a se corresponder em 2016 com os arquivistas da Universidade Federal de São Carlos (UFSCar) e, dois anos depois, foi organizada uma exposição na biblioteca central da universidade que inaugurou a criação de um acervo Prestes.[31] A preparação do próprio arquivo (por exemplo, a preservação e a catalogação) continua em andamento. No presente momento, a coleção ainda não está disponível para o público em geral, embora os bibliotecários possam digitalizar e compartilhar documentos diretamente com acadêmicos interessados. Eu mesmo fui um beneficiário desse processo e, assim, pude incluir muitos dos documentos neste livro.

Quando soube que Anita Prestes havia doado sua coleção para a UFSCar, fiquei muito animado. Como São Carlos fica no interior de São Paulo, eu me precipitei a pensar na possibilidade de que talvez Anita tivesse escolhido a UFSCar como forma de aproximar a memória histórica do pai

---

31 Anita Prestes, entrevista com a autora, 28 de novembro de 2020.

para onde, simbolicamente, sua lenda havia nascido. Mas não foi esse o caso. Como Anita me disse, sua decisão foi quase que puramente logística. A UFSCar possuía um impressionante centro de preservação e curadoria de documentos históricos, e ofereceu espaço e funcionários para receber o material de Prestes. Mesmo que qualquer motivo pessoal tenha levado Anita Prestes para a UFSCar, não havia qualquer relação com o interior ou com a Coluna. A família de Florestan Fernandes, um dos sociólogos mais influentes do Brasil e amigo de Luís Carlos Prestes, havia doado seus arquivos para a UFSCar. Anita Prestes achou boa a ideia de ter os seus arquivos sob o mesmo teto.[32]

Pelo menos em nível consciente, portanto, o interior não influenciou a decisão de Anita Prestes. Dada a minha própria tendência de procurar o simbolismo do interior em tudo, isso veio como um lembrete útil: nem tudo que se localiza no interior tem a ver com questões *sobre* o interior. O objetivo continua sendo o de se extrair quando e por que significados específicos são prescritos – aspecto importante para a história da Coluna Prestes e para qualquer história de pessoas e lugares nos muitos interiores do Brasil.

* * *

Em setembro de 2021, poucos meses depois de ter redigido este capítulo sobre batalhas de memória, recebi uma mensagem no WhatsApp de Luiz Carlos Prestes Filho. Ele queria me informar que uma vereadora de direita no Rio Grande do Sul havia apresentado uma legislação para mudar o nome de um memorial na cidade natal de Prestes, Porto Alegre. Em 1990, logo após a morte de Prestes, a prefeitura de Porto Alegre tinha aprovado um projeto de memorial e reservou um terreno às margens do Rio Jacuí, ao sul do centro histórico da cidade. O progresso foi lento, mas, ao contrário do monumento proposto no Rio de Janeiro, o projeto de Porto Alegre permaneceu em seu local original: a cerimônia de inauguração ocorreu em 1998, porém demorou mais onze anos para a construção realmente começar e o memorial só foi aberto em 2017. Ao contrário de Palmas, o espaço manteve o nome pretendido e foi denominado "Memorial Luiz Carlos Prestes".

---

32 Ibid.

O memorial funcionou por vários anos sem qualquer forma contínua de oposição, mas sob a presidência de extrema direita de Jair Bolsonaro transformou-se em plataforma de conflitos ideológicos. Uma vereadora de direita chamada Nádia Gerhard – conhecida pelo nome de Comandante Nádia, por atuar como tenente-coronel do exército – tentou retirar o nome de Prestes do memorial. Alegando que uma "correção histórica" era necessária para remover o nome de "um traidor da pátria", a vereadora propôs renomeá-lo de "Memorial Cidade de Porto Alegre".[33] Embora não tenha entrado em detalhes, a implicação seria que o conteúdo do museu também mudaria, sendo a história de vida de Prestes totalmente removida.

E era justamente essa ameaça de esquecimento histórico que tanto preocupava o filho de Prestes. Em mensagem enviada a mim, Prestes Filho comparou seu pai a Tiradentes, líder revolucionário do século XVIII do movimento de independência, escrevendo que

> o Tiradentes demorou 100 anos para ser reconhecido como herói. Seus inimigos, enquanto vivos, fizeram de tudo para impedir. Tiradentes representava uma verdade incômoda sobre a merda que é essa elite brasileira. Vai demorar 200 anos para a verdade de Prestes poder espalhar sua luz. Muitos dos seus inimigos ainda estão vivos.[34]

Os ciclos contínuos de batalhas de memória que definem a política brasileira e a identidade nacional, com seus lados opostos travados em luta para definir a história, os espaços públicos de formação de memória – e os nomes a eles associados – provavelmente hão de permanecer tão polêmicos como sempre.

---

33 Contra o "comunismo", vereadora do DEM propõe mudar nome do Memorial Prestes, artigo online da *Sul21*, 24 de setembro de 2021. Disponível em: <https://sul21.com.br/noticias/cultura/2021/09/contra-o-comunismo-vereadora-do-dem-propoe-mudar-nome-do-memorial-prestes/>.

34 Luiz Carlos Prestes Filho, intercâmbio por WhatsApp com o autor, 27 de setembro de 2021.

⇞ EPÍLOGO ⇟

LOCAIS DE MEMÓRIA NO INTERIOR

Mesmo nutrindo uma atitude crítica construtiva à hagiografia de peregrinação que há muito domina os estudos da Coluna Prestes, percebi que precisaria também viajar pelo interior. No entanto, como não havia mais testemunhas vivas da marcha rebelde, e sabendo que simplesmente refazer os passos da Coluna ofereceria pouco em termos de novas percepções, optei por organizar minha jornada ao interior em torno de um conjunto específico de lugares: locais de memória. Em seu estudo canônico sobre *lieux de mémoire* (locais de memória), o historiador francês Pierre Nora argumenta que os locais de memória são "ao mesmo tempo naturais e artificiais, simples e ambíguos, concretos e abstratos, são *lieux* – lugares, localidades, causas".[1] Para Nora e inúmeros outros estudiosos e escritores, os locais de memória abrem uma janela importante, embora complexa, para a funçao de certos locais dentro da memória coletiva de grupos sociais e de nações, em geral.

Em vez de seguir diretamente o mesmo caminho da Coluna, tracei um itinerário que ligava uma dúzia de monumentos, lápides e museus que davam diferentes aspectos à memória da marcha da Coluna Prestes pelo interior. Variando em tamanho, os locais de memória iam de pequenas es-

---

1 Nora, *Realms of Memory*, p.14.

culturas à beira de estradas até um grande edifício projetado pelo arquiteto mais famoso do Brasil. Meia dúzia desses locais eram "pró-Coluna" (defendiam uma visão heroica da marcha), três eram decididamente anti-Coluna (construídos para homenagear aqueles que morreram lutando contra os rebeldes) e os outros três eram mais neutros, apresentando a passagem da Coluna mais como uma parte da história local. Os locais de memória são provas físicas dos temas discutidos ao longo deste livro, incluindo a dinâmica de poder em relação a como lugares do interior puderam atrair a atenção de um público mais amplo. Os projetos mais bem financiados com conexões com figuras públicas no Rio de Janeiro tendiam a retratar a Coluna em termos triunfantes, enquanto os memoriais antimito eram muito menores, sem a exposição e publicidade dos outros.

Outro ponto crucial era o status do interior como refúgio dos problemas costeiros. Aqui, era eu quem procurava refúgio. Parti para uma viagem de pesquisa em novembro e dezembro de 2020, durante uma das primeiras ondas da Covid-19 no Brasil – um termo relativo, é claro, dado o grande número de pessoas que sucumbiram durante a pandemia. Sabendo que a densidade populacional é muito menor fora das grandes cidades ao longo da costa, não me importava em fazer uma viagem pelo interior. A maior parte do tempo, estaria viajando de carro alugado e, como não senti necessidade de refazer os passos exatos da Coluna, também fiz vários voos dentro do país para economizar tempo. As cidades do interior não estavam de forma alguma protegidas da pandemia. Nem eu estava imune de espalhar a doença para elas, se a contraísse ao longo do caminho. Mas uma visita de pesquisa dessa forma ao interior parecia viável, enquanto o mesmo não se daria nas principais áreas do litoral. E embora eu planejasse visitar alguns arquivos ao longo do caminho, meu principal objetivo não era ler documentos ou entrevistar pessoas. Em vez disso, planejei observar o interior visitando os vários locais de memória e contemplando as paisagens pela minha janela enquanto eu dirigia, sozinho, quase 3,2 mil quilômetros. Com as dificuldades de uma pandemia global, sendo então eticamente duvidoso passar muito tempo com indivíduos ao longo do caminho, meu objetivo era vivenciar o interior visualmente. Os locais de memória agiram como forma de ligar minhas observações no presente a uma compreensão das diferentes maneiras que as comunidades procuravam comemorar o seu lugar na história.

Ao longo de minhas viagens, procurei permanecer o mais sintonizado possível com o porquê e como eu atravessava os locais do interior: será que meus anos de leitura e reflexão eram suficientes para que eu enxergasse além do meu próprio olhar costeiro? Será que eu seria capaz de mudar completamente meu próprio ponto de vista dentro de um prisma de perspectivas sobre o interior? Provavelmente não, mas talvez não fosse essa a questão. Em vez de tentar ignorar ou racionalizar a narrativa dominante que pré-condicionava como eu poderia interpretar o interior, eu esperava encontrar um equilíbrio entre o que via e a minha própria consciência dos tropos que filtravam o meu olhar. Mesmo que minhas viagens ao interior fossem mais autoconscientes do que a dos rebeldes tenentistas de um século antes, eu também me perguntava se não era tão diferente deles. Assim como os líderes da Coluna, minha jornada servia meus próprios propósitos (profissionais), e eu também seguia em frente após alguns dias em cada parada – uma consequência, sim, de querer permanecer em movimento durante uma pandemia, mas também um reflexo de um plano de pesquisa que às vezes exigia pouco mais do que estacionar em frente a uma estátua e tirar algumas fotos. Como historiador em busca de locais de memória, e com poucas conversas planejadas em meu itinerário, meu papel nem sempre era claro. Estaria eu em algum lugar entre viajante e turista, como refletido por Ilan Stavans e Joshua Ellison no seu trabalho fascinante sobre relatos de viagem?[2] E sabendo que meu livro, apesar de sua tradução para o português, foi concebido em grande parte para um público anglófono, estaria minha análise reproduzindo o mesmo tipo de "visão imperial" que ofuscava as crônicas da era colonial do interior do Brasil? Com essas questões em mente, uni-me a uma longa linha de forasteiros que, motivados por uma ampla gama de razões pessoais e financeiras, penetraram no interior do país em busca de uma história para contar.

* * *

Como a maioria dos escritores que seguiram as pegadas da Coluna, comecei em Santo Ângelo, a cidade gaúcha onde Luís Carlos Prestes liderou o levante dos rebeldes gaúchos em 28 de outubro de 1924. Embora tenha sido um pouco clichê começar minhas viagens naquela localidade, optei por partir do que se tornou o berço simbólico da Coluna Prestes.

---

2 Stavans e Ellison, *Reclaiming Travel.*

Após 22 horas de voos da Europa para o Brasil, peguei um carro alugado em Porto Alegre e dirigi seis horas até chegar a Santo Ângelo. Meu objetivo principal era visitar o Memorial da Coluna Prestes, que o governo municipal tinha criado em dezembro de 2004 ao converter a antiga estação ferroviária da cidade em um museu. A estação foi onde Prestes liderou seu levante inicial, e o projeto do museu foi uma iniciativa de preservar o edifício centenário como um local de memória para o episódio mais famoso da cidade. Nos meses que antecederam minhas viagens, tentei muitas vezes entrar em contato com o museu. Mas, por causa da pandemia, nunca consegui obter uma resposta certa sobre se estaria aberto ou não. Mesmo assim fui para Santo Ângelo. Em um golpe de sorte de cidade pequena, a senhora encarregada do meu Airbnb costumava trabalhar no museu e, vinte minutos depois da minha chegada, ligou para alguém que ligou para alguém que arranjou uma visita. A pandemia realmente tinha fechado o museu, mas com a ajuda da minha anfitriã do Airbnb, o escritório de turismo o abriu especialmente para mim.

Figura E1 – Memorial à Coluna Prestes, Santo Ângelo, Rio Grande do Sul.

Foto do autor.

Na manhã seguinte, fui a pé ao museu, um pequeno prédio com fachada amarela e telhado marrom (Figura E1). Fui recebido por uma senhora chamada Aurora, que muito gentilmente abriu as instalações só para mim. Lá dentro, acompanhei a sequência de displays e dioramas dispostos em meia dúzia de salas. A maior parte das exposições tinha como foco a Coluna, desde os eventos iniciais em Santo Ângelo até o término na Bolívia. Sem saber ao certo quais aspectos do mito da Coluna seriam celebrados – ou potencialmente ignorados –, fiquei feliz e surpreso ao ver uma faixa quase do chão ao teto em homenagem às "vivandeiras: mulheres revolucionárias". Com imagens e descrições das vivandeiras, o banner proclamava que "no silêncio da historiografia, as vivandeiras fizeram história nos campos de batalha". Fiquei igualmente surpreso ao constatar que o sótão do museu tinha sido convertido em homenagem a outra mulher, que não tinha ligação direta com a Coluna: Olga Benário. A área destinada a ela mostrava os documentos de viagem falsos que, com Luís Carlos Prestes, usou para entrar furtivamente no Brasil, bem como a carteira de identidade de bebê de Anita Prestes, emitida pelas autoridades nazistas em Berlim e carimbada com cinco suásticas. Embora Olga Benário tenha se tornado um símbolo conhecido no Brasil, sua *bona fides* comunista poderia apresentar um fator agravante para um museu de uma cidade pequena no Sul do Brasil. Quando perguntei a Aurora o que ela achava do fato de Prestes eventualmente ter se tornado um radical, ela disse que não era fã do comunismo e preferia não falar sobre esse lado da vida dele. O livro de visitantes do museu ecoava esses sentimentos; uma das mensagens declarava que o Brasil deveria "acabar com o marxismo". Em grande medida, pelo fato de Luiz Carlos Prestes Filho e a sua mãe, Maria, terem participado na criação do museu, a curadoria não se esquivou dessa história. Além da exposição sobre Olga, vários artefatos dos anos de Prestes como líder do PCB estavam em exibição.

A essa altura da minha pesquisa, eu já havia passado muitos anos pensando sobre o entrelace das histórias de Prestes e da Coluna, mas não tinha certeza de quanto elas coexistiriam em diferentes locais do país. Nessa primeira parada, pelo menos, onde a família de Prestes havia doado itens e ajudado a lançar o projeto, ficou claro que um museu para a Coluna seria mais do que apenas a marcha. Eu estava curioso para ver como isso se daria ao longo da minha viagem.

Antes de sair de Santo Ângelo, caminhei alguns quilômetros pela estrada principal que leva à cidade. Seis anos antes da criação do museu, Santo Ângelo havia inaugurado um monumento diferente para a Coluna: uma escultura de concreto de 12 metros de altura projetada por Oscar Niemeyer. Esta foi uma das três réplicas erguidas em todo o Brasil, sendo as outras duas em Santa Helena, no Paraná, e Arraias, no Tocantins. Eu ficaria sabendo mais tarde que Prestes Filho também tinha organizado a criação desses três monumentos – uma continuação de seus esforços para levar a cabo o Memorial de Palmas. Existem várias interpretações para o que a escultura representa. Pode simbolizar um relâmpago destinado a sinalizar o ataque libertador da Coluna pelas terras adormecidas do velho Brasil; pode ser um cavalo empinado nas patas traseiras em homenagem aos vaqueiros gaúchos e ao lendário Cavaleiro da Esperança; ou pode ser um pedaço de cartografia vertical, traçando a marcha em ziguezague pelo país. O próprio Niemeyer nunca disse publicamente o que ela representava. A placa na base do monumento diz: "Homenagem à marcha revolucionária que teve início em Santo Ângelo, no dia 28 de outubro de 1924, e percorreu 25.000 km através de 14 estados brasileiros, marcando de forma heroica a consciência da nação brasileira". Assim, uma cidade pequena do interior na fronteira sul do país se destacava como sendo o berço de um momento fundacional do Brasil contemporâneo.

De Santo Ângelo, fui pelas estradas sinuosas da área rural do Rio Grande do Sul em direção ao monumento à batalha de Ramada. Este foi o local de um dos conflitos mais sangrentos de toda a rebelião. Mas o monumento não era para os rebeldes – ele homenageava os soldados legalistas mortos pelos homens de Prestes. Ramada, na década de 1920, era o nome de uma fazenda próxima, e tudo que eu tinha como referência era o nome de um cruzamento em algum lugar ali perto. O cruzamento rural, chamado Esquina Urma, ficava no meio dos vastos campos de soja a perder de vista. Olhando para os campos de soja que se estendiam em todas as direções – legado do *boom* da soja dos anos 1970 –, imaginei que esse tipo de paisagem era precisamente o que os jornalistas dos anos 1990 teriam lamentado como um sinal de que o "antigo" Brasil estava sendo destruído pelo desenvolvimento moderno. Caminhei até uma das poucas casas à vista e conversei com um senhor de idade sentado do lado de fora que me direcionou para o trecho final. O monumento consistia em quatro itens dispostos em um terreno coberto de cascalho: uma tumba de concreto branco homenageando os soldados caídos, uma lanterna de metal, uma placa de exibição com detalhes históricos – que havia caído no chão, talvez recentemente, talvez muito tempo atrás – e uma estátua de Jesus de braços abertos (Figura E2). O misto iconográfico fez ainda mais sentido quando li a inscrição no túmulo: ele havia sido inaugurado em outubro de 1964. Essa homenagem aos soldados legalistas que morreram lutando contra Prestes serviu, portanto, de contranarrativa patriótica e religiosa nas primeiras fases da nova ditadura brasileira.

Figura E2 – Memorial aos militares legalistas, próximo à Esquina Urma, Rio Grande do Sul.

Foto do autor.

Igualmente remota, minha próxima parada também parecia receber poucos visitantes. Na região mais setentrional do Rio Grande do Sul, próximo ao Rio Uruguai que faz fronteira com Santa Catarina, fica o município de Tenente Portela, em homenagem ao líder rebelde Mário Portela Fagundes que havia morrido em uma emboscada enquanto bebia chá e esperava para atravessar o rio. Em 1999, para marcar o centenário do nascimento de Portela, a cidade ergueu um monumento no local onde ele foi morto. Dirigi da cidade homônima para um pequeno vilarejo chamado Pinheiro do Vale, e depois mais oito quilômetros ao longo de estradas de terra e pedra. O monumento havia sido construído em colaboração com o posto de turismo local, que evidentemente esperava que o memorial atraísse os amantes da natureza: uma "trilha ecológica" convidava os visitantes a entrarem pela selva em direção ao monumento a Portela. Duas décadas após sua criação, a trilha ecológica estava quase totalmente coberta pelo mato. Algumas latas de cerveja sujas eram a única evidência de uso. Após dez minutos de caminhada, cheguei ao local do memorial. Em um aterro, logo acima de uma pequena enseada do Rio Uruguai, havia uma lápide ao lado de duas fileiras de cruzes brancas pequenas, representando Portela e os outros rebeldes mortos. As cruzes brancas e os tijolos alaranjados que cercavam o monumento se destacavam contra o denso verde da copa da floresta circundante.

Uma viagem de quatro horas ao norte me levou a Dionísio Cerqueira, cidade de Santa Catarina conhecida principalmente por ser posto alfandegário ao longo da fronteira com a Argentina. Fui com a intenção de conhecer Mauro Prado, um professor de História do ensino médio que já tinha sido vereador. Soube do Mauro pelo Facebook, onde assisti a um vídeo que ele gravou em 2020 como parte de sua campanha para reeleição. Em um deles, Mauro falava aos espectadores sobre um antigo cemitério nos arredores da cidade, onde uma cruz de madeira centenária marcava os túmulos dos soldados do governo mortos pelos rebeldes (Figura E3). Numa manhã, Mauro me encontrou em frente ao meu hotel e eu o segui de carro até o cemitério. Lá, ele explicou que havia participado de um projeto local em 2011 para proteger a área, construindo um muro de concreto para impedir a entrada do gado de uma fazenda adjacente. Uma década depois, a área ainda precisava de reformas – as placas comemorativas estavam totalmente desbotadas e o portão da frente estava quase caindo com as dobradiças enferrujadas. Mauro tinha orgulho do trabalho que haviam feito, mas sabia que o local precisava de mais atenção. Semelhante ao discurso do seu vídeo de campanha, ele me disse que o cemitério poderia ser um local de turismo importante para a cidade e que queria construir um pequeno museu com placas detalhadas, artefatos históricos e uma guarida de vidro para preservar a cruz de madeira. A tentativa fracassada de reeleição de Mauro complicou o projeto de reforma que havia planejado. Mas ele me disse que continuaria a buscar financiamento.

Figura E3 – Captura de tela de vídeo do Facebook postado por Mauro Prado, 21 de outubro de 2020.

De Dionísio Cerqueira continuei para o norte adentrando o Paraná, virando para o leste ao redor do Parque Nacional de Iguaçu e seguindo o Rio Paraná em direção a Foz do Iguaçu. No trajeto, passei pela cidade de Santa Helena e virei à esquerda na Rodovia Coluna Prestes, um curto trecho da estrada que me levava em direção ao Rio Ipanema. Lá, em um local onde as tropas de Prestes tinham conseguido evitar as forças inimigas ateando fogo a uma ponte, uma série de monumentos de concreto foram erguidos para homenagear os rebeldes. Tanto o memorial como a estrada renomeada faziam parte das iniciativas de Luiz Carlos Prestes Filho de preservação da memória. Como fez em Santo Ângelo, Prestes Filho providenciou a construção do monumento de Oscar Niemeyer – a mesma estátua vertical que podia ser um cavalo, ou um raio, ou um mapa. Do outro lado da peça de Niemeyer, vários postes de concreto estavam dispostos em um semicírculo e entre um bosque de árvores estava o quadro de informações, embora o texto inicialmente inscrito não estivesse mais visível. O que era legível, entretanto, era uma série de nomes gravados nos postes de concreto. Longe de ser uma homenagem a qualquer pessoa ligada à Coluna Prestes, os nomes pareciam ser de casais de jovens: *David e Cristina*, *Marco e Elaine*, *Karine e Daniel*. Provavelmente não era o que Prestes Filho e Niemeyer tinham em mente, mas pelo menos as pessoas estavam visitando.

Depois de quase duas semanas traçando bem de perto a marcha da Coluna, eu me adiantei bastante à frente. O próximo local de memória do meu itinerário estava a quase 2 mil quilômetros de distância, no Mato Grosso. Para isso, tive de dirigir até Foz do Iguaçu e de lá pegar um voo para Cuiabá, de onde aluguei outro carro e fui visitar Barra do Bugres, uma pequena cidade às margens do Rio Paraguai. Foi aqui que a Coluna travou uma de suas batalhas finais antes de encerrar a rebelião na Bolívia. Quase setenta anos depois, em 1995, a cidade construiu um memorial aos "15 Mártires" que morreram defendendo a cidade contra a passagem rebelde (Figura E4). A peça central do memorial é uma estátua de metal de 12 metros de um lutador mato-grossense, com chapéu, poncho e rifle apontado para o Rio Paraguai, pronto para defender a cidade. Uma placa situava-se logo atrás da estátua, em uma plataforma elevada de concreto. Mas, para ler a inscrição em homenagem aos quinze habitantes locais caídos, tive que retirar um velho saco plástico, parcialmente cheio de líquido, que parecia calcificado na gravura de metal. Junto com a listagem dos quinze nomes, a placa também fornecia comentários sobre como eles morreram: "Aos primeiros alvores do dia 20 de novembro de 1926, do outro lado do rio, onde haviam chegado durante a noite, os revoltosos romperam, inesperadamente, nutrido tiroteio contra os defensores desta tranquila povoação". Aqui, na tradição da memória local, não havia dúvida de que lado estavam os verdadeiros bandidos.

Quatro dias, e três voos de conexão depois, cheguei a Palmas. Conforme discutido no capítulo anterior, nem a cidade, nem o estado do Tocantins existiam na época da Coluna Prestes, mas na década de 1990 o local tornou-se de forma inesperada um centro de memória tenentista. Com a ajuda inicial do filho mais velho de Prestes, o governador José Wilson Siqueira Campos, ansioso por vincular seu novo estado a uma parte simbólica da

Figura E4 – Monumento aos "15 Mártires", Barra do Bugres, Mato Grosso, construído em 1995.

Foto do autor.

história nacional, havia supervisionado a construção de dois monumentos no centro da cidade, a poucos passos do palácio do governador. O primeiro foi o Memorial à Coluna Prestes, um título ligeiramente alterado do memorial original a Luís Carlos Prestes que havia sido planejado para uma área nobre do Rio de Janeiro. O segundo foi o Monumento aos 18 de Copacabana, completo, com uma réplica do calçadão de pedras portuguesas que adornam a famosa praia. Em minha visita aos memoriais fui acompanhado por Patrícia Orfila Barros, professora de Arquitetura cujo trabalho fiquei conhecendo na preparação da viagem, e por um jovem estudante de artes chamado Saulo que trabalhava no museu. Vi a grande estátua de Prestes que tinha vindo do Rio de Janeiro em 1998, bem como a exposição de artefatos e reproduções de documentos no amplo espaço da galeria do museu. Como o museu passou por poucas mudanças em relação ao memorial planejado inicialmente para Prestes, manteve um grande foco na vida dele.

Atrás da exposição da memorabilia de Prestes, por exemplo, havia uma foto do tamanho de uma parede mostrando-o em aperto de mão com Fidel Castro. Nós três passamos uma tarde divertida juntos, enquanto nuvens de tempestade se formavam lentamente no horizonte de verão. Os dois, Patrícia e Saulo, me contaram mais anedotas do que eu poderia imaginar. Embora eu já conhecesse um pouco das motivações pessoais do governador Siqueira Campos para construir os monumentos, não fazia ideia de que tinha se tornado um projeto de vaidade. Para o monumento aos soldados de Copacabana, o governador mandou fazer a figura principal à sua seme-lhança, com a face de bronze do líder empunhando a bandeira feita para se parecer com a do grandioso governador do Tocantins (Figura E5). Um bom lembrete de que os monumentos não são apenas sobre o assunto que explicitamente preservam na memória – eles também fazem parte do lega-do de quem os constrói.

Foi também durante a estadia em Palmas que tomei o que espero ter sido a minha única decisão questionável. Meu roteiro planejado pelo To-cantins incluía visitar a segunda escultura de cavalo/raio/mapa desenhada por Oscar Niemeyer. Assim como em Santa Helena, Luiz Carlos Prestes Filho ajudara a orquestrar a renomeação de uma rodovia estadual, e o plano era ir pela Rodovia Coluna Prestes ao sul de Palmas até a cidade de Arraias, onde a escultura de Niemeyer ficava à beira da estrada. O único problema era que Arraias ficava a cinco horas de carro. Não tenho dúvidas de que teria sido enriquecedor viajar pelo sul do Tocantins, mas depois de quase um mês na estrada me sentia bastante desanimado para fazer uma viagem de dez horas para ver a mesma escultura que já tinha visto em outro lugar. Sabendo que visitaria a terceira escultura ainda naquele mês, e com o obje-tivo de tentar preservar minhas forças para a longa viagem pelo Nordeste, optei por pular Arraias.

Depois da minha estada em Palmas, fui a uma cidade por onde os rebeldes haviam de fato passado. Situada na margem sul do Rio Tocantins, a cidade de Porto Nacional tem um lugar especial no folclore da Coluna Prestes. Foi lá, no local que na época fazia parte do estado de Goiás, que a Coluna passou duas semanas no final de 1925. Conforme mencionado ao longo deste livro, uma foto tirada do alto-comando rebelde em frente ao convento de Porto Nacional – com um Prestes barbudo sentado na primeira fila – tornou-se indiscutivelmente a imagem mais famosa da marcha. Com

Figura E5 – Monumento aos 18 de Copacabana, Palmas, Tocantins.

Foto do autor.

a ajuda de Patrícia Orfila Barros, a professora de Arquitetura em Palmas, combinei de visitar o museu de história da cidade, uma pequena casa geminada de dois andares a poucos quarteirões do rio. Luzinete, a senhora que administra o museu, levou-me por cada uma das quatro salas de exposição principais do museu que exibiam itens datando centenas de anos. No canto de trás do segundo andar, um enorme cartaz apresentava alguns parágrafos sobre a passagem da Coluna por Porto Nacional, exibindo a foto icônica em frente ao convento impressa em tamanho grande. Embora o cartaz incluísse uma citação direta das memórias do padre Audrin, ele fornecia apenas uma descrição positiva da passagem da Coluna pela cidade. Estava ausente qualquer menção à frustração de Audrin de que os rebeldes haviam ultrapassado o período de boas-vindas. Como citei no "Capítulo 3: Bandeirantes da liberdade", o entusiasmo inicial de Audrin com a chegada da Coluna logo se dissipou e ele mais tarde considerou "ser inexato o título de 'Coluna Invicta', achando suficiente, se quiserem, o de 'Coluna da Morte'". Tal narrativa menos complexa sobre a época dos rebeldes em Porto Nacional é um dos aspectos de como o museu apresenta a história local de forma geral. Perguntei a Luzinete sobre a Coluna, e ela disse que gostaria que o prédio do convento original ainda existisse, para que as pessoas pudessem recriar a famosa foto.

Do Tocantins, dirigi ainda mais longe em direção ao Nordeste. Minha primeira parada foi em Carolina, no Maranhão, onde o museu de história da cidade era muito mais desenvolvido do que em Porto Nacional. Embora bem menor, Carolina se beneficiava da sua proximidade com o parque nacional da Chapada das Mesas, que em tempos sem pandemia atrai turismo constante. No centro de uma das salas principais do museu estava a prensa original que os rebeldes usaram para imprimir a oitava edição de *O Libertador*, sendo que uma cópia do boletim era exibida em destaque. Esta era a primeira vez que eu encontrava uma cópia completa de qualquer uma das edições do boletim dos rebeldes.

Quase uma semana depois, após atravessar o Piauí, eu chegava a Crateús, no Ceará. Essa cidade tinha dois locais de memória da Coluna. O primeiro era um cemitério onde dois soldados rebeldes foram enterrados. À semelhança da "trilha ecológica" de Tenente Portela, esse monumento também tinha sido concebido como uma mistura de parque turístico e de lazer. A placa de boas-vindas dizia "Monumento Natural Municipal – Cavaleiros da Esperança". A placa, no entanto, já teve dias muito melhores. O canto inferior direito parecia ter sofrido danos de fogo, e dezenas de pequenas perfurações sugeriam que ela tinha sido usada como tiro ao alvo. O segundo memorial estava em melhor estado. No centro da cidade, próximo à antiga estação ferroviária, ficava a terceira e última escultura de Niemeyer, inaugurada em 2004. Na época da minha visita no final de dezembro, as decorações de Natal da cidade ainda estavam na praça (Figura E6).

Sentei-me do lado de fora de uma lanchonete do outro lado da rua da escultura e com um açaí na mão observei a cena de inverno, com um Papai Noel, soldados quebra-nozes, bonecos de neve e um urso polar vigiando a Coluna Prestes.

Figura E6 – Monumento em Crateús, Ceará.

Foto do autor.

Os dois últimos locais de minha viagem divergiam do retrato triunfal da Coluna e mostravam a visão que os moradores locais tinham dos rebeldes como invasores violentos. Eu estava a 1,6 mil quilômetros da Bahia, onde a Coluna desencadeou sua onda de violência mais intensa, mas monumentos aos mortos pelos rebeldes ainda pontilhavam a paisagem nordestina. No município de Custódia, em Pernambuco, foi construído um pequeno memorial na beira da rodovia em homenagem a policiais estaduais que morreram lutando contra a marcha. Eu soube desse monumento em um blog escrito por um escritor do local chamado Paulo e por troca de e-mails ele me ajudou a determinar a localização exata. Paulo me disse que ficava uns dez quilômetros fora da pequena cidade de Sítio dos Nunes, mas que não tinha sinalização nem indicação. Enviei fotos de tela para Paulo do Google Earth perguntando se este ou aquele cruzamento era onde eu deveria procurar o memorial à beira da estrada. Mesmo com as sugestões aproximadas de Paulo, demorei um pouco para encontrar o local. O monumento tem cerca de um metro e meio de altura e está situado em um aterro. Eu passei por ele duas vezes antes de finalmente vê-lo (Figura E7). Paulo me contou que a polícia local havia limpado a área apenas alguns meses antes, recolhendo o lixo e aparando os arbustos para torná-lo mais visível. Deixei meu carro no acostamento da rodovia e desci até o monumento. Uma placa de pedra dizia: "Homenagem da Polícia Militar de Pernambuco à memória dos seus heróis que em 14-2-1926 aqui tombaram no cumprimento do dever. Combatendo a Coluna Prestes". Nenhum nome estava citado, apenas havia uma declaração simples na estátua retangular branca com uma cruz de metal no topo, na esperança de chamar a atenção dos motoristas que passavam.

Figura E7 – Monumento aos policiais assassinados pela Coluna Prestes, próximo ao Sítio dos Nunes, Pernambuco.

Foto do autor.

A COLUNA PRESTES

Continuei dirigindo para o norte com rumo a Piancó, em Piauí, local do ataque mais infame da Coluna: o assassinato do padre Aristides e de doze outros moradores que haviam defendido a cidade. Dada a importância central dos chamados Mártires de Piancó na tradição cultural, presumi que a cidade teria dado mais importância ao local do memorial. Mas, pelo que constatei, com exceção do próprio monumento, nada indicava o que havia acontecido. Não havia placa alguma apontando os visitantes para o local e, se não fosse pelo fato de sua localização ser georreferenciada no Google Maps, eu não o teria encontrado tão fácil. O próprio monumento parecia camuflado. Imagens obtidas on-line mostravam uma pequena praça cercada por uma parede de concreto, com letras grandes dizendo "Monumento aos Mártires de Piancó". Mas quando cheguei, vi que as palavras tinham sido repintadas. Além disso, o portão da praça estava trancado. Espiando pela fresta, vi dois gatos descansando em um caminho de pedra coberto de mato que levava a um obelisco branco onde uma placa de metal listava os nomes e as profissões das treze pessoas mortas. No hotel, naquela noite, procurei imagens da placa, impedido que estava de atravessar os últimos quinze metros para ver o monumento em primeira mão. Não pude saber ao certo há quanto tempo a praça estava fechada – pelo menos desde o início da pandemia, e considerando que a placa tinha sido repintada, talvez até há mais tempo.

Na semana seguinte cheguei à Bahia. Não havia mais locais de memória na minha lista, mas eu tinha mais dez dias antes de deixar o país. Embora não houvesse monumentos relacionados à violência da marcha pela Bahia, eu queria ver o que havia atordoado tanto a Coluna e dezenas de outros cujos escritos ajudaram a fazer desta uma das regiões mais simbolicamente potentes do país. Eu sabia que meu interesse pela Bahia ia um pouco contra meus argumentos sobre a necessidade de desmitificar certas regiões, mesmo assim fui atraído para lá. O primeiro lugar que visitei não tinha relação alguma com a Coluna Prestes: na minha viagem pelo sudoeste do estado, parei em Canudos para visitar o museu de história construído no local do assentamento messiânico-milenarista que o exército federal havia destruído em 1897. Eu queria ver como Canudos, imortalizado nos escritos de Euclides da Cunha, tinha sido conservado como um local de memória para o público contemporâneo. Principalmente após ter visto um punhado de pequenos monumentos à Coluna, fiquei impressionado com a escala do museu de Canudos, particularmente com seu projeto ao ar livre no qual exibições em telas de vidro brotavam do chão, espalhadas entre as ruínas de antigos edifícios de pedra remanescentes da guerra. Talvez devido à pandemia, eu era a única pessoa presente durante minha visita.

De Canudos, dirigi até Lençóis, antiga sede da família Matos, que havia perseguido intensamente a Coluna. Desde então, Lençóis tornou-se um centro turístico da Chapada Diamantina, com hotéis de luxo para viajantes que querem nadar em grutas de água azul-turquesa e caminhar ao longo dos penhascos de quartzito. Depois de quase dois meses na estrada, e sem um itinerário específico de pesquisa, passei meus dias passeando pelas ruas de paralelepípedos de Lençóis e desfrutando o máximo possível de refeições ao ar livre antes de retornar ao inverno pandêmico da Europa. E com meu voo saindo de Salvador de volta para a Escócia, fiz então meu percurso até a costa.

Minhas últimas 24 horas no Brasil forneceram vários *insights* sobre fronteiras relativas, tanto geográficas quanto sociais, entre o interior e o litoral. Com benefícios como um carro alugado e estradas pavimentadas – comodidades que Prestes não dispunha um século antes –, levei apenas seis horas para dirigir de um dos interiores mais emblemáticos do Brasil até a costa atlântica. De fato, cem anos de progresso tecnológico haviam superado a distância física entre a costa e o interior, mas a percepção de uma paisagem dicotômica ainda perdurava. Quando fiz o check-in no hotel naquela noite, conversei com o rapaz da recepção sobre minha longa viagem pelo interior. Ele pareceu bastante chocado com minhas escolhas de destino de viagem, e queria saber ao certo como eu passaria minhas últimas horas no Brasil: "antes do seu voo amanhã, você vai para à praia, não?".

REFERÊNCIAS BIBLIOGRÁFICAS

Arquivos

Arquivo Edgard Leuenroth, Campinas (AEL)

Arquivo Histórico do Exército, Rio de Janeiro (AHEx)

Arquivo Público do Estado de Mato Grosso, Cuiabá

Arquivo Público Mineiro, Belo Horizonte (APM)

Biblioteca Comunitária, Universidade de São Carlos (Ufscar), São Carlos

Biblioteca de Obras Raras Átila Almeida, Universidade Estadual da Paraíba (UEPA), Campina Grande

Biblioteca Pública Estadual do Ceará (BECE), Fortaleza

British National Archives, Londres

Centro de Pesquisa e Documentação de História Contemporânea do Brasil – Fundação Getulio Vargas, Rio de Janeiro (CPDOC-FGV)

Fundação Casa Rui Barbosa, Rio de Janeiro

United States National Archives, College Park, EUA (USNA)

University of California, Los Angeles, Special Collections

Arquivos digitais

Russian State Archive of Socio-Political History (RGASPI). Disponível em: <http://sovdoc.rusarchives.ru/>

Hemeroteca Digital, Biblioteca Nacional. Disponível em: <https://bndigital.bn. gov.br/hemeroteca-digital/>

Jornais[1]

Annaes do Parlamento Brasileiro
A Capital (Cuiabá)
Careta
A Cultura
O Combate *
Correio Braziliense *
Correio da Manhã *
Correio do Bonfim
Correio Paulistano
O Cruzeiro
O Dia *
Diário Carioca *
Diário da Bahia
Diário da Manhã *
Diário da Noite (Rio de Janeiro) *
Diário de Notícias *
Diário do Rio de Janeiro
Diário Nacional *
Diário Oficial (Bahia)
Diário Oficial da União
A Esquerda
O Estado de São Paulo *
O Estado do Paraná
Fifó
Folha do Povo *
A Gazeta *
Gazeta de Notícias *
O Globo
Imprensa Popular *
O Jornal *
Jornal de Recife *

---

1 As publicações seguidas por asterico (*) tiveram acesso on-line pela Hemeroteca Digital da BN.

Jornal do Brasil*
Jornal do Tocantins
O Nordeste
O Norte
La Nación (Chile)
Manchete*
A Manhã*
A Mocidade
A Noite*
A Notícia
A Pátria
O Paiz*
O Paladino
O Radical*
O Rebate
Revista do Globo
O Sertão
Tribuna da Imprensa*
Tribuna Popular*
Vanguarda
Voz Operário
Zero Hora

ENTREVISTAS

Anita Prestes, 28 de novembro de 2020. Zoom.

BIBLIOGRAFIA

ALBUQUERQUE JUNIOR, Durval Muniz de (trad.). *The Invention of the Brazilian Northeast.* Durham, NC: Duke University Press, 2014 (1999).

ALBUQUERQUE, E. S. de. 80 anos da projeção continental do Brasil, de Mário Travassos, *Revista do Departamento de Geografia*, v.29, p.59-78, 2015.

ALEXANDER, Robert J. Brazilian "Tenentismo", *Hispanic American Historical Review*, v.36, n.2, p.229-242, 1956.

ALMEIDA, Leandro Antônio de. Leituras de "Jantando um defunto", *Revista de História*, v.155, n.2, p.261-282, 2006.

ALVES DE OLIVEIRA, Alex. *Representações da passagem da Coluna Prestes no sertão cearense.* Tese de Mestrado, Universidade Estadual do Ceará, 2011.

AMADO, Janaína. *Jacinta Passos, coração militante: obra completa: poesia e prosa, biografia, fortuna crítica.* Salvador: EDUFBA, 2010.

AMADO, Jorge. *O Cavalheiro da Esperança: vida de Luís Carlos Prestes.* Lisboa: Publicações Europa-América, 1979 (1942).

AMARAL, Renata Xavier B. *Expedição sagarana: história e memória nas trilhas da Coluna Prestes.* Campinas: Editora Unicamp, 2009.

AMERICANO, Jorge. *A lição dos factos.* São Paulo: Livraria Acadêmica Saraiva & Co., 1924.

ANDERSON, Benedict. *Imagined Communities: Reflections on the Origin and Spread of Nationalism.* Londres: Verso, 1991.

ANTONACCI, Maria Antonieta. *RS: as oposições e a Revolução de 1923.* Porto Alegre: Mercado Aberto, 1981.

ARANHA, Graça. *A viagem maravilhosa.* Rio de Janeiro: Livraria Garnier, 1929.

ARRUDA, Gilmar. *Frutos da terra: os trabalhadores da Matte-Laranjeira.* Londrina: Editora UEL, 1997.

ARTAL, Andreu Mayayo; PELEGRINI, Alberto Pellegrini; MAS, Antonio Segura (eds.). *Centenary of the Russian Revolution (1917-2017).* Cambridge Scholars Publishing, 2019.

ASSIS, Dilermando Candido de. *Nas barrancas do Alto-Paraná; fragmentos históricos da Revolução de 1924.* Rio de Janeiro: Paulo, Pongetti, 1926.

AUDRIN, José M. *Entre sertanejos e Índios do Norte: o bispo-missionário Dom Domingos Carrérot.* Rio de Janeiro: Edições Púgil, 1946.

BANDEIRA, Renato Luís. *A Coluna Prestes na Bahia: trilhas, combates e desafios.* Salvador: autopublicação, 2013.

BARTHES, Roland. *Mythologies.* Nova Iorque: The Noonday Press, 1972 (1957).

BARROS, Souza. *A década 20 em Pernambuco: uma interpretação.* Rio de Janeiro: Gráfica Editora Acadêmica, 1972.

BASBAUM, Leôncio. *Uma vida em seis tempos: memórias.* São Paulo: Alfa-Ômega, 1978.

BASTOS, Abguar. *Prestes e a revolução social.* São Paulo: Hucitec, 1988 (1946).

BELL, Duncan S. A. Mythscapes: memory, mythology, and national identity, *British Journal of Sociology*, v.54, n.1, p.63-81, 2003.

BEZERRA, Gregório. *Memórias, 1900-1945.* Rio de Janeiro: Editora Civilização Brasileira, 1979, v.1.

BLAKE, Stanley. *The Vigorous Core of our Nationality: Race and Regional Identity in Northeastern Brazil.* Pittsburgh, PA: University of Pittsburgh Press, 2011.

BLANC, Jacob. *Before the Flood: Itaipu and the Visibility of Rural Brazil.* Durham: Duke University Press, 2019.

BORGES, Vavy Pacheco. *Tenentismo e revolução brasileira*. São Paulo: Brasiliense, 1992.

BRANDT, Samuel T. The Brazilian scene: David Lowenthal, John Dos Passos, & the importance of scene and Brazil to geographic inquiry, *Geographical Review*, p.1-20, 2021.

BREITHOFF, Esther. *Conflict, Heritage and World-Making in the Chaco: War at the End of the Worlds?* Londres: UCL Press, 2020.

BRUM, Eliane. *Coluna Prestes: o avesso da lenda*. Porto Alegre: Artes e Ofícios, 1994.

CABANAS, João. *A Columna da Morte sob o commando do tenente Cabanas*. Rio de Janeiro: Almeida & Torres, 1928.

CÂMARA DOS DEPUTADOS. *Perfis parlamentares: Batista Lusardo*. Brasília: Câmara dos Deputados, 1983.

CAMARGO, Aspásia; GÓES, Walter de. *Meio século de combate: diálogo com Cordeiro de Farias*. Rio de Janeiro: Nova Fronteira, 1981.

CAMPBELL, Courtney J. *Region Out of Place: The Brazilian Northeast and the World, 1924-1968*. Pittsburgh: University of Pittsburgh Press, 2022.

CAMPBELL, Courtney J.; GIOVINE, Allegra; KEATING, Jennifer. *Empty Spaces: Perspectives on Emptiness in Modern History*. Londres: University of London Press, 2019.

CARNEIRO, Maria Luiza Tucci. Imprensa irreverente, tipos subversivos. In: CARNEIRO, Maria Luiza Tucci; KOSSOY, Boris (orgs.). *A imprensa confiscada pelo DEOPS, 1924-1954*. São Paulo: Ateliê Editorial; Imprensa Oficial do Estado de São Paulo, 2003.

CARVALHO, Fernando Setembrino de. *Memórias: dados para a história do Brasil*. Rio de Janeiro: [s.ed.], 1950.

CARVALHO, Maria Meire de. Mulheres na marcha da Coluna Prestes: histórias que não nos contaram, *OPSIS: Catalão*, v.15, n.5, p.356-369, 2015.

CARVALHO, Maria Meire de. *Vivendo a verdadeira vida: vivandeira, mulheres em outras frentes de combates*. Tese (Doutorado em História) – Universidade de Brasília, Brasília, 2008.

CASTRO, Chico. *A Coluna Prestes no Piauí: a República do Vintém*. Brasília: Senado Federal, 2007.

CELSO, Afonso. *Porque me ufano do meu paiz*. Rio de Janeiro: Livraria Garnier, 1900.

CHAGAS, Américo. *O Chefe: Horácio de Matos*. São Paulo: Bisordi, 1961.

CHAVES NETO, Eilias. *A Revolta de 1924*. São Paulo: O. de Almeida Filho & Co., 1924.

CHATTERJEE, Partha. *Nationalist Thought and the Colonial World: a Derivative Discourse?* Londres: Zed Books, 1986.

CHILCOTE, Ronald H. *The Brazilian Communist Party: Conflict and Integration, 1922-1927*. Nova Iorque: Oxford University Press, 1974.

CONDE, Maite. *Foundational Films: Early Cinema and Modernity in Brazil*. Berkeley: University of California Press, 2018.

COSTA, Cyro; GÓES, Eurico de. *Sob a metralha: histórico da revolta em São Paulo*. São Paulo: Monteiro Lobato, 1924.

COUTINHO, Manuel João; PASSOS, Mateus Yuri. Voices in war times: tracing the roots of lusophone literary journalism, *Literary Journalism Studies*, v.12, n.1, p.43-63, 2020.

CRAIB, Raymond. *Cartographic Mexico: A History of State Fixations and Fugitive Landscapes*. Durham: Duke University Press, 2004.

CUNHA, Euclides da. *Os sertões*. São Paulo: Três, 1984 (1944).

CUNHA, Hygino. *Os revolucionários do sul através dos sertões nordestinos do Brasil*. Teresina: Officinas de O Piauhy, 1926.

CUNHA, Themistocles. *No paiz das Amazonas; a revolta de 23 de julho*. Bahia: Livraria Catalina, 1925.

DELLA CAVA, Ralph. *Miracle at Joaseiro*. Nova Iorque: Columbia University Press, 1970.

DESTAFNEY, John Watford. *The Dialectic of the Marvelous: Graça Aranha's Fictional Philosophizing*. Tese de Mestrado, the University of Texas at Austin, Department of Spanish and Portuguese, 2011.

DIACON, Todd. Searching for the lost Army: recovering the History of the Federal Army's pursuit of the Prestes Column in Brazil, 1924-1927, *The Americas*, v.54, n.3, p.409-436, 1998.

DIACON, Todd. *Stringing Together a Nation: Cândido Mariano da Silva Rondon and the Construction of a Modern Brazil, 1906-1930*. Duke University Press, 2004.

DUARTE, Paulo. *Agora nós!: crónica da revolução paulista com os perfis de alguns heroes da retaguarda*. São Paulo: [s.ed.], 1927.

DULLES, John W. D. *Vargas of Brazil: A Political Biography*. Austin, TX: University of Texas Press, 1967.

DUNCAN, Julian Smith. *Public and Private Operation of Railways in Brazil*. Nova Iorque: Columbia University Press, 1932.

DUTRA, Eliana de Freitas. *O ardil totalitário: imaginário político no Brasil dos anos 30*. 2.ed. Rio de Janeiro: Editora UFRJ, 2012.

ESCOBAR, Ildefonso. *A Marcha para o Oeste: Couto de Magalhães e Getúlio Vargas*. Rio de Janeiro: A Noite, 1941.

EVANS, Sterling; SILVA, Sandro Dutra e. Crossing the green line: frontier, environment and the role of Bandeirantes in the conquering of Brazilian territory, *Fronteiras*, v.6, n.1, p.120-142, 2017.

FARIAS, Eulício Farias de. *O dia em que a Coluna passou*. Rio de Janeiro: Editora Cátedra, 1982.

FAUSTO, Boris. *História geral da civilização brasileira. III: O Brasil Republicano. Estrutura de poder e economia (1889-1930)*. 4.ed. São Paulo: Difel, 1985.

FAUSTO, Boris. *A Revolução de 1930: historiografia e história*. São Paulo: Companhia das Letras, 1997.

FERREIRA, S. Dias. *A Marcha da Columna Prestes*. Pelotas: Livraria do Globo, 1928.

FIGUEIREDO, Antônio dos Santos. *1924: Episódios da revolução de S. Paulo*. Porto: [s.ed.], 1924.

FORJAZ, Maria Cecília Spina. *Tenentismo e política: Tenentes e camadas médias urbanas na crise da Primeira República*. São Paulo: Paz e Terra, 1987.

FOUCAULT, Michel. Orders of discourse. *Social Science Information*, v.10, n.2, p.7-30, 1971.

FREITAS, Frederico. Charting the Planalto Central: the quest for a new capital and the opening of the Brazilian interior in the 1890s. In: FREITAS, Frederico; BLANC, Jacob (eds.). *The Interior: Rethinking Brazilian History from the Inside*. No prelo.

FRENCH, John. *The Brazilian Workers, ABC: Class Conflict and Alliances in Modern São Paulo*. Chapel Hill: University of North Carolina Press, 1992.

FREYRE, Gilberto. *Manifesto Regionalista*. 4.ed. Recife: IJNPS-MEC, 1967.

GAMA, A. B. *Columna Prestes: 2 anos de revolução*. Salvador: Officinas Gráphicas de Fonseca Filho, 1928.

GARFIELD, Seth. *Indigenous Struggle at the Heart of Brazil: State Policy, Frontier Expansion, and the Xavante Indians 1937-1988*. Durham: Duke University Press, 2001.

GARFIELD, Seth. *In Search of the Amazon: Brazil, the United States and the Nature of a Region*. Durham, NC: Duke University Press, 2013.

GAUDÊNCIO, Bruno Rafael de Albuquerque. O Cavaleiro da Esperança: Jorge Amado, o romance biográfico e os círculos intelectuais comunistas dos anos 1940, *Anais do II Encontro Nacional de História Política*, João Pessoa, v.1, p.1-15, 2017.

GEBARA, Ademir *et al. História Regional: uma discussão*. Campinas: Editora Unicamp, 1987.

GONÇALVES, Leandro Pereira; CALDEIRA NETO, Odilon. *O fascismo em camisas verdes: do integralismo ao neointegralismo*. Rio de Janeiro: Editora FGV, 2020.

GRANDIN, Greg. *The End of the Myth: From the Frontier to the Border Wall in the Mind of America*. Nova Iorque: Metropolitan Books, 2019.

GREEN, James. *We Cannot Remain Silent: Opposition to the Brazilian Military Dictatorship in the United States*. Durham, NC: Duke University Press, 2010.

GUARACY, Thales. *Amor e tempestade*. Rio de Janeiro: Objetiva, 2009.

GUIMARÃES, Bernardo. *O Índio Afonso*. Rio de Janeiro: H. Garnier, 1873.

HAHNER, June Edith. *Emancipating the Female Sex: The Struggle for Women's Rights in Brazil, 1850-1940*. Durham, NC: Duke University Press, 1990.

HALL, Stuart (ed.). *Representation: Cultural Representations and Signifying Practices*. Londres: SAGE, 1997.

HAURÉLIO, Marco. *Breve história da literatura de cordel*. São Paulo: Claridade, 2010.

HOBSBAWM, Eric; RANGER, Terrence (eds.). *The Invention of Tradition*. Nova Iorque: Cambridge University Press, 1983.

HOLANDA, Sérgio Buarque de. *Raízes do Brasil*. São Paulo: Companhia das Letras, 1995 (1936).

IORIO, Gustavo Soares. Cordeiro de Farias e a modernização do território brasileiro por via autoritária: A gênese do Ministério do Interior (1964-1966), *Terra Brasilis*, n.6 (2015). Disponível em: <https://journals.openedition.org/terrabrasilis/1638>.

JEIFFETS, Víctor; JEIFETS, Lazar. *América Latina en la Internacional Comunista, 1919-1943. Diccionario Biográfico*. Buenos Aires: Consejo Latinoamericano de Ciencias Sociales, 2017.

JOHNSON, Adriana Michéle Campos. *Sentencing Canudos: Subalternity in the Backlands of Brazil*. Pittsburgh: University of Pittsburgh Press, 2010.

KLINGER, Bertoldo. *Narrativas autobiográficas: 360 léguas de campanha, em 3 meses*. Rio de Janeiro: Empresa Gráfica O Cruzeiro S.A., 1949.

LANDUCCI, Italo. *Cenas e episódios da Coluna Prestes*. 2.ed. São Paulo: Editora Brasiliense, 1952 (1947).

LEAGUE OF NATIONS. *Dispute between Bolivia and Paraguay: Report of the Chaco Commission*. Geneva: League of Nations, 1934.

LEITE, Aureliano. *Dias de pavor: Figuras e scenas da revolta de S. Paulo*. São Paulo: Monteiro Lobato, 1924.

LENHARO, Almir. *Sacralização da política*. Campinas: Papirus, 1986.

LEVINE, Robert M. *Pernambuco in the Brazilian Federation, 1889-1937*. Stanford: Stanford University Press, 1978.

LIMA, Edvaldo Pereira. A century of nonfiction solitude: a survey of Brazilian literary journalism. In: BAK, John S.; REYNOLDS, Bill (eds.). *Literary Journalism across the Globe: Journalistic Traditions and Transnational Influences*. Amherst, MA: University of Massachusetts Press, p.162-183, 2011.

LIMA, Nísia Trindade. *Um sertão chamado Brasil: intelectuais e representação geográfica da identidade nacional*. Rio de Janeiro: IUPERJ, 1998.

LINS DE BARROS, João Alberto. *Memórias de um revolucionário*. Rio de Janeiro: Editora Civilização Brasileira, 1954.

LOBATO, Monteiro. *Zé Brasil*. Rio de Janeiro: Vitória, 1950 (1947).

LOVE, Joseph. *Rio Grande do Sul and Brazilian Regionalism, 1882-1930*. Stanford: Stanford University Press, 1971.

LOVE, Joseph. *The Revolt of the Whip*. Stanford: Stanford University Press, 2012.

LOVEMAN, Mara. The race to progress: census taking and nation making in Brazil (1870-1920), *Hispanic American Historical Review*, v.89, n.3, p.435-470, August 2009.

MACAULAY, Neill. *The Prestes Column: Revolution in Brazil*. Nova Iorque: F. Watts, 1974.

MAIA, João Marcelo Ehlert. Fronteiras e state-building periférico: O caso da Fundação Brasil Central, *Vária História*, v.35, n.69, p.895-919, sep.-dec. 2019.

MAIOR, Laércio Souto. *Luiz Carlos Prestes na poesia: Contendo estudo da saga prestista, antologia poética, iconografia e cartas*. Curitiba: Travessa dos Editores, 2006.

MANCING, Howard. The Picaresque Novel: a protean form, *College Literature*, v.6, n.3, p.182-204, 1979.

MARCIGAGLIA, Luiz. *Férias de julho: Aspectos da revolução militar de 1924 ao redor do Lyceu Salesiano de S. Paulo*. São Paulo: Escolas Profissionaes do Lyceu Coração de Jesus, 1924.

MARTINS, José de Souza. *O poder do atraso: ensaios de sociologia da história lenta*. São Paulo: Hucitec, 1994.

MATEU, Christina. Encuentros y desencuentros entre das grandes obras: El río Oscuroy Las aguas bajan turbias (Argentina, 1943/1952), *Nuevo Mundo Mundos Nuevos*, n.11. Revista eletrônica de acesso público, publicado em 11 de julho de 2012. Disponível em: <https://journals.openedition.org/nuevomundo/63148#tocfrom1n1>.

MAWE, John. *Travels in the Interior of Brazil, Particularly in the Gold and Diamond Districts of that Country*. Londres: Longman, Hurst, Reed, Orme, and Brown, 1812.

MCCANN, Frank. *Soliders of the Pátria: A History of the Brazilian Army, 1889-1936*. Stanford, CA: Stanford University Press, 2004.

MEINIG, D. W. The continuous shaping of America: a prospectus for geographers and historians, *American Historical Review*, v.83, n.5, p.1186-1205, 1978.

MEIRELLES, Domingos. *As noites das grandes fogueiras: uma história da Coluna Prestes*. Rio de Janeiro: Record, 2008.

MENEZES, Adalberto Guimarães. *Coluna Prestes: desmascarando um embuste*. Belo Horizonte: 3i Editora, 2018.

METCALF, Alida C. *Family and Frontier in Colonial Brazil: Santana de Parnaíba, 1580-1822*. Austin, TX: University of Texas Press, 2005.

MINAS, João de. *Jantando um defunto: a mais horripilante e verdadeira descripção dos crimes da revolução*. Rio de Janeiro: Editora Alpha, 1929.

MONTEIRO, John Manuel. *Negros da terra: índios e bandeirantes nas origens de São Paulo*. São Paulo: Companhia das Letras, 1994.

MONTELLO, Josué. *A Coroa de areia*. Rio de Janeiro: José Lympio, 1979.

MORAES, Dênis de; VIANA, Francisco. *Prestes: Lutas e autocríticas*. Rio de Janeiro: Mauad, 1996 (1982).

MORAES, Walfrido. *Jagunços e heróis: a civilização do diamante nas lavras da Bahia*. Brasília: Câmara dos Deputados, 1984.

MORAIS, Fernando. *Olga*. São Paulo: Alfa-Ômega, 1985.

MORAIS, Fernando. *Chatô*. E-book: Sebo Digital, 1994.

MOREIRA ALVES, Maria Helena. *State and Opposition in Military Brazil*. Austin: University of Texas Press, 1988.

MOREIRA LIMA, Lourenço. *A Coluna Prestes: Marchas e combates*. 2.ed. São Paulo: Editora Brasiliense, 1945.

MOREIRA LIMA, Lourenço. *Marchas e combates: a Columna invicta e a Revolução de Outubro*. Pelotas: Livraria do Globo, 1931.

MOREIRA LIMA, Lourenço. *Marchas e combates: a Columna invicta e a Revolução de Outubro*. São Paulo: Legião Cívica 5 de Julho, 1934.

MOREL, Edmar. *A marcha da liberdade: a vida do repórter da Coluna Prestes*. Petrópolis: Vozes, 1987.

MOZZER, Marcelo Luiz Cesar. Presença da Coluna Prestes nas veredas do grande sertão, *Contexto*, n.15, p.246-259, 2009.

NETO, Adalberto Coutinho de Araújo. *O socialismo tenentista: trajetória, experiência e propostas de políticas públicas e econômicas dos socialistas tenentistas no Estado de São Paulo na década de 1930*. Tese de Doutorado, Universidade de São Paulo, 2012.

NETO, Lira. *Padre Cícero: poder, fé e guerra no sertão*. São Paulo: Companhia das Letras, 2009.

NIELSON, Rex P. The unmappable sertão, *Portuguese Studies*, v.30, n.1, p.5-20, 2014.

NONATO, Raimundo. *Os revoltosos em São Miguel: 1926*. Rio de Janeiro: Sebo Vermelho, 1966.

NORA, Pierre. *Realms of Memory: The Construction of the French Past. I: Conflicts and Divisions*. Ed. Lawrence D. Kritzman. Trad. Arthur Goldhammer. Nova Iorque: Columbia University Press, 1996.

NORONHA, Abílio de. *Narrando a verdade*. São Paulo: Monteiro Lobato, 1924.

NUNES, Zita. *Cannibal democracy: Race and representation in the literature of the Americas*. University of Minnesota Press, 2008.

OLIVEIRA, Ricardo de. Euclides da Cunha, *Os sertões* e a invenção de um Brasil profundo, *Revista Brasileira de História*, n.22, p.511-537, 2002.

OLIVEIRA RAMOS, Tânia Regina. Jorge Amado e o Partido Comunista: papéis avulsos (1941-1942), *Anuário de Literatura*, v.19, n.1, p.111-120, jun. 2014.

OTAVIANO, Manuel. *A Coluna Prestes na Paraíba: os Mártires de Piancó*. João Pessoa: Acauã, 1979.

OZORIO DE ALMEIDA, Anna Luiza. *The Colonization of the Amazon*. Austin: University of Texas Press, 1992.

PANG, Eul-Soo. The revolt of the Bahian coronéis and the federal intervention of 1920, *Luso-Brazilian Review*, p.3-25, 1971.

PANG, Eul-Soo. *Coronelismo e oligarquias, 1889-1934: a Bahia na Primeira República Brasileira, 1889-1934*. Rio de Janeiro: Civilização Brasileira, 1979.

PEREIRA, Astrojildo. *Formação do PCB (Partido comunista brasileiro): 1922-1928*. Lisboa: Prelo, 1976.

PEREIRA, Maria Carreiro Chaves; RÊSES, Erlando Silva. Mulheres e violência no cangaço: Breve história de vida de Maria Bonita e Dadá. *Linguagem: Estudos e Pesquisas*, v.25, n.1, p.61-70, 2021.

PESSAR, Patrícia R. *From Fanatics to Folk: Brazilian Millenarianism and Popular Culture*. Durham, NC: Duke University Press, 2004.

PRATT, Mary Louise. *Imperial Eyes: Travel Writing and Transculturation*. 2.ed. Nova Iorque: Routledge, 2008 (1992).

PRESTES, Anita; PRESTES, Lygia. *Anos tormentosos Luiz Carlos Prestes, correspondência da prisão, 1936-1945*. São Paulo: Paz e Terra, 2000.

PRESTES, Anita. *A Coluna Prestes*. São Paulo: Brasiliense, 1990.

PRESTES, Anita. Uma estratégia da direita: acabar com os "mitos" da esquerda, *Cultura Vozes*, v.91, n.4, p.51-62, jul.-ago. 1997. Disponível em: <http://www.ilcp.org.br/prestes/index.php?option=com_content&view=article&id=2:uma--estrategia-da-direita-acabar-com-os-qmitosq-da-esquerda&catid=18:artigos&Itemid=140>.

PRESTES, Anita. *Luiz Carlos Prestes: Um comunista brasileiro*. São Paulo: Boitempo Editorial, 2015.

PRESTES, Anita. *Viver é tomar partido: memórias*. São Paulo: Boitempo, 2019.

PRESTES, Luís Carlos. Como cheguei ao comunismo, *Problema da paz e do socialismo*, n.1, p. 1-13, 1973.

REIS, Daniel Aarão. *Luís Carlos Prestes: Um revolucionário entre dois mundos*. São Paulo: Companhia das Letras, 2014.

REIS, Patrícia Orfila Barros dos. *Modernidades tardias no cerrado: Arquitetura e urbanismo na formação de Palmas*. Florianópolis: Insular, 2018.

RICARDO, Cassiano. *Marcha para o Oeste: a influência da bandeira na formação social e política do Brasil*. Rio de Janeiro: Livraria José Olympio, 1940.

RODRIGUES, Mara Cristina de Matos. O tempo e o vento: literatura, história e desmitificação, *Métis: História & Cultura*, v.5, n.9, p.289-312, 2006.

ROGERS, Thomas D. "I Choose this means to be with you always" Getúlio Vargas's *Carta Testemunha*. In: HENTSCHKE, Jens R. (ed.). *Vargas and Brazil: New Perspectives*. Nova Iorque: Palgrave Macmillan, p.227-255, 2006.

ROSA, João Guimarães. *Grande sertão: veredas*. Rio de Janeiro: Nova Fronteira, 1986 (1956).

ROSE, R. S. *O homem mais perigoso do país: biografia de Filinto Müller, o temido chefe da polícia da ditadura Vargas*. Rio de Janeiro: Editora Civilização Brasileira, 2017.

ROTH, Cassia. *A Miscarriage of Justice: Women's Reproductive Lives and the Law in Early Twentieth-Century Brazil*. Stanford, CA: Stanford University Press, 2020.

RUSSELL-WOOD, A. J. R. New Directions in Bandeirismo Studies in Colonial Brazil, *The Americas*, v.61, n.3, p.353-371, 2005.

SÁ, Lucia. The romantic sertões. In: FREITAS, Frederico; BLANC, Jacob (eds.). *The Interior: Rethinking Brazilian History from the Inside*. Austin, TX: The University of Texas Press, no prelo.

SAINT-HILAIRE, Auguste de. *Voyages dans l'intérior du Brésil. Voyages dans les provinces de Rio de Janeiro et de Minas Gerais*. v.1. Paris: Grimbert et Doerz, 1830.

SALGADO, Plínio. *O drama de um herói*. São Paulo: Casa de Plínio Salgado, 1990.

SALVADOR, Vicente do. *História do Brasil, 1500-1627*. 5.ed. São Paulo: Edições Melhoramentos, 1965 (1627).

SANTANA, Marco Aurélio. Re-imagining the Cavalier of Hope: The Brazilian Communist Party and the images of Luiz Carlos Prestes, *Twentieth Century Communism*, v.1, p.110-127, 2009.

SARZYNSKI, Sarah. *Revolution in the Terra do Sol: The Cold War in Brazil*. Stanford: Stanford University Press, 2018.

SARZYNSKI, Sarah. Reading the Cold War from the Margins: Literatura de Cordel as a Historical Prism, *The Americas*, v.75, n.1, p.127-153, 2019.

SCHNEIDER, Ann M. *Amnesty in Brazil: Recompense after Repression, 1895-2010*. University of Pittsburgh Press, 2021.

SCHUMAHER, Schuma; BRASIL, Érico Vital. *Dicionário Mulheres do Brasil: de 1500 até a atualidade*. Rio de Janeiro: Jorge Zahar, 2001.

SCHWARTZ, Joan M.; COOK, Terry. Archives, records, and power: The making of modern memory, *Archival Science*, v.2, n.1, p.1-19, 2002.

SILVA, Hélio. *1926, a grande marcha*. Rio de Janeiro: Civilização Brasileira, 1972 (1965).

SILVA, Hélio. *1930, A revolução traída*. Rio de Janeiro: Civilização Brasileira, 1972 (1966).

SILVA, João. *Farrapos de nossa história marcha da Coluna Prestes do extremo sul às cabeceiras do Rio Apa*. São Luiz Gonzaga: São Nicolau, 1959.

SILVA, Marco Antônio. *A República em migalhas: história regional e local*. São Paulo: Marco Zero, 1990.

SKIDMORE, Thomas E. *Politics in Brazil, 1930-1964: An Experiment in Democracy*. Nova Iorque: Oxford University Press, 1973 (1969).

SOARES, José Carlos de Macedo. *Justiça; a revolta militar em São Paulo*. São Paulo: Livraria Universal, 1924.

SODRÉ, Nelson Werneck. *História da imprensa no Brasil*. Rio de Janeiro: Civilização Brasileira, 2011 (1966).0

SODRÉ, Nelson Werneck. *A Coluna Prestes: análise e depoimentos*. Rio de Janeiro: Civilização Brasileira, 1978.

SOUZA, José Augusto de. *A Coluna Prestes em discursos*. Tese de Mestrado, Universidade Federal do Paraná, 2005.

STAVANS, Ilan; ELLISON, Joshua. *Reclaiming Travel*. Durham, NC: Duke University Press, 2015.

STEDILE, João Pedro; FERNANDES, Bernardo Mançano. *Brava gente: A trajetória do MST e a luta pela terra no Brasil*. 2.ed. São Paulo: Expressão Popular, 2012.

STOLER, Ann Laura. *Along the Archival Grain: Epistemic Anxieties and Colonial Common Sense*. Princeton: Princeton University Press, 2009.

TABAJARA DE OLIVEIRA, Nelson. *1924: A revolução de Isidoro*. São Paulo: Nacional, 1956.

TAUNAY, Affonso d'Escragnolle. *História geral das bandeiras paulistas*. São Paulo: Heitor L. Canton, 1930.

TÁVORA, Juarez. *À guisa de depoimento sobre a revolução brasileira de 1924*. São Paulo: O Combate, 1927.

TÁVORA, Juarez. *Uma vida e muitas lutas: memórias. Da planície à borda do altiplano*. v.1. Rio de Janeiro: José Olympio Editora, 1973.

TEIXEIRA, Ana Lúcia. A letra e o mito: contribuições de Pau Brasil para a consagração bandeirante nos anos de 1920, *Revista Brasileira de Ciências Sociais*, v.29, n.86, p.29-44, 2014.

TEIXEIRA, Eduardo Perez. *A Coluna Prestes vista por* O Paíz *e o* Correio da Manhã *(1924-1927)*. Tese de Mestrado, Universidade de Brasília, 2018.

THOMAS, David; FOWLER, Simon Fowler; JOHNSON, Valerie. *The Silence of the Archive*. Facet Publishing, 2017.

TORRES, João Camillo de Oliveira. *O positivismo no Brasil*. Rio de Janeiro: Vozes, 1957.

TRAVASSOS, Mário. *Projeção continental do Brasil*. São Paulo: Companhia Editora Nacional, 1935.

TURNER, Frederick Jackson. *The Significance of the Frontier in American History*. Alexandria, VA: Alexander Street Press, 2008 (1893).

URIARTE, Javier. *The Desertmakers: Travel, War, and the State in Latin America*. Nova Iorque: Routledge, 2020.

VARELA, Alfredo. *El río oscuro*. Buenos Aires: Hyspamerica, 1985 (1943).

VARGAS, Getúlio. *Discursos, mensagens e manifestos, 1930-1934*. Rio de Janeiro: Imprensa Nacional, 1935.

VINHAS, Moisés. *O Partidão: a luta por um partido de massas, 1922-1974*. São Paulo: Hucitec, 1982.

VIOTTI DA COSTA, Emília. *The Brazilian Empire: Myths and Histories*. Chicago: University of Chicago Press, 1985.

WAACK, William. *Camaradas: nos arquivos de Moscou, a história secreta da revolução brasileira de 1935*. São Paulo: Companhia das Letras, 2004.

WAINBERG, Jacques Alkalai. *Império de palavras*. Porto Alegre: EDIPUCRS, 2003.

WEINSTEIN, Barbara. *The Color of Modernity: São Paulo and the Making of Race and Nation in Brazil*. Durham: Duke University Press, 2015.

WELCH, Cliff. *The Seed Was Planted: The São Paulo Roots of Brazil's Rural Labor Movement, 1924-1964*. University Park: Pennsylvania State University Press, 1999.

WELCH, Clifford. Keeping communism down on the farm: the Brazilian rural labor movement during the Cold War, *Latin American Perspectives*, v.33, n.3, p.28-50, 2006.

WELCH, Clifford. Camponeses: Brazil's peasant movement in historical perspective (1946-2004), *Latin American Perspectives*, v.36, n.4, p.126-155, 2009.

WELCH, Clifford. Vargas and the reorganization of rural life in Brazil (1930-1945), *Revista Brasileira de História*, v.36, n.71, p.1-25, jan.-april 2016.

WIESEBRON, Marianne L. Historiografia do cangaço e estado atual da pesquisa sobre banditismo em nível nacional (Brasil) e internacional, *Ciência & Trópico*, n.24, p.417-444, 1996.

WILLIAMS, Daryle. *Culture Wars in Brazil: The First Vargas Regime, 1930-1945*. Durham: Duke University Press, 2001.

WINICHAKUL, Thongchai. *Siam Mapped: A History of the Geo-body of a Nation*. University of Hawaii Press, 1997.

WIRTH, John D. *Minas Gerais in the Brazilian federation, 1889-1937*. Stanford University Press, 1977.

WOLFE, Joel. *Autos and Progress: The Brazilian Search for Modernity*. Nova Iorque: Oxford University Press, 2010.

WOODARD, James P. *A Place in Politics São Paulo: Brazil, from Seigneurial Republicanism to Regionalist Revolt*. Durham: Duke University Press, 2009.

SOBRE O LIVRO

Formato: 16 x 23 cm
Mancha: 22 x 39,5 paicas
Tipologia: Adobe Caslon Pro 11/15
Papel: Off-white 80 g/m² (miolo)
Cartão Triplex 250 g/m² (capa)
1ª edição Editora Unesp: 2024

EQUIPE DE REALIZAÇÃO

Edição de texto
Jorge Pereira Filho (Copidesque)
Carmen T. S. Costa (Revisão)

Capa
Negrito Editorial

Editoração eletrônica
Eduardo Seiji Seki

Assistente de produção
Erick Abreu

Assistência editorial
Alberto Bononi
Gabriel Joppert

Rua Xavier Curado, 388 • Ipiranga - SP • 04210 100
Tel.: (11) 2063 7000
rettec@rettec.com.br • www.rettec.com.br